本书为2021年度马克思主义理论研究和建设工程重大项目：

"中国经济发展模式及其特点研究"

（项目批准号：2021MZD016）

中国经济发展模式
演进与前景展望

China's Economic Development Model
Evolution and Prospects

江小涓　杨伟民　蔡　昉　刘　伟　胡鞍钢　薛　澜　周绍杰◎主编

人 民 出 版 社

策划编辑:郑海燕
封面设计:牛成成
责任校对:周晓东

图书在版编目(CIP)数据

中国经济发展模式演进与前景展望 / 江小涓等主编.
北京 : 人民出版社,2024. 7. -- ISBN 978－7－01－026709－8

Ⅰ. F120. 3

中国国家版本馆 CIP 数据核字第 20241WN659 号

中国经济发展模式演进与前景展望
ZHONGGUO JINGJI FAZHAN MOSHI YANJIN YU QIANJING ZHANWANG

江小涓　杨伟民　蔡　昉　刘　伟　胡鞍钢　薛　澜　周绍杰　主编

人民出版社 出版发行
(100706　北京市东城区隆福寺街 99 号)

中煤(北京)印务有限公司印刷　新华书店经销

2024 年 7 月第 1 版　2024 年 7 月北京第 1 次印刷
开本:710 毫米×1000 毫米 1/16　印张:27　插页:4
字数:401 千字

ISBN 978－7－01－026709－8　定价:136.00 元

邮购地址 100706　北京市东城区隆福寺街 99 号
人民东方图书销售中心　电话 (010)65250042　65289539

作者简介

江小涓　经济学博士。现任中国社科院大学教授，中国工业经济学会会长，中国行政管理学会学术顾问委员会主任。在中国社会科学院工作多年，担任过财贸经济研究所所长、党委书记、研究员、教授、博导。研究成果四次获孙冶方经济科学奖。在政府机构工作14年，先后担任国务院研究室副主任、国务院副秘书长。主要研究数字经济、宏观经济、国际经济，公共治理与政策等。

作者简介

杨伟民 曾任国家发展改革委规划司司长、副秘书长、秘书长，中央财经领导小组办公室副主任，第十三届全国政协常委、第十三届全国政协经济委员会副主任，中国国际经济交流中心副理事长。主要研究领域包括发展规划、宏观经济、区域协调、生态文明等。

作者简介

蔡　昉　中国社会科学院国家高端智库首席专家、学部委员，劳动经济学会会长，世界中国学研究联合会副理事长。长期致力于中国经济问题研究。主要研究领域包括中国经济改革和发展、人口和劳动经济学、经济增长、收入分配、减贫等。著有《人口负增长时代》《破解中国经济发展之谜》《中国经济发展的世界意义》《成长的烦恼：中国迈向现代化进程中的挑战及应对》等。获孙冶方经济科学奖、中国经济理论创新奖、张培刚发展经济学优秀成果奖、中国出版政府奖等。

作者简介

刘　伟　中国人民大学原校长，第十三届全国政协常委。兼任国务院学位委员会委员、学科评议组理论经济学组召集人，教育部高等学校经济学类专业教学指导委员会主任委员，中国高等教育学会副会长、中国人民政协理论研究会第三届理事会副会长、北京市经济学总会会长等。主要学术研究领域包括中国特色社会主义政治经济学、经济发展和经济增长理论等。获"孙冶方经济学著作奖"、国家教学成果一等奖等多项奖励。

作者简介

胡鞍钢　清华大学文科资深教授，清华大学国情研究院院长，清华大学公共管理学院教授、博士生导师。曾任中国共产党第十八次全国代表大会代表、国家"十一五""十二五""十三五"规划专家委员会等多个部委专家委员、中国经济50人论坛成员、中国区域经济50人论坛成员。主要研究领域为国情研究、发展战略、公共政策。曾获国家杰出青年科学基金（1994年）、中国科学院科技进步一等奖（1996年、1997年）、第九届孙冶方经济科学论文奖（2000年）、复旦管理学杰出贡献奖（2008年）等。

作者简介

薛 澜 清华大学文科资深教授，清华大学苏世民书院院长，公共管理学院学术委员会主任及人工智能国际治理研究院院长。主要研究方向为科技创新政策、应急管理、全球治理等，在这些领域多有著述。他同时还担任国务院参事，国务院公共管理学科评议组联合召集人，国家新一代人工智能治理专家委员会主任，卡内基梅隆大学兼职教授、布鲁金斯学会非常任高级研究员，联合国公共行政委员会委员，联合国互联网治理领导小组成员等兼职。曾获国家自然科学基金委员会杰出青年基金，教育部"长江学者"特聘教授，复旦管理学杰出贡献奖、科学学与科技政策研究会杰出贡献奖、第二届全国创新争先奖章等。

作者简介

周绍杰 清华大学公共管理学院教授、博士生导师，清华大学国情研究院副院长。主要研究领域包括发展研究与政策、中国经济、国际发展与全球治理。曾经获得"2008—2009年度（第8卷）《经济学季刊》Werner Jackstädt博士中国经济和商业研究最佳论文奖"（2010年）、第四届"百盛—清华学报优秀论文奖"（2017年）等奖项。

序　言

坚持改革开放和创新，
走中国特色经济发展之路

　　改革开放以来，我国经济快速发展和社会长期稳定的伟大成就世所罕见。1979—2022 年，中国 GDP 年均增长率达到 9.2%，国家综合实力极大增强，人民生活水平显著提升，城镇人口比重从 1978 年的 17.92% 提高到 2023 年的 66.2%。在中国共产党的领导下，拥有 14 亿多人口的中国从一个封闭落后的国家稳步迈向中华民族伟大复兴，不仅自身得到发展，同时也为世界提供了新的发展经验和发展模式。深刻理解中国发展奇迹的背后逻辑对继续推进中华民族走向伟大复兴具有重大意义，这也是本项研究的基本立意。本书是一本分析中国经济发展模式的专著，研究团队包括相关领域多位著名专家学者以及青年学者，课题负责人是江小涓教授。

　　本书内容和各章团队简介如下。

　　本书的内容安排和篇章顺序基于以下考虑。第一章和第二章主要从发展规划和宏观调控两个方面讲述中国的宏观经济治理。第三章到第十一章主要从新发展理念的思路解读中国经济发展模式。其中，第三章涉及创新发展；第四章和第五章涉及区域和城乡协调发展；第六章涉及绿色发展；第七章和第八章涉及共享发展；第九章至第十一章涉及开放发展。

　　各章研究内容及团队如下。第一章介绍了中国发展规划的体系、历史、编制和作用，本章由清华大学中国发展规划研究院课题组负责，课题组组长是杨伟民，课题组成员包括李善同、董煜、杨永恒、唐泽地、龚璞、周玲玲、王红帅、黄溯源、田小楚。第二章介绍了宏观调控在统筹经济增长和经济稳定性方面的作用,本章由中国人民大学教授刘伟和刘晓光负责。第三章介绍了创新驱动发展战略的背景、路径选择和意义,本章由清华大学公共管理学院教授薛澜、陈玲和助理研究员乔亚丽、李少帅负责。第四章梳理了中国区域发展战略的演进,本章由清华大学中国发展规划研究院课题组负责,课题组组长是杨伟民,课题组成员包括刘云中、董煜、杨永恒、李善同、孟延春、龚璞、王红帅、周玲玲、黄溯源、田小楚。第五章梳理了中国城乡关系的演进脉络,提出了在中国式现代化视域下促进城乡协调发展的建议,本章由清华大学公共管理学院教授周绍杰负责,助理研究员耿瑞霞、钟晓萍参与研究。第六章介绍了绿色现代化的现实背景和发展阶段,指出了推进绿色现代化需要完成的重大任务和需要处理的重大关系,本章由清华大学公共管理学院教授胡鞍钢负责,周绍杰和助理研究员吕指臣、耿瑞霞参与研究。第七章围绕扎实推进共同富裕的目标,揭示了三个分配领域的改革内涵,本章由中国社会科学院国家高端智库首席专家蔡昉负责。第八章分析了中国人口发展的主要特点及趋势,研究了人口老龄化对经济增长的负面影响,本章由中国社会科学院人口与劳动经济研究所所长都阳负责,贾朋、封永刚、程杰参与研究。第九章梳理了中国对外开放经历的两个阶段,即发挥比较优势促进出口增长、发挥后发优势促进国内产业成长,分析未来推动新阶段的高水平对外开放的思路和举措,本章由中国社会科学院大学教授江小涓负责,清华大学服务经济与数字治理研究院助理教授孟丽君、清华大学公共管理学院博士生魏必参与研究。第十章介绍了中国参与全球产业分工体系的路径特征和战略选择,本章由清华大学公共管理学院教授高宇宁负责,清华大学公共管理学院博士生姜珊参与研究。第十一章介绍了中国服务贸易发展现状,分析了新发展阶段加快服务贸易发展的重要作用以及政策举措,本章由清华大学服务经济与数字治理研究院助理教授孟丽君负责。

这项研究所涉及的时间长度跨越40多年,领域涉及经济发展各个方面,内容极为丰富,在篇幅有限的序言中,我们努力抽象出决定中国经济发展模式的关键因素。党中央在若干重大文献中指出,改革开放是决定当代中国命运的关键一招,指出创新是引领发展的第一动力。本项研究的主要发现和结论符合中央的重大判断。我们还发现，根据每个发展阶段的主要问题和矛盾的变化，实事求是、与时俱进地确定不同时期的核心目标和重点任务，是改革开放和创新能够持续释放发展动能的关键。下面我们就按照这个思路，聚焦改革、开放和创新这三个关键点，总结提炼出以下观点，作为我们对中国特色发展道路成功经验的体会和概括。

一、坚持不懈推动改革和与时俱进地确定改革重点：发展型改革与治理型改革的继起与并重

实践表明，中国特色发展道路的强大生命力和巨大优越性，要靠在不断改革中发展完善的体制机制作为保障。纵观改革开放 45 年的发展历程，我国的体制改革可以梳理出发展型改革与治理型改革两条主线。

改革开放后前 30 年，以解放和发展生产力作为改革主要目标。党的十一届三中全会确定"以经济建设为中心"的指导思想，改革的核心任务是解放和发展生产力，着眼点是激发市场主体的活力，目标是加快经济发展，实现全面小康目标。从改革的内容来看可以分为两个阶段。第一个阶段是 1978—1991 年，主要体现为在计划经济框架内推进经济改革。"六五"计划就将"一切经济活动，都要以提高经济效益为中心"作为指导理念。20 世纪 80 年代和 90 年代前半期，改革以放权让利、解放和发展生产力为目标的市场化改革为重点，如 70 年代末期开始的农村改革、80 年代开始的利润分成、工资制度改革、利改税、扩大企业自主权和价格体系改革等，都是在计划经济体制框架下增加市场因素和相应活力。第二个阶段是以党的十四大召开为标志，明确提出要把建立和发展社会主义市场经济作为经济体制改革的目标。把社会主义基本制度和市场经济结合起来，建立社会主义市场经济体制。1993 年召开的党的十四届三中全会提出建立社会主义市场经济体制，明确使市场在国家宏观调控下对资源配置起基础性作用。在发展目标上，"八五"计划与"九五"计划分别提出"初步建立适应以公有制为基础的社会主义有计划商品经济发展的、计划经济和市场调节相结合的经济体制和运行机制""初步建立社会主义市场经济体制，市场在国家宏观调控下对资源配置起基础性作用"的改

革目标。这个时期围绕社会主义市场经济体制的建立和完善,持续推进了一系列的改革,包括国有企业改革、劳动就业制度改革、财政体制改革、金融体制改革、发展规划体制改革、社会保障体制的建立等。2003年召开的党的十六届三中全会提出"科学发展观",要求树立以人为本、全面、协调、可持续的发展观,提出"更大程度地发挥市场在资源配置中的基础性作用"。总之,这些改革不断重新界定政府与市场的关系、中央与地方的关系,正确地处理了改革、发展与稳定的关系,使中国经济行稳致远。按照世界银行的国家收入组划分,2010年中国由中低收入国家进入中高收入国家行列。

党的十八大以来,以协调统筹各方面诉求的治理型改革为目标,同时以经济体制改革为重点。2013年召开的党的十八届三中全会,将治理型改革摆在改革总目标的地位,同时强调经济体制改革是全面深化改革的重点。文件提出,全面深化改革的总目标是完善和发展中国特色社会主义制度,推进国家治理体系和治理能力现代化。由此开始,我国的改革就有了发展型改革和治理型改革两条主线。改革由发展型改革为主转向发展与治理两条主线并重,有深刻的现实背景和理念指引。发展型改革推进30多年后,解决发展中积累下来的突出问题,规范社会各方行为,调节各方利益关系,成为全社会的共同要求,也必然成为党治国理政的重要任务。例如脱贫攻坚、依法行政、共同富裕、环境保护与生态建设等,都是亟待解决的重大问题,否则既影响全面小康目标的实现,又会阻碍开启现代化建设的新征程。同时,稳增长、稳就业和不断提高人民群众收入水平,也是这个阶段始终存在的重要任务,以发展型改革解放和发展生产力的要求依然普遍。因此就需要两种改革并行推进,例如强调高质量发展,就要求发展型改革与治理型改革相结合,既要解放和发展生产力,又要保护环境和促进共同富裕。2015年党的十八届五中全会和2016年制定的"十三五"规划提出了创新、协调、绿色、开放、共享的新发展理念,对改革和发展任务有了新要求。在"十四五"规划20个主要指标中,突出了经济发展导向,也强调创新驱动、民生福祉、绿色生态、安全保障的要求。从治理型改革的效能来看,近年来中国在经济发展保持活力与高质量的同时，还在脱贫攻坚、乡村振兴、环境生态、社会治理等方面取得了显著成就，中国特色社会主义制度在效率与公平两者平衡提升方面的特色更加突出。

二、坚定不移推进开放和依据国情世情确定开放重点：从大口径外循环引领到两个循环相互促进

改革开放后较长时期，我国以大口径外循环利用两种资源两个市场加快发展。改革开放初期，我国产业发展水平较低，与国外相比各方面差距明显，亟须高端技术设备的成套引进和多样消费品的大量进口。为了获取外汇必须扩大出口。1978 年党的十一届三中全会强调，我国要在自力更生的基础上积极发展同世界各国平等互利的经济合作，努力采用世界先进技术和先进设备，稍后又决定开办四个经济特区，引进外资发展对外贸易。整个 20 世纪 80 年代，开放的重点举措都围绕增加出口换汇能力进行，例如外贸体制改革、汇率双轨制、吸引外商投资等。这个阶段我们依靠劳动力低成本的显著优势，以大口径外循环引领经济发展，数以亿计的农村劳动力来到沿海开放地带，得到了开放带来的就业机会。1980—2006 年，中国进出口总额占 GDP 的比重从 12.42% 上升到 64.48%，外贸对经济增长具有显著的带动作用。此后，我们为换汇而出口的诉求下降，出口换市场的诉求日益加强，国际市场在国内产业规模快速扩张中发挥了重要作用，同时大量进口能源资源补充了国内短缺状况。总之，这是以大口径外循环利用两种资源两个市场的开放阶段。

最近 10 年，强调以双循环相互促进支撑高水平开放。近 10 年来，中国制造业的水平和竞争力不断提升，产业比较优势逐渐向资本、技术和知识密集型产业转变，我们参与国际分工模式由垂直型分工模式向水平型分工模式延伸，与发达国家的关系从以往的互补型关系向竞争型关系转变。此时，国外跨国公司更多视我们为竞争对手，加上国际政治军事关系日趋紧张复杂和西方国家对我们的有意打压，我们引进技术特别是最前沿技术的难度在增加。习近平总书记于 2017 年 12 月首次提出"百年未有之大变局"，2020 年 4 月 10 日提出要构建"以国内大循环为主体、国内

国际双循环相互促进"的新发展格局,党的十九届五中全会提出要把科技自立自强作为国家发展的战略支撑,这些都是党中央根据国内国际环境变化提出的重大决策。近两年来,随着新冠疫情缓解和数字技术发展,全球化再次呈现加速趋势,国内循环存在的堵点和短板也需要国际循环助力解决。2022年中央经济工作会议提出,要更好统筹国内循环和国际循环,更大力度吸引外资,稳步加大制度型开放,积极推动加入高标准经贸协定。多年实践表明,对外开放与自立自强并不是对立的,引进高技术的产品和服务,融入全球产业链创新链,能够使我国产业在更高起点上加快推进我国科技自立自强;同时,我国科技水平和产业水平持续提升,能够在更高水平上参与全球分工,获得更高水平的技术、产品与服务。

三、坚定推进技术进步和增长模式转换:从主要依靠技术引进到技术引进与自主创新并重

党的十九大报告和党的二十大报告都提出"提高全要素生产率"。从长期来看,提高全要素生产率从根本上还是要靠技术进步。改革开放以来,党的历届领导核心都高度重视科技发展,把科技视为第一生产力。改革开放之初,我国对外开放水平低以及技术水平落后是我国经济发展落后的重要原因。改革开放以后,外商直接投资推进了中国的工业化发展,促进了中国经济逐步融入全球经济,同时也通过技术溢出效应提升了我国的技术水平,技术引进也成为我国技术进步的重要来源,并且通过技术消化吸收和再创新促进技术进步,我们可以把这种技术进步称为"外生型"技术进步。在科技发展水平相对较低的发展阶段,这种模式有助于我国发挥后发优势,发挥劳动力成本相对较低的比较优势。然而,"技术引进—消化吸收—再创新"这种机制也存在局限性,主要的原因在于发达国家对中国技术引进的限制。事实上,在高科技领域缺乏核心技术一直是制约我国产业升级以及威胁我国经济安全的重要因素。随着外部技术可得性的下降,单纯依赖外生型技术进步难以实现产业发展迈向中高端,内生型的技术进步则成为必然选择,即大力提升自主创新能力。

在当前发展阶段,要发挥创新驱动因素促进经济增长。一方面,国内

要素条件变化在客观上要求转向创新驱动发展模式。从劳动力条件来看，2014年我国就业规模达到峰值，此后开始逐年下降，2014—2022年就业人数减少3000万人。从资本投入来看，高投资率是中国经济增长模式的一个显著特征。2007年以后，我国固定资产形成总额占GDP的比重始终维持在40%以上，从国际比较来看属于超高水平。随着人口老龄化加剧以及经济增长速度下调的影响，投资率难有继续上升的可能性，投资驱动经济增长的动能将逐步下降。然而，高投资增长模式不会一下子退出，在这一过程中如果能够提高投资效益，中国仍旧有可能维持中高速增长，这也取决于中国是否能够持续通过创新驱动促进经济增长。另一方面，我国在高端技术领域仍旧面临"卡脖子"问题，这也是西方国家对我国进行技术遏制的重点领域，加快实现高水平科技自立自强不仅是发展生产力，还是巩固国家安全的根本支撑。

在推进创新驱动发展战略的部署上，1995年《中共中央、国务院关于加速科学技术进步的决定》首次确立"科教兴国战略"；2006年颁布了《国家中长期科学和技术发展规划纲要（2006—2020年）》明确提出"从跟踪模仿创新向自主创新方向转变，强调加强原始创新、集成创新和引进消化吸收再创新"。党的十八大以后，加快推进创新驱动发展战略成为党执政兴国的重点领域。党的十八大明确提出"科技创新是提高社会生产力和综合国力的战略支撑，必须摆在国家发展全局的核心位置"。党的十八届五中全会提出的新发展理念第一条就是"创新发展"。2016年颁布的《国家创新驱动发展战略纲要》提出2050年建成科技创新强国"三步走"的战略目标：第一步，到2020年进入创新型国家行列；第二步，到2030年跻身创新型国家前列；第三步，到2050年建成世界科技创新强国。2021年5月28日，习近平总书记在两院院士大会中国科协第十次全国代表大会上明确提出"加快建设科技强国，实现高水平科技自立自强"。党的二十大报告进一步明确提出，加快实施创新驱动发展战略要"坚持面向世界科技前沿、面向经济主战场、面向国家重大需求、面向人民生命健康，加快实现高水平科技自立自强"。

总体来看，党的十八大以来，我国科技实力正在从量的积累迈向质的飞跃、从点的突破迈向系统能力提升,科技创新取得新的历史性成就,经济增长模式在转向创新驱动增长模式方面取得显著成效,成为高质量发展的有力支撑。然而,也必须看到,当前全球科技创新日新月异,我国必须加强高水平开放型经济体系建设,瞄准世界科技前沿,充分利用技术引进,提升技术消化与再创新能力,进而提升自主创新能力。此外,还要看到,制约我国推进创新驱动发展战略的制度性因素仍旧存在。这也意味着,在推进技术引进和自主创新并重的创新驱动发展模式形成的过程中,要坚持科技创新和制度创新"双轮驱动",以科技创新塑造发展的新动能与新优势,以制度创新破除制约科技创新的体制机制障碍,充分调动创新主体的积极性,从而增强我国经济高质量发展水平。

以上三个方面是对决定改革开放以来中国特色发展道路经验的总结和概括。当前,我国社会主义建设事业已经开启了迈向"第二个百年奋斗目标"的新征程。党的二十大明确提出2035年基本实现现代化的总体目标。需要看到,在当前发展阶段,国内外环境持续发生深刻变化。从国际格局来看,世界格局进入加速演变期,国际环境日趋错综复杂;从国内发展条件来看,人口条件、技术条件、市场条件、资源条件、金融条件等方面持续发生变化。面对内外发展挑战,在今后中国式现代化建设中,改革开放和创新仍然是关键举措,要继续坚持从国情和目标出发,同时研究借鉴国际有益经验,与时俱进地确定今后改革开放和创新的方向和主要任务,为推进中国式现代化建设提供制度保障。

最后,需要指出的是,研究中国经济发展是一个宏大的研究主题,极具挑战性。在本书涉及相关主题的研究中,各位参与研究的专家、学者参阅了大量学界相关研究的优秀成果,但是也难以做到面面俱到,难免会有疏漏和不足,恳请读者批评指正。

江小涓　周绍杰
2024 年 4 月

目　录

第一章 统筹发展全局：
以发展规划为引领[①]

中国的发展规划[②]是中国特色社会主义的一项重要制度[③]，是国家经济发展和社会进步的顶层设计和国家发展战略、发展导向的主要表现形式。以规划引领国家发展，已成为中国共产党治国理政的一个重要方式，以及中国发展模式、发展制度、发展道路的重要体现[④]。

第一节 中国的发展规划体系及其历史

中国发展规划的编制，是在苏联的计划基础上发展起来的，同时坚持立足国情、走自己的路，在改革开放后也注重学习借鉴发达国家经济发展、宏观调控和空间规划的经验，并从中国实际出发，创造性地加以运用。

---

① 清华大学中国发展规划研究院课题组。课题组长：杨伟民，中国国际经济交流中心副理事长；课题组成员：李善同，国务院发展研究中心研究员；董煜，清华大学中国发展规划研究院常务副院长；杨永恒，清华大学公共管理学院教授、博士生导师；唐泽地，中国光大集团战略规划部业务经理；龚璞，清华大学公共管理学院助理研究员；周玲玲，中国地质大学（北京）经济管理学院副教授；王红帅，清华大学公共管理学院博士后；黄溯源，清华大学中国发展规划研究院学术科研部副主任；田小楚，清华大学公共管理学院博士后。

② 本书的"发展规划"是广义的概念，包括中央、省、市县三级，以及专项规划、区域规划、空间规划，但重点讲综合性、纲领性的总体规划，其他规划也遵循总体规划的理念和目标。

③ 党的十九届四中全会指出"健全以国家发展规划为战略导向，以财政政策和货币政策为主要手段，就业、产业、投资、消费、环保、区域等政策紧密配合，目标优化、分工合理、高效协同的宏观经济治理体系。完善国家重大发展战略和中长期经济社会发展规划制度"。

④ 国家发展改革委：《更好发挥国家发展规划战略导向作用 推进"十四五"时期经济社会高质量发展》，《求是》2020年10月31日。

一、各国经济社会发展规划的演变

发展计划的制订最早源于苏联,20 世纪 20 年代,苏联制订了第一个五年计划(1928—1932 年)。苏联第一个五年计划的制订与执行促使其经济发展取得了相当成功,使苏联由落后的农业国迅速成为工业与军事强国。这是苏联第一次动员国家力量,开始编制国家发展计划。与此同时,西方国家正经历第一次经济大萧条,苏联的五年计划吸引了全球政治界和经济学界的注意。

第二次世界大战结束后,许多原来的殖民地国家取得了独立地位,开始追求工业化发展之路。在苏联的影响下,它们也尝试制订国家计划。例如,东欧的匈牙利、罗马尼亚等国;南亚的印度、巴基斯坦、不丹、尼泊尔等国;东亚与东南亚的中国、韩国、越南、马来西亚等;拉丁美洲的古巴、巴西、阿根廷等都编制了五年或四年的国家中期计划。有的发达国家需要进行战后重建,在政府机构中都设立了制订计划的部门,例如法国、荷兰、日本等。世界银行在 20 世纪 80 年代曾对 80 个国家进行过调查,其中 4/5 的国家均编制过多年的发展计划;甚至联合国的国际经济社会部、联合国工业发展组织都编制过十年发展计划。

20 世纪 60 年代以来,中期计划编制开始衰退,长期战略计划与情景计划开始兴起。20 世纪一些发达国家与发展中国家依靠预测模型制定指导性计划,由于模型的理论数据不适应客观政治、经济、社会的急剧变化,特别是 1973 年与 1978 年两次石油危机对世界各国经济所造成的冲击,严重地影响原油计划的预测及目标。60 年代后,出现了"计划危机"的论调。70 年代,英国与美国在政治经济上推进国企的私有化浪潮,经济界的自由化思想在学术上占有了主导地位,苏联的解体及指令性计划体系的固有缺陷,也冲击了指令性计划体系。90 年代,部分发达国家放弃了中期计划,转而编制长期战略计划。例如,欧盟与日本在计划的方法上更多地采用情景分析法。美国虽然没有国家级发展计划,但其国家对政府预算的控制、国会及两党所拥有的智库等,无形中影响着国家中期的经济社会发展。

二、中国发展规划的历史

从 20 世纪 50 年代开始,中国学习和实施了苏联的计划经济制度,编制了中国的五年计划。新中国成立之初,由于中国缺乏编制计划的经验,第一个五年计划是在苏联专家的帮助下完成的。从第二个五年计划开始,中国开辟了独立编制五年规划(计划)之路。新中国成立后,除了 1949—1952 年的恢复时期和 1963—1965 年的调整时期外,中国都编制实施了五年规划(计划)。新中国成立以来,中国共编制实施了 14 个五年规划(计划),正在实施第十四个发展规划。

新中国成立 70 多年来,规划名称发生了三次变化:一是"经济计划"改为"经济计划纲要","纲要"首次出现于《1970 年计划和第四个五年国民经济计划纲要(草案)》中,"五五"计划包含在《1976—1985 年发展国民经济十年规划纲要》之中。从"八五"计划开始,正式更名为"五年规划(计划)纲要"。二是前五个五年计划的名称为"国民经济发展计划","六五"计划以来,增加了"社会"一词,更名为"国民经济和社会发展规划(计划)",内容逐渐涵盖了经济、社会、生态环境等领域。三是自"十一五"开始,"五年计划"更名为"五年规划",更加准确地体现了宏观性、战略性、政策性。

国民经济恢复时期(1950—1952 年)。1949 年新中国成立之时,国民经济已经处于崩溃状态,通货膨胀严重,工农业生产衰退,经济凋敝。党中央认为这种情况下不可能实施五年计划,应当先把中国的国民经济"稳定下来"和"恢复起来",才有条件进行五年计划建设。于是决定 1950—1952 年为国民经济恢复时期,为实施第一个五年计划准备条件。

国民经济第一个五年计划(1953—1957 年)。新中国成立之初,中国的国情是"一穷二白"、工业基础十分薄弱,苏联模式为中国编制中长期计划提供了经验借鉴,并且"一五"计划在苏联专家的帮助下完成。[①] "一

① 王慧炯:《社会系统工程方法论》,中国发展出版社 2015 年版,第 17 页。

五"计划的主要任务是,集中力量进行以苏联帮助中国设计的156个建设项目为中心,由694个大中型建设项目组成的工业建设,建立中国特色社会主义工业化的初步基础,以及对农业、手工业和私营工商业社会主义改造奠定基础。①

国民经济第二个五年计划(1958—1962年)。1958年至1960年,在急于求成、盲目乐观思想的推动下,出现了"大跃进""人民公社化""超英赶美"等浪潮,钢铁、煤、发电量等工业生产指标不断大幅调整变化。由于脱离实际,"二五"计划遭受严重挫折,正式的五年计划文件始终未能公布。

国民经济调整时期(1963—1965年)。三年"大跃进"破坏了国民经济的稳定,"共产风"等使人民群众的生产积极性遭到重挫,加上1959年起的三年严重自然灾害,农业生产急剧减产。客观经济规律迫使中央不得不作出调整国民经济的安排。② 第二个五年计划期间的最后两年开始调整国民经济增长,并继续到1963年至1965年。

国民经济第三个五年计划(1966—1970年)。经济调整为实施"三五"计划创造了良好条件。但国际形势发生明显变化,"帝国主义、修正主义、反革命分子"三股势力形成了"围堵"中国的态势,中苏关系破裂,美国入侵越南。出于备战考虑,"三五"计划的指导思想调整为"以备战为中心""加强三线建设,防备敌人的入侵"。

国民经济第四个五年计划(1971—1975年)。在国际紧张局势及国内"文化大革命"的影响下,"四五"时期主要任务是狠抓备战,集中力量建设"大三线"③强大的战略后方,改善布局。"四五"计划纲要(草案)呈现出盲目追求高速度、高指标的特点,但该草案未经全国人大审定。

国民经济第五个五年计划(1976—1980年)。"五五"计划的制订始于1974年,该计划没有独立的文本,而是包含在《1976—1985年发展国

---

① 刘国光:《中国十个五年计划研究报告》,人民出版社2006年版,第101页。
② 刘国光:《中国十个五年计划研究报告》,人民出版社2006年版,第101页。
③ 三线地区指长城以南、广东韶关以北、京广铁路以西、甘肃乌鞘岭以东的广大地区,其中西南的四川、贵州、云南和西北的陕西、甘肃、宁夏、青海俗称为"大三线"地区。

民经济十年规划纲要》之中。"五五"计划的制订实施跨越了"文化大革命"后期和改革开放初期。"五五"计划初期出现了急于求成、脱离实际的高指标；党的十一届三中全会后，计划指标做了大幅度调整。

国民经济和社会发展第六个五年计划（1981—1985年）。党的十一届三中全会以后，党中央对国民经济采取"调整、改革、整顿、提高"的方针，确定"以经济建设为中心"的指导思想。同前五个五年计划相比，"六五"计划名称改为"国民经济和社会发展计划"，强化了社会发展的内容。

国民经济和社会发展第七个五年计划（1986—1990年）。"七五"时期是新旧体制两种体制并存，同时又激烈冲突的时期。这决定了"七五"时期的主要任务是进一步为经济体制改革创造环境。"七五"计划遵循建设有中国特色的社会主义的总要求，遵循对内搞活经济、对外实行开放的总方针，促进有计划商品经济的发展。

国民经济和社会发展第八个五年计划（1991—1995年）。按照"三步走"总体战略的第二步部署，1991年到20世纪末国民生产总值再增长一倍，人民生活达到小康水平，"八五"计划明确了这一基本任务，并确立初步建立适应以公有制为基础的社会主义有计划商品经济发展的、计划经济与市场调节相结合的经济体制和运行机制。

国民经济和社会发展第九个五年计划和远景目标（1996—2000年，远景目标到2010年）。"九五"时期，以1992年邓小平同志南方谈话和党的十四大为标志，我国改革开放和社会主义现代化建设进入了新的发展阶段。"九五"计划是社会主义市场经济条件下的第一个中长期规划。"九五"时期也是"三步走"总体战略承前启后的重要阶段，"九五"计划确定了全面完成现代化建设第二步战略部署的奋斗目标和改革开放的重要任务及部署。

国民经济和社会发展第十个五年计划（2001—2005年）。"十五"计划是我国进入21世纪后的第一个五年计划，是我国实现社会主义现代化建设前两步战略目标，向第三步战略目标迈进的第一个五年计划。"十五"计划把发展作为主题，把结构调整作为主线，把改革开放和科技进步作为动力,把提高人民生活水平作为根本出发点。

国民经济和社会发展第十一个五年规划(2006—2010年)。"十一五"时期是全面建设小康社会的关键时期,具有承前启后的历史地位,是战略机遇与矛盾凸显并存的关键时期。"十一五"开始,"计划"更名为"规划",增强了规划的空间功能。"十一五"规划以来,规划成为阐明国家战略意图、明确政府工作重点、引导市场主体行为的宏伟蓝图和行动纲领。

国民经济和社会发展第十二个五年规划(2011—2015年)。"十二五"时期是全面建设小康社会的关键时期,是深化改革开放、加快转变经济发展方式的攻坚时期。"十二五"以科学发展为主题,以加快转变经济发展方式为主线,深化改革开放,保障和改善民生,巩固和扩大应对国际金融危机冲击成果,为全面建成小康社会打下具有决定性意义的基础。

国民经济和社会发展第十三个五年规划(2016—2020年)。"十三五"规划是全面建成小康社会的最后一个五年规划。"十三五"时期是全面建成小康社会决胜阶段,我国发展仍处于可以大有作为的重要战略机遇期,也面临诸多矛盾叠加、风险隐患增多的严峻挑战。"十三五"规划遵循"创新、协调、绿色、开放、共享"的新发展理念,以供给侧结构性改革为主线,描绘了全面建成小康社会的美好蓝图。

国民经济和社会发展第十四个五年规划和2035年远景目标(2020—2025年,远景目标到2035年)。"十四五"规划是全面建成小康社会、实现第一个百年奋斗目标后,开启全面建设社会主义现代化国家新征程的第一个五年规划。"十四五"规划以立足新发展阶段、贯彻新发展理念、构建新发展格局为核心要义,为全面建设社会主义现代化国家擘画了宏伟蓝图。

三、中国的发展规划体系

中国的发展规划是阐明国家战略意图、明确政府工作重点、引导市场主体行为的宏伟蓝图和行动纲领,是政府履行经济调节、市场监管、社会管理、公共服务、生态环境保护职能的重要依据。① 同时也是社会共同的行动纲领,引导资源配置的工具,政府履行职责的依据和约束市场行为的"第二准则"②。中国共产党坚持全国一盘棋,通过经济社会发展规划调动各方面积极性实现国家治理及经济发展。

根据《中共中央　国务院关于统一规划体系更好发挥国家发展规划战略导向作用的意见》,中国的国民经济和社会发展规划致力于建立三级四类规划管理体系。发展规划按行政层级分为国家级规划、省(自治区、直辖市)级规划、市县级规划,按对象和功能类别分为总体规划、专项规划、区域规划、空间规划。

首先,按行政层级分为国家级、省(自治区、直辖市)级、市县级三级规划。国家总体规划和省(自治区、直辖市)级、市县级总体规划分别由同级人民政府组织编制,并由同级人民政府发展改革部门会同有关部门负责起草。专项规划由各级人民政府有关部门组织编制。跨省(自治区、直辖市)的区域规划,由国务院发展改革部门组织国务院有关部门和区域内省(自治区、直辖市)人民政府有关部门编制。国家总体规划、省(自治区、直辖市)级总体规划和市县级规划的规划期一般为 5 年,可以展望到 10 年以上。区域规划和各类专项规划的规划期可根据需要确定。

其次,按对象和功能类别分为总体规划、专项规划、区域规划、空间规划。总体规划是国民经济和社会发展的战略性、纲领性、综合性规划,是编制本级和下级专项规划、区域规划以及制定有关政策和年度计划的依据,其他规划要符合总体规划的要求。专项规划是以国民经济和社会发展特定领域为对象编制的规划,是总体规划在特定领域的细化,是主要为

---

① 《中华人民共和国国民经济和社会发展第十三个五年规划纲要》指出,中华人民共和国国民经济和社会发展第十三个五年规划纲要,根据《中共中央关于制定国民经济和社会发展第十三个五年规划的建议》编制,主要阐明国家战略意图,明确经济社会发展宏伟目标、主要任务和重大举措,是市场主体的行为导向,是政府履行职责的重要依据,是全国各族人民的共同愿景。《中华人民共和国国民经济和社会发展第十三个五年规划纲要》,人民出版社 2016 年版,第 1 页。

② 杨伟民:《改革规划体制,更好发挥规划战略导向性作用》,《中国行政管理》2019 年第 8 期。

解决经济社会发展中某些突出的矛盾和短板而制定的规划,也是政府指导该领域发展以及审批、核准重大项目,安排政府投资和财政支出预算,制定特定领域相关政策的依据。区域规划是以跨行政区的特定区域国民经济和社会发展为对象编制的规划,是总体规划在特定区域的细化和落实。跨省(自治区、直辖市)的区域规划是编制区域内省(自治区、直辖市)级总体规划、专项规划的依据。空间规划以空间治理和空间结构优化为主要内容,是实施国土空间用途管制和生态保护修复的重要依据。

此外,按照社会管理系统的横向分工的不同要求,发展规划可以表现为综合发展规划、行业发展规划,有的时候还会根据需要确定一些重点发展规划。综合发展规划,是以规划区内国民经济和社会发展为对象编制的规划,是规划区内经济和社会发展的总体战略部署,是制定其他各类规划、年度计划以及一系列重大宏观政策的重要依据。行业发展规划,是在综合发展规划的指导下,对各个行业所作的规划,如农业发展规划、工业发展规划。重点发展规划,是以规划区内经济和社会发展的关键领域、薄弱环节等重大问题及重点企业为对象编制的规划。行业发展规划和重点发展规划本质上都属于专项规划。

四、发展规划理念的演变

新中国成立以来,规划理念发生了深刻的变化,从优先发展重工业、建立独立完整的工业体系,到以解决温饱问题的人民生活为主,强国和富民相统一,再到科学发展观、新发展理念。

第一阶段("一五"至"五五"时期):优先发展重工业、建立独立完整的工业体系。"一五"计划按照"经济建设的重点是工业,工业建设又以重工业为主、轻工业为辅"的方针,开始进行以重工业为中心的工业建设;1964年"四个现代化"和"赶超世界"长远战略的提出,明确了从"三五"计划开始"建立一个独立的比较完整的工业体系和国民经济体系"的发展理念。

第二阶段("六五"至"七五"时期):搞好综合平衡,处理各方面关系。"六五"至"七五"时期面临着新旧体制转轨,以及从十年"文化大革命"的动荡中恢复的复杂局面,亟待处理好各方面的关系。党的十一届三中全会后,党中央对国民经济采取"调整、改革、整顿、提高"的方针,"六五"计划将"一切经济活动,都要以提高经济效益为中心"作为发展理念,"七五"计划遵循"对内搞活经济、对外实行开放"的总方针,并且自"六五"计划开始,将社会发展纳入五年计划的范畴,更加重视社会发展。

第三阶段("八五"至"十五"时期):以解决温饱问题的人民生活为主,强国和富民相统一。1987年党的十三大提出"三步走"总体战略部署,第一步解决人民的温饱问题在"七五"末期基本实现。"八五"计划和"九五"计划是实现"三步走"第二步战略部署的时期,更加重视提高经济质量和效益,重视体制改革。比如,"九五"计划提出实现两个根本性转变,即"经济体制从传统的计划经济体制向社会主义市场经济体制转变"和"经济增长方式从粗放型向集约型转变"。"十五"计划是向第三步发展战略迈进的第一个五年计划,改善人民生活、促进社会发展以及强国与富民相统一成为这一时期的规划理念。

第四阶段("十一五"至"十二五"规划):以科学发展观为遵循。进入21世纪,在经济快速发展、取得巨大成就的同时,经济发展与社会发展中不平衡、不协调的问题日益凸显。党的十六届三中全会明确提出科学发展观,要求"坚持以人为本,树立全面、协调、可持续的发展观,促进经济社会和人的全面发展",深刻认识和回答了新形势下实现什么样的发展、怎样发展的重大问题。"十一五"规划明确了"以科学发展观统领经济社会发展全局"的理念,"十二五"规划提出"以科学发展为主题,是时代的要求,关系改革开放和现代化建设全局"。

第五阶段("十三五"规划以来):以新发展理念作为指导思想。党的十八大以来,国内外形势发生深刻复杂变化,以习近平同志为核心的党中央洞察时代和世界发展大势作出"世界处于百年未有之大变局"的重大战略判断。《中国共产党第十六届中央委员会第三次全体会议公报》指出,"从国际来看,新一轮科技革命和产业变革迅猛发展,经济全球化遭遇逆流,地缘政治风险上升……不确定性显著增强,给人类生产生活带来前所未有的挑战和考验;国内经济结构性体制性矛盾不断积累,发展不平衡、不协调、不可持续问题十分突出"。以习近平同志为核心的党中央在党的十八届五中全会上鲜明提出"创新、协调、绿色、开放、共享"的新发展理念,"十三五"规划明确指出"全面推进创新发展、协调发展、绿色发展、开放发展、共享发展"。"十四五"规划强调"坚定不移贯彻创新、协调、绿色、开放、共享的新发展理念"。新发展理念成为编制和实施发展规划的基本遵循,为中国"十三五"规划、"十四五"规划乃至更长时期提供了发展思路、发展方向和发展着力点。

五、发展规划目标的演变

规划目标指整个国家或某些领域,通过发展实践期望达到的程度和标准,反映了中国共产党团结带领中国人民的中长期奋斗方向。新中国成立以来,规划目标从建立独立完整的国民经济体系、实现"四个现代化",到解决温饱问题、到全面建成小康社会、再到全面建设社会主义现代化国家。

"一五"与"二五"计划的主要目标是推进社会主义改造,建立我国社会主义工业化的初步基础。"三五"与"四五"计划将国防建设放在第一位,把"三线建设"作为战略目标。"三五"时期以来,"建立一个独立的比较完整的工业体系和国民经济体系"和"四个现代化"成为发展计划的重要目标。"四五"计划纲要(草案)提出"初步建成我国独立的、比较完善的工业体系和国民经济体系";"五五"计划提出"到1980年建立独立的比较完整的工业体系和国民经济体系"和"全面实现农业、工业、国防和科学技术的现代化,使经济走在世界前列"的规划目标。改革开放前的规划目标演变过程走过了一些弯路,如"二五"时期的"大跃进"。

改革开放以后,党中央对我国社会主义现代化建设作出战略部署,提出"三步走"战略目标。"六五"与"七五"计划的主要目标是实现"三步走"战略的第一步,即1981年到1990年实现国民生产总值比1980年翻一番,解决人民的温饱问题。"六五"与"七五"计划还设立了"为经济体制改革创造良好的经济环境和社会环境"的发展目标。"八五"与"九五"计划将实现"三步走"战略的第二步作为总目标,即1991年到20世纪末国民生产总值再增长一倍，人民生活总体上达到小康水平。另外，"八五"与"九五"计划分别提出，"初步建立适应以公有制为基础的社会主义有计划商品经济发展的、计划经济和市场调节相结合的经济体制和运行机制""初步建立社会主义市场经济体制，市场在国家宏观调控下对资源配置起基础性作用"的改革目标。进一步地，"十五"计划提出，"国有企业建立现代企业制度取得重大进展""完善社会主义市场经济体制迈出实质性步伐"的改革目标。

在完成"三步走"战略的前两步目标的基础上，2002年党的十六大报告提出，"在本世纪头二十年，集中力量，全面建设惠及十几亿人口的更高水平的小康社会，使经济更加发展、民主更加健全、科教更加进步、文化更加繁荣、社会更加和谐、人民生活更加殷实"。

"十一五"规划成为全面建设小康社会的第一个五年规划，"十一五"规划以全面建设小康社会为总目标，并设置了市场经济体制改革等主要目标。"十二五"时期是全面建设小康社会的关键时期，是深化改革开放、加快转变经济发展方式的攻坚时期，"十二五"规划以全面建设小康社会为总目标，并在财税金融等重要领域和关键环节改革、政府职能转变、对外开放广度和深度方面设立了改革目标。"十三五"时期是全面建成小康社会决胜阶段，"十三五"规划则以此为奋斗目标，并设置了国家治理体系和治理能力现代化、法治政府、开放型经济新体制等领域的改革目标。

"十四五"时期是我国全面建成小康社会、实现第一个百年奋斗目标之后，乘势而上开启全面建设社会主义现代化国家新征程、向第二个百年奋斗目标进军的第一个五年，"十四五"规划则立足于新发展阶段，锚定2035年远景目标，并聚焦"十四五"阶段性任务，设置了经济发展、改革开放、社会文明程度、生态文明建设、民生福祉、国家治理效能等方面的主要目标。在"十四五"规划20个主要指标中，突出了经济发展、创新驱动、民生福祉、绿色生态、安全保障的导向，聚焦为全面建设社会主义现代化国家实现良好开局。其中民生福祉类指标有7个，数量最多、占比超过1/3，充分体现了以人民为中心的发展思想。

六、发展规划性质的演变

新中国成立 70 多年来,中国的发展规划由计划经济体制下的计划转变为社会主义市场经济体制下的规划,规划的性质实现从指令性,到预测性、指导性,再到兼具预期性和约束性的转变。

改革开放前的五年计划是指令性计划,"一五"至"五五"计划的编制内容涉及生产计划、商业物资流通计划、价格计划、外贸外汇计划、劳动工资计划等①,是无所不包的指令性计划。改革开放以后,随着经济体制的转轨,规划(计划)具备了预测性和指导性的功能。"六五"计划以后,传统的以行政指令性计划为主的直接管理向以间接化、多样化、体系化的宏观经济管理转变。②

随着社会主义市场经济体制的建设与完善,五年规划(计划)逐渐演变成具有战略性、宏观性、政策性的指导性规划,给市场"信号",引导资源配置。"十一五"规划以来,指标体系分为预期性指标和约束性指标,预期性指标主要依靠发挥市场主体作用实现,也需要政府创造良好的政策环境、体制环境和法治环境;约束性指标需要政府合理配置公共资源、引导社会资源,也需要各类市场主体积极参与、形成合力。随着经济体制不断完善,五年规划逐渐发展成为主要阐明国家战略意图、明确政府工作重点、引导规范市场主体行为的纲领性文件,成为全国各族人民共同的行动纲领和政府履行经济调节、市场监管、社会管理、公共服务、生态环境保护职能的重要依据,体现了"充分发挥市场在资源配置中的决定性作用,更好发挥政府作用"的有效市场和有为政府的结合。

七、发展规划内容的演变

新中国成立以来,中国发展规划的内容呈现出诸多变化,反映了在中国共产党的领导下,国家治理体系和治理能力与时俱进。

---

① 郑新立:《经济体制六大改革》,中共中央党校出版社 1994 年版,第 72 页。

② 刘瑞:《中国经济发展战略与规划的演变和创新》,中国人民大学出版社 2016 年版,第 131 页。

一是从实物产量到价值指标的转变。改革开放前的发展计划常用重量、体积、长度、件数等实物指标来表示，如粮食（亿斤）、棉花（万担）、钢（万吨）等。而改革开放以来的规划（计划）指标则主要通过价值指标表示，即以货币为计量单位来表现产品产量和资金运动，如国内生产总值（亿元）、全员劳动生产率（万元/人）等。

二是从单纯的经济计划，拓展到经济社会，再到精神文明即文化建设、民主法治、生态文明、国防和军队建设。"一五"至"五五"计划是单纯的经济计划；"六五"计划纳入社会发展的内容；"七五"计划首次提出社会主义精神文明建设，此后，文化建设、民主法制均成为规划（计划）的内容，并且，"七五"以来逐渐强化了生态环境保护内容；"十五"计划以来将国防建设（"十一五"为国防和军队建设）纳入规划（计划）内容。

三是规划涉及的范围从大陆的省（自治区、直辖市），到包括港澳台，又区分港澳与台，包括了整个国家的所有领土。改革开放前至"七五"计划，规划内容不涉及港澳台地区。"八五"计划提出进一步做好香港和澳门回归祖国的各项工作。"九五"计划因 1997 年香港回归，必须考虑香港内容，"十五"计划因澳门回归又增加了澳门内容。其中，"九五"与"十五"计划将港澳台置于同一部分，"九五"计划纲要将"促进祖国和平统一大业"为一章，"十五"计划纲要提出"加强港澳台与内地的经济合作及交流"。"十一五"以来，规划区分了港澳与台。"十二五"规划纲要分别将"保持香港澳门长期繁荣稳定""推进两岸关系和平发展和祖国统一大业"作为两章内容。"十三五"规划纲要的第十二篇为"深化内地和港澳、大陆和台湾地区合作发展"。"十四五"规划纲要的第十八篇为"坚持'一国两制'推进祖国统一"。

第二节　发展规划的编制实施和作用

一、《建议》和《纲要》的编制

中国经济社会发展规划的编制首先由党中央提出关于制定国民经济

和社会发展规划的《建议》，再由国务院组织有关部门编制规划《纲要》，经过专家论证，听取意见，最后提交全国人民代表大会审议。规划编制过程，既是一个发扬民主、汇集众智、反映民意的过程，也是一个统一思想、科学决策、凝聚共识的过程。

党中央制定规划《建议》是编制发展规划的首要环节，为发展规划的制定指明方向，提供指导思想，党中央制定建议的过程是协商民主的过程，广泛听取各方面意见、建议。以"十四五"规划《建议》为例，为了把《建议》编制好，以习近平同志为核心的党中央高度重视调查研究、听取人民群众意见的工作，坚持发扬民主、开门问策、集思广益。中国政府网于 2020 年 11 月 2 日发布的《从"建议"到"草案"，让"十四五"规划经得起实践和历史检验》中提到，中央财办和国家发展改革委委托国家高端智库等 60 多家研究机构和有关部门就 37 个重大课题开展了研究，形成了 130 多份研究报告。全国人大、全国政协组织开展专题研究讨论，形成了系列调研报告。党中央两次在党内外一定范围征求意见，以及有关部门在网上对"十四五"规划编制工作征求意见。

《纲要》是对《建议》的细化和落实。改革开放前的五年计划只有第一个五年计划编制执行较规范。"一五"计划是由党中央提出意见，提交国务院讨论通过，再提交全国人大审议，"一五"计划草案在第一届全国人民代表大会第二次会议获得通过。"二五"计划作为党中央的建议在党的八大通过，由于各年度计划数字不断大幅度调整变化，"二五"计划的正式文件未能正式公布。"三五"计划未被正式批准，只有国家计委拟定的两个计划方案①。"四五"计划纲要（草案）虽下发，全国人大未审定。"五五"计划没有独立的文本，包含在《1976—1985 年发展国民经济十年规划纲要》之中，由于受到政治冲击和指导思想的影响，《1976—1985 年发展国民经济十年规划纲要》在实施过程中不断修改。

改革开放以后，规划（计划）的编制过程逐渐规范化制度化，尤其是

---

① 李善同、周南：《"十三五"时期中国发展规划实施评估的理论方法与对策研究》，科学出版社 2019 年版，第 45 页。

自"九五"以来，比较完整地、始终如一地编制和执行了五年规划。首先由党中央提出建议，国务院根据建议并组织有关部门编制纲要（草案），最后提交全国人民代表大会审议批准。将党的发展主张转变为全国人民的共同意志，是中国共产党治国理政的一个重要做法，这既是中国发展规划的鲜明特点，也是中国特色社会主义制度优势的重要体现。

二、规划实施

国家发展规划《纲要》经全国人民代表大会审议通过后，各级地方党委和政府依据国家发展规划制定省级规划（或市县级规划），并以此为履行职责的依据，推进规划的落地实施。

经济社会发展规划在推进实施的过程中，要最大限度地激发各类主体的活力和创造力。一是规划实施情况纳入各有关部门、地方领导班子和干部评价体系，作为改进政府工作的重要依据。通过政绩考核评价体系和奖惩机制，调动各级干部干事创业积极性、主动性、创造性。二是巩固和发展最广泛的爱国统一战线，充分发挥各类群团组织及各界人士作用，最大限度地凝聚全社会共识和力量，推进改革发展，维护社会和谐稳定。三是加强统筹管理和衔接协调，形成以国民经济和社会发展总体规划为统领，专项规划、区域规划、地方规划、年度计划等为支撑的发展规划体系。

三、发展规划的功能

在不同的经济体制下，规划有不同的功能；不同的规划，有不同的功能。现阶段，中国政府编制的发展规划和空间规划，主要有四种功能：

第一，是全社会共同的行动纲领。规划在编制过程中，广泛听取了社会各界意见，在一定范围、一定程度上凝聚了社会共识，规划就是将这种社会共识凝聚成国家意志的表达形式。只有思想上大家一致认为应该这样做，行动上就会自觉地这样做，一定意义上，这种规划也是协商的结果，是协商民主的一种形式。一个国家特别是赶超型的发展中国家，必须认准一个方向、一个目标，最大限度地凝聚全社会共识，一步一个脚印地向前迈进。根据发展阶段,制定发展规划,一届接着一届办、一代接着一代干,是中国经济发展取得成功的一条重要经验。

第二,是引导资源配置的工具。市场经济的一般规律是市场决定资源配置,政府不是资源配置的主体,但政府可以通过规划引导资源向国家战略指明的方向配置。在基础设施短缺时,通过编制五年规划或基础设施专项规划,引导资源向基础设施领域配置;在城市化发展的时代,可以通过编制城市化规划,引导资源向城市集中;在创新驱动发展时代,可以通过编制规划,引导创新资源向科技革命和产业变革的领域集聚;等等。

第三,是政府履行职责的依据。市场经济下政府履行职责,首先应该依法。但有些职责的履行,仅依法还不够,还要依据规划。任何一部法律都不可能细化到政府应该如何做些什么。相较于法律,规划的灵活性在于,可以根据不同发展阶段、经济周期、财力状况,使政府制定的财政政策、货币政策、产业政策、区域政策等既符合短期经济运行的特点,又符合长期规划的目标任务。当然这种目标和任务不仅是经济增长速度,也包括如防控金融风险、保护环境、城乡区域协调、公共服务均等化等。这样,政府就能依据规划,公开透明地履行职责。在这个意义上,规划是政府定的,但也是"管"政府的。

第四,是约束市场行为的"第二准则"。在市场经济条件下,企业生产经营、开发建设首先要依法。但任何一部法律也不能清晰划定企业在哪些空间可以开发建设、哪些空间不可以开发建设。法律只能定性,可以规定自然保护地、基本农田不能开发建设,但自然保护地、基本农田以及其他禁止开发的区域,只有落在具体的空间,划清楚范围,这时,法律规定才能落实,判决才有依据。通过编制空间规划,划定生产、生活、生态空间,划清各类空间界限,可以告诉市场主体,哪些空间可以干什么、不可以干什么。这样,才能避免空间发展中的无序。所以,在这个意义上,空间规划是对法的有益补充,是公民、法人必须遵循的行为准则。①

----

① 杨伟民:《改革规划体制,更好发挥规划战略导向性作用》,《中国行政管理》2019年第8期。

四、规划评估监测

规划评估是保障规划实施、促进绩效问责的重要机制，也是规划全生命周期中不可或缺的环节。实施规划评估，一是在规划实施过程中，动态监控规划执行情况，及时发现偏差并进行修正和调整；二是在规划执行中期，对规划执行情况进行全面检视，为顺利推进规划实施提出建议；三是在规划期末，对规划执行结果进行评估，总结规划实施效果，为新一轮的规划编制提供依据。"十五"计划以来，中国经济社会发展规划的制定逐渐强化对实施效果的重视，通过规划评估实现对规划实施效果进行跟踪和监控。2016 年 10 月，中共中央办公厅、国务院办公厅印发《关于建立健全国家"十三五"规划纲要实施机制的意见》明确要求加强动态监测分析，建立年度监测评估机制，完善中期评估和总结评估机制，健全动态调整修订机制。

"十五"时期，中国首次进行发展规划的中期评估，开启了中国发展规划评估的先河。2008 年启动的"十一五"规划中期评估奠定了规划中期评估的制度基础，国务院各部门、各地方规划管理机构均组织开展了中期评估，并首次引入了第三方评估。国家发展改革委在各方报告的基础上，形成了"十一五"规划中期评估报告，于 2008 年 12 月提交全国人大常委会审议。"十二五"规划中期评估延续了"十一五"规划评估的成熟经验，并首次通过网络面向社会公众开展调查。"十三五"规划评估又进一步采用过程评估与效果评估相结合的方式。

"十二五"时期，中国正式启动发展规划总结评估。2014 年，国家发展改革委制定了《重大事项后评估办法（试行）》，要求对发展改革委组织编制、起草或批准的发展规划开展后评估。2015 年，国家发展改革委首次组织国务院部门和省级发展改革委，正式开展了发展规划的总结评估工作，为"十三五"规划编制和实施打下基础。

"十四五"规划提出，开展规划实施情况动态监测、中期评估和总结评估，中期评估和总结评估情况按程序提请中央政治局常委会审议，并依法向全国人民代表大会常务委员会报告规划实施情况，自觉接受人大监督。发挥国家监察机关和审计机关对推进规划实施的监督作用。

五、编制实施发展规划的做法

新中国成立70多年来，发展规划（计划）对中国实现快速赶超发挥了巨大作用。在编制与实施发展规划过程中也形成了诸多行之有效的做法经验。

（一）正确处理市场与政府的关系

编制实施发展规划，离不开处理好市场与政府的关系。改革开放前，中国实行计划经济，五年计划是其中一个代表性的做法。改革开放后，党的十二大提出计划经济为主，市场调节为辅，党的十二届三中全会提出有计划的商品经济，党的十四大提出建立社会主义市场经济，就是要使市场在国家宏观调控下对资源配置起基础性作用。党的十八届三中全会经济指出，体制改革是全面深化改革的重点，核心问题是处理好政府和市场的关系，使市场在资源配置中起决定性作用和更好发挥政府作用。必须积极稳妥从广度和深度上推进市场化改革，大幅度减少政府对资源的直接配置，推动资源配置依据市场规则、市场价格、市场竞争实现效益最大化和效率最优化。发挥市场配置资源的决定性作用，不是要削弱政府的作用，而是要更好发挥政府作用。政府的作用可以概括为"宏观调控、公共服务、市场监管、社会管理、保护环境"二十个字。发展规划在编制实施中，注意区分市场和政府的作用，如设定预期性指标主要依靠市场主体的自主行为实现，设定约束性指标明确并强化政府责任等。

（二）一以贯之地坚持编制和实施发展规划

根据发展阶段，制定发展规划，一届接着一届办、一代接着一代干，历次发展规划保持根本目标的一致性和连贯性。编制与实施五年规划（计划）对中国由贫穷落后的农业国向发达现代化的工业国赶超具有重要意义。发展规划是社会共同的行动纲领，中国的发展规划在编制过程中广泛听取了社会各界意见，在最大范围、最大限度上凝聚了社会共识，规划就是将这种社会共识凝聚成国家意志的表达形式。只有思想上大家一致认为应该这样做，行动上就会自觉地这样做，一定意义上，这种规划也是协商的结果，是协商民主的一种形式。一个国家特别是赶超型的发展中国家，必须认准一个方向、一个目标，最大限度地凝聚全社会共识，一步一个脚印地向前迈进。①

（三）实事求是地确定发展目标

新中国的发展规划取得了诸多成就，但也曾走过一些弯路。改革开放前的五年计划曾出现"大跃进"的问题。"二五"计划的实施过程中，在急于求成的思想推动下，出现了"大跃进""人民公社化""超英赶美"等浪潮。"大跃进"期间，否定客观规律，预期增长目标被提高很多倍，导致了国民经济主要比例失调，财政连年赤字，人民生活遇到很大困难。② 由于受国际形势与国内"文化大革命"的影响，"四五"与"五五"计划时期均出现过脱离实际的高指标，过高的计划指标又被各地区、各部门层层加码，造成严重的经济后果。改革开放以来的五年规划（计划），由于坚持尊重经济社会发展客观规律，清晰判断国家所处历史方位，从实际出发、按照实事求是的原则确定目标，并加强实地调研，设定出"跳一跳可以够得到"的科学目标，编制规划的过程中广泛凝聚社会共识，更好地发挥了政府作用及规划的战略导向作用。

（四）与时俱进，不断创新，融入全球

中国的发展规划之生命力在于与时俱进，顺应规律，包括理念、目标、内容、方法［比如，指标和统计系统由"物质生产系统"（MPS），改为国际通用的"国民经济核算体系"（SNA），并采用了预测和经济模型等］。中国经济社会发展规划注重对国内外形势的研判和前瞻。发展规划既要适应国内形势，也要适应体制变化；既要适应国内发展需要，也要适应全球发展的需要。从中国编制发展规划的经验来看，客观环境是重要的影响因素。

一方面，要适应国内形势与体制变化。新中国成立以来，国内形势不断发生变化，党在过渡时期的总路线、"四个现代化"战略提出、"三步走"

---

① 杨伟民：《改革规划体制，更好发挥规划战略导向性作用》，《中国行政管理》2019 年第8 期。

② 刘国光：《中国十个五年计划研究报告》，人民出版社 2006 年版，第 52 页。

总体战略提出等国内形势变化影响着发展规划(计划)的编制与实施。首先,经济体制从计划经济体制到有计划的商品经济体制,到市场经济体制的变化,要求发展规划(计划)的性质、目标等发生改变。其次,新中国发展规划(计划)始终保持与时俱进,从内容到形式不断创新。

另一方面,既要适应国内发展需要,也要适应全球发展需要。新中国的发展规划(计划)不断适应国内不同阶段发展的需求,如对解决温饱、实现小康社会、建设社会主义现代化国家的需要。同时,新中国发展规划(计划)不断适应全球发展的需要,更加注重发展开放型经济,增加履行国际责任、参与全球经济治理等内容,向融入全球经济体系的规划转变。

(五)规范程序,广泛参与,重视评估

编制程序规范化、社会广泛参与是中国发展规划的重要经验。发展计划原来仅仅由计划部门制订,规划的编制越来越重视听取各方面和各界人士的意见,广泛地凝聚了共识,这样就会自觉地按照规划确定的方向和目标而努力。另外,新中国发展规划的制定逐渐强化对实施效果的重视,通过规划评估实现对规划实施效果进行跟踪和监控。长期以来,发展计划存在"重编制、轻实施和评估"的问题。"十五"计划以后,启动发展规划的中期评估工作。"十一五"规划纲要首次设置了完善规划实施专章和加强规划监测评估专节。"十三五"规划纲要出台后,中共中央办公厅、国务院办公厅首次印发《关于建立健全国家"十三五"规划纲要实施机制的意见》,初步建立起了系统完整的实施机制。"十四五"规划更是明确提出开展规划实施情况动态监测、中期评估和总结评估。

六、发展规划的作用

(一)促进国家发展

新中国成立以来,我国共编制和实施了 14 个五年规划(正在实施"十四五"规划),对国家经济社会发展起到了巨大的推动作用。社会主义革命和建设时期,我国提出实现"四个现代化"的战略目标。《中共中央关于党的百年奋斗重大成就和历史经验的决议》指出,"经过实施几个五年计划,我国建立起独立的比较完整的工业体系和国民经济体系,农业

生产条件显著改变,教育、科学、文化、卫生、体育事业有很大发展"。改革开放和社会主义现代化建设新时期,党中央制定了到 21 世纪中叶分三步走、基本实现社会主义现代化的发展战略,"六五"计划以来的规划(计划)为实现"三步走"战略的第一步、第二步,全面建成小康社会明确了路线图。这时期,党领导人民解放和发展社会生产力,使人民摆脱贫困,卓有成效地开展了经济建设、政治建设、文化建设、社会建设、生态文明建设,创造了经济快速发展和社会长期稳定的奇迹。

党的十八大以来,中国特色社会主义进入新时代,发展规划为全面建成小康社会、开启第二个百年奋斗目标新征程擘画了宏伟蓝图。在以习近平同志为核心的党中央坚强领导下,统筹推进"五位一体"总体布局和协调推进"四个全面"战略布局,我国经济社会发展取得新的辉煌成就,在中华大地上全面建成了小康社会,并朝着全体人民共同富裕的方向稳步前进。

(二)引领发展方向

中国的经济社会发展规划具有前瞻性、战略性。中国共产党遵循规律,清晰地判断历史方位,在不同发展阶段提出了与时俱进的正确指导思想,厘清了各时期的发展思路,引领中国发展方向和发展方式变革。

新中国成立之初,基于对农业国基本国情的认识,"一五"计划提出工业化的方针,即经济建设的重点是工业,工业建设又以重工业为主、轻工业为辅。围绕工业化方针,党中央提出"四个现代化"目标,并且明确"从第三个五年计划开始,我国的国民经济发展,可以按两步来考虑:第一步,建立一个独立的比较完整的工业体系和国民经济体系;第二步,全面实现农业、工业、国防和科学技术的现代化,使我国经济走在世界的前列"[①]。"一五"至"五五"计划的编制和实施为形成完整的工业体系和国民经济体系指引了方向、奠定了根基。

改革开放以后,基于对社会主义初级阶段的认识,党中央提出"三步

[①]　1964 年 12 月,周恩来同志在第三届全国人大一次会议上宣布"就是要在不太长的历史时期内,把我国建设成为一个具有现代农业、现代工业、现代国防和现代科学技术的社会主义强国,赶上和超过世界先进水平"。见《周恩来选集》下卷,人民出版社 1984 年版,第 439 页。

走"的发展战略。"六五"和"七五"计划为"三步走"战略的第一步指明方向,用十年时间解决了长期困扰中国的吃穿用供给不足问题,结束了短缺经济,实现了经济起飞。"八五"和"九五"计划为"三步走"战略的第二步指明方向,通过振兴四大支柱产业,提出建立社会主义市场经济的改革目标,支撑了经济腾飞。"十五"以来的规划,强调加快转变经济增长方式,在发展中注重解决突出矛盾和问题,并且"十一五""十二五""十三五"规划为全面建成小康社会引领了发展方向。在全面建成小康社会后,"十四五"规划指出立足新发展阶段、贯彻新发展理念、构建新发展格局,引领中国式现代化建设新征程。

(三)理清发展思路

一个人、一个单位、一个国家的进步,都离不开不断地总结。总结什么干对了,什么干错了,要坚持什么,要改进什么。编制规划的一个重要目的,就是总结上一个五年国家发展的成功之处和不足之处。认清上一个五年发展的问题,才能找到下一个五年的解决之道。如"九五"计划,认识到当时市场经济远未建立,增长方式过于粗放,提出了"两个根本性转变";"十五"计划,认识到结构性问题突出,特别是城乡结构和区域结构突出,提出以经济结构的战略性调整为主线,首次提出西部大开发和城镇化"两大战略";"十一五"规划,认识到发展不科学、不可持续,提出了"六个立足"的科学发展道路,即立足扩大国内需求、立足优化产业结构、立足节约资源保护环境、立足增强自主创新能力、立足深化改革开放推动发展;"十三五"规划,认识到结构性问题的背后是体制性矛盾,是要素配置的扭曲,提出以供给侧结构性改革为主线;等等。这些仍然是我们的努力方向。每个五年,对过去的五年进行反思,理清下一个五年的发展思路,不断纠偏,对我们始终走在正确的道路上发挥了重要作用。

(四)集中力量办大事

中国坚持全国一盘棋,通过经济社会发展规划调动各方面积极性,集中力量办大事。发展规划坚持问题导向与目标导向相结合,科学规划发展战略和确定重大任务。围绕经济社会发展的短板、弱项布局一些基础性重大项目,围绕发展中的大事、难事、急事提出一系列重大政策。例如,

"一五"计划集中力量进行156项重点工程、由限额以上的694个建设单位组成的工业建设，奠定了我国工业化的初步基础；"三五""四五"计划集中力量开展"三线建设"，加强战略后方建设的同时，改善了中西部地区的生产力布局。20世纪80年代制订的"六五"和"七五"计划，由过度重视重工业和过高的投资率转变为重视农业和轻纺工业，适度降低投资率，提高消费率，通过农村改革和乡镇企业崛起，用十年时间集中力量解决了长期困扰中国的吃穿用供给不足问题，结束了短缺经济，实现了经济起飞。90年代通过制订"八五"和"九五"计划，集中力量振兴电子机械、石油化工、汽车制造和建筑业四大支柱产业，"八五"计划列入"开工建设南水北调工程"，均对经济社会发展有着长期重大意义。进入21世纪的第一个十年，中国制定了"十五"和"十一五"规划，强调加快转变经济增长方式，在发展中注重解决突出矛盾和问题，这10年时间，集中力量调整经济结构、改善基础设施，把高铁网、高速公路网和信息网建成世界第一，不仅拉动了当期经济增长，而且为国民经济的持续发展奠定了坚实基础。自"十一五"规划以来，重大工程项目以专栏的形式列入规划纲要，"十二五"规划列入"建成'四纵四横'客运专线"等项目安排，"十三五"规划涉及165项重大工程项目，"十四五"规划20个专栏涉及119项重点项目或任务。此外，发展规划也包括实现重大的经济发展目标，如多个发展规划涉及实现脱贫攻坚的目标。

（五）弥补市场失灵

发展规划的重要作用之一是弥补市场失灵，是政府履行职责的依据。"十四五"规划纲要指出"坚持和完善社会主义基本经济制度，充分发挥市场在资源配置中的决定性作用，更好发挥政府作用，推动有效市场和有为政府更好结合"。公共服务和环境保护等领域作为公共物品，具有非竞争性和非排他性，市场机制无法实现资源的有效配置，需要发挥政府作用。发展规划为更好发挥政府作用提供了依据，政府履行职责首先应依法，规划是在法律框架下对政府阶段性目标的部署和安排，更具灵活性。发展规划弥补市场失灵主要表现在：一是发展规划引领基本公共服务体系建设，增进民生福祉，实现幼有所育、学有所教、劳有所得、病有所医、老有所养、住有所居和弱有所扶领域不断取得新进展。二是发展规划引领生态环境保护,治理负外部性,增强正外部性,改革开放以来的发展规划逐渐强化生态环境保护内容。三是发展规划弥补涉及国家安全、国民经济命脉和国计民生领域的市场失灵,如"十一五"以来的规划设专章介绍国防和军队建设。四是发展规划引领高标准市场体系建设,防止垄断、防止资本无序扩张,通过加强监管,以降低由垄断引起的福利净损失。五是发展规划引领收入分配结构优化,持续提高低收入群体收入,扩大中等收入群体,积极有为地促进共同富裕。

第三节　发展规划的理论探索和创新展望

一、发展规划遵循的客观规律

编制实施规划,要遵循经济规律、社会规律、自然规律三类客观规律。

(一)经济规律

经济规律是经济发展内在的自然而然的联系。编制实施规划至少要遵循以下经济规律。

一是市场规律。就是市场决定资源配置的规律。习近平总书记在关于《中共中央关于全面深化改革若干重大问题的决定》的说明中全面系统阐述了市场规律:"经济发展就是要提高资源尤其是稀缺资源的配置效率,以尽可能少的资源投入生产尽可能多的产品、获得尽可能大的效益。理论和实践都证明,市场配置资源是最有效率的形式。市场决定资源配置是市场经济的一般规律,市场经济本质上就是市场决定资源配置的经济。健全社会主义市场经济体制必须遵循这条规律,着力解决市场体系不完善、政府干预过多和监管不到位问题。"

二是供求规律。就是供给和需求均衡的规律。供求规律与价格规律紧密相连,价格规律就是市场根据供求形成价格,价格反过来引导供给和需求的增减。供给多了,需求不足,就会造成产能过剩,价格下跌,企业效益下降。供给不足,难以满足需求,就会带来价格上涨。改革开放之前的

30年,中国基本上是供不应求,但由于控制价格,并没有带来普遍的物价上涨,由于价格低,企业没有效益,没有生产的积极性,带来产品短缺的恶性循环。目前,中国总体上处于产能过剩,所以短期内实行了供给侧结构性改革,通过钢铁、煤炭的"去产能",初步实现了供求平衡,钢铁煤炭价格走出了低谷。但是,这是从短期看的,编制规划,要有长远视野来看待供求问题。当前的产能过剩,从长期看,有些未必就是过剩的。产能过剩,有些是落后的产能,必须淘汰,有些是相对于当下消费能力的过剩,而相对于未来潜在的需求未必过剩。

三是竞争规律。就是市场主体进行的效率高低的较量。效率高、成本低、利润高的优者胜,效率低、成本高、利润低的劣者败。市场竞争的优胜劣汰,不断推动全社会经济效率的提高,不断增进消费者的福利。市场上的每个市场主体都是利己的,希望自己的产品卖个好价钱,但必须拿到市场上去比较,消费者利己的选择权,希望用更少的钱获得更大的消费福利,消费者帮助生产者实现优胜劣汰。

四是城市化规律。就是农村人口和农业用地向城市集中的过程。城市化规律包括:(1)城市化是经济发展的结果,虽然城市化有助于经济增长,但不能本末倒置,把结果当作源泉,把城市化当作拉动增长的手段。(2)城市化布局要集中,人是跟着就业岗位走的,农业社会人跟着耕地走,就业和人口分散,工业社会产业链要集聚,就业要集中,人口要集中,城市化必然是集中布局的。(3)城市化的人地要匹配,城市化的人地要平衡,进多少人、占多少地,土地城市化进程要与人口城市化进程相一致。(4)城市化的人口构成要多样化,效率高是因为城市的社会分工不断细化深化,互相创造需求和提供供给,不能只要"白领",不要"蓝领"。(5)城市化的用地结构要均衡,居住用地、工业用地、就业用地、基础设施、公共服务用地要合理布局和匹配,城市空间各功能区、就业用地和居住用地要均衡,防止职住失衡、交通拥堵。(6)城市规模要同资源环境承载能力相适应,城市的大气以及其他生态空间能有效吸附达标排放的污染物,城市河流湖泊湿地森林等"水盆"的容量和水量能净化经处理后的污水,城市用水主要依靠当地降雨和"水盆"供给。总之,城市水资源、土地资源、环境容量,决定着城市的经济规模、人口规模、城市功能和产业结构。

五是遵循规律和把握国情。发展必须始终正确处理一般性与特殊性关系,也就是遵循规律与把握国情的关系。很多问题源自遵循规律多一点,还是强调特色多一些。建立社会主义市场经济,就是把握这一关系的典范。社会主义是特殊性,市场经济是一般性,建立社会主义市场经济首先要遵循市场经济的一般规律。国有企业,企业是一般性,国有是特殊性,国有企业也必须遵循企业发展的一般规律。所以,要在遵循规律、尊重科学的基础上把握国情,本末不能倒置,次序不能颠倒,不能用特殊性否定一般性。

(二)社会规律

社会发展的基础是经济发展,但社会发展有自身规律。经济发展有助于但并不能自然而然地解决贫困、收入差距、财富分化、阶层固化、社会撕裂等社会问题,社会问题突出后,会反作用于经济发展,激化经济问题。

一是公平正义。这是社会秩序的合理状态,是社会发展的内在要求,包括权利公平、机会公平、规则公平。权利公平,就是全体公民、各类市场主体、消费者和生产者、各类社会组织等社会成员的权利相同、非歧视性的。权利,包括人权、人身权、财产权、人格权、发展权、民主权、就业权、消费权、受教育权、环境权等。机会公平,就是全体社会成员拥有平等行使自身权利的机会,平等参与国家发展和国家治理的机会。规则公平,就是国家的法律法规、各类规章政策、各类规划对所有社会成员的相同行为只有一把尺子。

二是收入分配。劳动成果或生产经营成果的分配。我国实行按劳分配为主体、多种分配方式并存的分配制度,同时,劳动、资本、技术、管理等要素按贡献参与分配。按劳分配有两个层面:(1)个体劳动者,如承包土地的农民和个体工商户的劳动成果直接由市场评价,按照市场评价的价值获取收入。(2)在企业、合作社、机关、事业单位、社会组织中的劳动者,由于生产成果是各种生产要素共同组合实现的,劳动是集合劳动,个体劳动无法直接到市场评价,在集体内部根据一定的规则按照每个劳动者的劳动多少获取收入。按要素分配,就是参与生产经营成果的所有生产要素,劳动、资本、技术、管理等要素按贡献分别获取收入,各要素获取的收入按照集体组织确定的规则决定。在社会主义市场经济条件下,除公职人员(不包括国有企业)的劳动外,按劳分配或按要素分配,都是在市场评价基础上的,必须经受市场检验。劳动再多、生产再多,市场不认可,可能分文也得不到,市场决定着哪些劳动或生产活动是无效的。所以,虽然都是按劳分配,在计划经济体制和市场经济体制下是不同的,计划经济下的按劳分配无须市场评价。

生产成果主要由拥有决定性生产要素的所有者所有,决定性生产要素的所有者决定着分配。农业社会,土地是农业生产的决定性生产要素,生产成果归拥有土地的地主所有,并由地主决定分配。工业社会,生产要素资本化,资本成为决定性的生产要素,生产成果归拥有资本的资本家所有,并由资本家决定分配。现代社会,土地、资本尽管仍然是重要的生产要素,但其决定性作用降低,创新越来越成为具有决定性意义的生产要素。因此,包括企业家和科研人员的创新主体,应该是生产成果的所有者并决定分配。这样,才能激励企业家和科研人员的创造性,创新才能成为经济增长的主要驱动力。

社会规律中还有人口规律、社会稳定规律、公共服务规律、社会组织运行规律等。人口规律是人口发展过程中的总量、结构变化的内在关联,人口总量和经济发展的规模、速度密切相关,不同性别、不同年龄段的人口结构要合理。社会稳定规律,就是一个社会的稳定状态取决于中等收入群体规模,形成"橄榄型"这种结构的社会是最稳定的,而"哑铃型"的社会结构,社会矛盾多、社会风险大。公共服务规律,就是对市场难以有效提供供给的义务教育、基本医疗、公共卫生、社会保障、社会救助、公共安全、防灾减灾、环境治理等,政府要发挥主导作用,提供均等化的供给,同时又要按市场规律提供有效率的优质供给。社会组织运行规律,就是非营利性的各类社会组织在社会治理中发挥基础细胞作用,畅通社会诉求,化解社会矛盾,平衡社会利益。

(三)自然规律

自然规律指大自然固有的事物本身的必然联系。自然规律有很多,这里主要指与生态文明建设密切相关的自然规律。

第一，人与自然是生命共同体。天人合一是古代中国的自然观，人与自然和谐共生是当代中国生态文明基本理念。人类离不开自然，没有自然，也就没有人类。人与自然是平等的，人类不能以自己的想法和喜好为尺度利用自然、改造自然、征服自然。人类文明进步有两个基本关系必须处理好：一是人与人的关系；二是人与自然的关系。人与人的关系处理不好，会带来社会动荡、国家衰败。人与自然的关系处理不好，同样会带来社会崩溃、文明衰退。人类社会发展到今天，创造了极大的物质财富，但对自然造成极大伤害，人类对大自然的伤害，最终会伤及人类自身。

第二，山水林田湖草沙是生命共同体。人的命脉在田，田的命脉在水，水的命脉在山，山的命脉在土，土的命脉在树。如果砍光了树，就破坏了山，也就破坏了水，山就变成了秃山，水就变成了洪水，泥沙俱下，田就变成了没有养分的不毛之地，水土流失、沟壑纵横。自然各要素是一个相互关联、相互影响的系统，保护修复生态，必须充分考虑自然要素之间的均衡，按照生态系统的整体性、系统性，统筹考虑自然各要素、山上山下、地上地下、陆地海洋以及流域上下游等，进行整体保护、系统修复、综合治理。一个地区水资源不足，一方面是用水多了，另一方面是涵养水源的生态空间少了，盛水的"盆"小了。因此，解决水资源短缺，首先要节水，其次要保护好涵养水源的山地、林地、湖泊、湿地。一些城市屡屡出现"看海"现象，其中排水系统不畅是一个原因，但根本原因是开发强度过高，"水泥地"的比例太高，自然积存、自然渗透、自然净化的生态空间太少，降低开发强度，才能形成"海绵城市"。

第三，矛盾的主要方面在人。人与自然关系中，人类是主动的，自然是被动的。自然的破坏是人类对自然无度无序开发的结果，矛盾的主要方面在人，不在自然。实现人与自然和谐共生，关键在人，关键在规范、约束、纠正人的行为，而这就必须依靠制度、依靠法治。只有实行最严格的制度、最严密的法治，才能为保护自然提供制度保障，所以，必须把制度建设作为重中之重。

二、发展规划的理论探索

在新的形势下，编制实施发展规划，对构建新发展格局具有重要的牵引作用。深入研究发展规划的理论创新问题，将为谋划下一步的发展提供重要参考。

（一）制度保障

党的十九届六中全会审议通过《中共中央关于党的百年奋斗重大成就和历史经验的决议》，以"十个明确"系统总结习近平新时代中国特色社会主义思想核心内涵，其中居于首位的就是党的领导。"中国特色社会主义最本质的特征是中国共产党领导，中国特色社会主义制度的最大优势是中国共产党领导。"[1]

党的十八大以来，"以习近平同志为核心的党中央旗帜鲜明提出，党的领导是党和国家的根本所在、命脉所在，是全国各族人民的利益所系、命运所系，全党必须自觉在思想上政治上行动上同党中央保持高度一致，提高科学执政、民主执政、依法执政水平，提高把方向、谋大局、定政策、促改革的能力，确保充分发挥党总揽全局、协调各方的领导核心作用……党的领导是全面的、系统的、整体的，保证党的团结统一是党的生命；党中央集中统一领导是党的领导的最高原则"[2]。新时代坚持和加强党的全面领导，对于走好全面建设社会主义现代化国家新征程具有重要的理论价值与现实意义。

（二）发展理念

发展理念是规划的思想灵魂，发展理念是否对头，从根本上决定着发展成效乃至成败。新中国成立以来，发展理念从优先发展重工业、建立独立完整的工业体系，到解决温饱问题的人民生活为主，强国和富民相统一，再到科学发展观、新发展理念。发展理念的演变展现了我们党团结带

---

[1] 《中共中央关于党的百年奋斗重大成就和历史经验的决议》，人民出版社2021年版，第24页。

[2] 《中共中央关于党的百年奋斗重大成就和历史经验的决议》，人民出版社2021年版，第27—28页。

领全国人民在不同时期"干什么""怎么干"的意志,反映了我们党对经济社会发展规律认识的深化,是发展理论的不断创新与升华。

新发展理念是"十三五"和"十四五"规划的理念。新发展理念在习近平经济思想中居核心地位,坚持新发展理念是关系我国发展全局的一场深刻变革。创新发展,就是要变中国制造为中国创造,解决发展动力问题;协调发展,就是要处理好发展中的各种重大关系,解决不平衡问题;绿色发展,就是要走绿色低碳循环发展的道路,建设美丽中国;开放发展,就是要通过开放促改革、促发展,构建人类命运共同体;共享发展,就是坚持发展为了人民、发展依靠人民、发展成果由人民共享,使全体人民在共建共享中有更多获得感,最终实现共同富裕。

(三)发展目标

根据发展阶段,制定发展目标,一届接着一届办、一代接着一代干,是我国经济发展取得成功的一条重要经验。现在,越来越多的外国政要和国外理论界认同我国的这一做法。一个国家的发展,特别是赶超型的发展中国家的发展,必须认准一个方向、一个目标,最大限度地凝聚全社会共识,一步一个脚印地向前迈进。从发展史的视野可以观察到,这是经济发展乃至国家发展的一条规律。

中国领导人历来都重视确定国家发展战略目标,改革开放前,1964年周恩来同志在政府工作报告中首次提出,"就是要在不太长的历史时期内,把我国建设成为一个具有现代农业、现代工业、现代国防和现代科学技术的社会主义强国"。[①] 1975 年的第四届全国人民代表大会第一次会议上,周恩来同志在政府工作报告重申了"四个现代化"和"两步走"的战略目标。改革开放后,邓小平同志提出了"三步走"的战略目标:第一步,20 世纪 90 年代末,实现国民生产总值比 1980 年翻一番,解决人民的温饱问题;第二步,到 20 世纪末,使国民生产总值再增长一倍,人民生活达到小康水平;第三步,到下个世纪中叶,人均国民生产总值达到中等发达国家水平,人民生活比较富裕,基本实现现代化。党的十六大提出,在

---

① 《周恩来选集》下卷,人民出版社 1984 年版,第 439 页。

本世纪头二十年,集中力量,全面建设惠及十几亿人口的更高水平的小康社会。党的十九大,习近平总书记提出分两步走实现国家现代化。第一步,从 2020 年到 2035 年,基本实现社会主义现代化;第二步,从 2035 年到 2050 年,建成富强民主文明和谐美丽的社会主义现代化强国。这样,中国将用 100 年时间完成发达国家两三百年走完的现代化路程。

（四）发展目的

社会主义政治经济学讲的发展目的就是满足人民的需要。改革开放后,提出以经济建设为中心,但在具体执行中,存在以 GDP 为中心、以 GDP 论英雄的倾向。习近平总书记提出以人民为中心的发展思想,进一步明确了究竟为什么要发展,为了谁而发展的问题。坚持以经济建设为中心同坚持以人民为中心是不矛盾的,要以人民幸福为最终目的谋发展,不能单纯以 GDP 增长论英雄、衡量发展成效,增加 GDP 未必有人民幸福,没有 GDP 也不会有人民幸福。坚持以经济建设为中心是相对于国家发展的各项事业而言的,即在经济建设、政治建设、文化建设、社会建设和生态文明建设中,要坚持以经济建设为中心。但在经济建设中,必须坚持以人民为中心,经济建设要围绕满足人民日益增长的美好生活需要,不能为了 GDP 而搞经济建设,人民需要的发展才干,不需要的事不干。需要注意的是,在坚持以人民为中心的发展思想的同时,按照社会主义生态文明观的要求,还要坚持人与自然和谐共生,不能认为为了提高人民生活水平,就可以盲目过度地开发利用自然。

（五）发展阶段

发展阶段的划分有多种。比较著名的是美国经济学家沃尔特·罗斯托（Walt Whitman Rostow）于 1960 年在《经济成长的阶段》一书中提出的经济成长阶段论。罗斯托认为,人类社会发展共分为 6 个经济成长阶段:传统社会、为起飞创造前提的阶段、起飞阶段、成熟阶段、高额群众消费阶段、追求生活质量阶段。有的按照工业化,分为工业化的初级阶段、中期阶段、后工业化阶段;有的按照城市化,分为起步阶段、中期阶段、成熟阶段;按照增长速度,可以分为高增长阶段、中速增长阶段、低速增长阶段;等等。

党的十八大以来,习近平总书记先后提出"三期叠加"、经济发展新常态、高质量发展阶段。这三个关于中国发展阶段的判断,内在逻辑统一、逐步递进,是实践发展和认识深化的过程。一个国家在经历了起飞阶段的高速增长后,必然进入新的更高水平的发展阶段。中国过去的高增长,依靠的是大规模高强度的投资,模仿型排浪式的消费,低成本低价值的出口。现在,这种需求结构发生了很大变化。中国劳动年龄人口已过了峰值,部分行业的产能或产量已达到物理性峰值,资源承载能力减弱,污染排放总量超出了环境容量,生态损害超过了自然再生能力。支撑高速增长的需求结构和供给条件都发生变化了。因此,中国经济2012年以来的增长减速,不是短期的周期性波动,而是发展阶段变化的必然结果,是阶段性的长期变化。党的十九届五中全会提出我国进入新发展阶段,发展环境面临深刻复杂变化,"十四五"时期推动高质量发展,必须立足新发展阶段、贯彻新发展理念、构建新发展格局。

(六)发展路径

发展问题关系经济发展的质量效率。"九五"计划提出实行两个具有全局性意义的根本性转变:一是经济体制从传统的计划经济体制向社会主义市场经济体制转变;二是经济增长方式从粗放型向集约型转变。党的十七大把其中的转变经济增长方式改为转变经济发展方式,内涵拓展为促进经济增长由主要依靠投资、出口拉动向依靠消费、投资、出口协调拉动转变,由主要依靠第二产业带动向依靠第一产业、第二产业、第三产业协同带动转变,由主要依靠增加物质资源消耗向主要依靠科技进步、劳动者素质提高、管理创新转变。党的十八大提出,以科学发展为主题,以加快转变经济发展方式为主线,是关系我国发展全局的战略抉择,使经济发展更多依靠内需特别是消费需求拉动,更多依靠现代服务业和战略性新兴产业带动,更多依靠科技进步、劳动者素质提高、管理创新驱动,更多依靠节约资源和循环经济推动,更多依靠城乡区域发展协调互动。党的十九大提出,我国经济已由高速增长阶段转向高质量发展阶段,正处在转变发展方式、优化经济结构、转换增长动力的攻关期。因此,高质量发展,是我国经济发展的新方式,包括转变发展方式、优化经济结构、转换增长动力三个相互交叉、相互关联的任务。

过去，我国创造了"中国速度"，现在，要努力创造"中国质量"。高质量发展的内涵包括：一是宏观上，保持增长、就业、价格、国际收支的均衡，不是高速度、高失业、高物价、高逆差或高顺差。二是产业体系上，促进产业体系现代化，生产方式平台化、网络化、智能化，形成一些我国做得最好、别人离不开的技术、产品、零部件。保持农业工业服务业、实体经济与金融、实体经济与房地产等的协调。三是空间上，促进人口、经济、资源环境的空间均衡，城市化地区高密度高效率地集聚经济和人口，农产品主产区主要提供农产品，生态功能区主要提供清洁空气、清洁水源、宜人气候、优美环境等生态产品。四是分配上，实现投资有回报、企业有利润、员工有收入、政府有税收，各市场主体的分配比较合理。五是效率上，资本、劳动、土地、资源、能源等传统生产要素的效率高，人才、科技、数据、环境等新生产要素的效率高。

党的二十大明确要求坚持以推动高质量发展为主题，推动经济实现质的有效提升和量的合理增长。这进一步明确了发展中质量与数量的辩证关系，高质量发展是质量与数量的统一，有量无质不是高质量发展，有质无量也动摇了发展的基础，同样谈不上高质量发展。从宏观上来看，高质量发展就是要看经济新增量是不是有质量，如果是结构优化的量、技术贡献提高的量、效率提升的量、碳排放和污染物减少的量，就都属于高质量发展。所以推动高质量发展不是不要速度，只有量的增长才有可能实现质的提升。

（七）发展思路

实现经济持续健康发展，需要根据不同时期的突出问题制定解决这些问题的发展思路，发展规划坚持稳中求进和多目标平衡的发展策略。扩大需求和改善供给是宏观调控的两大政策思路，不同时期，要针对不同的问题实施不同的政策发展思路。

供给和需求是经济发展的两面。供给决定增长能力，即潜在增长率，需求决定潜在增长能力能否充分释放，使潜在增长转化为现实增长。总需求的一般模型为 $Y = C + I + (X - M)$，即由消费（C）、投资（I）、净出口（X 为出口、M 为进口）组成（政府投资、政府消费包括在投资、消费中）。总供给的一般模型是 $Y = AF(K,L)$，即资本（K）、劳动（L）和全要素生产率（A），F 代表着产权制度，即劳动和资本以及各种生产要素的不同组合。$Y = C + I + (X - M)$，是从需求角度解释经济增长，$Y = AF(K,L)$，是从供给角度解释经济增长。总需求等于总供给，才能实现经济持续增长。

刺激需求一般通过两大宏观政策手段，即积极的财政政策（包括扩大财政支出、提高赤字率等）和宽松的货币政策（包括增发货币、降低利率等）。这些政策会刺激家庭、企业、政府、金融四个部门的消费需求或投资需求，增加全社会有支付能力的需求，从而在总供给可以支撑和供给结构与需求结构相适应的条件下，有效拉动经济增长。

从供给侧结构性改革的传导机理看，改善供给的主要途径是增加劳动数量和提高劳动质量、增加资本数量和提高资本质量、改善劳动与资本的组合即优化资源配置。

在劳动年龄人口大幅度减少的背景下，扩大劳动数量具有重要的意义。扩大劳动数量，包括增加劳动者人数和劳动时间，而这里的劳动时间是宏观上的，不是微观个体的一天或一周的劳动时间，而是所有劳动者一生的劳动时间。农民工难以市民化，致使不少农民工 40 多岁就回乡、退出生产率高的非农产业特别是制造业。同城市劳动者一生一般 60 岁退休、工作 40 年相比，少了近 20 年。在劳动无限供给的情况下，这一问题不突出，但在劳动年龄人口进入峰值后的下降阶段，这一问题开始突出，加重并加快了人工成本上涨压力，削弱了我国的整体竞争力。而要实现农民工市民化，除了在户籍上解除限制外，还要帮助他们解决在何处居住的问题。此外，延迟退休，也具有加长劳动时间的意义。提高劳动质量主要靠加强教育和技能培训。

扩大资本数量和提高资本质量可以通过扩大生产性投资的方式实现，其中设备更新和技术改造有利于提高资本质量，主要不是为了增加生产能力。补短板的任务之一是支持企业技术改造和设备更新，这是供给侧结构性改革的应有之义。

改善劳动与资本的组合，即前述的 F ，可以优化要素配置，提高全要素生产率。生产率提高了，生产要素得到合理的报酬，即投资有回报、企业有利润、员工有收入、政府有税收，这就是有质量有效益的增长。有支付能力的需求的增加是建立在生产率提高的基础上，而不是建立扩大债务的基础上，这样的发展才是健康可持续的。

供给侧结构性改革的政策目标。就是减少无效供给，扩大有效供给，提高供给结构对需求结构的适应性和灵活性，提高全要素生产率，提高资源配置效率。最终目的是更好满足人民日益增长的物质文化和生态环境需要。因此，供给侧结构性改革，是坚持以人民为中心的发展思想的必然要求，是人民中心论思想的集中体现。

供给侧结构性改革的政策对象。要解决的核心问题是矫正要素配置扭曲，具体包括三个层面：一是企业内部要素配置，这主要取决于企业家精神，靠企业科学管理实现。改革开放初期的联产承包责任制和现在推行的企业员工持股改革其实就是企业内部的改革。二是企业间要素配置，就是使资源更多配置到优质企业、有竞争力的企业、有创新精神的企业。20 世纪 90 年代国有企业的"抓大放小"改革和现在的处置"僵尸企业"的改革，就是要推动产业内企业间要素配置的改革。三是产业间要素配置，就是通常说的产业结构调整优化，资源更多流向有需求、有前途、效益高的产业和经济形态，从农业流向非农产业、从工业流向服务业、从传统产业流向新兴产业、从传统业态流向新业态、从虚拟经济流回实体经济。90 年代农民工涌入城市和现在推进的金融供给侧结构性改革就是这种产业间的要素配置改革。

供给侧结构性改革的政策手段。供给侧结构性改革的政策和扩大需求的政策有所不同，主要不是扩大投资、扩大财政支出、扩大货币发行，主要政策是提供制度供给，向改革要动力。如市场制度方面的市场准入、市场交易、企业破产即企业退出等制度；企业制度方面的激励创新、处置"僵尸企业"、减轻企业税费负担、提高劳动力市场灵活性、鼓励竞争、打破垄断等；政府管理方面的简政放权、减少政府不当干预、降低制度性交易成本以及财税体制、金融体制、养老保险体制等。

供给侧结构性改革自 2015 年提出后,其内涵也不断拓展,从"三去一降一补"到"破、立、降"到"巩固、增强、提升、畅通"八字方针,再到"提升供给体系适配性",越来越着眼于通过供给质量提升,更好满足和创造需求。

党的二十大强调把实施扩大内需战略同深化供给侧结构性改革有机结合起来,这是加快构建新发展格局面临的一个重大理论和实践问题,也是宏观经济治理的重要着力点。扩大内需和供给侧结构性改革,二者之间不是对立关系,也不是替代关系,而是协同关系。如果不顾其相互关联,单兵突进地推进某方面政策,就可能顾此失彼,带来一系列的后遗症。在新发展格局中,扩大内需是战略基点,深化供给侧结构性改革是工作主线,二者必须相辅相成、共同作用、均衡发力,这样才能真正从需求端引导供给升级、从供给侧激发潜在需求,实现更高水平的动态平衡。要从实际出发,善于挖掘既能提升供给体系质量和效率,又能拉动有效需求的结合点,把堵点和空白点转化为新的增长点,为促进经济运行整体好转和长远健康发展提供重要动力。

(八)发展战略

促进我国经济持续健康发展,必须根据发展阶段和发展目标确定发展战略。改革开放以来,我们党根据发展阶段提出了许多发展战略。20 世纪 80 年代提出沿海开放战略。"九五"计划提出了科技兴国战略和可持续发展战略。"十五"计划提出城镇化战略、西部大开发战略、"走出去"战略。"十一五"规划提出人才强国战略、主体功能区战略(当时没有称为战略)和包括西部开发、东北振兴、中部崛起、东部率先的区域发展总体战略。"十二五"规划提出扩大内需战略、海洋发展战略、节约优先战略、知识产权战略、自由贸易区战略、互利共赢开放战略。"十三五"规划提出创新驱动发展战略、网络强国战略、"藏粮于地、藏粮于技"战略、军民融合发展战略、国家安全战略等。这些战略的提出和实施,对解决事关全局和长远的重大问题和发展难题发挥了重要作用。

党的十八大以来,习近平总书记观大势、谋大局、议大事,提出一系列新的发展战略,对以往的发展战略根据新形势充实完善。先后提出了,京津冀协同发展和雄安新区建设、"一带一路"倡议、新型城镇化、粮食安全、水安全、能源安全、创新驱动发展、精准脱贫、扩大中等收入群体、粤港澳大湾区、长三角一体化等重大战略。每一个重大战略，都提出了新思想、新思路、新路径。例如，实施创新驱动发展战略，要坚持紧扣发展、强化激励、深化改革、扩大开放的方针；推进城镇化，首要任务是促进常住人口有序实现市民化，实行以人为本、优化布局、生态文明、传承文化的方针；保障水安全，要实行节水优先、空间均衡、系统治理、两手发力的治水思路；保障能源安全，要推动能源"四个革命""一个合作"，即推动能源消费、供给、技术、体制革命，加强国际合作；推进京津冀协同发展，要牵住疏解北京非首都功能这个牛鼻子；推动长江经济带发展，要坚持生态优先、绿色发展，共抓大保护，不搞大开发；扩大中等收入群体，要做到"六个必须"，即坚持有质量有效益的发展、弘扬勤劳致富精神、完善收入分配制度、强化人力资本、发挥好企业家作用、加强产权保护等。这些新理念、新思想、新战略，已经并将继续对我国经济社会发展产生深远影响和变革。

（九）发展底线

发展是我们党执政兴国的第一要务，是解决中国所有问题的关键。安全和发展是一体之两翼、驱动之双轮，安全是发展的前提，发展是安全的保障。坚持底线思维是我们党治国理政的重要思想方法。

党的十八大以来，我们党对经济形势进行科学判断，对发展理念和思路作出及时调整，其中很重要的一个方面就是强调"统筹发展和安全"。中国特色社会主义进入新时代，这是我国发展新的历史方位。在这个阶段，发展内在产生和外在面临的安全风险均在上升，发展与安全的深度交织变得越来越突出。[①]《中华人民共和国国民经济和社会发展第十四个五年规划和2035年远景目标纲要》指出，"国际环境日趋复杂，不稳定性不确定性明显增加，新冠疫情影响广泛深远，世界经济陷入低迷期，经济全球化遭遇逆流，全球能源供需版图深刻变革，国际经济政治格局复杂多变，世界进入动荡变革期，单边主义、保护主义、霸权主义对世界和平与发

---

① 　高祖贵：《深化对统筹发展和安全的理解》，《理论导报》2022年第3期。

展构成威胁……我国发展不平衡不充分问题仍然突出,重点领域关键环节改革任务仍然艰巨,创新能力不适应高质量发展要求,农业基础还不稳固,城乡区域发展和收入分配差距较大,生态环保任重道远,民生保障存在短板,社会治理还有弱项"①。从新发展阶段的内外调整来看,统筹中华民族伟大复兴战略全局和世界百年未有之大变局,必须坚持统筹发展和安全。

(十)经济体制

经济体制的变迁历程在一定程度上也反映着发展理论的演进。新中国成立以来,我国经历了计划经济体制、有计划的商品经济体制、市场经济体制。"一五"至"五五"时期,我国实行高度集中的计划经济体制,改革开放以来,市场的地位日益提高。1982年,党的十二大报告中明确了"计划经济为主、市场调节为辅"的经济管理原则。1984年,党的十二届三中全会提出实行"有计划的商品经济";"八五"计划指出,"初步建立适应以公有制为基础的社会主义有计划商品经济发展的、计划经济和市场调节相结合的经济体制和运行机制"。1992年,邓小平同志南方谈话时提出要建立社会主义市场经济体制,党的十四大正式提出建立社会主义市场经济体制的目标;"九五"计划指出"初步建立社会主义市场经济体制,市场在国家宏观调控下对资源配置起基础性作用";"十五"计划指出"在国家宏观调控下,充分发挥市场配置资源的基础性作用";"十一五"规划指出"更大限度地发挥市场在资源配置中的基础性作用"。2013年,党的十八届三中全会提出,使市场在资源配置中起决定性作用,"十三五"规划指出"健全使市场在资源配置中起决定性作用和更好发挥政府作用的制度体系";"十四五"规划指出"充分发挥市场在资源配置中的决定性作用,更好发挥政府作用,推动有效市场和有为政府更好结合"。

三、完善创新规划实施机制

在中国式现代化新征程中,编制和落实五年规划,对于实现国家发展

---

① 《中华人民共和国国民经济和社会发展第十四个五年规划和2035年远景目标纲要》,人民出版社2021年版,第4页。

目标至关重要。要在不断探索创新发展规划理论的基础上，从落实新的战略部署出发，继续推动完善发展规划实施机制，一步一个脚印实现社会主义现代化强国建设的宏伟目标。

一是建立分类指导的实施机制。实现规划目标和任务，主要发挥市场配置资源的决定性作用，政府要维护公平竞争，保护产权和知识产权，不得直接干预企业经营活动，不得干预市场机制正常运行。政府要正确履行职责，合理配置公共资源，做好义务教育、公共卫生和基本医疗、社会保障、社会救助、促进就业、减少贫困、防灾减灾、公共安全、公共文化、调节收入分配、生态环境、资源管理、基础科学技术和共性技术、国防等公共服务领域的工作。

二是完善宏观调控。做好总需求与总供给的平衡，特别要加强制度协调、政策协调、规划协调。要健全以国家发展规划为战略导向，以财政政策和货币政策为主要手段，就业、产业、投资、消费、区域等政策协同发力的宏观调控制度体系。宏观调控要统筹长远发展与短期稳增长，近期措施要服从于发展规划目标、有利于解决长期性难题。财政政策和货币政策的确定和调整应明确相应的衔接程序和制度，其他宏观政策也要做好与规划的衔接，确保符合国家发展规划的方向。

三是完善国家重大发展战略和中长期经济社会发展规划制度。加快出台发展规划法，明确发展规划的地位、内容和编制、批准、实施、风险评估、动态调整、问责等机制，确定发展规划的法律地位和发展规划体系的构成及与其他规划的关系。

四是坚持主体功能区制度。按照党的十八届三中全会"坚定不移实施主体功能区制度，建立国土空间开发保护制度，严格按照主体功能区定位推动发展"的要求，毫不动摇地坚持主体功能区制度，加快制定国土空间开发保护法，完善主体功能区配套政策。

五是强化约束性指标的实施。发展规划确定的约束性指标具有法律效力，要纳入各地区、各部门经济社会发展综合评价和绩效考核，能分解落实到各地区的要分解落实，但在不同主体功能区要体现差异性。

六是加强中期评估。加强规划实施的跟踪分析和中期评估，实行第三方评估为主的评估制度,主动接受全国人民代表大会及其常务委员会对国家发展规划实施的监督检查,主动听取全国政协及其常委会通过民主协商对国家发展规划的意见建议。

七是做好年度经济工作。在更高水平上编制执行国民经济和社会发展年度计划,统筹协调政策目标和政策手段,年度经济工作既要考虑短期的、当年经济形势的变化,也要坚持国家发展规划确定的长期目标,年度计划指标要同国家发展规划相衔接。

八是财政预算要按照国家规划安排。中央政府财政资金和各地地方政府财政资金的安排,要服从和服务于国家发展规划的重点任务,增加长期资金安排。

第二章　经济总量调控：
统筹增长与稳定的宏观调控[①]

经济周期是经济增长中的各种矛盾在总量上的反映。改革开放后，随着市场化改革不断推进，中国也开始出现市场经济基础上由供需总量失衡所带来的经济周期。应对经济周期的过程也是中国经济不断发展和提升的过程，在克服困难的同时总结历史经验、深化经济改革、改善宏观管理和调控，使中国实现了一轮又一轮经济发展水平上的提升，社会主义市场经济制度和机制也在不断完善。无论是与改革开放之前的动态比较，还是与全球及主要经济体的横向比较，中国经济发展的突出特征就在于增长的稳定性。从长期发展来看，中国经济发展仍然处于重要发展机遇期，具备经济发展的比较优势，能够实现全面现代化的目标。

第一节　改革开放以来的中国
经济周期与宏观调控

改革开放以来，随着新型社会主义市场经济体制的建立和发展，中国的经济增长进入了加速发展期，取得了巨大的成就。但在发展过程中，由于市场经济发展所带来的各种总量失衡以及结构失衡，中国经济也经历

[①]　本章作者:刘伟，博士生导师，现任国务院学位委员会委员、学科评议组理论经济学组召集人，教育部高等学校经济学类专业教学指导委员会主任委员，曾任北京大学常务副校长、中国人民大学校长、中国人民政治协商会议第十三届全国委员会常务委员等;刘晓光，中国人民大学国家发展与战略研究院教授、博导，吴玉章讲席教授，教育部青年长江学者，《经济理论与经济管理》副主编、北京市经济学总会副秘书长、中国政府债务研究中心主任。

着不断地起伏并反映出周期性。这种周期性变化突出的特征,表现为经济增长率和通货膨胀率的周期性波动,但也有各个阶段的特殊性,不同阶段的体制背景、经济发展水平、国内外环境和发展目标的变化都会对经济周期的表现产生影响。从主要宏观指标上看,尤其是从经济增长率和通货膨胀率的波动上看,中国经历了四次大的周期。

一、改革开放以来中国的经济周期及其表现

从历史上看,随着资本主义制度的出现和市场经济的发展,经济周期和经济危机就成为一种周而复始的现象。经济周期和经济危机反映了经济增长中的供需失衡,形成对生产力的巨大浪费甚至是破坏。无论是马克思主义经典作家还是西方经济学家都对此进行了大量的研究,并提出了不同的解决方案。[①] 进入 20 世纪后,世界各国普遍采用的是两种解决方案:一是建立社会主义制度下的中央计划经济,由此来解决生产的社会化与资本主义私人占有的矛盾所带来的扩大再生产过程中的失衡问题。新中国成立之后,我国也学习苏联建立了这种模式。在这种模式下,总量失衡长期表现为供给不足,而经济周期和经济危机是以供给过剩为特征的,所以在原来的中央计划经济国家确实很少见到以生产过剩为特征的经济危机。但是由于激励和约束机制等方面的矛盾,经济增长的效率不高,宏观经济失衡长期表现为短缺经济。这也是苏联模式最后无法延续的基本原因。二是在原有的资本主义制度下加强或改善政府干预,通过政府的宏观经济政策尤其是财政政策和货币政策进行逆周期调节。自 20 世纪 30 年代以来,西方经济学中形成了以凯恩斯(John Maynard Keynes)为先驱的宏观经济学,研究如何通过政府各种经济政策的适度干预,引导经济平稳增长。[②] 在此过程中形成了很多学派(如货币学派、供给学派等),他们的很多观点被政府采纳并加以实施。在资本主义早期,

---

① 张宇:《马克思经济危机理论的基本观点》,《人民日报》2009 年 6 月 19 日;王金明、高铁梅:《经济周期波动理论的演进历程及学派研究》,《首都经济贸易大学学报》2006 年第 3 期。

② 约翰·梅纳德·凯恩斯:《就业、利息和货币通论》(中译本),商务印书馆 1999 年版,第 391—392 页。

经济周期反映为经济增长过程中会不断地经历复苏、高涨、衰退、萧条这四个阶段,但随着现代市场经济的发展和政府反周期宏观干预的改善,世界各国尤其是发达国家在经济增长中的波动性已经明显减弱。以经济增长率、通货膨胀率和就业率等指标所反映的经济周期的波动程度也在减小,但经济周期始终存在。从实证研究上看,西方经济学家对经济周期已经有了很多探索,比较著名的有基钦(Kitchin)存货变动周期,周期的长度大约为3—5年;①库兹涅茨(Kuznets)基础设施投资周期,周期的长度为15—25年;②康德拉捷夫(Kondratieff)技术周期,周期的长度为45—60年③;等等。经济学家们对于经济周期的这些总结往往都是根据他们对一定时期的宏观数据的观察和分析得出的,由于时代在发展,很多传统的认识已经不能满足分析的需要。各个国家都在加强对各种宏观数据的观察和分析,从而加深对经济周期的认识,并在此基础上不断改善政府宏观干预的水平。

新中国成立后,我国按照当时的苏联模式建立了中央计划经济,在一定的时期内,这一模式的建立和发展对中国经济增长有积极意义,尤其是通过在国民收入中的高积累来扩大投资,由此建立了独立自主的现代工业体系,这对中国的长远发展具有基础性意义。但是,这一模式也存在内生动力不足和外生干扰较多的问题,内生动力不足导致经济活动的效率难以持续提高,外生干扰较多则反映为正常的经济运行时常因为非经济原因而发生问题,从而导致经济增长的起伏和停滞。从总体上看,正像苏联和其他实行中央计划经济的国家一样,当时中国在总供给和总需求的关系上也是长期供给不足,消费品不足迫使必须通过票证经济来安排消费,投资品的不足导致以"排队"计划等待的方式来安排投资需求,所以不存在市场经济国家以"需求不足和生产过剩"循环出现为特征的经济

① Kitchin,J.,"Cycles and Trends in Economic Factors",*Review of Economics and Statistics*,Vol.5,No.1,1923,pp.10-16.

② Kuznets,S.,*Secular Movements in Production and Prices：Their Nature and Their Bearing upon Cyclical Fluctuations*,Boston：Houghton Mifflin,1930,pp.177-179.

③ Kondratieff,N.D.,Stolper,W.F.,"The Long Waves in Economic Life",*Review of Economics and Statistics*,Vol.17,No.6,1935,pp.105-115.

周期和经济危机。改革开放以后,中国开始推进市场化改革,市场化程度不断提高,这样,在市场经济下的供求关系变化所带来的总量失衡就有可能周而复始地出现,这就使中国也开始出现经济周期(从宏观指标上看,表现为经济增长率和价格指标的周期性波动)。[①] 尽管引起经济周期的根本原因都是市场经济中的不确定性,但由于中国市场化改革是逐步推进的,各个时期的市场化程度不同,引发经济周期的具体原因、经济周期的表现以及政府所采取的反周期的措施也不同。同时,由于基本经济制度的根本不同,形成市场经济条件下经济周期波动的深层原因也存在本质区别,因而中国特色社会主义市场经济下的经济周期又呈现出自身的一些特点。

(一)总量变化

经济周期首先是从国内生产总值(GDP)的变化来观察的。图 2-1 展示了改革开放以来(1978—2022 年)中国实际 GDP 增长率的变化情况。虽然党的十一届三中全会之后经济建设已经成为党和国家工作的重点,但从图中可以看出,1978—1981 年,经济增长率反而是逐渐回落的,由 1978 年的 11.7% 回落到 1981 年的 5.1%。其中的重要原因,在于改革开放前形成的经济结构尤其是产业结构不能满足新时期发展的需要,第二产业尤其是工业的发展脱离了实际需要,一方面满足不了人民改善消费的需求,另一方面又存在严重的产能过剩,1979 年中央提出了"调整、改革、整顿、提高"的新"八字方针",表面上看短期的速度是下来了,但却为产业结构转型尤其是第二产业内部轻重工业的结构转型打好了基础。1981 年后,随着农村经济体制改革全面推开,农业发展上了快车道,第一产业的增长率由上一年的负增长提升到了 7.0%,1982—1984 年的增长率则分别为 11.5%、8.3% 和 12.9%,这是新中国成立以来最好的农业增长。第二产业的增长率也重新提速,1983 年则突破了 10%,以后连续保持多年。由此,1982 年,中国的经济增长率达到 9%,从此进入了长期的

---

① 刘伟、蔡志洲:《经济周期与长期经济增长——中国的经验和特点(1978—2018)》,《经济学动态》2019 年第 7 期。

经济高速增长时期。

（单位：％）

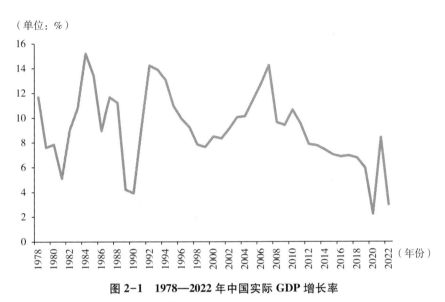

图 2-1　1978—2022 年中国实际 GDP 增长率

资料来源:根据历年《中国统计年鉴》数据整理。

为观察经济增长率围绕着均值所发生的波动,先不考虑 2019 年年底疫情暴发所带来的非正常影响,1978—2018 年实际 GDP 增长率以算术平均数计算为 9.5%(如果以几何平均数计算为 9.2%),标准差为 2.7%,与均值相比数值较小,说明从总体上看改革开放后的长期经济增长是平稳的。如果以均值加上或减去一个标准差为标准所得到的区间为(6.8%,12.2%),在这个区间里经济增长属于正常波动,否则属于发生了经济过热或过冷。在过去 40 年里,低于 6.8% 的年份有 4 个,分别为 1981 年(5.1%)、1989 年(4.2%)、1990 年(3.9%)、2018 年(6.7%);高于 12.2%的年份有 7 个,分别为 1984 年(15.2%)、1985 年(13.4%)、1992 年(14.2%)、1993 年(13.9%)、1994 年(13%)、2006 年(12.7%)、2007 年(14.2%),属于经济过热。中国的经济过热一般不会持续很久,很快会出现峰值,然后出现增长率的持续回落,即进入经济调整期。这一点和美国不同,美国经济出现峰值后,会迅速回落,然后再缓慢上升;而中国可能是缓慢回落,再迅速上升。反过来,经济过冷通常也不会持续很久,调整到一定点也会出现反转。虽然中国经济进入新常态后处于由高速增长向中高速增长过渡时期,但从长期趋势看,增长率也不会在潜在增长率区间外长期停留,否则可能是出现了系统性的变化。

从图 2-1 可以直观地看出中国在过去 40 多年里经济增长率的波动情况,可以把增长率的波动分为两种情况:一种是短期波动,即经济增长率在短期内改变方向然后又持续原来的趋势;另一种是趋势性波动,即经济增长率发生持续的增长或回落。从图中可以看到,1981 年的经济增长率出现了回落,但随后继续保持了原先的上涨趋势,属于短期波动,1987年的上涨则属于短期上涨,然后又延续了原来的回落趋势,2011 年的上涨从短期看属于回升,但是从长期趋势看属于回落过程中的波动。从长期趋势的观点来看峰值,在过去的 40 年间,经济周期的峰值出现过三次,分别在 1984 年、1992 年和 2007 年。而从谷底看,则出现了四次,分别为1981 年、1990 年、1999 年和 2019 年。如果把相邻两次谷底之间所经历的时期看成一个经济周期,改革开放后中国经历了三次经济周期。前两次周期之间约为 10 年,第三次周期约为 20 年。如果把 2008 年和 2009 年也看成一次谷底,把 2010 年则看成达到一次峰值,那么我们就经历了四次周期,每次经济周期的时长大约是 10 年。

(二)对通货膨胀的观察

在世界各国,通货膨胀或紧缩首先是以居民消费价格指数(CPI)所反映的。在欧美主要国家尤其是美国,往往把每年 2%—3% 的居民消费价格指数上涨幅度作为宏观调控的目标,低于这个标准往往被认为出现通货紧缩,而高于这个标准则被认为可能是出现了通货膨胀。从发达国家的历史数据上看,这个经验数值有其合理性,如果居民消费价格指数保持在这个区间内,经济增长往往能保持在一个比较合理的状态。但是就中国而言,由于在改革开放之前,各种商品和服务的价格是政府管制的,改革开放之后开始逐步放开物价,这就使中国的价格总水平的变动有一些自己的特征。

第一,价格总水平的波动也呈现出周期性状态。从图 2-2 中可以直观地看到,从 20 世纪 80 年代中期到 90 年代中期,中国居民消费价格指数经历了剧烈的起伏,虽然从 90 年代后期开始相对平稳,但总的均值(4.9%)和标准差(5.9%)都相对较高。从短期波动和长期趋势的关系看,峰值有 4 个,分别在 1988 年(18.8%)、1994 年(24.1%)、2008 年(5.9%)和 2011 年(5.4%);谷底也有 4 个,分别在 1979 年(1.9%)、1990年(3.1%)、1999 年(-1.4%)和 2009 年(-0.7%)。从相邻两个谷底之间的关系看,改革开放后我们大约经历了 4 个周期,大约是每 10 年一个周期。

（单位：%）

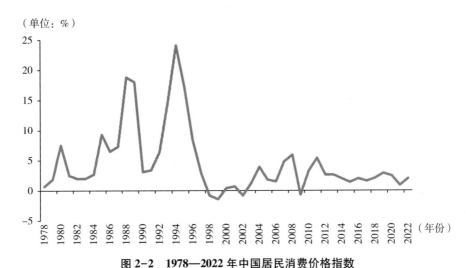

图 2-2 1978—2022 年中国居民消费价格指数

资料来源:根据历年《中国统计年鉴》数据整理。

第二,价格总水平的波动逐步趋于平稳。从图 2-2 中可以直观地看到,以进入 21 世纪前后为界,中国价格总水平的波动呈现出不同的特征。1978—1999 年,价格总水平波动的幅度较大,远远超出发达市场经济国家的一般标准,有 5 个年份的居民消费价格指数涨幅都在 10%以上,但是在 2000 年之后,仅有两个年份的上涨幅度超过了 5%,波动程度仅仅是略高于发达市场经济国家,由于这一时期中国的年均 GDP 增长率远远高于欧美发达国家,这种波动程度也是正常的。

改革开放的前 20 年,中国正处于由中央计划经济向社会主义市场经济全面转轨的过程中。在中央计划经济条件下,各种商品和服务的价格和市场供求严重脱节,即商品价格偏离价值的现象相当严重,价格总水平的较大幅度上升是我们在改革过程中必须经历的阵痛。但是居民消费价格指数的波动同时也在一定程度上反映了经济增长中的总量失衡。在预算软约束条件下,公有企业对市场认识不足,对价格信号反应不敏锐,价格信号本身也发生扭曲,而国有银行贷款和财政拨款支持下的过度投资由供给不足迅速转为需求不足,从而导致居民消费价格指数的巨大波动。虽然形成通货膨胀的生产主体和融资方式与现在有很大的不同,但就企业和政府在一定的发展阶段对市场认识存在不足,必须通过市场本身的调节来实现可持续的发展而言,则有相似之处。因此,党的十四大明确提出要把建立和发展社会主义市场经济作为经济体制改革的目标,并且推动和深化了以产权制度改革和竞争性价格机制改革为基础的一系列市场化改革。一方面,要进一步激发市场主体的活力,实现持续的经济高速增长;另一方面,要加强企业的自我约束和风险控制能力,以保持经济活动的平稳运行。这就使在世纪之交,中国的市场经济进入了一个新时期,国有经济仍然在国民经济中发挥着基础性的主体作用,但无论从其规模占国民经济的比重还是从其在竞争性行业中所发挥的作用上看,都比过去大大缩小了,而民营经济则进入了一个迅速发展期。各级政府与企业间的关系也逐渐从原来的行政上下级关系转变为市场性的横向关系。相应地,政府鼓励经济发展或防止经济过热的手段也有了很大变化,国家更加重视通过宏观经济政策(财政政策、货币政策等)保证经济增长的平稳运行和价格总水平的稳定,价格总水平的波动尤其是消费价格总水平的波动比前20年有了比较明显的改善。

第三,从消费价格和投资价格的关系看,投资品价格对价格总水平的影响逐步加大。在世界各国,居民消费价格指数都是反映通货膨胀的主要指标,虽然居民消费价格指数只反映了消费价格总水平的变动,但在比较充分的市场经济条件下,消费价格和投资价格是联动的,观察居民消费价格指数就能够了解市场价格总水平的变化。但是中国情况则有所不同,由于积累和投资在经济高速增长中有重要作用,投资品价格与消费价格的变动仍然存在差别。可以通过观察与居民消费价格指数之间的关系,看投资品价格的变动对价格总水平的影响。从图 2-3 中可以看出,1999 年以前,中国居民消费价格指数的波动程度大于 GDP 平减指数,而在此之后则小于 GDP 平减指数,这说明投资品价格波动对价格总水平的影响在扩大。其中的一个重要原因是,1998 年住宅商品化改革之后,作为投资品的居民住宅的价格水平有较大幅度的上升,尤其是在一些大城市房价上升的幅度比较大,对 GDP 平减指数产生了影响。可以在图 2-3 中看到,2004 年、2007 年、2008 年及 2010 年、2011 年的上涨幅度都超过了 7%,都发出了比较明显的通货膨胀信号。但是就居民消费价格指数而言,这一期间涨幅超过 5%的年份只有两个,分别为 2008 年和 2011 年。近年来,各级政府开始把控制房价过度上涨作为宏观调控的重要目标,正是因为投资品价格尤其是房价的变动已经成为全部商品的价格总水平变动的重要影响因素。

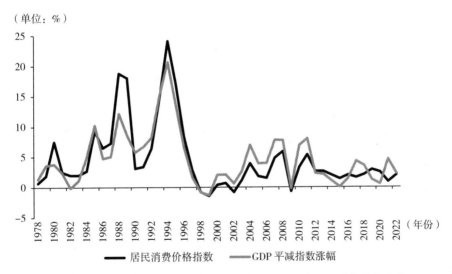

图 2-3　1978—2022 年中国居民消费价格指数与 GDP 平减指数的比较

资料来源:根据历年《中国统计年鉴》数据整理。

　　第四,从通货膨胀和经济增长的关系看,中国目前正处于第四个经济增长周期的底部。图 2-4 反映的是改革开放后中国经济增长与以居民消费价格指数为代表的通货膨胀之间的关系。从图中可以看出,经济增长和通货膨胀间有明显的相关关系,即在经济增长率提升的时期,通货膨

（单位：%）

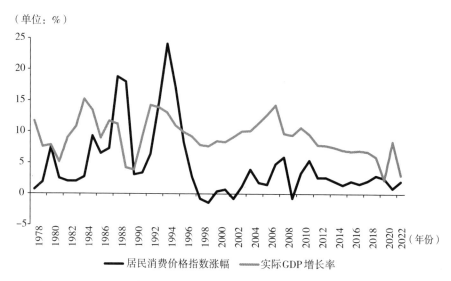

图 2-4　1978—2022 年中国实际 GDP 增长率与居民消费价格指数涨幅的比较

资料来源：根据历年《中国统计年鉴》数据整理。

胀率也在提升。反之亦然。在大多数情况下，经济增长的峰值领先于通货膨胀的峰值，所以经济增长率回落，而通货膨胀率却仍在上升，往往就是周期性峰值出现的信号，或者说是经济增长出现转折的信号。2008年，中国的经济增长率相对于上一年的过快上涨（2007 年增长率超过14%）已经出现比较明显的回落，但通货膨胀率则在继续提升，这是在新的市场经济条件下（与改革开放前 20 年相比较）经济周期出现峰值的信号，总量失衡的方向将发生改变，一个经济周期即将结束。但是在2008—2009 年中国经济增长所遇到的问题有其特殊性，这就是经济周期和由美国"次贷"危机引发的国际金融危机叠加，对中国经济产生了特别严重的冲击。在这种情况下，中国政府以财政政策和货币政策双重刺激的方式（双松）来遏制经济增长率回落，取得了明显的短期效果。具体表现为：2010 年的经济增长率重新回升，达到阶段性高点（10.6%），而表现在居民消费价格指数上则是 2010 年和 2011 年连续两年的回升，在 2011年到达高点（5.4%）。从这个意义上看，国际金融危机后中国采取的强刺激政策，事实上把下一个周期的峰值提前了，但由于长期经济增长中的各种矛盾所引起的总量失衡并没有真正得到解决或有效缓解，经济调整仍然要延续，表现为经济增长率和居民消费价格指数的双重回落。因此，可以把改革开放之后的第二个20年这个大周期进一步细分为两个周期，即1998—2008年前后为一个周期，2009—2018年前后为另一个周期。也就是说，按经济增长和通货膨胀的波动情况来看，可以把改革开放后的经济波动分为四个周期，大约每10年一个经济周期。而目前正处于第二个20年的第二个周期（也就是改革开放后第四个周期）的底部。

二、从经济体制改革和三大总量变化看中国经济周期特点

经济增长周期是一种宏观现象，反映的是总供给和总需求之间反复的由相对均衡到失衡、再走向相对均衡的过程。平衡或者是均衡不是目标，而是保证实现可持续增长和发展的手段。发展可能打破原有的均衡，从而引起新的总量失衡与结构失衡，这就需要我们不断地深化改革和改善宏观调控，提高经济增长的效率。党的十一届三中全会之后，中国开始进行经济体制改革，出发点就是为了提高中国经济的效率。这种效率提升至少可以体现在三个方面：第一是要提高产出时间效率，就是要在单位时间（如一年）中实现更多的产出；第二是提高要素效率即投入产出效率，就是在同等的要素投入情况下要获得更大的产出；第三是这种效率的提高必须是稳定的、可持续的，要避免经济增长的大起大落和资源配置扭曲造成的无效生产活动。这样的效率提升的基本条件，就是要有一个好的、符合本国特点的、不断发展完善的现代经济体制。

改革开放初期，中国仍然处于计划经济阶段，推动经济发展首先是要把工作的重点转移到经济建设上来，然后通过探索性的市场化改革（如工资制度的改革、消费品价格的改革、扩大企业自主权、利改税等）理顺各种经济关系（尤其是劳动者和企业的关系、政府和企业的关系、企业和市场的关系等），由此来调动生产者的积极性，实现加速推动经济增长。这一时期政府和企业的关系仍然属于计划体制下的行政关系。一方面，由于扩大了企业的自主权，企业的生产积极性有所提高；另一方面，由于

"预算软约束",公有制企业在扩大投资时缺乏风险意识和风险控制;再加上价格体制改革导致的消费品价格的较大波动,使中国的经济增长在快速提升之后不得不进入调整,这就出现了改革开放后的第一个经济周期。在第一个经济周期中虽然进行了各种经济改革尤其是强调了收入分配改革和价值规律的作用,但仍然是在计划经济框架下进行改革,资源配置扭曲的现象仍然比较严重,生产者的积极性也没有被充分调动起来。

进入第二个经济周期后,中国开始了由计划经济向市场经济的转轨。虽然从整体上看这一阶段的年均 GDP 增长率比较高,但由于价格体制的改革已经从消费品扩大到了生产资料,通货膨胀的程度也很高,在转轨过程中又有许多企业适应不了市场变化的要求而关停并转,这一时期的高增长也付出了很大的代价。但是这一周期中后期推动的市场化改革(包括产权、商品、劳动、资本市场的市场化改革),为未来的市场发展和经济增长提供了制度基础,在相对更加充分的市场竞争条件下,无论是企业和居民家庭自身的风险意识,还是政府的宏观调控能力,都比过去大大提高了。这就提高了未来的经济增长效率。由于市场经济体制的建立和发展,政府的宏观调控方式也有了改变,由原来的直接对企业进行行政管理改变为通过财政和货币政策来实施宏观调控。从 2003 年中国进入新一轮景气周期后,政府就开始不断通过各种财政和货币政策的反周期操作抑制投资过热和通货膨胀,应该说这些措施是有成效的。尤其是在 2007 年,早在国际金融危机来临之前,中国已经开始采取各种反通胀措施,在一定程度上预防了国际环境的恶化对中国经济造成更大的冲击。

从图 2-5 中可以看到,1998 年之后也就是进入第三个经济发展周期之后,中国的经济增长和价格总水平变动虽然也有波折,但是从总体上看波动程度已经大幅度缩小,经济增长进入了相对稳定的区间,两位数的通货膨胀及比较严重的通货紧缩也没有再发生。这说明深化经济体制改革尤其是市场化改革不但有利于提高中国的经济效率,也有利于提升经济发展的稳定性。

中国经济发展和体制改革都是在动态中进行的,一个竞争性的、不断改革的体制能够提高中国经济增长和经济发展的效率。但是在市场经济

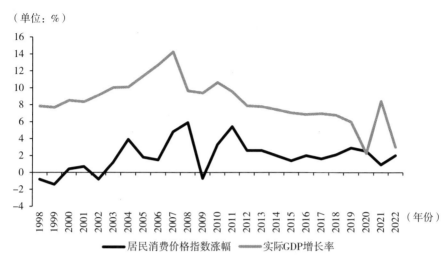

（单位：%）

图 2-5　1998—2022 年中国实际 GDP 增长率与居民消费价格指数涨幅的比较
资料来源:根据历年《中国统计年鉴》数据整理。

条件下,由于企业部门、金融机构、居民家庭(住户)部门、政府等市场主体行为的不确定性,由总量的周期性失衡带来经济波动仍然会发生,好的体制、制度和宏观调控能够减轻或缓解而不会消除这种波动。从一定意义上说,这种波动在相当程度上也是市场自我调节在经济增长上的一种反映,但如果超出一定限度,就会对可持续的经济增长和经济发展带来冲击。从需求方看,经济增长主要反映为三大总量的增长,即消费、投资和出口这"三驾马车"的增长。改革开放以来这三大经济总量的增长具有鲜明的中国特色,从不同方面为中国经济增长和经济发展作出了贡献,同时影响着中国经济增长的周期。

(一)消费升级

从根本上说,一个国家的经济增长是由消费拉动的。由于分工的细化和升级,生产过程中的产业链会更长,生产的中间部门会更多,对这些部门的投资也可能会更多,但是从最终结果看,这些投资的意义必须使社会最终消费(包括政府和居民的最终消费)有所提升(包括质量的提高和数量的增加),否则就是没有意义的投资。还有一种投资是居民家庭对住宅的购买,从居民家庭购买住宅这种行为上看,由于住宅可以多年使用而且价格较高,在统计或国民经济核算上它属于投资行为,但是从对住宅的使用上看,它也属于一种最终消费,所以在国民经济核算中,对居民家庭的自有房屋要计算"估算的房租支出",并计入居民最终消费中。

改革开放之后,中国的居民消费经历了不断的升级,每一次的消费升级都促进了经济增长,但消费升级之后的总量失衡又都会反过来影响经济增长,成为形成经济周期的重要影响因素。第一个经济周期中体现为从传统的"老三件"(手表、自行车和缝纫机)升级为"新三件"(电视机、电冰箱和洗衣机);第二个经济周期中,电话、空调、摩托车、电脑等新的耐用消费品开始大规模进入居民家庭;第三个经济周期中,消费升级主要体现在家用汽车和居民住宅的需求上;第四个经济周期中,先是希望通过房地产业的发展来扩大需求,目前则是力图实现新兴消费领域的转型。每一轮消费升级之初,都有一类或几类耐用消费品的需求迅速扩张,导致供给不足和价格上涨,并带动新一轮的经济增长。在每个周期中,消费升级和经济扩张的关系都是很明显的,企业为了追求利润扩大投资,在开始都有很好的收获,但是到了后期,许多企业以及金融机构往往会过度乐观,从而出现过度融资和过度投资,最后出现产能过剩,导致部分企业经营困难甚至倒闭,使经济增长放缓,从而形成一个经济周期。应该说,各个时期的产能过剩有其不同的特点,在改革开放前期,在计划经济主导下,企业缺乏风险控制意识,每一轮产能过剩对经济增长的冲击较大;而到了后期,政府和企业的风险防范意识都有所增强,产能过剩对经济增长的冲击较小。但也要看到,现在中国的经济体量已经非常大,每一个百分点的波动包含的绝对量已经非常大,怎样满足不断提升的消费需求而又不出现供给过热,是在深化经济体制改革中应该深刻思考的问题。

从 40 多年来的发展历程看,这些消费水平的升级实际上是从需求方反映着中国经济"赶超"或者是现代化的进程。在改革开放初期,中国的普通居民家庭的生活水平和西方国家存在巨大的差距:中国的"老三件"仍然紧缺,西方国家早已经普及了汽车;中国的居民住房仍然处于"蜗居"时代,西方国家的一般家庭可以说基本上解决了住房问题。所以,中国式现代化进程的第一步,就是适度地放缓生产性投资来改善人民生活,让居民的消费水平有一个显著的提升，再由消费来带动投资，从而实现加速的经济增长。在这一过程中，中国居民的消费水平大约也是每 10 年上一个台阶，除了在传统消费领域（电视、冰箱、汽车、住房等）显著缩小了与发达国家之间的差距外，在新兴消费领域中（电脑、通信、互联网、智能手机等）则几乎是和发达国家同步发展的。从现在的情况看，中国和发达国家消费内容之间的差距已经大大缩小，有些方面我们甚至还走到了世界前列（如智能手机、电子商务的发展及其应用），由爆发性的消费升级来大幅度带动经济增长的空间已经大大缩小。虽然无论从抽水马桶、空调等家居设备，还是交通、居住、周边环境等生活条件以及在外就餐、旅游、教育、医疗等方面，居民的消费仍然有很大的改善空间，但是这种改善已经从局部改善发展成为全面性的改善，仅仅靠某一类消费品或者服务的大规模提升和普及来带动高速增长的时代已经过去，需要全体居民的消费水平全方位地得到提升。这一方面是中国式现代化进程取得巨大成就的体现，另一方面则对下一阶段通过消费拉动经济增长提出了新的挑战。

（二）投资拉动

在支出法 GDP 中，资本形成总额即投资是国内总需求的重要组成部分。事实上，投资不仅反映着需求（对投资品的购买形成了需求拉动），同时改变着供给（资本投资形成的生产能力将对未来的经济发展格局形成重要影响）。而国民收入在各个机构部门（政府、非金融企业部门、金融机构、居民部门等）之间及其内部的分配和再分配，则对投资产生重大的影响。早在改革开放以前，如何处理国民收入使用中的积累、投资和消费的关系，就一直是经济学界和政府高度关心的问题。对发展中国家而言，只有通过增加积累、扩大投资来改善经济增长，才可能在这一基础上改善人民生活。但计划经济的实践证明，通过人民群众长期节衣缩食而增加的积累所进行的投资，往往并不能达到预期的目标。而在改革开放之后，由于重视了改善民生，由消费带动的投资往往更加有效率。与此同时，由于市场的不确定性以及企业对市场预期和实际发展上的差距，投资不足及过度投资的交替循环，往往是加剧经济周期波动的重要原因。图

2-6列出的是改革开放以后资本形成总额占国内总需求比重的变化情况,当资本形成总额的比重下降时,说明消费(及净出口)的增长率高于投资;反之,则说明投资的增长率高于消费。如果把经济增长率(GDP 增长率)视为增长的一般水平,那么投资比重下降,说明投资的增长率低于经济增长;反之,则高于经济增长。我们过去所做的分析中,经常侧重于对投资增长本身的分析[1],而通过投资占国民收入比重的变化也可以观察不同时期的中国经济增长。

（单位：%）

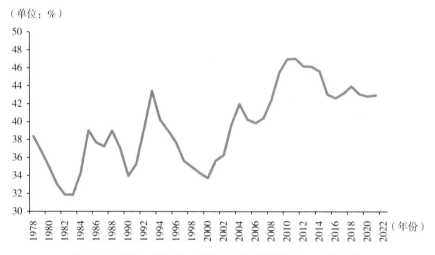

图 2-6　1978—2022 年中国资本形成总额占 GDP 的比重

资料来源:根据历年《中国统计年鉴》数据整理。

从图中可以看到,改革开放初期,投资比重首先是下降的,从 1978 年的38.4%下降到 1983 年的31.9%。这是对改革开放之前的高投资的一种修正,这种修正反而带来了改革开放初期的加速增长。这说明并不一定是投资越多经济增长就越快,投资还需要和其他方面的发展相协调才可能获得更高的效率。1983 年前后,中国经济体制改革的重点由农村转移到了城市。之后,在投资比重变化的过程中,相较而言,较大的峰值有3 个,分别出现于 1988 年(39%)、1993 年(43.4%)和 2011 年(47%);较

---

① 刘伟、蔡志洲:《从最终需求看我国长期经济增长》,《上海行政学院学报》2009 年第4 期。

明显的谷底有 4 个,分别出现于 1983 年(31.9%)、1990 年(34%)、2000 年(33.7%)和 2016 年(42.7%)。对比图 2-1 可以看出,2000 年以前,投资比重的峰谷和经济增长的峰谷的时点通常是较为接近的。但自 2000 年以后,投资和经济增长的起伏已经不同步。2008 年之后,中国的经济增长率已经明显回落,但投资比重仍然在继续上升,一直持续到 2011 年,此时,投资占国内总需求的比重已接近 50%,创改革开放后最高,也为世界各国所少见。

改革开放后投资比重(或称为投资率)的变化,既受经济周期性波动的影响,也有发展阶段上的原因。从周期性因素的影响上看,在经济增长过程中,一般地说,由于投资弹性和消费刚性,投资增长或回落的波动程度要高于消费。投资弹性较大的原因在于投资支出的主体主要是企业和政府,资金来源于企业自有资金、政府财政收入、金融机构融资,企业自有资金所占的比重通常较小,通常需要借助政府和金融机构的力量来扩大投资。这也是为什么在全社会固定资产投资中,国有和国有控股企业所占的比重在各种经济类型的企业中最大(2017 年的比重为 21.7%),因为国有和国有控股企业能够得到政府和金融机构的更大支持。在这种情况下,每当政府要通过扩大投资推动经济增长时,国有(或国营)企业往往会迅速组织资金加大投资,带动新一轮投资高涨,然后就会出现产能相对过剩和投资回落。在第一个和第二个经济周期中,这样的循环表现得非常明显。在国有或国有经济占绝大比重的情况下,对投资预算又缺乏必要的风险控制机制(即预算软约束),必然会出现较多盲目或低效率的投资。但随着社会主义市场经济的建立和发展,尤其是公有制为主体、多种所有制经济共同发展的基本制度的发展,市场自身调节的能力和政府宏观调控水平都在提升,全社会总体的投资风险是下降的。

从图 2-6 中可以看到,自 2000 年以来,投资率的持续上升连续保持了 10 年,但没有出现以往那种断崖式的下跌。一方面,这说明随着市场经济的发展尤其是民营企业和居民部门的发展,社会的风险控制意识有了很大的提高。另一方面,2000 年以后中国的投资率不断上升还有其特殊的发展阶段上的原因。一是在 1998 年 6 月实施积极财政政策后,基础设施建设尤其是能源、交通、通信等领域的建设成为经济建设的重点,在过去的 20 年中,基础设施条件发生了翻天覆地的变化。这是中国"赶超"战略的重要组成部分,如果不能抓住有利时机,在基础设施上率先实现赶超,未来的全面"赶超"或者是现代化就会受到影响。当然,这些基础设施建设中的一部分可能短期效益不高,在发展过程中可能也影响了人民群众的一些当前利益,但是总体而言,这一阶段的大规模投资极大地缓解了生产能力的瓶颈,21 世纪初的"煤电油运"紧张的局面已经根本扭转。二是住宅商品化改革带动了房地产业的迅速发展。近 20 年来,中国居民的居住条件有了根本的改善,这其中既包含有还历史旧账的因素,也包含有超前消费的因素,这种改善的主要力量在于居民家庭部门(住户)大规模的住宅投资。住宅商品化改革后,全社会住宅投资迅速提升,推高了中国的全社会固定资产投资(在全社会固定资产投资中所占的比重曾提高到 20%以上)。而近些年的投资率回落,也和全社会住宅总额增长放缓有很大关系,2014 年全社会住宅投资总额突破 8 万亿元后,曾连续 4 年没有增长。随着中国进入工业化后期以及基础设施投资、住宅投资等由迅速高涨转为平稳发展,中国的投资率也会逐渐回落。三是 2001 年中国加入世界贸易组织之后,外向型经济迅速发展,带动了大量的投资需求。2001 年加入世界贸易组织以后,中国抓住有利时机,促进出口产业的发展,2002—2007 年,中国的货物出口增长率连续 6 年保持在 20%以上(按现行价格计算,其中 2003 年和 2004 年在 30%以上)。2000 年,中国的出口占全球的份额为 3.9%,在全球排名第七,而到了 2010 年,中国出口在全球所占的份额已经提高到 10.4%,成为全球最大的商品出口国。迅速增长的出口不但对中国经济增长作出了巨大的贡献,同时也大大提高了中国的国际影响力。因此,从第三个经济周期开始,中国投资率的较大提升是有其特定背景的。

但是在 2008 年国际金融危机后,也就是中国经济增长进入第四个经济周期后,为了抵御国际金融危机对中国经济增长的冲击,又采取了进一步刺激投资的宏观经济政策以保持较快的经济增长,同时也加大了经济运行的风险。因为从宏观上看,投资占国民收入的比重已经非常高,在这种情况下再继续提高投资的比重,那么投资所形成的很多生产能力在中短期将不能被消化,没有收益甚至是产生负收益。这时,仍然以扩大投入尤其以投资作为实现可持续增长和发展的主要手段已经不可行,将面临巨大的投资风险、金融风险和产能过剩的风险。所以从 2011 年开始,由于各种客观的和宏观政策的原因,中国的投资率开始不断下降,这个趋势已经延续了 10 年。从数值上看,目前 40%—45% 的投资率与世界各国比较仍然不算低,但是就动态发展趋势上看,投资增长率持续地、长期地低于经济增长率也会带来经济增长后劲不足的问题,因此,近两年来投资率下降的现象又出现了减缓(见图 2-6)。这说明中国经济经过"去产能、去库存和去杠杆"等措施,在第四个经济周期中对"投资过热"的中期调整已经比较有效。

(三)出口扩张

外向型经济的发展对中国的经济增长作出了重要的贡献。中国目前公布的支出法 GDP 中,主要包括三大总量,即居民最终消费总额、资本形成总额、货物和服务的净出口(出口—进口)。净出口实际上是一个国际收支的概念而不是一个生产概念,净出口中的出口包含的货物和服务虽然是由外国消费和使用的,却是由中国通过利用自身的生产要素生产出来的,生产过程中形成了增加值,为就业提供了工作岗位,因此它对经济增长产生了直接的影响。而进口则是对国外货物和服务的使用,这些货物和服务既可以用于最终使用,也可以用于中间消耗。由于国际收支平衡的目标实际上不是收支相等而是略有盈余,生产进口替代产品上的能力又在不断提升,刚性进口产品(如石油、大豆等)有限,政府在不同年份可能因为外汇结存情况的变化而调节进口。所以,中国的进口实际上是受出口制约的。外向型经济对中国经济增长的贡献主要应该从出口方进行观察。图 2-7 反映的是改革开放以来货物出口总额占 GDP 比重(以下称为出口依存度)的波动。由于货物出口和 GDP 总额都是由现行价格计算的,由此计算的比值已经消除了通货膨胀的影响,即出口依存度增加,意味着出口的(实际)增长率高于经济增长率;反之则低于经济增长率。

从长期趋势看,中国的出口依存度的变化经过了两个大的阶段:

（单位：%）

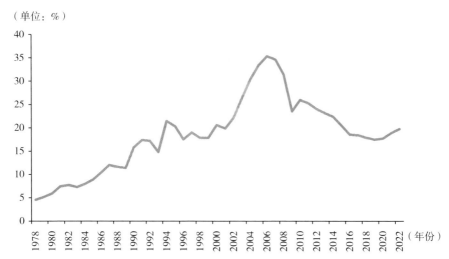

图 2-7　1978—2022 年中国货物出口额占现价 GDP 的比重（出口依存度）变化

注：货物出口额及 GDP 均以人民币按现行价格计算。

资料来源：根据历年《中国统计年鉴》数据整理。

1978—2006 年是第一个阶段，出口依存度是逐渐上升的（中间有小的波动）；2006—2019 年为第二个阶段，出口依存度是逐渐回落的。换句话说，在第一个阶段，外需对经济增长的贡献是逐步扩大的，而到了第二个阶段则出现逐步缩小，出口虽然也在增长，但相对经济增长而言较慢。如果没有国际金融危机带来的世界经济增长放缓并由此影响到中国的出口增长放缓，那么中国现在的经济增长率可能会更高。

再具体细分，1978—1994 年是中国出口依存度的第一个快速增长阶段，出口依存度由 5% 提升到 20% 以上。这一时期是中国实施赶超战略的起步期，为了引进国外的技术和设备，需要大量的外汇，这一时期的出口主要是为创汇服务的，出口企业主要是全民所有制企业。由于当时外商直接投资的规模十分有限，这种以创汇为目的的生产为当时的经济建设做了很大的贡献。中国当时的外向型发展对国内外经济环境变化的依赖性不大，在国内，出口企业有国家支持，成本控制的压力较低，在国际上由于市场占有率很低，仍然有很大的扩展空间。因此，第一个经济周期后期（20 世纪 80 年代末期）的经济波动对出口的影响并不大。但是从 90

年代中后期开始,随着外贸体制的改革、民营经济的发展和中国出口产品结构的变化,中国的出口开始越来越多地受到国内外经济环境变化的影响。从图2-7中可以看出,1994年中国的出口依存度突破20%达到阶段性高点后,从1995年开始回落,1996—1999年这四年都保持在20%以下,2000年才再次突破20%。这一期间正是亚洲金融危机爆发之时,外部环境的变化冲击了出口,再加上国内的经济调整,出口和经济增长双双放缓。这说明随着外向型经济的发展,出口对中国经济增长的作用开始加大。2001年中国加入世界贸易组织之后,中国的出口出现了前所未有的蓬勃发展。从图2-7中可以看到,2001—2006年,中国的出口依存度由20%上升到35%,提高了15个百分点。这一方面说明这一时期中国的出口对经济增长的贡献在不断增大,另一方面也反映出中国经济中所存在的风险。这就是受外部经济环境影响的风险在增大,一旦外部环境发生变化就可能对中国的经济增长带来较大的冲击。同时,出口增加过快对国内自然资源、环境等也可能带来一些负面的影响。从2007年开始,中国的出口增速就开始放缓,出口增长低于经济增长。2009年更是在国际金融危机的影响下出现了大幅度的回落。2010年后,出口依存度曾经出现短期的回升,但在此之后一直在持续下降,现在已经回落到20%以下。这说明世界经济环境的变化,确实影响了中国出口的增长,这也是中国近年来经济增长率回落的重要外部因素。2015年后,出口依存度稳定了下来,保持在18%左右,出口和经济的增长基本上保持了同步。2020年新冠疫情暴发后,世界经济生产受到巨大冲击,中国经济产业链供应链优势凸显,出口依存度有所回升,2022年达到近20%。

从整体上看,对外开放40多年来,中国的外向型经济在不断发展,现在已经成为世界上最大的商品出口国,这标志着中国在经济全球化的浪潮中把握住了机会,不但发展了自己的经济,也对世界经济的发展作出了贡献。中国的外向型经济仍然还有很大的潜力,尤其是对发展中国家的经济合作还有很大的潜力,还可以进一步发展。但是发展外向型经济的条件已经发生了很大的变化,原先是在只占世界贸易很小份额的基础上扩大对外贸易,而现在则是作为最大的对外贸易国在发展外向型经济(包括出口、对外承包工程和对外直接投资等),发展的难度和不确定性都在加大,再加上外部环境的变化,尤其是发达国家的经济发展停滞以及对华政策的变化,对中国外向型经济的发展必然会产生一定的影响,值得重视。

三、对改革开放以来中国经济周期的特征概括

从上面的分析中可以看到,与世界其他国家一样,中国的经济周期也是总量失衡的结果,表现为经济增长率与价格总水平上涨程度的波动。事实上,在计划经济下这种失衡也是存在的,只不过由于实施了市场管制和票证经济,总量短缺(尤其表现在消费领域)和总量过剩(尤其反映在投资领域)不会在价格总水平的波动中反映出来。而在市场经济条件下,在其他条件相对稳定的情况下,短缺和过剩会明显地通过价格信号表现出来。但是,中国的经济周期也有其特殊性。

第一,中国的经济增长是在经济体制长期的、逐渐的变迁中实现的,而不像发达国家那样,经济增长的市场和制度基础是相对稳定的。

第二,从消费拉动上看,中国的消费升级是在"赶超"过程中一个接一个台阶逐步实现的,每上一级台阶基本上就伴随着一个经济周期。而在发达国家,由于已经实现了"工业化"和"现代化",近几十年来(尤其是20世纪70年代以来)的新技术革命带来的消费升级对经济增长有促进作用,但没有出现中国这样的"井喷"现象。

第三,从投资拉动上看,高投资在中国过去的高增长中发挥了重要的作用。这在世界各国是少见的。日本在经济高速增长时期,投资率最高的1970年也仅仅达到39%。而中国改革开放40多年来,投资率超过40%的年份有19个,在2003年再次突破40%之后,长期保持在这个数值之上。从需求上看,前面已经分析过,中国的高投资有其重要的发展原因。而从资金来源上看,由于各种原因,中国居民家庭的储蓄倾向历来较高,再加上收入分配的不平衡,在低收入居民收入和消费不足的同时,高收入家庭将大量收入转为储蓄,形成全社会的高储蓄(储蓄占国

民收入的比重显著高于世界），又通过金融机构和政府将这些储蓄转为高投资。

第四，从外向型经济的发展上看，发达国家和地区（如美国、日本、欧盟等）全球化的程度很早就已经相当高，因此它们的经济周期经常是和全球经济波动同步的，但中国在改革开放和经济高速增长过程中，是逐步加入全球化体系之中的，因此中国的经济周期，开始时的主要影响因素是内部因素，而到了后来，外部环境对中国经济增长的影响越来越大。

第五，中国的经济波动是在经济高速增长中发生的，而同期发达国家大多早已完成工业化，其经济周期是在较低的经济增长率上出现的，因此波动的幅度也比较小。从整体上看，随着中国市场化、工业化和现代化进程的不断推进，就经济总量指标对经济增长的影响而言，中国和世界其他国家尤其是发达国家之间的差异在逐渐减少，共性有所增加。这就是在总需求上，内需和外需的结构短期可能会发生一定的波动，就长期而言应该是相对稳定的。这是因为外需只是发展经济的手段而不是目的，目的是在内外交流中获得比较利益，从而满足不断增长的内需。而在内需方面，投资和消费的结构短期可能有所波动，但长期而言也应该是相对稳定的。这是因为就投资和消费的关系看，投资归根结底也是为消费服务的，是放弃一部分当前的消费来获得未来更多的消费。如果为投资而投资或为增长率而投资，不能为社会带来福利或者说只带来了低效率，那么在这种背景下经济增长的效率就可能不断降低。从图2-6和图2-7中可以看到，近年来，尤其是2010年以来，中国经济增长的"三驾马车"中，出口的增速低于GDP的增速（表现为出口依存度不断降低），投资增速低于消费增速（表现为投资率不断降低），这和第三个经济周期的长期走势是反过来的。因此，在第四个经济周期的大部分时间里，中国的价格指数长期处于改革开放以来较低水平，从总量平衡来看，仍然是需求不足，也就是消费需求的增加不足以弥补由于出口和投资增长率回落带来的经济增长率回落。

第二节　中国经济发展的突出特征
在于增长的稳定性

新中国成立后尤其是改革开放以来,中国在经济增长上取得了巨大的成就。相比改革开放经济增长的巨大起伏,改革开放后,我们以价格体系的改革为先导,探索市场化改革的道路,最终建立、发展和完善社会主义市场经济体制和宏观调控,实现并保持了长期、稳定的经济高速增长。价格总水平的上升和波动幅度不断减小,经济运行的稳定性在不断提高。现在,和世界其他国家相比,中国无论在平抑经济周期还是抵御突发事件和外来冲击方面,都有更强的应对能力,表明中国特色社会主义市场经济制度具有实现由经济高速增长向高质量发展的转型能力,这为中国实现社会主义现代化的长期目标提供了坚实的基础。

一、经济增长与波动性的历史比较

党的十一届三中全会以后,党和国家的工作重心转移到了经济建设上来,经济增长成为当时的首要发展目标。从新中国成立到改革开放前,中国的经济建设虽然取得了伟大的成就,但是在国内和人民群众在社会主义条件下改善生活的预期相比、在国际上和全球经济的繁荣发展(尤其是和亚洲的日本、亚洲"四小龙"的发展)相比,我们的经济发展尤其是经济增长是不够的。邓小平同志明确使用世界各国普遍使用的经济指标(国民生产总值和国内生产总值,GNP 和 GDP)提出了"翻两番"和"三步走"的长期发展战略,启动了中国经济的高速增长。之后,党和国家又通过不断地经济体制改革和对外开放,持续地激发并保持了经济发展的活力,同时又不断通过各种调控手段防止经济增长失控,实现了持续稳定的高速增长。长期的经济高速增长从根本上改变了中国的综合国力、人民生活和国际地位。从这个意义上说,经济增长是中国经济和社会发展的火车头,带动了中国各项事业的发展,它在中国式现代化进程中的基础性作用及其贡献是巨大的。

从图 2-8 中可以明显看到,从 20 世纪 70 年代末开始,中国的经济增长率虽然仍然有波动,但已经上了一个新的台阶。1978—2019 年,年均 GDP 增长率为 9.4%,比改革开放前 25 年的 5.9% 高出 3.5 个百分点,如果以定期指数（"1978 年 = 100",消除价格因素的影响）计算,2019 年的经济总量为 1978 年的 39.2 倍。按照可比价格计算,2019 年中国 GDP 增长一个百分点,相当于 1978 年 GDP 总量的 40%。换句话说,2019 年增长 2.5 个百分点相当于 1978 年全年 GDP 总量,如果以 2000 年为对比基数,现在每增长一个百分点相当于 2000 年 GDP 的 5% 以上,也就是说现在增长 2% 相当于 2000 年增长 10% 以上。这一方面表明中国经济发展达到新的水平,另一方面也表明伴随规模的扩大,增长速度受"基数效应"的影响将出现放缓趋势。事实上在新的水平基础上,达到一定的追赶目标,实现可持续发展,更重要的是高质量发展对增长速度的要求会相应降低。比如中国在 2020 年全面建成小康社会基础上,提出到 2035 年基本实现社会主义现代化。其中,人均国民收入水平要赶上中等发达国家水平,相应的 GDP 总量按可比价格要比 2020 年翻一番,要达到这一目标,只要在未来 15 年里年均 GDP 增速达到 4.73%。实现这一增长会面临许多困难,因而要求贯彻新发展理念,构建新发展格局,实现经济由高速增长向高质量发展的转变。但相比而言,要比摆脱贫困实现初步小康发展阶段,要求 10 年翻一番的年均 7.2% 的增长率低许多,在现有基础上通过发展方式的根本转变是完全可能实现的。

从图 2-8 中还可以看到一个更为突出的特征是,改革开放以来经济增长的波动幅度比计划经济年代明显地缩窄。改革开放后,经济增长率的峰值出现过 3 次,分别为 1984 年的 15.2%、1992 年的 14.2%、2007 年的 14.2%,比改革开放前 3 次 20% 左右的峰值下降 5 个百分点;峰值后的谷底也出现过 3 次,分别为 1990 年的 3.9%、1999 年的 7.7% 和 2019 年的 6.0%（2020 年经济增长率为 2.2%,虽是几十年来最低水平,但主要是受新冠疫情冲击所致）,与改革开放以前的 25 年相比,首先是没有出现负增长（改革开放前有 3 次 4 个年份为负增长）,其次是波动的幅度在减弱。事实上,改革开放以来,伴随中国特色社会主义基本经济制度的建设和社

（单位：%）

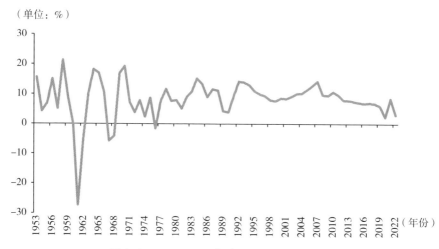

图 2-8　1953—2022 年中国实际 GDP 增长率

资料来源：根据历年《中国统计年鉴》数据整理。

会主义市场经济体制的培育,中国经济发展不仅保持持续高速增长势头,而且增长的稳定性不断增强,尤其是体现出较强的反周期和反危机的能力。1997—1998 年亚洲金融危机发生后,相关国家经济受到严重冲击,一些国家长期难以恢复,甚至由此形成"东亚泡沫",陷入"中等收入陷阱"。中国经济则在承诺人民币不贬值的同时短期内迅速恢复,经历了1999 年低谷后,出现了长期稳定增长并逐年加速的态势。2008 年国际金融危机爆发,全球经济 2009 年出现 20 世纪 60 年代以后首次负增长,中国则在 2008 年保持 9.7%的增长率,2009 年保持 9.4%的增长率,到 2010年达到 10.6%,保持了强劲平稳增长。2020 年受新冠疫情冲击,全球经济严重受挫,负增长 3%左右。中国经济增长率虽然降至 2.2%,是几十年来最低的年份,但与全球经济相比,是唯一保持正增长的主要经济体。可以说,在这三次国际性的严重经济衰退中,中国经济表现出了强劲的反危机能力。

　　在市场机制作用下,经济增长的波动性在相当大的程度上体现在价格水平的波动中。在中国探索和推进改革的过程中,从计划经济向市场经济转轨,重要的是推进价格市场化,从而不可避免地会带来一些阵痛,并引起经济增长的波动,但随着改革的深入和社会主义市场经济体系的建立、发展和完善,这种波动性在不断地减弱。改革开放后,价格总水平波动分为两个大的阶段,1978—1999 年为波动发展阶段,而 2000 年以后则进入了稳定发展阶段。改革开放后,价格总水平与经济增长率之间的波动是相互关联的,经济增长提升和下降通常领先于价格总水平的变化,但趋势是一致的。在 1999 年之前,价格总水平的波动幅度很大,而且峰值在不断拉高(1980 年为 7.5%、1985 年为 9.3%、1988 年为 18.8%、1994年为 24.1%),是经济增长率波动的重要因素;而在 2000 年之后,中国基本上保持了高增长和低通胀,居民消费价格指数上涨幅度最大的两个年份 2008 年和 2011 年也仅仅达到 5.9% 和 5.4%,远远低于前一阶段的峰值,这标志着中国已经基本实现了由计划经济向中国特色社会主义市场经济的转变,并达到了预期的目标。

二、经济增长与波动性的国际比较

从动态比较看,中国在长期高速增长中稳定性在不断提高。而在与世界主要国家平行比较中也表现出这一点,尤其是 1998 年亚洲金融危机之后,中国的增长率显著地高于世界平均水平及主要国家,但波动性却明显地低于它们。这使中国在世界经济中的份额在稳定上升,成为近几十年来经济地位上升最快的国家。这种趋势现在仍然在延续。

(一)中国与世界平均水平的比较

先看世界的 GDP 增长率波动,可以把 20 世纪 60 年代初到现在的增长分为两个阶段(见图 2-9):第一阶段为 1961—1973 年石油危机之前高增长阶段,这一时期西方发达国家的增长率普遍较高并带动了整个世界的经济增长,使世界的年均 GDP 增长率达到 5.5% 左右;第二阶段为石油危机后的中速增长阶段,1973 年的石油危机对西方发达国家的经济增长带来重创,此后它们的经济增长开始不断放缓,走出了发展的黄金时代。而发展中国家的经济逐渐地发展了起来,最终成为拉动世界经济增长的主体(中国在改革开放后尤其是进入新世纪后对世界经济增长作出了突出的贡献)。但发展中国家及新兴工业化国家在世界中的体量仍然有限,因此它们的经济增长加速还是不能抵消发达国家经济放缓对经济增长的影响,这一时期世界的年均 GDP 增长率在3%左右,明显低于第一阶段。

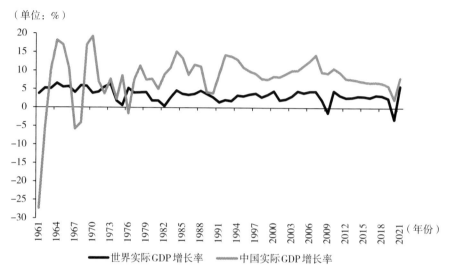

（单位：%）

图 2-9　1961—2021 年中国和世界实际 GDP 增长率对比

资料来源：世界银行数据库。

再看中国和世界 GDP 增长率的对比。1978 年以前,中国的经济增长波动大大超过世界经济,由于那一阶段中国的经济发展独立于世界其他国家,增长和波动相互之间没有明显关联。1961—1977 年,世界的年均 GDP 增长率为4.83%,而中国的年均 GDP 增长率为4.34%,低于世界一般速度。从这个意义上说,这一阶段中国和世界先进水平之间的差距没有缩小反而有所扩大。这更说明了在20世纪70年代和80年代之交,中国通过改革实现加速经济增长的紧迫性和必要性,否则就不可能改变自己的落后面貌。改革开放推动经济增长,不仅是中国自身发展的需要,也是改变中国国际地位、实现民族振兴的需要。

1978 年以后,中国经济增长率的波动逐渐和世界同步,但除了个别年份之外,中国各年的 GDP 增长率都明显高于世界水平。1978—2019年,世界的年均 GDP 增长率为 2.91%,而中国的年均 GDP 增长率为

9.36%,比世界一般速度高出约 6.5 个百分点。正是在这种高增长率的基础上,中国的国际地位在明显提高。按汇率法计算,1978 年中国的 GDP 占世界的份额为 1.74%,而到了 2000 年,中国 GDP 的份额提升到 3.6%,比 1978 年翻了一番。而到了 2019 年这一份额更是提高到了 16.33%,为 2000 年的 4 倍以上。中国人民经过 40 多年的埋头苦干,一步一个脚印地发展,在"赶超"道路上取得了举世瞩目的成就。如果以世界银行数据的共同起点(即 1960 年)为比较基础,近 60 年来(1961—2019 年)世界经济的年均 GDP 增长率为 3.47%,而中国为 7.93%,比世界一般速度高出 4.46 个百分点。党的十一届三中全会后的经济高速增长使我们抢回了失去的时间。

随着社会主义市场经济的建立和发展,中国的经济增长开始趋于稳定。2000 年以后,虽然随着国际化程度的提高,中国的经济增长和世界经济的关系更为密切,但由于国家合理地引导市场处理好内需和外需的关系、科学地实施了宏观调控,中国经济的波动幅度被控制在了尽可能低的水平上,低于世界的一般水平。从图中可以看出,2008 年国际金融危机爆发后,世界经济增长回调的幅度特别大,出现了自 20 世纪 60 年代以来的第一次负增长,但中国通过宏观调控和刺激投资,2008 年以后仍然连续 4 年保持了 9% 以上的增长率。在错过国际金融危机冲击的高峰后,再回过头来调整自身的经济增长和经济发展,说明中国经济在抗风险和保持稳定性方面,和世界各国相比仍然有自己的优势。

(二)中国与代表性国家的比较

美国的增长及波动。美国是世界上最大的经济体,即使在经济发展已经达到世界领先水平后,仍然保持了持续的经济增长。由图 2-10 可知,1961—2021 年 60 年,美国的年均 GDP 增长率为 3%,从整体上看,美国经济一直保持着持续增长。中国改革开放后的阶段(1978—2021 年),美国的年均 GDP 增长率略有放缓(2.7%),比 1961—1977 年的年均 GDP 增长率 3.8%下降了一个百分点,但仍然好于大多数发达市场经济国家(尤其是西欧国家、日本等经济增长已经陷入停滞的国家)。不断的创新尤其是技术创新和持续的增长是美国持续保持世界强国地位(尤其是第二次世界大战以后)的重要保证。虽然 60 年来的年均 GDP 增长率低于世界一般水平,但作为世界上最发达的大国,在很高的经济发展水平上还能保持持续增长,这也是不容易做到的。与此同时,我们也可以看到,美国的长期年均 GDP 增长率在逐步放缓,低于世界一般水平,增长波动曲线的重心在逐渐下沉,因此它在世界经济中的份额不断在下降。1960 年美国的 GDP 占世界经济的比重是 39%,而 2021 年下降到 24.2%。从增长率的波动上看,美国的波动幅度很大,负增长的年份较多,经济增长在繁荣和衰退中不断波动(大约每 10 年就有一次大的波动),波动程度明显大于中国。近 10 年来它的波动幅度有所缩小,但年均 GDP 增长率也在下降。国际金融危机后,美国在 2010 年恢复了正增长,但 2010—2019年的年均 GDP 增长率仅为 2.27%。从长期经验看,如果不出现新冠疫情,美国目前本来已经进入又一轮较大波动的时点,新冠疫情的冲击则加重了美国的经济波动,但也在一定程度上掩盖了又一轮波动发生的原因。未来进入复苏后,美国如果能够维持 2% 左右的长期经济增长率,就可以说取得了不错的经济增长。

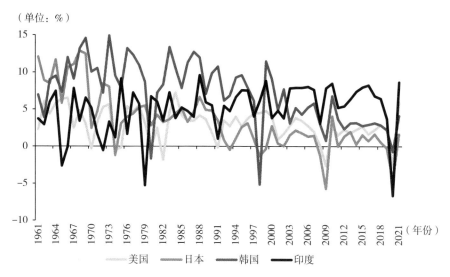

（单位：%）

图 2-10　1961—2021 年世界代表性国家实际 GDP 增长率对比

资料来源:世界银行数据库。

日本的增长及波动。第二次世界大战之后，在美国的扶持下，日本进入了一个经济高速增长阶段。从 20 世纪 50 年代至 70 年代初期，日本是全世界经济增长最快的国家。但从 70 年代起，经济增长开始放缓，1961—2019 年，日本的年均 GDP 增长率为 3.54%，虽然比美国同一时期的年均 GDP 增长率高出 0.5%，但这主要来自前期高速增长的贡献，后期的年均 GDP 增长率则低于美国。这说明从长期来看，美国经济增长的可持续性要强于日本（当然也强于欧洲主要国家）。从图 2-10 中可以看出，从 20 世纪 60 年代初到 2019 年，日本的经济增长及其波动可以分为 3 个阶段或者说经过 3 个台阶：一是前期的高速增长阶段，1961—1969 年，年均 GDP 增长率为 10.42%，这是日本自 50 年代中期启动的经济繁荣的继续。二是中期的中速增长阶段，1970—1993 年，年均 GDP 增长率为 3.91%，维持了 24 年。由于日本经济以外向型经济为主导，当时对美国和其他西方国家的市场依赖很大，1970 年美国发生以通货膨胀、失业率上升为特征的经济衰退时，日本经济也深受影响（和美国 GDP 增长率的回落相类似，1970 年世界的 GDP 增长率也有回落，但幅度没有这么大）。在此之后，日本经济受到外部因素持续的影响（1973 年石油危机、1985 年的广场协议等），开始逐步走出景气年代。1988 年，日本经济在出现少见的较高增长率（6.79%）后，经济增长连续 6 年回落，1993 年则出现了负增长，这是日本经济中速增长结束的标志年份。三是低增长或经济停滞阶段，1994—2019 年，日本 25 年来的年均 GDP 增长率仅为 0.93%，其中负增长出现了 4 次（6 个年份），1998 年的亚洲金融危机和 2008 年国际金融危机都对日本经济带来冲击，2008 年的冲击更大。从稳定性上看，由于日本以外向型经济为主，对国际市场的依赖性很大，世界经济的波动通常会对日本形成冲击，经济增长的波动很频繁。

韩国的增长及波动。韩国是亚洲"四小龙"中经济规模最大的经济体，人口超过 5000 万人，2019 年人均国民总收入（GNI per capita，按汇率法计算）达到 33720 美元，已经步入发达国家行列。从 20 世纪 60 年代初起，韩国进入高速增长阶段，从图 2-10 中可以看到，这一时期韩国 GDP 增长率的重心经过了一个不断提高又逐渐回落的过程。从长期看，

1961—2019 年的年均 GDP 增长率为 7.29%,为美国和日本这一时期年均 GDP 增长率的 2 倍多。但由于起点较低,人均 GDP 或 GNI 的水平现在仍然低于美国和日本。分阶段看,1961—2002 年,可以说是韩国的高速增长阶段,这一期间的年均 GDP 增长率为 8.84%。其中有过两次大的波动:第一次是 1980 年的大波动,其中既有经济原因(连年高速增长带来的通货膨胀),更有政治原因(1980 年的光州事件引起国内剧烈动荡);第二次是 1998 年的亚洲金融危机,从图 2-10 中可以看出,这次冲击对韩国的影响远远大于 2008 年的国际金融危机。1996 年,韩国的人均 GNI 达到 13320 美元,成为高收入国家,后来亚洲金融危机期间有所回落,2002 年重新回到 12850 美元,以后一直在高收入国家的行列中。但 2003 年后,韩国没有出现过超过 7% 的增长率,2010 年的增长率虽然超过了 6%,但这是国际金融危机后的反弹,属于经济恢复性质,随后又回到了 4% 以下,整个时期(2003—2019 年)的年均 GDP 增长率为 3.55%,虽然明显低于 2003 年以前的增长率,但对于一个高收入国家而言,取得这一增长率已经不易。2019 年,韩国的人均 GNI 已经达到 33790 美元,比 2003 年翻了一番多。韩国经济也是高度依赖于外向型经济和国际市场,国际市场的波动不可避免地会影响韩国的经济,1973 年石油危机时韩国的经济规模还比较小,受到的冲击不明显,但到 1998 年时,它已经成为亚洲市场的重要经济力量,亚洲的经济衰退对它带来更大的冲击,而到 2008 年国际金融危机时,受益于它与中国经济的密切关系,因中国顶住了危机压力,也相对减轻了危机对韩国经济的冲击。

印度的增长及波动。印度是一个实行市场经济的发展中大国,现在人口和中国相近(2021 年超过 14 亿人)。1947 年独立后,推动经济增长以及工业化和现代化进程,同样是印度政府和人民的重要发展目标。从图 2-10 中印度 1961—2021 年 GDP 增长率变化的情况可以看出,印度近60 年来 GDP 增长率的走势相对比较稳定,大起大伏的现象出现得比较少,年均 GDP 增长率为 5.18%,高于同期世界年均 GDP 增长率(3.47%)。在 1980 年以前曾出现过 3 次负增长(4 个年份),主要原因是当时农业占国民经济的比重很大,自然灾害对农业乃至整个经济增长形成冲击[1]，但是下跌幅度不大，最严重的 1979 年也只是下跌了 5.23%。从增长率趋势的重心变化看，可以把这一时期的印度经济增长分成两个阶段：第一个阶段为 1960—1979 年，GDP 增长率波动较大，年均 GDP 增长率相对于后一时期较低，年均 GDP 增长率为 3.32%，低于同期的世界 GDP 增长率（4.75%）；第二个阶段为 1980—2019 年，GDP 增长率波动收窄，没有出现过负增长，年均 GDP 增长率为 6.08%，高于同期世界 GDP 增长率（2.86%），为世界增长率的两倍以上，应该说属于不错的经济增长。从长期趋势看，印度的这种较快的年均 GDP 增长率仍然有可能保持比较长的一段时间，首先是它的经济发展水平仍然比较低，也进行了很多次经济改革，有后发比较优势；同时它又是一个大国，内需的潜力大，各个地区、行业之间的增长有互补性，这都有助于保持其未来增长的稳定性。印度在经济发展或者是赶超过程中一个比较大的问题是始终没有像日本、韩国和中国那样进入和经历过高速增长阶段（在一个比较长的时期里，年均 GDP 增长率保持在 10%左右），1980 年后经济增长加速后，40 多年来经济增长率超过 9%的年份仅有两个，而发展中国家如果没有经过高速发展阶段，那么就很难改变自己的落后面貌。这也是世界上众多发展中国家所面临的共同问题，相对而言，印度在这些国家中还属于比较好的。2021 年，印度的 GDP 总额占世界的份额为 3.29%（略低于中国 2000 年前后的水平），为现在中国所占份额的 1/5。但中国在 2000 年之后又保持了 20 年的高速增长，才达到现在这样的水平（人均 GDP 或 GNP 达到 1 万美元以上）。而印度如果不能实现高速增长，即使把现在的年均 GDP 增长率再保持 20 年，人均发展水平在世界上仍然还是比较低的。这是世界上大多数发展中国家的普遍现象。这也说明了日本、后来的亚洲"四小龙"以及现在的中国经济增长为什么会被世界各国称为"奇迹"，因为它并不容易发生。

---

[1]　Nagaraj, R., "Growth Rate of India's GDP, 1950 – 1951 to 1987 – 1988 Examination of Alternative Hypotheses", *Economic and Political Weekly*, June 30, 1990.

三、增长与波动中的中国与世界经济格局

自 20 世纪 60 年代以来,世界经济保持了持续的增长,但由于西方发达国家的增长率在不断下降,而它们在世界经济中所占的比重又大(1960 年仅美国的份额就达到 40% 左右),世界长期的年均 GDP 增长率有所降低。在这一期间,美国的经济增长保持了持续增长,但长期增长率有所下降;日本则经历了高速增长、中速增长和低速增长阶段,现在正处于低速增长或经济停滞阶段;韩国则从中速增长进入高速增长,现在长期增长率已经开始下降,可以说重新进入了中速增长时期;印度属于发展中大国,虽然从 80 年代起长期增长率有所加速,但现在还没有进入过发展中国家实现赶超所需要经历的高速增长期,所以仍然是经济发展水平较低的国家。从经济增长的波动性看,西方发达国家大多要通过全球化来继续推动自己的经济增长,如美国要向全世界出口它的科技产品和服务、金融服务、文化产品等,日本和韩国要出口汽车和电子产品等,这样当世界经济和市场发生波动时(如石油危机、亚洲金融危机、国际金融危机等),国际市场的购买力会减弱,它们的经济也会发生波动。此外,它们国内市场供需周期性的失衡也是经济波动的重要原因。而印度这样的发展中国家则是另一种情况,引起经济波动以及不能实现高速增长的主因是国内因素。发展中国家要实现赶超,首先要有一个稳定的政治和社会环境,政府、企业和劳动者要有积极性去发展生产,同时还要有一个好的经济体制,满足实现可持续的高速增长所需要的各种条件,如建设基础设施、提高积累和改善融资及政府建设性支出以扩大投资、扩大和改善市场需求以消化新增的产能、改善和强化政府在经济增长中的地位,等等。虽然印度已经是一个市场经济国家,但市场经济如果没有好的市场制度、市场秩序、市场规则以及合理的政府指导、政府干预和宏观市场,那么这个市场也不一定是有效率的。

中国的经济发展水平在 20 世纪 60 年代和 70 年代是相近的,总量和人均水平只是略高于印度,正因为有了改革开放和超常规发展。首先是超常规的持续的经济高速增长,中国才能后者居上,成为今天世界上有巨

大经济影响力的国家。一方面，从发展水平上看，中国仍然低于美国、日本和韩国，而这些国家在中国目前这个水平上（人均 GDP 达到 1 万美元左右）的时候，仍然都保持着较高的增长率，这说明在这个水平上继续保持较快和较好的增长完全是有可能的。另一方面，从经济增长的稳定性上看，改革开放 40 多年来，中国经济增长也出现过波动，但是相对于其他国家，波动的次数少，波动的幅度相对较低，而且随着中国特色社会主义市场经济体制的建立和发展，经济增长越来越稳定。发展状态既优于以美国、日本、韩国等国为代表的发达国家，也优于像印度这样发展情况还比较好的发展中国家，这使中国的 GDP 在世界上所占份额不断提高，这种趋势还会持续下去。

　　一个国家的 GDP 在世界上所占份额的变化，通常是用现行价格计算的 GDP（按平均汇率折算成美元）来比较的。因此，一个国家的 GDP 份额变化主要取决于三个方面的因素，即 GDP 增长率、价格总水平的上升和汇率变化。在这三个影响因素中，经济增长是最基本的。而价格总水平（一般用 GDP 平减指数来反映）只会短期影响现价 GDP 的数量，从市场的长期影响看，通货膨胀会导致本币贬值，对冲掉因价格因素造成的 GDP 增加。汇率的变化还要复杂一些，它除了受本国通货膨胀的影响外，还和一个国家的发展水平、在国际市场上的地位有关。汇率较大幅度的升值在短期内会增加一个国家用国际货币衡量的 GDP 总量（如日本在广场协议后实行的日元升值曾一度迅速提高了日本的 GDP 在世界经济中的份额），但汇率最终还是会跟随市场的要求回到合理的轨道。因此，从长期看，仍然是经济增长决定着一个国家的 GDP 在世界上所占的份额。

　　图 2-11 列示了 1960—2021 年中国、美国、日本、韩国和印度的 GDP 占世界份额的变化情况。可以看到，美国的 GDP 份额经历了 1960—1980 年迅速下滑后，1980—2000 年有所起伏，但仍然在 30% 的上下浮动，2000 年之后则继续下滑，最低时接近 20%，虽然 2012 年以后又有小幅回升稳定（说明这一期间的增长好于世界一般水平），但从长期趋势上看已经下了一个台阶；日本经历了一个 GDP 所占份额迅速提升（1994 年到达最高

点 17.7%)然后又重新下滑的过程,2021 年的 GDP 份额仅仅为 5.1%;韩国的 GDP 份额是稳定上升的,从 60 年前的 0.3%上升到 2021 年的 1.9%,相当于当年的 6 倍,但由于人口和经济规模相对较小,占世界 GDP 的份额不可能太大;印度的 GDP 份额则经历了一个先是下降(在 1992 年前后到达最低点,约为 1.1%)然后再逐渐上升的过程,2021 年其 GDP 份额已经达到了 3.3%,约为最低点时候的 3 倍,从发展趋势看,仍然处于上升过程中。中国 GDP 所占份额的变化,从前期看是和印度相似的,就是在相当长的一段时间里 GDP 份额在逐渐降低,1990 年前后到达低点(1.6%左右);从 1992 年开始,中国 GDP 的份额开始稳定地、持续地和显著地上升,2021 年的占比已经达到 18.4%。这从另一个方面说明了中国在赶超进程中实现的高速稳定增长,在改变中国综合实力和人民生活的同时,也对世界经济增长作出了贡献,同时也改变着世界的经济格局。

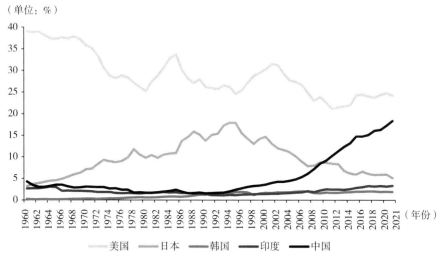

图 2-11 1960—2021 年中国及代表性国家 GDP 占世界份额的变化情况

资料来源:世界银行数据库。

2022 年,中国的总人口为 14 亿人,约占世界人口总量的 18%;中国 GDP 规模按平均汇率法计算为 18 万亿美元,约占世界 GDP 总量的 18%;GDP 占世界的份额约等于人口所占的份额,这意味着中国的人均 GDP (12814 美元)刚刚接近世界平均水平(12875 美元)。可见,中国经济虽然已经有了很大的发展，但仍然属于中等收入水平，仍然还有学习、借鉴和赶超的比较优势，即使是 GDP 再翻一番，与以经济合作与发展组织（OECD）代表的西方发达国家 5 万美元左右的人均 GDP 相比仍然还有很大差距，从这个意义上看，用 15 年左右的时间把人均 GDP 提升到中等发达国家的平均水平，并不算很高的目标。另外，我们也要看到，由于中国的人口规模大，人均水平的较大幅度提升将明显改变经济总量在世界上的份额。如果世界其他国家整体上保持目前的增长率，那么在 2035 年中国基本实现社会主义现代化，GDP 总量较 2020 年翻一番的情况下，GDP 份额大约会提升到 25%。中国的经济总量要在世界上达到这么高的份额，肯定会导致世界市场和资源布局发生很大的变化，这又必然受到外部环境的各种制约，我们必须在发展的道路上很好地应对各种来自外部的挑战。因此，把基本实现社会主义现代化的增长目标定位于中等发达国家的平均水平是合理慎重的，一方面考虑到了中国自身发展的潜力和需要，另一方面也考虑到了发展中可能遇到的困难，这是一个留有余地的长期目标。

第三节　立足高质量发展不断创新和完善宏观调控

当前中国经济已由高速增长阶段转向高质量发展阶段，正处在转变发展方式、优化经济结构、转换增长动力的攻关期，国民经济发展的约束条件发生了系统而又深刻的变化，要求我们贯彻新发展理念，从根本上转变发展方式，从以要素投入增长规模扩张为主要推动力的高速增长模式转变为主要依靠创新带来的要素效率和全要素生产率提升拉动经济高质量发展的方式。这种发展方式的转变要求以制度创新和技术创新为重要驱动力，通过效率提升和结构优化，有效提升潜在经济增长率。同时，不断创新和完善宏观调控，使实际经济增长率与潜在经济增长率在长期发展过程中保持协调，从而实现稳增长、促改革、调结构、惠民生、防风险等宏观经济目标间的均衡。

一、基于经济失衡的新特点转变宏观调控方式

（一）宏观调控不断适应经济失衡阶段性新特点

改革开放40多年来,中国经济发展水平不断提高和进入新阶段,成为全球第二大经济体(2010年),占全球 GDP 的比重由1.8%上升至18%左右。人均 GDP 的水平,从改革开放初期的不足200美元,上升到12000多美元,从贫困状态进入温饱(1998年)又上升至上中等收入水平(2010年),再到全面建成小康社会(2020年)。在这一过程中,中国宏观经济失衡的特点也不断发生着历史性变化。

自1978年至1998年上半年,除中间个别年份外,中国宏观经济失衡的突出特点是:需求膨胀、供给不足、经济短缺。究其原因,既有来自发展方面的因素,也有来自体制方面的因素。这一时期宏观经济失衡的主要压力来自需求拉动的通货膨胀。改革开放以来三次较严重的通货膨胀均发生在这一时期:1985年居民消费价格指数达到9%以上、1988年达到18%以上、1994年达到24.1%,虽然具体原因各不相同,但根本原因在于经济短缺导致社会对通货膨胀的高预期。相应地,宏观经济政策目标以控制通胀为首要,宏观政策方向长期紧缩。

自1998年下半年至2010年年底,同样除少数年份外,中国宏观经济失衡的突出特点是需求疲软、产能过剩。究其原因,从内需不足来看,是由于周期性和结构性矛盾导致增长需求动力不足;从外需疲软来看,是由于先后经历了1997年亚洲金融危机和2008年国际金融危机的冲击。与之相适应,这一时期宏观经济失衡的主要压力来自需求疲软的产能过剩,改革开放以来两次持续性增速下滑均发生在这一时期:1998年后发生的国有企业职工下岗及乡镇企业数量下降;2008年后连续15个月经济增长速度下滑。相应地,宏观经济政策首要目标从前一时期的反通胀转变为保增长,宏观政策方向从长期紧缩逆转为扩大内需,即1998年下半年开始的积极的财政政策和稳健的货币政策,到2008年下半年则更进一步上升为更加积极的财政政策和适度宽松的货币政策。直到2010年10月,中国宣布率先从反危机政策中退出。

　　党的十八大以来,中国经济发展进入新常态,宏观经济失衡具有了新的历史特点,既有潜在的通货膨胀巨大压力(成本推进),又有经济下行的严峻威胁(需求疲软),即所谓"双重风险"并存。究其原因,是在需求侧内需不足又加上国际金融危机的影响所形成的总需求疲软,从而使宏观经济政策在目标和方向的选择上难以像以往那样明确,双重风险并存使宏观经济政策不能简单地选择一种风险的管理而不惜加剧另一种风险,因而既不能全面扩张,又难以全面紧缩。这是因为,双重风险治理所要求的政策方向是不同的,甚至是相互矛盾又互为成本的。因此,宏观经济从更加积极的财政政策和适度宽松的货币政策的全面扩张方向,调整为积极的财政政策和稳健的货币政策"松紧搭配"的政策组合,以兼顾双重风险的防范。尽管这种政策反方向组合(持续扩张的财政政策与相对前期偏紧的货币政策)会在一定程度上削弱宏观政策的有效性,但不至于为防范一种风险而同时加剧另一种风险,从而增大宏观调控的风险。特别地,基于经济在短期活跃但长期深层次矛盾依然存在,"三期叠加"的总态势依然存在,且风险特别是金融风险、债务风险、资产泡沫风险上升,宏观政策在保持稳中求进的总体格局下,坚持积极的财政政策的同时,将稳健的货币政策进一步调整为稳健中性的货币政策,相对进一步从紧,以抑制金融泡沫。显然"松紧搭配"反方向组合的宏观经济政策格局是适应新常态下双重风险并存的新失衡的政策组合,稳中求进的宏观调控首先是要兼顾新失衡的"双重风险"。

　　随着中国特色社会主义进入了新时代,中国经济发展也进入了新时代,基本特征就是中国经济已由高速增长阶段转向高质量发展阶段。总的来看,当前中国经济仍处于"三期叠加"阶段,总需求疲软与供给侧要素成本上升交织在一起,潜在经济增长率水平发生历史阶段性变化,宏观经济失衡具有新特征。

　　从经济运行的微观层面看,多方面深层次结构性矛盾凸显,实体经济与金融部门的结构性矛盾、实体经济内部供求间的结构性矛盾等叠加交织。需求疲软带来的经济下行风险与成本上升形成的潜在通胀压力并存,"双重风险"并存的特点使传统的需求管理产生了严重局限。由于与

"双重风险"所要求的总量政策方向相反,甚至互为代价,因此宏观经济调控的重点不能继续集中作用于总需求。对于总需求管理而言,在"双重风险"并存的失衡条件下,既不能全面扩张(财政和货币政策双松),也不能全面紧缩(财政和货币政策双紧),进而供给管理成为宏观调控的必然选择。

宏观经济政策作用的重点和宏观调控方式必须发生转变:一是必须根本转变传统的以总需求为宏观调控重心的格局,而转为把实施扩大内需战略同深化供给侧结构性改革有机结合起来;二是必须根本转变宏观经济政策单一同方向的调控(针对总需求的全面扩张或全面紧缩),而转为"松紧搭配"的反方向政策组合,并且需要根据经济发展的变化,松紧适度调整;三是在不断深化经济体制改革的进程中,努力构建和完善"市场机制有效、微观主体有活力、宏观调控有度"的经济体制,为实现有效的宏观调控创造良好的体制条件。需要注意的是,对于正在把改革创新不断推向深入的中国而言,制度变革本身就是宏观调控手段和方式的一部分,体制机制的完善会对宏观调控的方式和有效性产生深刻影响。这一点尤其需要我们重点把握。

(二)宏观调控守住"稳增长"与"防风险"双底线

就现阶段看,中短期影响经济增长的众多周期性力量中,债务周期是影响中国经济是否发生危机的重要力量。其背后的逻辑主要表现为:"债务—投资"驱动仍然是目前稳定经济增长的主要路径,以货币与银行信贷为主的债务形式投放给国有企业,以此开展由政府推出的大量以基础设施建设、房地产项目为主的投资项目,从而拉动经济增长。但投资收益率和资本使用效率的降低,逐渐弱化了"债务—投资"驱动模式的效用;与之相适应,高债务矛盾加剧,高债务带来的高风险成为经济稳定的威胁。从国际上通用的债务危机指标看,中国债务风险隐患较大;从企业部门的债务率来看,更是如此。从信贷缺口看,中国私人非金融部门信贷缺口债务率的实际值与长期趋势之间的缺口,自 1995 年以来不断攀升。尽管由于各国国情不同,不同国家承受债务的能力有所不同,但与其他国家横向比和与自身历史纵向比,高企的债务率及信贷缺口水平必须加以警惕。

投机性融资比较高，宏观经济与金融体系脆弱性上升。在"债务—投资"驱动模式下，非金融部门总债务率已经显著上升，中国新负担债务的利息支出占当年 GDP 的 10% 以上。社会融资总额中大部分被用来还本付息，而不是真正再投资。这可能意味着，从体系上看，中国国内融资机构中投机性融资者的比重已超过对冲性投资者，经济实体逐步进入到"借旧还新→借新还息→资产负债表恶化"的困境。分部门看，自 2008 年以来，居民部门债务以平均 24% 以上的速度增长，而同期居民人均可支配收入年均增速约为 11%，这表明居民部门收入对其债务的保障程度呈逐年下降趋势。非金融企业部门的数据显示，国内企业部门以投机性融资者为主，且约有 1/10 的企业当年息税前的正利润不能完全覆盖利息。上述情况表明金融体系脆弱性在上升。

局部风险释放已经产生了一定的市场冲击。债务市场信用风险的集聚和释放已有显现，信贷市场上"偿债能力恶化→金融机构收紧→企业资金断裂→信用风险恶化"也已有所显现。虽然从目前情况看，无论是债券市场违约的冲击，还是信贷市场收紧的负面效应，都还是短期的非连续性和系统性的，尚未对这两个市场的融资功能产生更大的损害。但是，由于当前国内金融体系的脆弱性和市场敏感性的提高，非预期的冲击有可能引发金融领域危机风险发生，进而导致经济衰退。

在这种情况下，构建"稳增长"与"防风险"双底线下的宏观体系极为重要，稳增长是缓解风险的前提，是保就业、惠民生的基础；防风险，尤其是金融及债务风险是底线。在稳增长防风险的双重底线下通过经济持续稳定增长，为化解债务风险赢得时间，逐步化解高杠杆的同时控制债务规模过快扩张，根据市场化法治化原则，在短期里及时有效地缓解债务风险，以防风险为持续稳增长创造条件，以稳增长为有效防风险创造可能。在"债务—投资"驱动模式难以根本改变的条件下，要守住稳增长防风险双重底线，宏观调控必须坚持稳中求进，以兼顾双重底线要求。

（三）宏观调控阶段性重点推进供给侧结构性改革

创新和完善宏观调控方式是经济发展方式转变的内在要求，转变发展方式的根本在于转变传统的以要素投入、规模扩张为主要推动力的高速增长模式,使之转变为以要素效率和全要素生产率提高为主要推动力的高质量发展模式。

实现发展方式的根本转变,首先需要确立新的发展理念。党的十八届五中全会提出创新、协调、绿色、开放、共享的新发展理念。党的十九大报告提出,"贯彻新发展理念,建设现代化经济体系",并强调建设现代化经济体系是跨越关口的迫切要求和中国发展的战略目标。习近平总书记在中共中央政治局第三次集体学习时强调,现代化经济体系,是由社会经济活动各个环节、各个层面、各个领域的相互关系和内在联系构成的一个有机整体,要建设创新引领、协同发展的产业体系,建设统一开放、竞争有序的市场体系,建设体现效率、促进公平的收入分配体系,建设彰显优势、协调联动的城乡区域发展体系,建设资源节约、环境友好的绿色发展体系,建设多元平衡、安全高效的全面开放体系,建设充分发挥市场作用、更好发挥政府作用的经济体制。七大体系之间有着深刻的内在联系,创新和完善宏观调控方式既是构建七大体系的客观要求,也是建设现代化经济体系的应有之义。构建现代化经济体系,必须坚持质量第一、效益优先,以供给侧结构性改革为主线,推动经济发展质量变革、效率变革、动力变革。相应地,落实新发展理念、推进供给侧结构性改革也成为宏观调控的根本遵循和工作主线。

之所以需要以供给侧结构性改革为主线,一是如前所述,在以总需求管理为重点的宏观调控方式产生局限的情况下,需要调整为以供给管理为重点。二是中国现阶段宏观经济失衡的深层原因主要集中在供给侧,并且主要体现为结构性矛盾。就潜在的通胀压力而言,主要是成本推动的压力。而潜在的成本推动的通胀压力根源,就在于供给侧的要素成本的普遍上升,而生产者效率特别是全要素生产率提升相对滞后,难以消化成本的上升;创新力不足,难以根本改变投入产出结构和推动产业结构升级。

就经济增速减缓的风险而言,表现出来的首先是总需求增长乏力,但就内需疲软而言,其根本原因在于供给侧。从投资需求看,一个重要原因在于创新驱动不足，结构升级受限，因而缺乏有效的投资机会。事实上国民经济中的货币供给量并非不足，社会直接融资规模的增速也较快，投资需求增长放缓的主要原因不在于需求侧的货币和资本供应规模不足，而在于供给侧的有效投资机会缺乏。从消费需求看，一个重要原因在于供给侧的国民收入分配失衡，导致全社会消费倾向难以提高；同时，供给侧的产品质量、品种结构等不适应人们需求的变化，抑制了人们应有的消费力提升，因此不能简单把消费需求增长乏力归结为居民有效需求增长速度滞后。

进一步看，供给侧结构性改革不同于需求侧的宏观调控，其政策的直接作用对象是生产者，包括劳动者与生产资料的集合、企业与企业之间的集合、产业与产业之间的集合、国民经济供给体系。针对生产者的供给侧结构性改革及相关政策的根本目的是要提高生产者的竞争力。短期的重点在于降低生产者的成本，采取诸如大规模减税降费、缓解企业融资难、融资贵问题等举措；长期的重点则在于提升生产者效率，包括提高要素效率和全要素生产率，通过加大人力资本积累、实施创新驱动发展战略、更多运用市场化法治化手段推进改革，提高市场竞争的充分性和公平性，提高企业资源要素配置效率和竞争力。与此同时，还要努力实现短期效应和长期效应的统一，以"巩固、增强、提升、畅通"为重点，从提高劳动生产率、全要素生产率、企业竞争力入手，增强供给结构对需求变化的适应性和灵活性，促进产业结构优化升级，进而全面提升生产者效率。

（四）宏观调控统一需求管理和深化供给侧结构性改革

贯彻新发展理念，转变发展方式，重要的内容在于转变宏观调控方式。宏观调控方式的转变，关键在于统一需求管理与深化供给侧结构性改革。中国经济出现的新失衡，现象上是需求侧出现了问题，根本原因在供给侧。"双重风险"的新失衡之所以存在，深层次的矛盾在于供给侧结构性失衡。

就经济增速减缓而言，现象是需求不足，特别是包括投资、消费的内需不足。投资需求增长之所以疲软，重要的原因不在于需求侧的资金供应量不足,而在于供给侧的企业创新力不足,进而产业升级动力不足,导致缺乏有效的有竞争力的投资机会。对于大型和特大型企业,尤其是国有企业而言,直接融资和间接融资渠道是通畅的,投资需求增长乏力是因为实体经济中缺乏好的投资机会。在产业升级空间狭窄的条件下,强行扩大投资只能加剧产能过剩和重复投资。消费需求增长之所以乏力,重要的原因不在于需求侧的居民收入总量缺乏增长,而在于供给侧的国民收入分配结构性失衡。从宏观收入分配角度看,国民收入初次分配中,政府、企业、劳动者三者之间,劳动者报酬增长长期相对缓慢;从微观收入分配角度看,居民内部收入差距较大。这种国民收入宏观分配和居民收入微观分配上的结构失衡,既降低了消费增长与国民经济增长的同步性和协调性,也降低了全社会的消费倾向。因而投资和消费需求疲软的根本原因都在供给侧,要在根本上克服经济增速减缓,除传统的刺激需求外,更重要的是深化供给侧结构性改革。

就"双重风险"中的通胀压力而言,现阶段中国潜在的通胀压力,有来自需求侧的矛盾,但更现实的价格上涨压力来自成本推动。当前,包括劳动力、土地和自然资源、生态环境、技术进步等各方面的要素成本都在上升。只有从供给侧切实提高效率,提高企业竞争力,提升产业结构,才可能以要素效率和结构效率全面提高来消解成本上升压力,使成本上升的压力不至于转化为通胀的压力。因此,在需求拉动和成本推动共同作用而又以成本推动为主的通胀条件下,深化供给侧结构性改革对抑制通胀更具有关键性。同时,在存在"双重风险"状况下,宏观总需求管理政策面临极大的局限,单纯的总需求管理陷入刺激增长则加剧通胀、抑制通胀则加剧下行的两难陷阱。这就需要从供给侧进行调控,提高劳动生产率和企业竞争力,完善产业组织和升级产业结构,进而可以在不刺激至少不强烈刺激需求的条件下,增大供给产出,提高经济增长速度并增加就业,从而避开"双重风险"下宏观政策选择两难陷阱。

在新的形势下,经济调控必须把短期调控和长期发展统一起来。短期调控主要是总需求方面的调控,更多地属于总量调控,其次是增量调控。长期调控主要是供给侧的调控,更多地属于结构调控,首先是存量调控。一方面,短期总需求调控必须适度,以保证经济的适度增长,进而为保就业、惠民生、防风险、促改革创造必要的经济增长条件,为长期深化结构性改革赢得经济增长的空间和可能。另一方面,解决结构性矛盾,必须从供给侧结构性改革入手,通过创新并提高生产者竞争力和效率,推动产业结构升级,克服一系列结构性失衡,真正实现发展方式转变,进而从根本上克服短期总量失衡。因此,供给侧结构性改革需要短期宏观经济适度增长作为条件,而宏观经济总量失衡的根本动因的克服需要长期深化供给侧结构性改革,统一这种短期与长期、总量与结构、增量与存量的调控,是统一需求管理和供给侧结构性改革的深刻要求。只有做到这种有机统一,才能真正实现稳中求进,也只有坚持稳中求进,才可能为协调需求管理与供给侧结构性改革创造条件。

(五)宏观调控坚持和贯彻稳中求进工作总基调

做好当前和今后一个时期的经济工作,必须坚持稳中求进工作总基调,必须坚持以推进供给侧结构性改革为主线,全面做好稳增长、促改革、调结构、惠民生、防风险各项工作,促进经济平稳健康发展。而要实现这个目标,就必须在宏观调控上贯彻稳中求进、实现稳中求进。

"稳"重在经济增长要稳。一是要避免经济增长出现大起大落式的波动。二是要保持适度的增长速度以适应就业目标的要求。一般而言,经济增长速度的高低与失业率之间存在深刻的联系。近年来中央经济工作会议反复强调,保持经济运行在合理区间,进一步稳就业、稳金融、稳外贸、稳外资、稳投资、稳预期。稳增长的重要社会经济政策目标即在于稳就业,中央将"稳就业"放在"六稳"之首,摆在突出位置,是保证中国经济持续健康发展的客观要求。特别是对于周期性失业而言,其主要原因在于总量增长的周期性波动,因而以逆周期的宏观调控来推动经济增长稳定性提升,具有重要意义。三是要适度控制经济增长速度。一般而言,经济增长速度快慢与总需求变化以及与通胀水平变化之间存在内在联系。稳增长必须同时防止高通胀,不能严重脱离潜在经济增长率的约束,盲目过度刺激经济扩张。四是实现经济稳定增长的宏观调控目标,需要宏观经济政策之间有机协调,特别是使积极的财政政策与稳健的货币政策之间协调配合度提高,同时还要提高政策效率,根据宏观经济态势变化实现松紧适度,使稳增长、促改革、调结构、惠民生、防风险等政策目标相互协调。

"进"重在通过深化改革克服供给侧深层次结构性矛盾。一是要巩固"三去一降一补"的成果。二是要持续增强企业活力。虽然中国现代企业制度建设取得显著进展,民营企业活力也有所提升,但绝对水平并不高,其自身的创新力还不强,在产权保护等方面仍有待不断改善,我们还需要在加快形成法治化国际化便利化的营商环境、公平开放统一高效的市场环境和公平经营的法治环境上下功夫,从而更好地激发企业发展的活力和动力。三是要继续提升产业链水平。虽然新的产业集群不断成长且推动传统产业转型升级的速度加快,但是总体而言,产业创新力仍需不断加大。要注重利用技术创新和规模效应形成新的竞争优势,通过增强原始创新能力、提高创新体系整体效能等举措,培育和发展新的产业集群,推动提升产业链水平。四是改善和畅通国民经济循环,提升宏观经济政策效率,疏通货币和财政政策等宏观经济政策的传导机制。要坚持深化市场化改革,打破行业垄断、进入壁垒、地方保护,增强企业对市场需求变化的反应能力,进一步提高市场竞争的充分性和公平性,同时以法治化方式保障市场健康发展和公平竞争,规范政府行为,更多运用市场化法治化手段推进改革,避免不必要的行政干预,以保证深化供给侧结构性改革能够在更大程度上依靠市场化和法治化方式推进,使宏观调控切实建立在市场化和法治化基础之上。只有坚持以供给侧结构性改革为主线不动摇,在"巩固、增强、提升、畅通"八个字上下功夫,才能更好地提高全要素生产率,激发生产者活力,推动经济发展质量变革、效率变革、动力变革。

总之,"稳"与"进"之间存在内在的有机联系。"稳"是"进"的前提,没有"稳"就不可能具有"进"的宏观经济条件;"进"是"稳"的根本,没有"进"就不可能具有长期"稳"的经济增长基础。坚持"稳中求进",要求在宏观调控上把总需求管理与总供给管理、总量调控与结构调控、短期增长与长期发展、政策调整与体制改革等方面统一起来,这种统一是提高中国宏观调控水平和质量的重要条件。

二、党的十八大以来宏观调控的思路创新

党的十八大以来,中国经济实现平稳较快发展,取得了巨大成就。在世界经济整体低迷、国际金融危机、新冠疫情冲击阴霾未散的大背景下,中国经济发展成就来之不易。之所以能够取得如此巨大的成就,是因为在以习近平同志为核心的党中央坚强领导下,我们作出了中国经济发展进入新常态的重大判断,把认识、把握、引领新常态作为当前和今后一个时期做好经济工作的大逻辑,初步确立了适应经济发展新常态的经济政策框架。特别是在新发展理念的指导下,中国不断创新和完善宏观调控,大大增强了宏观调控的前瞻性、科学性、有效性,促进了经济平稳运行和结构转型升级,保障和推动了中国经济平稳健康发展。具体而言,党的十八大以来,面对国内国际多种严峻挑战,针对中国经济发展的新形势新特点新问题,以习近平同志为核心的党中央形成了宏观调控的六大新思路。

(一)提出区间调控的新思路

党的十八大以前,中国多次明确提出"保8""保7"等经济增长目标。例如,1998年提出"一个确保、三个到位、五项改革"的目标,其中的"一个确保"就是指确保经济增速达到8%。"保8""保7"目标与当时的宏观经济形势和发展阶段是相适应的,但如果继续沿用下去,就会出现过于注重经济增速、忽略其他重要方面的问题。党的十八大以来,中国不再偏重于保某一特定目标值,而是提出要对经济增长进行区间调控。区间调控将宏观调控的目标界定为一个合理区间:当经济运行接近区间下限时,调控的主要着力点是稳增长;当经济运行接近区间上限时,调控的主要着力点是防通胀;当经济运行处于中间状态时,则专注于深化改革和调整经济结构。区间调控意味着,只要经济运行处于合理区间,宏观调控政策就不需要有大动作。只有当经济偏离合理区间时,才需要实施刺激或紧缩政策。按照区间调控的思路来调控经济,就能够在保持经济平稳增长的同时,有效推进制度创新和结构调整。

以2016年为例。《政府工作报告》将增长区间设定为"国内生产总值增长6.5%—7%",这符合中国经济的基本情况。就区间下限而言,要

实现第一个百年奋斗目标,即 2020 年实现全面建成小康社会宏伟目标,使国内生产总值和城乡居民人均收入比 2010 年翻一番,2016—2020 年中国经济平均增速至少应达到 6.5%。考虑到经济发展新常态下中国经济增速从高速向中高速转变,将 2016 年经济增长区间的下限设定为 6.5% 是必要的。就区间上限而言,研究表明,2016 年中国潜在经济增速约为 7%,在世界上仍然处于较高水平,因此将经济增长区间的上限设定为 7%,既与潜在增速相适应,又明确传达了宏观调控政策不会对经济进行过度刺激的信号。

(二)提出采用微刺激政策应对经济增速减缓压力的新思路

党的十八大以来的宏观调控与 2008 年第四季度至 2009 年的强刺激有着明显不同,具有预调、微调、适时适度调节的特点,可称为微刺激。之所以用微刺激取代强刺激,是因为强刺激如果长期持续下去,会带来较大的负面影响,不利于调结构、促改革,特别是会带来产能过剩加剧和环境污染加重等不良后果。有鉴于此,党的十八大以来,中国开始采用微刺激应对经济增速减缓压力。例如,2014 年第一季度,中国经济增速下行到 7.4%。这时就出台了多项微刺激政策,包括增加中西部铁路建设投资、加快棚户区改造、加大对小微企业减税力度等,取得了良好效果,2014 年第二季度经济增速恢复到 7.5%,防止了经济进一步下滑。2014 年的中央经济工作会议进而明确提出:创新宏观调控思路和方式,有针对性地进行预调微调。

微刺激不仅能有效应对经济增速减缓压力,还能为未来宏观政策预留空间,增强政策的可持续性。强刺激虽然效果显著,但也会使政策空间迅速收窄,导致政策可持续性大大减弱。以欧美国家为例。为了应对国际金融危机,欧洲央行和美联储持续采用较大力度的宽松货币政策刺激经济,导致货币政策空间大大收窄。目前,欧洲央行的政策利率已经降至零,美联储的政策利率也处于 0.5%—0.75% 的低水平。相比之下,中国的存款基准利率(一年期)为 1.5%,贷款基准利率(一年期)为 4.35%,距离零利率下限尚有较大空间。事实上,不仅是降息空间,中国的降准空间以及积极财政政策空间都要明显大于欧美国家。

(三)提出更加注重定向调控的新思路

党的十八大以来,中国在区间调控的基础上进一步实施定向调控,其目的在于抓住经济发展中的突出矛盾和结构性问题,定向施策、精准发力,从而更加有效地"激活力、补短板、强实体"。就货币政策而言,央行多次采取定向降准和定向再贷款等操作,力图为小微企业和"三农"提供必要的资金支持。仅仅在 2014 年,央行就于 4 月和 6 月两次实施针对小微企业和"三农"的定向降准操作,并于 3 月和 8 月各增加支农再贷款 200 亿元。在定向货币政策的支持下,2014 年面向小微企业和"三农"的贷款增速比各项贷款平均增速分别高出 4.2 个和 0.7 个百分点,补短板成效显著。就财政政策而言,财政部多次实行定向减税,拓宽小微企业税收优惠范围,为小微企业减负。据估算,2014 年通过定向减税政策为小微企业减税的规模达到 1000 亿元左右。

通过定向调控可以加大对小微企业和"三农"等薄弱环节和关键领域的支持力度,有助于提高宏观调控效率,协同推进经济增长与结构调整。从世界范围来看,近年来欧美一些国家也相继使用定向调控政策促进经济摆脱萧条。比如,欧洲央行 2014 年实施了定向长期再融资操作,只要银行将贷款发放给以企业为主的私人部门,而非购买政府债券和发放住房抵押贷款,就可以享受最长为期 4 年的超低利息再贷款。欧洲央行采取这一举措的目的,是定向支持实体经济和刺激消费。

(四)提出加强预期引导的新思路

预期引导指政府相关部门通过信息沟通改变市场进行预期时所依据的信息,从而影响市场预期,以更好地实现宏观调控目标。以货币政策预期引导为例。在短期名义利率受到零利率的下限约束时,常规货币政策空间收窄。此时可以通过预期引导的方式,也就是通过影响公众预期达到降低长期利率的目的,从而提高货币政策的有效性。在互联网时代,以沟通为主要方式的预期引导不仅操作成本较低,而且能够借助于信息的迅速传播更快地影响公众预期,从而缩短货币政策时滞。

党的十八大以来,中国对预期引导更加重视。"十三五"规划纲要明确提出,"改善与市场的沟通,增强可预期性和透明度"。2014 年以来历年的中央经济工作会议都强调要更加注重引导社会预期。2016年,中国对部分热点城市房价泡沫风险的预期引导就是一个典型案例。国际经验表明,如果任由房价泡沫化发展,很可能引发"债务—通缩"的严重后果,美国大萧条、日本大衰退和2008年国际金融危机等都与房价泡沫的形成和破灭密切相关。因此,2016年7月和10月的中央政治局会议都明确提出要"抑制资产泡沫",银监会等相关部门随即采取了加强宏观审慎管理等有针对性的措施。目前,针对房价的预期引导已初见成效,较好地抑制了房价上涨预期。

中国央行的货币政策预期引导尚处于起步阶段,应尽快解决几个问题:其一,拓宽央行与市场沟通的途径,丰富沟通的内容,从而提高货币政策的透明度。其二,适当加快货币政策由数量型调控向价格型调控转变的步伐,充分发挥利率对预期的引导作用。其三,提高研究和预见能力。只有央行比市场掌握更多的经济运行信息、对未来经济走势有更强的判断力,才能更有效地与市场沟通,进而提高预期引导的效率。

(五)提出宏观调控政策体系以财政、货币政策为主的新思路

在中国,宏观调控政策除了财政政策和货币政策,还包括产业政策和土地政策等。党的十八大前,我们并未区分各类政策之间的主次关系。例如,"十二五"规划纲要的相关表述是"加强财政、货币、投资、产业、土地等各项政策协调配合"。党的十八大以来,党中央更加强调财政政策和货币政策在宏观调控中的主体地位:党的十八届三中全会指出,健全"以财政政策和货币政策为主要手段的宏观调控体系";"十三五"规划纲要也要求,"完善以财政政策、货币政策为主,产业政策、区域政策、投资政策、消费政策、价格政策协调配合的政策体系"。

更加强调财政政策和货币政策的主体地位,符合宏观调控对短期经济波动进行逆周期调节的主要定位。实现对短期波动的逆周期调节,要求调控工具具有灵活有效、时滞较短等特点。更加强调财政政策和货币政策的主体地位,有助于提高宏观调控的效率。与财政政策和货币政策相比,产业政策的时滞较长。产业政策在实施过程中,首先需要相关部门

全面调研并且制定产业规划，政策内在时滞较长，而从政策实施到收到成效的外在时滞更长。以扶持新兴产业为例。新兴产业的发展需要经历初创阶段、成长阶段和成熟阶段，这往往需要数年甚至数十年。因此，产业政策的调结构功能显然要大大强于逆周期调节的短期宏观调控职能。应弱化产业政策的宏观调控职能，充分发挥其推动重要战略性产业发展、缩小中国同发达国家核心技术差距和促进长期经济增长的功能。

（六）提出供给管理与需求管理相结合的新思路

供给管理和需求管理是调控宏观经济的两种基本手段，前者主要解决长期结构性问题，后者侧重熨平短期经济波动。调控宏观经济既需要需求管理，又需要供给管理；既需要总量调控，又需要结构调控；既需要短期调控，又需要中长期改革。自 2015 年 11 月以来，习近平同志在中央财经领导小组会议和中央经济工作会议上多次提及推进供给侧结构性改革。"十三五"规划纲要提出，"在适度扩大总需求的同时，着力推进供给侧结构性改革"。之所以强调推进供给侧结构性改革，主要有以下几点考虑：其一，中国经济运行面临突出矛盾和问题的根源是重大结构性失衡，必须从供给侧、结构性改革上想办法，努力实现供求关系的动态均衡。其二，供给侧结构性改革能够厘清政府与市场的关系，减少政府的不当干预，让市场在资源配置中起决定性作用，从而有效破解产能过剩难题。其三，供给侧结构性改革能够消除教育、医疗等领域的市场进入壁垒，增加高品质民生产品和服务的有效供给。其四，供给侧结构性改革不仅能够使信贷资金等宝贵资源更加有效地配置给高效率的企业，而且能够促进产业结构升级，催生新的经济增长点，进而提高潜在经济增长率。

需要强调的是，供给侧结构性改革与需求管理是相互补充、相得益彰的。宏观调控既要追求短期平稳增长，又要追求长期潜在增长率提高，这就需要需求管理和供给侧结构性改革相互配合。一方面，大力推进结构调整和去产能，短期内会加大经济增速减缓压力和就业压力，需要积极的财政政策和稳健的货币政策加以缓冲；另一方面，以财政政策和货币政策为主体的需求管理主要在短期内对经济波动进行逆周期调节，而供给侧结构性改革的着力点在于优化经济结构、增加有效供给、提高潜在增长率。2016 年的供给侧结构性改革以"三去一降一补"五大任务为抓手,取得了初步成效,部分行业供求关系、政府和企业的理念行为都发生了积极变化。2017 年的供给侧结构性改革将在需求管理的配合下,从深入推进"三去一降一补"、深入推进农业供给侧结构性改革、着力振兴实体经济、促进房地产市场平稳健康发展等方面进一步深化。把推进供给侧结构性改革作为"十三五"时期发展的主线来抓,锲而不舍、久久为功,为 2020 年实现全面建成小康社会的宏伟目标打下了坚实基础。

三、实现经济质的有效提升和量的合理增长

2020—2022 年,受新冠疫情影响,中国宏观经济短期偏离了长期增长轨道,经济波动性显著加大,平均经济增速出现回落。2022 年 12 月中国宣布放开疫情管控、2023 年 5 月世界卫生组织(WHO)宣布新冠疫情不再构成国际关注的突发公共卫生事件,标志着中国宏观经济摆脱了过去三年给中国经济发展和生产生活秩序带来巨大冲击的新冠疫情阴霾。2023 年,中国宏观经济的核心任务是实现恢复性增长、促进微观基础修复,进而重回长期增长和高质量发展轨道。习近平总书记强调,高质量发展是全面建设社会主义现代化国家的首要任务。没有坚实的物质技术基础,就不可能全面建成社会主义现代化强国。2022 年中国经济增长了3%,GDP 总量达到 121 万亿元以上,换算成美元超过 18 万亿美元,占全球 GDP 的比重达 18%以上,稳居世界第二位。2023 年的《政府工作报告》提出,今年国内生产总值预期增长 5%左右,这一目标既体现了高质量发展的要求,又在质的有效提升的基础上切实体现了量的合理增长。

(一)确定合理增长目标的必要性

2023 年《政府工作报告》确立的 5%左右增长目标与"十四五"及 2035 年中长期增长目标相契合,符合宏观经济其他目标之间均衡的要求,具有历史依据。因此,这个增长目标是一个既有必要性又有可能性的合理增长目标。

首先,增长目标符合中国经济中长期发展目标要求。党的二十大报告对经济发展未来的目标作出了系统明确的规划。全面建成社会主义现

代化强国,总的战略安排是分两步走:从 2020 年到 2035 年基本实现社会主义现代化;从 2035 年到本世纪中叶把中国建成富强民主文明和谐美丽的社会主义现代化强国。实际上,党的十九届五中全会通过的《中共中央关于制定国民经济和社会发展第十四个五年规划和二〇三五年远景目标的建议》中就已经提出了一些原则、任务、目标。习近平总书记在作说明时指出,"建议稿对'十四五'和到 2035 年经济发展目标采取了以定性表述为主、蕴含定量的方式。编制规划《纲要》时可以在认真测算基础上提出相应的量化目标"。未来 5 年是全面建设社会主义现代化国家开局起步的关键时期,2023 年是全面贯彻落实党的二十大精神的开局之年,是实施"十四五"规划承上启下的关键之年。2023 年的经济增长目标不仅有着年度意义,而且起着非常重要的开局起步的示范引领作用。这个目标设定得合不合理,要看它是否和中长期发展目标一致。无论是从稳健跨越中等收入进入高收入阶段的发展目标来说,还是从 2035 年实现 GDP 总量翻一番、人均水平达到中等发达国家的平均水平这个战略目标而言,中国经济增速的合理区间就是要尽快回到 5%,甚至 5% 以上的增长速度上。

其次,增长目标与其他宏观经济目标相协调。5% 左右的增长目标之所以合理,不仅在于它对未来目标的契合,还在于它与当下其他宏观经济目标的协调。就业目标是宏观经济几大目标体系中很重要的目标。根据奥肯定律,实际经济增长率与失业率变动之间反向相关:经济增长率越高,失业率就越低。按照中国这些年的经验,GDP 每增加 1 个百分点,会带动新增 200 多万个就业岗位。2023 年需要新增约 1200 万个就业岗位,使城镇调查失业率控制在 5.5% 的政策目标水平上。实现失业率的控制目标,就要求经济增长达到 5% 的水平。所以这个经济增长目标和中国 2023 年宏观经济其他目标,尤其是控制失业率的目标是协调的。

最后,增长目标具有中国经济增长的历史依据。所谓合理增长区间还有一个条件,这个增长目标需要有历史依据。也就是说,5% 左右的增长目标满足中长期发展目标的要求,同时也是可能达到的。回顾历史我们可以看到,改革开放以来中国年均 GDP 增长率为 9%,新时代 10 年的年均 GDP 增长率为 6.7%,最近 5 年的年均 GDP 增长率为 5.2%,最近 3 年的年均 GDP 增长率为 4.7%。在这一历史基础上,提出 5% 左右的增长目标是有历史根据的。

(二)实现增长目标面临的机遇和挑战

实现预期增长目标不是一件容易的事,我们遇到很多变化,包括国际关系、技术革命等给经济格局带来的一系列变化。这些变化为我们带来了机遇,也带来了挑战。习近平总书记在党的十八大之后特别强调,"我们最大的机遇就是自身不断发展壮大,同时也要重视各种风险和挑战,善于化危为机、转危为安"①。我们自己的发展壮大为我们赢得了机会,这个机会就是以中国式现代化全面推进中华民族伟大复兴进入了不可逆转的历史进程,这就是我们最大的机遇。

从历史趋势上看,我们同样也面临着许多严峻挑战。党的十八大结束不久,习近平总书记就从经济发展角度指出了很多新变化,将其总结为"经济新常态",特别告诫我们要努力跨越"中等收入陷阱"、避免陷入"修昔底德陷阱"等。这些国际国内发展形势的变化给我们带来的挑战和可能的困扰,习近平总书记都做了深刻剖析。习近平总书记在主持中央政治局第二次集体学习时特别提到,"只有加快构建新发展格局,才能夯实我国经济发展的根基、增强发展的安全性稳定性,才能在各种可以预见和难以预见的狂风暴雨、惊涛骇浪中增强我国的生存力、竞争力、发展力、持续力,确保中华民族伟大复兴进程不被迟滞甚至中断,胜利实现全面建成社会主义现代化强国目标"②。

我们对面临挑战的严峻性要有充分认识,只有应对好挑战才能真正把握住机遇。习近平总书记特别指出机遇和挑战内涵发生的变化,"机遇更具有战略性、可塑性,挑战更具有复杂性、全局性"③。所谓"战略性",就是趋势性,总体方向肯定是有这个机遇,但是过程可能是波折的。所谓"可塑性"就是有弹性,不是很确定的,早晚有一天能够实现现代化,

① 《习近平著作选读》第一卷,人民出版社 2023 年版,第 318 页。
② 习近平:《加快构建新发展格局 把握未来发展主动权》,《求是》2023 年第 8 期。
③ 《习近平谈治国理政》第四卷,外文出版社 2022 年版,第 122 页。

但是什么时间实现、以什么方式实现、实现过程中会遇到哪些特别的麻烦,这些都是不确定的。这里所谓挑战的"复杂性"指会有更加复杂和尖锐的矛盾,挑战的"全局性"指风险是系统性的,不是碎片化的。总而言之,挑战前所未有,应对好了,机遇也前所未有。党的二十大报告没有再提我们仍然处于重要的战略机遇期,而是讲我们面临新的战略机遇,中国发展进入战略机遇和风险挑战并存、不确定难预料因素增多的时期。真正使中国经济抓住机遇稳健发展,面临的挑战和压力非常大。需要完整、准确、全面贯彻新发展理念,加快构建新发展格局,着力推动高质量发展,建设现代化经济体系,推动经济实现质的有效提升和量的合理增长。

(三)实现增长目标需要经济高质量发展

关于中国未来15年可能的年均 GDP 增长率,很多学者都用不同的方法做过相关的分析和测算。从目前的测算看,大部分的测算结果,假定结构不变、政策不变、发展方式不变,沿着这个方式往下走,中国未来15年的年均 GDP 增长率可能会低于实现 GDP 总量翻一番所要求的4.73%。这就要求我们必须改变发展方式,从高速度发展向高质量发展转变,没有动能变革,恐怕中国经济增长的目标很难实现。

首先是新动能的增长。实现5%左右增长目标关键在于坚持以推动高质量发展为主题。高质量发展要求,在宏观上必须是供求均衡的发展,以高质量供给创造需求,以市场有效需求牵引供给;在微观上必须是高效率的发展,以要素和全要素生产率提高为主要动能;在结构上必须是协调的发展,城乡间、产业间、区域间提高协调性,克服"二元性";在国内与国际双循环的关系上必须是相互促进高水平开放同时确保安全的发展,产业链水平不断提高;在质的有效提升和量的合理增长上必须是相互统一的发展,推进创新驱动产业结构升级,稳定经济增长。实现高质量发展要以构建新发展格局为基点,构建新发展格局的战略目的在于建成现代化经济体系,战略立足点在于培育内需体系,战略方向在于深化供给侧结构性改革,战略支撑在于创新驱动,战略前提在于高水平的开放。

其次是约束条件的变化。2020 年 9 月,习近平总书记向世界作出"双碳"承诺,即 2030 年实现碳达峰,2060 年实现碳中和;时间比发达国家平均的 70 年用时缩短了 50% 多。做到这一点很不容易,中国 2021 年碳排放量数据是 105 亿吨,占全球的 30%,排世界第一位。减少碳排放,面临的压力很大。首先碳排放和 GDP 高度相关,相关系数在 0.6 以上;和经济结构高度相关,相关系数在 0.7 以上;和城市化高度相关,世界碳排放 70% 来自城市,中国碳排放是 80% 来自城市,而且中国的城镇化还在加速;和资源禀赋相关,煤炭是中国的基础能源,减碳是有难度的;和成本有关,碳排放从 105 亿吨降到 90 亿吨,每减少一吨碳排放带来 GDP 的损失是 426 元,从 90 亿吨降到 80 亿吨的损失是 4229 元/吨,绝对不是渐进的。此外,中国是出口大国,国际社会对碳税的征收是向生产方征收,而不是向消费方征收,这样就占了中国的碳税指标输入到其他国家消费,而调整这种国际结构非常困难。面对这些挑战,中国只有根本转变发展方式,才能满足约束条件。

因此,无论是从新动能的增长,还是从约束条件的变化来看,中国都需要高质量发展。我们要坚持以推动高质量发展为主题,推动经济实现质的有效提升和量的合理增长,从根本上转变发展方式的条件下实现高质量发展,推动中国经济稳健增长,进而一步步实现中国式现代化的发展目标。

(四)到 2035 年基本实现社会主义现代化

党的十九届五中全会提出 2035 年基本实现社会主义现代化,在经济增长方面则提出人均 GDP 要达到中等发达国家的平均水平,也就是说,首先要实现由上中等收入的发展中国家向高收入发展阶段国家的转变,然后继续提高以人均 GDP 或人均 GNI 反映的发展水平,以达到基本实现社会主义现代化的目标。

从发达国家的概念上看,首先是人均收入水平要高,同时人均发展水平要高。从人均收入水平看,按照世界银行的数据,2019 年人均国民总收入(人均 GNI,数值与人均 GDP 接近)中属于高收入(大于 12055 美元)的国家和地区有 65 个,排在第一的国家瑞士的人均 GNI 为 85500 美元,美国排在第 7 位为 65760 美元,日本排在第 27 位为 41690 美元,韩国排在第 30 位为 33720 美元,第 65 位为罗马尼亚,为 12630 美元。中等发达国家的人均收入水平也就在韩国的水平附近,为 30000 美元左右。从包含内容更广泛的人均发展指标上看,联合国开发计划署还有一个"人文发展指数"指标,是通过对受教育年限、人口预期寿命和按购买力平价法计算的人均 GNI 的综合处理来计算相对指标,进而评价各国的发展水平,所得到的排序结果和用人均 GNI 水平有差别,但具有明显的相关性(等级相关系数为 0.75)。这说明较高的人均国民总收入从长期看也有利于一个国家人均受教育水平和人均寿命的提升。

中国的人均 GNI 或者人均 GDP 要提高到中等发达国家的平均水平,是有现实基础的。首先是从我们已经到达的水平看,目前正处于由上中等收入发展中国家向高收入阶段国家发展的阶段。预计"十四五"时期应当能够实现从上中等收入向高收入阶段的跨越,然后在此基础上到 2035 年赶上中等发达国家。中国经济增长近年来虽然有所下降,但世界 GDP 的增长率也在回调,从中长期(10 年左右)看,中国的经济增长率仍然比世界高 4 个百分点左右,这种趋势如果保持下去,中国的排名还会不断提升。在未来的 15 年中,如果没有特别不可预见的、长期的意外灾难的冲击,中国仍然有可能保持比较好的经济增长,长期年均 GDP 增长率应该能达到 4.8% 以上(前一阶段的增长率可以快一些,年均 6% 左右,后一阶段则可以慢一些,年均 4% 左右),最终实现 GDP 总量翻一番以上,再考虑汇率变动、价格总水平的上升等综合因素,用现行价格计算的人均 GDP 或 GNI 就有可能进入世界前 40 位,也就是世界中等发达国家的水平。我们有继续保持稳定的长期增长的条件,具体地看,它们至少表现在以下几个方面。

第一是体制优势。随着中国特色社会主义市场经济的发展,通过建立国有经济为主导、公有制经济为主体和发展民营经济的制度,我们既改变了原先计划经济条件下企业缺乏活力的问题,又在相当程度上克服了在市场经济条件下各种风险尤其是金融风险周期性、系统性出现的矛盾。再加上政府对市场秩序的规范和监督,使经济活动在具有生机的同时又能实现有序发展。而中国在长期改革开放中建立和发展起来的宏观管理和调控体系又进一步为减少和避免风险失控或者是升级为系统性风险提供了重要条件。这种中国特色的社会主义市场经济体系,既避免了像发达市场经济国家那样不断因为经济周期带来市场大幅波动,也避免了像大多数发展中国家那样因社会和经济秩序缺失带来的发展缓慢或停滞,同时不断克服原有计划经济下的僵化弊端,是保持中国经济长期和稳定增长的基本保证。

第二是大国优势。中国是一个人口众多、地域辽阔、资源丰富的大国。从世界各国经济发展的经验看,人口大国要实现好的经济发展,首先要有一个相对稳定的政治环境,内部动乱不断的人口大国是很难取得好的经济发展的,而中国正是因为有了中国共产党的统一领导和全体人民的共同努力,才取得了新中国成立以来尤其是改革开放以来经济建设尤其是经济增长上的伟大成就。人口众多、地域辽阔使中国具有得天独厚的内需市场和分工体系,即使在外部需求受到冲击而锐减的情况下,仍然可能通过增加内部的循环来保持增长,这已经被国际金融危机后的一系列事实所证明。由于中国地域辽阔,各地发展仍然不平衡,有些地区实际上已经到达了中等发达国家的人均收入水平,但还有很多地方的经济发展还有很大的潜力,大国经济发展上的区域间的差异,既是作为发展中国家尚不发达的重要经济特征,也是可以保持更长期持续增长"梯度效应"的重要条件。同时,后发地区的发展也会为解决先进地区一些矛盾提供解决方案,如人口过度稠密、房价过高、生产要素成本上涨等,都可以通过更多地区的发展来得到解决或者是明显改善。大国的资源优势还反映在重要的农产品和自然资源方面基本自给,这是我们发展的基础。但更重要的是广义的各种人力和物力的资源,国家可以高效率地组织和优化各种资源,应对各种经济的、自然的意外事件的冲击,由此保证经济社会的平稳发展,2020年中国抗击疫情所取得的成就,就充分地说明了这一点。

第三是在世界经济中的竞争优势。改革开放后,中国利用国内国外的两个市场、两种资源,推动自身的发展,同时也对世界各国作出了贡献。中国的世界制造业中心的地位,是在一个长期的过程中形成的。一方面,中国通过自己在生产要素上的比较优势,向国际市场出口具有竞争力的产品,规模从小到大、质量不断提高、品种不断丰富,才取得目前的这种地位;另一方面,随着国内经济发展水平的提高,我们的一部分比较优势已经发生了变化,如劳动力价格方面的优势已经发生了一定变化,而另一部分优势正在形成,如随着科技水平的提高,高科技产品出口的比重在提升,随着装备制造水平的提高,大型设备和产品的出口在增加,等等。现在,中国在先进领域里尤其是科技领域里和西方发达国家仍然存在差距,但这种差距在不断缩小,在一些领域中我们已经走到了前沿。这说明我们的优势开始逐渐由后发优势(对发达国家而言)转变为领先优势(包括对发展中国家和发达国家而言)。中国作为一个大国,具有长期积累起来的巨大的人力资本,每年毕业的大专院校学生就达1000多万人,具有巨大的国内市场。包括投资需求和消费需求规模大且不断增长,具有完备的制造业体系,结构完整、产业链齐全。我们的突出问题在于大而不强,根本原因在于创新力不足,在一些核心技术上存在短板,因而国民经济循环存在堵点、断点。不仅深刻影响我国在全球经济中的竞争力提升,而且严重影响国民经济和国家总体安全,这就需要在充分发挥现有发展优势的基础上,进一步深化改革完善体制,发挥中国特色社会主义制度在创新上的优势,在构建新发展格局,重塑竞争新优势的过程中,切实使科技创新成为新发展格局的战略支撑。应当说,我们完全有可能实现这一点。

第四是发展阶段优势。中国目前正处于全面建成小康社会的目标后,进入全面实现社会主义现代化的建设阶段。而从经济发展水平上看,则正处于由发展中国家向发达国家发展和转变的阶段。从总量上看中国已经保持了40多年的高速增长,但是从产业结构上仍然还保留有发展中国家的特征。例如,2019年,中国第一产业、第二产业和第三产业增加值占GDP的比重分别为7.1%、39.0%和53.9%,已经呈现出工业化国家产业结构的特征;但是从就业结构上看,三次产业就业占全部就业的比重则分别为25.1%、27.5%和47.4%,这种就业结构和增加值结构之间的差别,实际上是城乡差距和收入分配结构在产业结构上的体现。而一般发达国家第一产业的增加值比重大多在5%以下、第三产业占比在60%以上,就业结构则和增加值结构相近。强调适度经济增长的一个重要标准就是要保证充分就业,而在中国,除了要保证新增就业人口的就业外,更重要的是要保证农业劳动力向非农产业尤其是第三产业转移而增加的就业,所以中国经济进一步增长的过程,也是包括增加值结构和就业结构在内的产业结构不断提升的现代化过程。随着产业结构的提升,收入分配结构和城乡差距也会得到进一步改善,这又会创造出新的需求。这种产业结构提升的要求从供给和需求两方面为中国进一步稳定增长创造了更好的条件。

第三章　创新驱动发展：
模式演变与未来战略导向[①]

第一节　创新驱动发展的战略背景及意义

创新驱动发展是继要素驱动发展、投资驱动发展后的经济发展阶段。[②] 从改革开放到 2010 年,中国经济一直保持着持续高速增长。2011 年前后,中国经济增速明显放缓,开始进入一个新的发展阶段。过去以"要素驱动""投资驱动"为核心的驱动力明显不足,亟须为经济发展寻找新的驱动力,推动经济高质量发展。2012 年,党的十八大报告首次提出"实施创新驱动发展战略",科技创新开始被放置于国家发展全局的核心位置。

党的十八大以来,我国深入贯彻实施创新驱动发展战略,对科技体制进行了系统、全面、深入地改革,科技创新取得了显著成效。我国研发投入规模居世界第二位,仅次于美国。2021 年,全社会研发支出达到 2.79 万亿元,全社会研发支出占国内生产总值比重的 2.44%,比 2012 年增长了 0.46 个百分点,共增长了 1.76 万亿元,增量相当于 2012 年研发支出投入的 1.71 倍(见图 3-1)。我国研发人员总量居世界第一位。研发人员全时当量从 2012 年的 324.70(万人/年)增加至 2021 年的 571.63(万人/年)(见图 3-2)。发明专利有效量位居世界第一,国际科技论文被引量跃居并保持在世界第二,科技进步贡献率从 2012 年的 52.2% 上升至 60%

---

① 课题组组长:薛澜,清华大学文科资深教授,苏世民书院院长,公共管理学院教授,博士生导师。课题组成员:陈玲,清华大学公共管理学院教授,产业发展与环境治理研究中心主任,博士生导师;乔亚丽,清华大学公共管理学院助理研究员、博士后;李少帅,清华大学公共管理学院助理研究员、博士后。

② Porter,Michael E.,*The Competitive Advantage of Nations*,New York:The Free Press,1990.

（单位：亿元）

（单位：%）

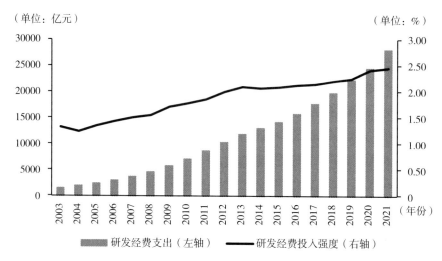

■ 研发经费支出（左轴）　　—— 研发经费投入强度（右轴）

图 3-1　2003—2021 年中国研发经费支出及投入强度

资料来源：据国家统计局年度统计公报整理，http://www.stats.gov.cn/tjsj/tjgb/ndtjgb/。

（单位：万人/年）

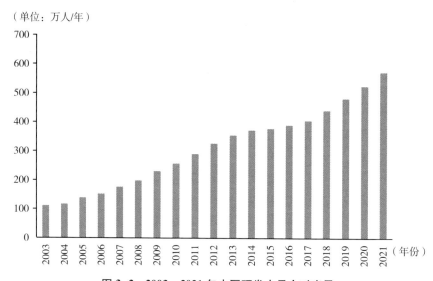

图 3-2　2003—2021 年中国研发人员全时当量

资料来源：根据国家统计局年度统计公报整理，http://www.stats.gov.cn/tjsj/tjgb/ndtjgb/。

以上。① 世界知识产权组织发布的全球创新指数排名中,中国从 2012 年的第 34 位上升到 2022 年的第 11 位②,位居全球中等收入经济体首位,进入创新型国家行列。我国重点布局建设的三大国际科技创新中心 2022 年排名均进入全球前 10 位,其中北京排第 3 位,粤港澳大湾区排第 6 位,上海排第 10 位。③

党的二十大报告提出,"加快实施创新驱动发展战略,加快实现高水平科技自立自强",进一步强调了党和国家对科技创新的高度重视。创新驱动发展战略是党中央结合我国实际发展国情,在新的发展阶段确立的立足全局、面向全球、聚焦关键、带动整体的国家重大发展战略。依靠科技创新和体制机制创新"双轮驱动",推动发展方式向依靠持续的知识积累、技术进步和劳动力素质提升的方向转变,促进经济向形态更高级、分工更复杂、结构更合理的阶段演进。实施"创新驱动发展"具有重要战略意义:其一,实施创新驱动发展,有助于增强中国经济持续发展长期动力、形成国际竞争新优势。改革开放以来,中国的经济增长主要依靠劳动力和资源环境的低成本优势,随着这种优势的不断消失,我国需要重新建立长期的、竞争力强的创新优势,而技术创新附加值高,可以为中国经济持续发展提供长期的强大动力。其二,实施创新驱动发展,有助于提高中国经济增长的质量和收益,加快转变经济发展方式,迈向全球产业链和价值链的中高端。其三,实施创新驱动发展,使用高新技术可以有效降低资源能耗,对提升产业竞争力、实现可持续发展具有重要意义。

一、创新驱动发展战略的历史起点

(一)百年未有之大变局

新一轮科技革命和产业变革加速演进,以智能、绿色等为特征的技术

---

① 国家统计局:《新动能苗壮成长 新经济方兴未艾——党的十八大以来经济社会发展成就系列报告之九》,http://www.stats.gov.cn/xxgk/jd/sjjd2020/202209/t20220926_1888675.html,2022 年 9 月 26 日。

② WIPO:Global Innovation Index 2022, https://www.wipo.int/global_innovation_index/en/2022/.

③ 清华大学产业发展与环境治理研究中心、施普林格·自然:《国际科技创新中心指数 2022》,《Nature》2022 年。

革命正引发国际分工大调整,国际科技创新格局日益错综复杂。新兴技术、颠覆性技术不断涌现,信息技术推动全球经济蓬勃发展,加速技术、资金、数据、人才等创新要素在全球范围内的快速转移和重新布局,全球科技创新版图正在悄然发生变化,国际竞争格局面临重塑。面对这样一个百年未有之大变局,为了赢得竞争优势,改变国家力量对比,创新驱动发展成为各创新大国的首要战略选择。

(二)中国经济增速全面放缓

2011年前后,中国的GDP增速在经历大规模财政刺激的短暂回升后明显放缓,从2010年的10.3%一路下行到2019年的6%左右(见图3-3),中国经济发展进入新常态。传统的发展动力不断减弱,粗放型增长方式已经难以适应新的发展需求。经济发展亟须找到新的驱动力,打造创新发展新引擎,避免陷入"中等收入陷阱"。中国亟须从"要素驱动""投资驱动"向"创新驱动"转变,让科技创新成为经济增长新的驱动力。

(单位:%)

图3-3　2003—2021年中国GDP增速

资料来源:根据国家统计局年度统计公报整理,http://www.stats.gov.cn/tjsj/tjgb/ndtjgb/。

(三)全球产业竞争愈演愈烈

改革开放以来,中国技术创新取得了显著进步,我国制造业开始向全球价值链的高端发展，在信息通信技术、高端装备制造等领域与国际领先企业形成了正面竞争，关键核心技术受制于人，凸显出我国重大原始创新不足的问题。2011 年，我国研发经费投入强度为 1.78%，与发达国家（美国的 2.74%、日本的 3.21%、韩国的 3.59%）的差距明显（见图 3-4）。据《中国科技统计年鉴 2011》的统计数据，2011 年，中国基础研究经费仅占研发经费支出的 4.74%[①]，而欧美部分国家已达到 10% 以上。包括半导体产业在内的许多行业和中国企业长期受到发达国家的出口管控和技术压制。

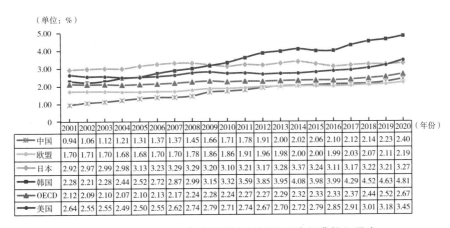

（单位：%）

	2001	2002	2003	2004	2005	2006	2007	2008	2009	2010	2011	2012	2013	2014	2015	2016	2017	2018	2019	2020	（年份）
中国	0.94	1.06	1.12	1.21	1.31	1.37	1.37	1.45	1.66	1.71	1.78	1.91	2.00	2.02	2.06	2.10	2.12	2.14	2.23	2.40	
欧盟	1.70	1.71	1.70	1.68	1.68	1.70	1.70	1.78	1.86	1.86	1.91	1.96	1.98	2.00	2.00	1.99	2.03	2.07	2.11	2.19	
日本	2.92	2.97	2.99	2.98	3.13	3.23	3.29	3.29	3.20	3.10	3.21	3.17	3.28	3.37	3.24	3.11	3.17	3.22	3.21	3.27	
韩国	2.28	2.21	2.28	2.44	2.52	2.72	2.87	2.99	3.15	3.32	3.59	3.85	3.95	4.08	3.98	3.99	4.29	4.52	4.63	4.81	
OECD	2.12	2.09	2.10	2.07	2.10	2.13	2.17	2.24	2.28	2.24	2.27	2.27	2.29	2.32	2.33	2.33	2.37	2.44	2.52	2.67	
美国	2.64	2.55	2.55	2.49	2.50	2.55	2.62	2.74	2.79	2.71	2.74	2.67	2.70	2.72	2.79	2.85	2.91	3.01	3.18	3.45	

图 3-4　2001—2020 年主要国家（地区）研发经费投入强度

资料来源：OECD Science and Technology Indicators, Gross Domestic Expenditure on R&D, https://data.oecd.org/rd/gross-domestic-spending-on-r-d.htm。

因此，要想抓住新一轮科技革命带来的历史性机遇，在未来全球创新版图上占有一席之地，亟须培育和构建创新驱动发展的意识、制度和环境。

二、创新驱动发展战略的路径选择与组织体系

我国经济发展整体起步晚，增长速度快，技术创新能力与发达国家存

---

① 国家统计局、科学技术部、财政部：《2010 年全国科技经费投入统计公报》，《中国信息报》2011 年 8 月 12 日。

在较大差距。改革开放后的 30 多年,为了使技术水平与经济发展相适应,我国开展了经济和体制的双重转型,出现了创新模式多元并存的局面。在重大基础设施、国家战略需求较强的领域,由政府组织主导,发挥举国体制的优势,集中力量办大事;在新兴未知的经济领域,则依赖于市场的调节作用。过去经济落后的阶段,为了快速实现对发达国家的技术追赶,缩小技术差距,技术创新模式依靠引进消化吸收和自主创新两条路径。同时随着我国从计划经济到市场经济的转型发展,创新主体地位也在悄然发生改变。因此,在我国经济高速、粗放式发展的背景下,在新的历史发展阶段,已然存在的两种经济制度、两条创新路径以及逐渐形成的国家创新体系将在错综复杂的环境中继续摸索互动,共同构成我国创新驱动发展的动力。

(一)两种制度:政府主导与市场主导

与市场经济发展成熟的发达国家不同,中国的经济发展起步较晚,存在市场发育不健全、治理体系不完善等问题。改革开放之初,面对脆弱的国民经济,仅仅依靠市场机制很难解决这一系列复杂问题,因此政府在发展早期扮演着非常重要的角色,通过各项科技支撑计划、专项经费、创新基金以及各种税收优惠、补贴政策,支持企业、高校、科研院所等创新主体的创新活动。随着改革开放的不断深化,1993 年党的十四届三中全会通过了《中共中央关于建立社会主义市场经济体制若干问题的决定》,市场机制开始崭露头角。尤其在 2001 年加入世界贸易组织后,本土企业面临着更多来自外部竞争的威胁,市场机制发挥作用的迫切性凸显。2006 年《国家中长期科学和技术发展规划纲要(2006—2020 年)》强调"以政府为主导、充分发挥市场配置资源的基础性作用"。由此,在新的发展阶段,关于该由政府主导还是该由市场主导的争论不断。

回顾改革开放几十年的发展历程,政府主导的国家创新体系发挥着关键作用,如高铁技术的成功赶超。然而,政府主导并不总是有效。在新的发展阶段,要实现对发达国家的技术追赶,引领全球产业变革,如何合理运用政府机制和市场机制,最大限度地发挥中国体制机制的优势,进一步完善市场机制,把应用"新型举国体制"的效率最大化,如何给中国企业创新提供"适度"的政策干预,来对初期的工业进行本地保护,何时放手利用市场机制能够有效促进产业成长和技术进步,仍然是需要深入探讨和解决的问题。

(二)两条路径:引进消化吸收与自主创新

改革开放初期,引进消化吸收是我国本土创新发展的重要模式。这一模式在改革开放后的40多年里极大地促进了我国经济的增长。2010年,我国的经济总量超过40万亿元人民币,超过日本成为第二大经济体。[①] 但同时,我们也应该看到,随着大规模技术的引进,尤其在加入世界贸易组织以后,我国逐渐形成对外资企业技术的高度依赖,在飞机、汽车、制造装备等重点领域,出现由国外品牌和技术主导的局面。尽管引进消化吸收的初衷是再创新,20世纪80年代中期国家"863"计划出台,也强调在重要的高技术领域进行自主创新,但是引进技术并没有使中国的技术创新得到长足发展。究其根本,过去我们主要把引进技术当作扩大、改善和增加生产能力的手段,却没有从根本上改变我国关键核心技术落后的状态,中国参与全球产业链的生产环节主要集中在劳动密集的终端组装环节。随着西方国家出台的一系列控制高技术出口的协议,如1996年的"瓦森纳协议",以及美国对中国持续加码的"实体清单",不断遏制对中国高端芯片及芯片制造设备等领域的出口,对中国企业和产业施行封锁打压,中国科技发展面临的危机越发明显。

2006年发布的《国家中长期科学和技术发展规划纲要(2006—2020年)》,我们党和国家高度强调"自主创新",鼓励中国企业加强自身的技术创新能力,由此给中国的科技界和产业界吹响了迈向自主创新的号角。在新的发展阶段,经济全球化水平进一步深化,我们面临国外同等竞争的同时,科技发展也开始进入"无人区",当下中国需要实现自主创新,需要我们摒弃过去的技术依赖,将发展动力转变到通过自身的技术进步来实现经济增长和社会发展上面来。但摒弃技术依赖并不等同于完全放弃引

---

① 中华人民共和国中央人民政府,数据显示中国已成为全球第二大经济体和第一大贡献国,http://www.gov.cn/wszb/zhibo491/content_2013602.htm,2011年12月7日。

进消化吸收,而是需要在引进消化吸收的基础上实现自主创新,两条路线同时并行,将重点共同集中在自身的技术进步上。

(三)国家创新体系与企业创新主体

"国家创新系统"的概念最早于1987年首次提出。经济合作与发展组织将其定义为公共部门和私营部门的各种机构组成的网络,这些机构的活动和相互作用决定着一个国家知识和技术扩散的能力。1998年,党中央、国务院作出建设国家创新体系的重大决策,由中国科学院开展知识工程试点,形成高效运行的国家知识创新系统及运行机制。1999年,正式提出要"推进国家创新体系建设"。《国家中长期科学和技术发展规划纲要(2006—2020年)》中指出,中国特色国家科技创新体系是以政府为主导、充分发挥市场配置资源的基础性作用、各类科技创新主体紧密联系和有效互动的社会系统。自此,国家创新体系进入全面建设阶段。

党的十八大报告提出国家创新体系建设要以企业为主体、市场为导向、产学研相结合,由此确立企业创新主体的核心地位。我国的国家创新体系包括:(1)以企业为主体、产学研结合的技术创新体系;(2)科学研究与高等教育有机结合的知识创新体系;(3)军民融合、寓军于民的国防科技创新体系;(4)各具特色和优势的区域创新体系;(5)社会化、网络化的科技中介服务体系。

然而,我国科技与经济"两张皮"的现象仍然没有得到彻底解决,如何促进科技创新与实体经济深度融合,更好发挥创新驱动发展作用,仍然有待回答。实践证明,科技与经济的关系问题十分复杂,简单地以"科学研究→技术发明→技术创新→市场销售"模式将科技融入经济的设想与实际情况相差甚远。针对日益复杂的创新系统,如何营造良好的科研生态和市场生态环境,提供有效的激励机制,鼓励原始创新不断涌现,如何有效协调各创新主体、创新要素之间的关系,实现良性互动,使知识的生产、传播和转化应用更为顺畅,实现科技和经济深度融合,提高科技创新效率,仍然是科技创新政策重点攻克的难题。

第二节　创新驱动发展战略的历史演变

1978 年，我们党和国家开始将工作重点转移到经济建设上。随着经济建设步伐的加快，以及市场化改革的不断深入，我们国家对科学技术和创新活动的重要性，以及科技创新与国家经济建设之间关系的认识也经历了一个不断探索和深化的过程。

一、引进消化吸收阶段（1978—1994 年）

改革开放之初，科研秩序正待恢复。随着改革开放的浪潮，科技体制改革也开始进入起步阶段。在 1978 年 3 月的全国科学大会上，邓小平同志提出"科学技术是生产力"的重要论断，大会通过了《1978—1985 年全国科学技术发展规划纲要（草案）》，明确科学技术是实现四个现代化的关键、知识分子是工人阶级的一部分，极大地激发了广大科技工作者的科研热情，科技发展迎来了春天。1985 年 3 月，《中共中央关于科技体制改革的决定》发布，确定了"面向，依靠"方针，即科学技术必须面向经济建设，经济建设必须依靠科学技术，中共中央以改革科技拨款制度、开拓技术市场为突破口，致力于让"科技长入经济"。同一时期，党中央鼓励大力发展高技术（如 863 计划、火炬计划），支持"在全国选择若干智力资源集聚的地区，采取特殊政策，逐步形成具有不同特色的新兴产业开发区"，这一系列政策大力促进了我国高新技术产业的发展。1993 年，第八届全国人大二次会议通过了第一部关于科技进步的法律《科学技术进步法》，从法律层面保障和激励"科技面向经济"的实施，引导发挥科学技术对社会、经济增长的促进作用。

在这一阶段，我国的创新模式主要以技术的引进消化吸收为主，来实现经济增长和本土化创新。改革开放之初，我国开始意识到科学技术面向经济建设的重要性、研究与开发技术的紧迫性，但在发展的起步阶段，中国企业缺少必要的生产技术，只能通过引进国外的先进技术和设备来进行生产。1981 年 2 月，国家科委向中共中央提出了《关于我国科学技术发展方针的汇报提纲》，提出"把学习、消化、吸收国外科学技术成果作为发展中国科学技术的重要途径"。为促进经济增长，这一时期国家出台了大量支持技术引进、消化吸收的政策文件，如国务院制定的《技术引进和设备进口工作暂行条例》，国家经济委员会、财政部、海关总署联合制定的《关于推进引进技术消化吸收的若干规定》，以及《国务院批转国家经委关于推动引进技术消化吸收和国产化工作报告的通知》等。鼓励对引进技术进行消化吸收，促进技术改造和升级换代，提升国产化水平，实现本地化创新。在这一时期，国有企业是引进消化吸收政策支持的重点，通过引进国外的先进技术，改造国有企业的落后技术促进生产。

高铁技术的起步是引进消化吸收的典型案例之一。在高铁技术开发的早期阶段，国内自主开发的高铁低于国际高速铁路标准，核心技术不成熟，设备可靠性和稳定性不高，难以进行批量生产和实现商业化。为了实现更高起点上的创新，大规模引进成了当时高铁技术短期内实现"跨越式发展"的选择。2004 年，政府部门提出引进先进技术、联合设计生产、打造中国品牌、发展中国高速铁路的思路。① 于是在铁道部的组织下，本土企业与日本川崎重工、德国西门子和法国阿尔斯通等企业开展合作，引进国外技术进行联合生产，目的在于在引进先进技术的同时，通过联合设计对引进的车型进行修改后再创新，提升国内人员的研发和操作水平。在高铁技术发展的起步阶段，引进消化吸收在一定程度上起到了正向促进作用，为后续我国高铁技术走上自主开发道路、实现激进创新奠定了一定基础。

二、科教兴国战略（1995—2005 年）

改革开放后，有关高技术发展对世界新技术革命和产业革命影响的讨论引起了国内的高度关注。面对世界经济发展的大势，我国确定发展中高技术产业，开始迎接新技术革命发展带来的挑战，倡导"发展高科技、实现产业化"，积极运用新技术，加速对传统产业的改造，促进经济建设。

---

① 路风：《冲破迷雾——揭开中国高铁技术进步之源》，《管理世界》2019 年第 9 期。

　　1995 年,《中共中央、国务院关于加速科学技术进步的决定》,确立了"科教兴国战略",全面落实"科学技术是第一生产力"的思想,把科技和教育摆在经济、社会发展的重要位置,把经济建设转移到依靠科技进步和提高劳动者素质。1997 年,知识经济和国家创新体系的概念和理论先后引起中国学术界和政治界的重视。在中国科学院的提议下,1998 年,党中央、国务院作出重大决策,布局建设国家创新体系,以中国科学院开展知识创新工程为试点,形成高效运行的国家知识创新系统和运行机制,建设一批国际知名的国家知识创新基地。在同一年,国家开展科研院所转制,鼓励科研机构开拓技术市场,促使应用型科研机构向企业化转制,通过市场机制主动为经济建设服务,同时鼓励大型国有企业建立研发中心,成立科技型中小企业技术创新基金以支持中小企业创新。1999 年,又发布了《中共中央、国务院关于加强技术创新,发展高科技,实现产业化的决定》,将"创新、产业化"作为指导方针。2001 年,中国加入世界贸易组织,对外开放水平进一步深化,市场化水平进一步提升。

　　在这一阶段,我国强调科学技术向现实生产力的转化,科技政策主要围绕深化科技体制改革、实现高新技术的产业化展开。在一系列深化改革政策背景下,实施科教兴国战略,建设国家知识创新体系,科研院所开始转制企业化,都在强调政府支持与市场机制的有机结合,共同推动国家经济社会领域的创新发展和全社会的技术进步。在这一阶段,企业的创新地位得到重视,科技创新能力得到提升。改革开放后,尤其中国加入世界贸易组织后,外部竞争性机制引入,本土企业开始面临着来自全球的竞争,这样一个环境迫使我国的科技创新开始从模仿创新向自主创新过渡。

三、自主创新战略（2006—2011 年）

　　21 世纪初,随着知识经济的蓬勃发展,科学技术已经成为世界经济和社会进步的主要力量。同时在全球化背景下,资本、知识、人才、技术等创新要素在全球范围内的配置和流动日益增强,科技创新能力的竞争日益演变成为国家之间竞争的内核。主要发达国家纷纷加强对科技创新的重要战略部署:2000 年,欧盟里斯本战略提出,欧盟各国于 2010 年把研发投入占国内生产总值的比例从 1.9% 提高到 3%。日本于 2001 年 3 月制定和通过的第二个《科学技术基本计划》，提出"科技创新立国"的战略举措。2004 年，美国竞争力委员会发布《创新美国：在挑战和变革的世界中达至繁荣》的报告，强调"创新将成为决定美国在整个 21 世纪获得成功的唯一重要因素"。英国政府也强调科技创新对英国未来前景的重要性，提出重建公众对科技的信任，为科研活动的顺利开展和实施应用提供良好的公众环境。① 在这一时期，全球的科技资源、技术贸易和价值增值基本由发达国家主导，占据全世界约 86% 的研发投入、90% 以上的发明专利②，在航空、核能、微电子等战略产业领域长期处于领先地位。

我国在改革开放以后，尤其是 2001 年加入世界贸易组织以后，大量引进外国直接投资和国外技术，对传统产业进行技术改造和结构调整，从而促进经济增长。由此，长期以来形成的对外资企业技术高度依赖的问题日益突出。据统计，中国几乎全部光纤制造设备、集成电路制造装备的 85%、石化设备的 80%、数控机床的 70%、医疗装备的 95% 均依赖进口③，中国企业和产业发展缺少核心技术，随时面临着来自发达国家实施的出口限制、实体清单等技术封锁方面的严重威胁，增强自主创新意识迫在眉睫，国际竞争力有待进一步提升。

2006 年，我国颁布了《国家中长期科学和技术发展规划纲要（2006—2020 年）》，提出"自主创新、重点跨越、支撑发展、引领未来"16 字方针，指导我国科技工作的开展。《国家中长期科学和技术发展规划纲要（2006—2020 年）》提出 2020 年把中国建设成创新型国家，具体目标是："到 2020 年，全社会研究开发投入占国内生产总值的比重提高到 2.5% 以上，力争科技进步贡献率达到 60% 以上，对外技术依存度降低到 30% 以下，本国人发明专利年度授权量和国际科学论文被引数均进入世界前 5 位。"《国家中长期科学和技术发展规划纲要（2006—2020 年）》以

---

① 薛澜等：《中国科技发展与政策：1978—2018》，社会科学文献出版社 2018 年版，第 76—77 页。

② 徐冠华：《新时期我国科技发展战略与对策》，《中国软科学》2005 年第 10 期。

③ 陈至力：《加强自主创新，促进可持续发展》，《中国软科学》2005 年第 9 期。

自主创新为基点,从跟踪模仿创新向自主创新方向转变,强调加强原始创新、集成创新和引进消化吸收再创新,增强国家创新能力。

关于自主创新的主体,《国家中长期科学和技术发展规划纲要(2006—2020年)》提出,建立"以企业为主体、产学研结合的技术创新体系"。同时,在2008年7月1日起施行的修订后的《科学技术进步法》,也以法律形式明确了企业在技术创新中的主体地位,通过对企业创新给予税收优惠和财政支持,强化自主创新战略措施的实施,为《国家中长期科学和技术发展规划纲要(2006—2020年)》的落实提供了法律保障。《实施〈国家中长期科学和技术发展规划纲要(2006—2020年)〉的若干配套政策》陆续发布的70余项实施细则,均集中体现了自主创新战略和鼓励企业成为技术创新主体的指导思想,鼓励引导企业加大研发投入力度,加强新产品开发。

在这一阶段,我国着力加强自主创新的政策引领,在提升企业作为技术创新主体的核心地位的基础上,利用税收和财政优惠政策鼓励开发和保护具有自主知识产权、拥有核心技术的产品,以此来不断激励企业自主创新,进而提高我国在国际市场上的竞争力。2006年后,我国的科技进步贡献率稳步提升,2020年科技进步贡献率超60%;2006年后对外技术依存度持续下降,从44.85%下降到2011年的30.66%;[1]我国的三方专利数量从2005年的519件增长至2015年的2889件,排名从第13位上升至全球第4位[2];国际科学引文数量于2017年上升至第2位,阶段性任务取得一定成效。

高铁技术实现真正跨越式发展的关键在于技术能力的提升和自主研发。[3] 2005—2006年,在党中央坚持自主创新、建设创新型国家的战略部署下,尤其在《国家中长期科学和技术发展规划纲要(2006—2020年)》发布后,高铁的建设也开始从消化引进吸收向自主创新路线靠拢。2008

---

① 范建亭:《开放背景下如何理解并测度对外技术依存度》,《中国科技论坛》2015年第1期。

② OECD, *Main Science and Technology Indicators*, Volume 2017 Issuel, OECD Publishing, Paris.

③ 路风:《冲破迷雾——揭开中国高铁技术进步之源》,《管理世界》2019年第9期。

年 2 月,科技部和铁道部签署了《中国高速列车自主创新联合行动计划》,其中第一个原则就是"坚持自主创新,在巩固发展既有引进消化吸收再创新成果的基础上,进一步加大自主创新力度,形成适合中国国情、路情的具有自主知识产权的时速 350 千米及以上高速列车技术体系"。在由引进消化吸收到自主创新转变的政策引领下,以及国内大规模建设高铁的需求牵引下,为中国高铁技术超越国外引进技术提供了发展契机。

四、创新驱动发展战略(2012 年至今)

2012 年党的十八大明确提出"科技创新是提高社会生产力和综合国力的战略支撑,必须摆在国家发展全局的核心位置"。从这一时期开始,我们党和国家强调社会生产力提高的重点是创新驱动,综合国力提高的关键是依靠科技创新的战略支撑。2015 年 3 月,《中共中央　国务院关于深化体制机制改革　加快实施创新驱动发展战略的若干意见》发布。随后,围绕促进科技成果转化,出台了一系列政策,包括修订《中华人民共和国促进科技成果转化法》,出台《实施〈中华人民共和国促进科技成果转化法〉若干规定》,制定《促进科技成果转移转化行动方案》。

2016 年,中共中央、国务院正式发布《国家创新驱动发展战略纲要》,从顶层设计和系统谋划中国科技创新的未来发展。明确了中国到 2050 年建成科技创新强国"三步走"的战略目标:第一步,到 2020 年进入创新型国家行列,基本建成中国特色国家创新体系,有力支撑全面建成小康社会目标的实现。这一阶段,若干重点产业进入全球价值链中高端,培育一批具有国际竞争力的创新型企业和产业集群;自主创新能力大幅提升,突破重大"瓶颈"问题,掌握关键核心技术,初步扭转长期受制于人的被动局面;创新链条有效协同衔接,科技与经济融合更加顺畅;基本形成适应创新驱动发展要求的制度环境和政策体系,形成创新创业的价值导向和创新环境。第二步,到 2030 年跻身创新型国家前列,发展驱动力实现根本转换,经济社会发展水平和国际竞争力大幅提升,为建成经济强国和共同富裕社会奠定坚实基础。这一阶段,我国的主要产业进入全球价值链中高端;总体上扭转科技创新以跟踪为主的局面;国家创新体系实现科技与经济深度融合。第三步,到 2050 年建成世界科技创新强国,成为世界主要科学中心和创新高地,为中国建成富强民主文明和谐的社会主义现代化国家、实现中华民族伟大复兴的中国梦提供强大支撑。这一阶段,科技和人才成为最重要的战略资源;劳动生产率、社会生产力主要依靠科技进步和全面创新,实现经济高质量发展;拥有一批世界一流的科研机构、研究型大学和创新型企业,成为全球高端人才创新创业的重要聚集地;拥有更加优化有利于创新的制度环境、市场环境和文化环境。

2020 年 10 月,党的十九届五中全会审议通过了《中共中央关于制定国民经济和社会发展第十四个五年规划和二〇三五年远景目标的建议》,提出坚持创新在我国现代化建设全局中的核心地位,以深化供给侧结构性改革为主线,以改革创新为根本动力,全面推动经济高质量发展,我国开始迈向创新强国建设的新征程。2022 年党的二十大报告进一步强调创新的核心地位。坚持科技是第一生产力、人才是第一资源、创新是第一动力,深入实施科教兴国战略、人才强国战略和创新驱动发展战略,以中国式现代化全面推进中华民族伟大复兴。

面对愈加严酷的国际科技与产业竞争,创新驱动发展战略进一步提出了科技自立自强和建设国家战略科技力量的方针。2021 年 5 月,习近平总书记在中国科学院第二十次院士大会上指出,世界科技强国竞争,比拼的是国家战略科技力量,同时指明国家实验室、国家科研机构、高水平研究型大学、科技领军企业都是国家战略科技力量的重要组成部分。

在创新驱动发展战略的引领下,我国在量子通信、载人航天、高温超导、干细胞、脑科学、暗物质粒子探测等研究领域取得了一大批重大原创科技成果,进入创新型国家行列。以大科学装置为例,据统计,2022 年在排名前 100 的国际科技创新中心城市中,我国大科学装置存在明显对比优势。美国 23 个城市中共有 23 个大科学装置,中国 19 个城市中共有 31 个大科学装置,凸显我国科学基础设施建设的巨大优势和突出成就。[1]

---

① 清华大学产业发展与环境治理研究中心、施普林格·自然:《国际科技创新中心指数 2022》,《Nature》2022 年。

中国战略高技术领域也取得重要成果,如超级计算机、全深海无人潜水器、第四代隐形战斗机、北斗导航卫星组网、国产大型客机等。特别是在高技术产业竞争中,我国的高速铁路、5G 移动通信、AI 语言识别、第三代核电、新能源汽车都抢占国际舞台制高点,实现了从"跟跑""并跑"到"领跑"的转变。

第三节 创新驱动发展存在的不足及未来挑战

一、落实创新驱动发展战略机会的不足和制约

(一)原创性、基础性科学成果较少,难以形成全面有效的知识供给

近年来,我国创新驱动发展战略取得重大进展,已经成为最大专利申请国、世界最大科技论文产出国、研发人员数量世界第一。首先,对高质量专利——美日欧三方专利①的分析表明,我国专利的平均质量还有待提升。根据中国科学院科技战略咨询研究院发布《2021 技术聚焦》及关联报告,并对 2012 年至 2017 年、2014 年至 2019 年两个时期的技术结构进行了分析,发现来自日本的三方专利量最多,其后是美国,两国都覆盖了接近 95.0% 的技术焦点,以绝对优势位居世界前两位,我国三方专利量覆盖 50.0% 多的技术焦点,同美日存在较大差距。其次,我国基础研究薄弱主要体现为以下两个方面:(1)基础研究投入水平偏低,企业及其他社会力量投入不足。2019 年,我国基础研究占研发比重为 6.03%,与发达国家普遍 15% 以上的水平相比差距仍然较大。我国在基础研究领域的投入以政府资金为主,占比达 90%,企业、公益基金、慈善捐助等社会力量对基础研究的投入非常有限。(2)基础研究成果质量不高,源头供给不足。我国重大原创性成果缺乏,底层基础技术、基础工艺能力不足、高

---

① 三方专利指在欧洲专利局(EPO)、日本特许厅(JPO)及美国专利商标局(USPTO)都提出申请的同一项发明专利。三方专利被认为具有较高的科技含量和经济价值,反映某个国家技术发明的整体水平及在国际市场上的竞争力。

端芯片、基础软硬件、开发平台、基本算法、基础元器件、基础材料等"瓶颈"仍然突出，产业关键核心技术受制于人的局面没有得到根本性改变。中国在全球行业中缺少领先企业和平台企业，企业创新集中体现在商业模式和专利产出等方面，我国仍然是最大的知识产权费用支出国。原始创新不足的原因很多，其中与当前我国科技管理制度和创新文化有很大关系，如当前考核机制下，许多科研人员更加青睐"短平快"研究，缺乏定力、耐心啃"硬骨头"。

总体来看，我国科技创新实力主要体现为总量优势，但是原创性基础研究与先进国家特别是美国相比还存在相当差距，关键领域和新技术受制于人的格局并没有从根本上得到改变，先进高端材料研发和生产水平远落后于主要发达国家，关键高端材料远未实现自主供给，绝大多数专利药物市场被国外公司垄断，高端医疗设备主要依赖进口，基础研究和原始创新能力不足，制约经济社会高质量发展。

（二）科技与经济缺乏深度结合，科技对经济支撑引领有限

当前我国经济发展进入转方式、调结构的关键时期，经济社会发展比以往任何时候都更需要强大的科技创新力量支撑引领。相关研究数据显示，我国各省份科技创新对经济的支撑效率普遍较低，其平均值仅为60%左右[①]，表明科技对经济社会的支撑作用有待提升。尽管我国的研发经费投入持续增加并远高于 GDP 增长率，但是高技术产值平均增长率较低，规模以上工业企业有研发活动企业占比较低，2021 年不足 40%，企业研发经费内部支出与营业收入之比仅为 1.41%，并且没有明显提升。上述数据表明我国科技创新对经济社会发展的支撑引领作用仍然有限，在全面深入实施创新驱动发展战略背景下，如何高效运用创新资源、让科技创新引领经济发展是当前建设创新型国家的迫切任务。

科技成果转化作为实施创新驱动发展战略的重要组成部分，同样也是发挥科技创新在经济转方式、调结构重要作用的关键环节。习近平总

① 庞瑞芝、范玉、李扬：《中国科技创新支撑经济发展了吗？》，《数量经济技术经济研究》2014 年第 10 期。

书记和李克强总理都高度重视科技成果转化工作，习近平总书记明确提出并要求"做好促进科技成果转化行动"，李克强总理也指出："要加快科技成果转移转化，打通科技与经济结合的通道，尽快形成新的生产力。"根据中国科技评估与成果管理研究会、国家科技评估中心和中国科学技术信息研究所共同编写的《中国科技成果转化2021年度报告（高等院校与科研院所篇）》显示，2020年，我国3554家高校、科研院所的科技成果转化合同项数超过46万项，比上年增长6.5%，合同金额达1256.1亿元，比上一年增长12.6%，总体来看，伴随《促进科技成果转化法（2015年修订版）》以及配套措施的出台及落实，我国高等院校和科研院所的科技成果转化趋于平稳发展，科技转化活动持续活跃，但无法回避的现实是近十年，我国研发投入、专利数量等科技投入水平迅猛提升，但科技成果转化率只有10%，远低于发达国家40%左右的平均水平。

科技与社会经济发展深度结合的问题尚未得到根本性解决，主要原因在于承担国家重大科技计划的高等院校和科研院所其研发活动并不是以市场为导向的，导致科技成果转化能力普遍较弱，同时现有以专利和论文等为导向的考核机制、行政科研合一的管理机制，进一步削弱了高等院校和科研院所实施科技成果转化的内在动力。此外，现有高等院校和科研院所虽然通过人才引进等改善了人才结构，但是引进的人才和产业化结合不够紧密，财政经费也难以支撑和激励真正有能力的人才施展才华，而作为技术创新主体的企业，其引进的技术创新人才严重不足同样导致科技成果的转化难以实际落地。科技成果转化不仅仅是科技成果研发方和科技成果转化实施方之间的双边协作，而是非常复杂的动态过程，更加需要专业化的科技服务机构（科技成果评估、风险投资、市场预测等）对科技成果进行有效的组织和孵化，而上述专业化服务机构依然非常缺乏。科技转化政策普遍采用成果转化率或效能类指标来衡量成果转化水平，这其实与现实情况是不相符的，因为重大科技成果转化通常是高度集合基础性和应用性研究的众多成果，而且对上述指标的过度运用会导致对前瞻性研究的忽视，事实上，只有当前瞻性科学技术成果逐步沉淀积累，突破转化阈值时，科技成果转化才会源源不断地产生并成为支撑引领社会经济发展的重要力量。

（三）国际竞争力及其价值链的地位需要进一步提升

经济全球化的重要特征是全球价值链(Global Value Chain,GVC)的迅猛发展,世界各国经济互相嵌入,难以割裂。得益于国际生产分割技术的快速发展、信息通信技术的迅猛发展以及交通基础设施的持续完善,全球价值链逐步成为国际分工的主导形态,不同国家参与国际分工与贸易的广度和深度决定了其在全球价值链中所处的相对地位。美国等发达国家占据技术、品牌等方面的优势,垄断了价值链的高端环节,而发展中国家通常只能依靠自身廉价的劳动力和资源、土地等优势,处于装配加工等低端环节。进一步地,一个国家在全球价值链中的有利地位成为国际竞争力的重要来源。高技术产品的进出口额不仅反映了某个国家的开放水平,而且反映出某个国家综合国际竞争力的强弱。中华人民共和国科学技术部公布的数据显示,2020 年我国高技术产品进出口总额达 14583.5 亿美元,较 2020 年增加 898.4 亿美元,同比增长 6.6%(见图 3-5)。从进出口额的结构来看,近年来我国高技术产品出口额快速增长,并且出口额均高于进口额,2021 年,我国高技术产品进出口差额达 941.5 亿美元。虽然我国高技术产品出口规模持续扩大,但出口的高技术产品的技术附

（单位：亿美元）

图 3-5　2014—2020 年中国高技术产品进出口额

资料来源:根据历年《中国统计年鉴》数据整理。

加值却不高,缺乏核心技术和自主品牌,以中低档产品和贴牌生产为主,高技术产品出口企业的盈利能力普遍较低。同时,尽管我国高技术产品出口获得长足增长,但智能芯片、航空设备、精密仪器、医疗设备等具有战略意义的高技术产品却严重依赖从美、日、欧盟等发达国家和地区进口,依然处于国际价值链的中低端。

可见,尽管我国快速融入由发达国家编织和主导的全球生产网络当中,并且在制造业规模、进出口贸易总量等方面取得了显著进步,但是必须深刻认识到我国许多产业仍处于全球价值链中低端,处于"微笑曲线"中段,一些关键核心技术仍受制于人,发达国家在科学前沿和高技术领域仍然占据明显领先优势,而且发达国家都在试图继续主导和控制全球价值链高端的同时,期望能够"重振制造业"并推动部分环节和阶段"回流"。全球产业链出现了区域化、本土化收缩重构现象,逆全球化趋势显现,部分发达国家甚至为遏制中国发展,试图维持其对高新技术的垄断以及在全球价值链中技术主导的分工格局,欲与中国"脱钩"。中国在努力迈向全球价值链中高端的同时,面临着重大挑战。

二、新时代创新驱动发展面临的形势挑战

(一)国际形势越发复杂严峻,创新驱动发展的外部环境失稳

目前,新一轮科技革命和产业变革深入发展,当今世界正在经历百年未有之大变局,国际力量对比深刻调整,全球权力重心位移,创新驱动发展面临新的任务、阶段和要求,需要应对更加严峻多变的风险和挑战,需要化解的矛盾较之前更加错综复杂。拜登(Joseph Robinette Biden)上台后,美国两党将中国视为最大竞争对手已经成为内部共识,竞争和对抗将成为拜登政府对华政策的主基调。随着中国国家实力不断提升,欧盟开始将中国定位为经济和制度竞争者,加上拜登上台后欧美相互协调意愿增大,中欧关系将受到消极影响,但欧盟不会完全追随美国对华政策。此外,从自然灾害、工业事故和恐怖主义威胁等突变事件增加,到新冠疫情全球蔓延等,使本来就充满不确定性的国际局势变

得更加复杂动荡。

经济和创新全球化正打破传统国家界限,全球范围内资源要素大规模流动和重新组合正在发生,以大规模跨国投资驱动、高增长中间品贸易为特征的全球价值链步入深度结构调整期。一些处于全球价值链中低端的新兴经济体和企业,通过创新驱动不断向全球价值链中高端发展,推动整个全球价值链重构。虽然我国在此过程中提升了自身在全球价值链中的地位,国际贸易额迅速扩大并逐步成为全球最大的货物贸易国,但也导致中国成为全球遭遇贸易摩擦最严重的国家。[1] 2018 年 3 月 22 日,美国特朗普政府公布对中国的“301 调查”结果,拟对涉及 1300 多种约 500 亿美元的产品加征关税,其中包括机械装备、医疗和航天航空等高科技产品,这些产品与“中国制造 2025”战略的目录完全一致,其根本目的在于遏制中国高技术产业发展,避免在产业竞争力和技术实力等方面对美国形成实质性威胁,维护美国在全球价值链的根本利益。[2]

2017 年,特朗普(Donald Trump)上台后大力推行“美国优先”政策,致使欧美关系稳定性受到影响,但尽管如此,在 5G 网络建设问题上特朗普政府依然能够通过对欧洲一些国家施压达到其打压中国的目的,诚然欧盟国家本身对外国对其供应关键基础设施设备持谨慎态度,并在 2019 年对 5G 网络安全风险评估报告中指出依赖单一 5G 供应商的安全问题,但 2020 年美国总统国家安全事务助理罗伯特·奥布莱恩(Robert C.O’Brien)在 5G 问题上向英国、法国、德国、意大利等国施压的直接推动效果不可忽视,并最终迫使波兰等中东欧国家在该问题上态度转向。面对美国拉拢盟友封锁华为的行动,德国将中国科技型企业跨国并购以及有损德国技术和产业优势的交易判定为“战略行为”,并将该政策偏好延伸至中欧投资协定谈判和欧盟外资政策法规建设之中。《中欧全面投资协定》和《外国补贴法规草案》均反映欧盟试图利用规范性权力在对等开

---

[1]　余振、周冰惠、谢旭斌、王梓楠:《参与全球价值链重构与中美贸易摩擦》,《中国工业经济》2018 年第 7 期。

[2]　杨飞、孙文远、程瑶:《技术赶超是否引发中美贸易摩擦》,《中国工业经济》2018 年第 10 期。

放、竞争中立、可持续发展等问题上强势规范中国经济行为的诉求。① 在拜登赢得美国大选后，欧盟于 2020 年 12 月 2 日发布《应对全球变局的欧美新议程》政策报告，指出欧盟和美国就中国日益增大的国际自信所带来的战略挑战具有共识。该报告的发布意味着欧盟在对华关系上将会保持与美国协调，当受到来自中国的挑战时将联手采取行动，此外部分欧洲国家由于和俄罗斯关系紧张而"亲美"，这也可能会传导至其对华政策上。② 虽然美国加大了对中欧关系的干扰，但是与美国将中国视为单纯的战略威胁，推动遏制和脱钩不同，本质上欧盟在对华政策上是从多个维度定义中国，并采取了有别于美国的政策。欧盟一方面将与美国保持协调和合作，另一方面不会与美国结成所谓针对中国的"统一阵线"。马克龙（Emmanuel Macron）在 2019 年使节会议上重申欧洲与中国没有直接的地缘战略冲突，默克尔（Angela Dorothea Merkel）在 2020 年年初接受英国《金融时报》采访时也明确指出，欧盟和中国既有竞争也有合作，但双方并非对立，应注重平衡而非"脱钩"。在"一带一路"倡议等的实践中，欧盟虽然也表现出"安全化"趋势，但是也没有采取美国式的激烈对抗政策。

新冠疫情进一步恶化了美国和欧盟对世界陷入竞争与对抗的认识。自疫情暴发并在全球蔓延以来，美国继续奉行单边主义，并且加大对中国的指责和施压力度，中美关系持续紧张。欧盟则开始质疑中国将疫情"战略化"，意在与美国竞争、分化欧美并谋求新的全球影响力。以 2020 年 3 月 24 日欧盟对外政策高级代表伯雷利（Jose Borrell）公开提出警惕"慈善政治"为标志，日益从竞争与对抗的视角出发，地缘政治解读成为主导，在多个层面表现出对中国的战略疑虑。随着欧盟对华政策中竞争和防范成分的增大，中欧关系的稳定性将受到影响，欧盟在对华关系的诸多方面将面临复杂的平衡问题，中欧之间某种程度的对抗性也不可排除。

---

① 马骉:《从德国华为 5G 政策到中欧经贸关系的嬗变》,《外交评论（外交学院学报）》2021 年第 4 期。

② 冯怡然:《欧盟对华政策三大新变化及中欧关系发展趋势》,《国际论坛》2021 年第 4 期。

（二）全球数字经济与治理竞争加速，创新驱动发展亟须突出重围

当今世界数字技术迅猛发展，如 2022 年 11 月，由人工智能组织 Open AI 推出的大模型 Chat GPT 在国内业界引起了巨大轰动，从更广泛意义上来看，以人工智能、5G、物联网、工业互联网、卫星互联网为代表的新型信息基础设施逐步成为全球经济增长的新动能，由数字技术催生的数字经济更成为当今世界各国加快经济社会发展的重要选择。据中国通信院发布的《全球数字经济白皮书（2022 年）》数据显示。2021 年，测算的 47 个国家的数字经济增加值规模为 38.1 万亿美元，同比增长 15.6%，占据 GDP 的比重为 45%。发达国家的数字经济领先优势明显，从规模上看，发达国家的数字经济规模达到 27.6 万亿美元，占到 47 个国家总量的 72.5%，发达国家数字经济占 GDP 的比重为 55.7%，远超发展中国家的 29.8%，而发展中国家数字经济增速高于同期发达国家数字经济增速 9.1 个百分点。

数字经济作为第四次科技革命的技术驱动和主要表现形式，已成为当前全球经济发展的全新趋势，同时也成为新一轮大国博弈的重点领域，也是事关创新驱动发展的重要领域。近年来，美国针对我国数字经济竞争战略不断升级，抑制力度持续增大，从对中国数字经济企业封锁市场、联合禁运，发展到将科技问题意识形态化、与部分发达国家共建孤立中国的数字经济联盟，再到通过强化经济援助和技术标准导入，将广大发展中国家拉入"去中国化"的数字经济生态并掌握主导权（见图 3-6）。[1] 首先，调整数字基础设施技术路线，弱化中国技术和产业链优势。美国积极推动移动通信技术路线调整，试图以"开源"路线取代"软硬件一体化"路线。在该路线下的通信网络不再由一体化设备商定义，而是由提供接口标准、核心软件和底层芯片的企业定义，产业生态将随之向有利于美国发挥其基础软件和芯片技术优势的方向重构，使中国在原有路线下培育的

---

[1] 江鸿、贺俊：《中美数字经济竞争与我国的战略选择和政策安排》，《财经智库》2022 年第 2 期。

技术优势和完整产业链丧失原有价值。其次,确保数字经济关键通用技术和战略性平台企业绝对领先。美国将确保数字经济通用技术对华持续领先作为压制中国数字经济影响力的战略重点。在领先发展数字经济关键通用技术的同时,美国还特别重视对数字经济生态核心的控制力,其战略要点是壮大本国数字平台企业、遏制中国平台企业。最后,构建政治化数字安全体系和"去中国化"数字经济多边体系。最具代表性的事实是2019 年 5 月,美国联合北约、欧盟、日韩等 32 个国家发布《布拉格提案》,提出指向中国企业的"第三方国家对供应商影响的总体风险",并进一步在 2020 年 4 月发布更具针对性的《5G 清洁通道计划》,蛮横要求盟国清除中国 5G 设备。

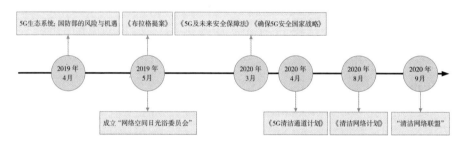

图 3-6   美国构建"去中国化"数字经济全球生态的演进措施

拜登政府试图构建"去中国化"的多国数字经济联盟和数字经济多边体系。2020 年 11 月,美国国会"中国特别工作组"在政策报告《应对中国挑战:美国的科技竞争新战略》中提出,美国应与科技领先的民主国家共建遏制中国的"新技术联盟"。2020 年 12 月,欧盟对《欧盟—美国全球变化新议程》加以回应,并指出欧盟和美国具有相同的民主理念,可打造科技民主联盟,并向欧洲议会提议成立"跨大西洋贸易和技术理事会"。

在数字治理领域,全球尚未形成统一的国际规则和各国相互协调的治理体系,美国和欧盟分别主导了全球最主要的两大数字治理体系,并且致力于将各自的治理方式推广成全球规则和标准。我国虽然和日本、俄罗斯、印度、加拿大、澳大利亚、韩国等国逐渐形成自身特色,但在全球数字治理主导权、话语权方面尚不能与美国和欧盟相抗衡。美国数字经济治理的一个特点是防范中国等新兴大国的发展模式对其构成挑战,并视之为国际领导权战略的组成部分。①

由于我国尚未形成数字治理架构,缺乏明确战略目标,研究大多将重点放在以货物流动为基础的跨境电商领域。尽管在数据跨境方面制定了《数据安全法(草案)》,为我国数字治理提供了基准和原则,但是与美国、欧盟、日本等发达经济体的全面数字治理差距较大,在跨境数据流动方面甚至有被"数字同盟圈"边缘化的风险。

第四节　创新驱动发展的中国模式及未来战略导向

党的十九大报告指出,我国社会经济发展的主要矛盾已经从"人民日益增长的物质文化需要与落后的社会生产力的矛盾转化为人民日益增长的美好生活需要和不平衡不充分的发展之间的矛盾"。党的二十大报告进一步明确指出要加快实施创新驱动发展战略。坚持面向世界科技前沿、面向经济主战场、面向国家重大需求、面向人民生命健康,加快实现高水平科技自立自强。以国家战略需求为导向,集聚力量进行原创性引领性科技攻关,坚决打赢关键核心技术攻坚战。站在新的历史起点上,不仅需要从既有实践中归纳总结创新驱动发展的中国模式,而且需要考虑和实施面向未来的创新驱动发展战略导向。

一、创新驱动发展战略实施的中国模式

(一)思想引领:习近平新时代中国特色社会主义思想

《国家创新驱动发展战略纲要》提出以邓小平理论、"三个代表"重要思想、科学发展观为指导,深入贯彻习近平总书记系列重要讲话精神,按照"四个全面"战略布局的要求,坚持走中国特色自主创新道路,解放思想、开放包容,以科技创新为核心带动全面创新,以体制机制改革激发创

①　李括、余南平:《美国数字经济治理的特点与中美竞争》,《国际观察》2021 年第 6 期。

新活力,以高效率的创新体系支撑高水平的创新型国家建设。

坚持马克思主义创新思想与中国发展实践相结合。党的二十大报告旗帜鲜明地指出马克思主义是我们立党立国、兴党兴国的根本指导思想,拥有马克思主义科学理论指导是我们党坚定信仰信念、把握历史主动的根本所在。坚持把马克思主义基本原理同中国具体实际相结合、同中华优秀传统文化相结合,创立了习近平新时代中国特色社会主义思想。马克思和恩格斯在对经济社会发展问题的研究中从创新内核、过程与动力等多角度阐述了创新驱动经济发展的思想,并将其确认为经济发展的核心,认为其是解决生产力与生产关系、经济基础与上层建筑之间基本矛盾的基本手段与方式。党的十八大以来,以习近平同志为核心的党中央提出创新驱动发展战略,并将创新作为新发展理念之首。创新驱动发展战略彰显了对马克思主义创新思想的深刻理解和发扬,更展示了中国共产党在中国特色社会主义建设实践中、在中国经济增长实践中发展出的具有中国特色的创新理念的新境界和新高度。

坚持走具有中国特色的自主创新发展之路。自力更生是中华民族自立于世界民族之林的奋斗基点,自主创新是我国攀登世界科技高峰的必由之路。习近平总书记明确指出要坚定不移走中国特色自主创新道路,坚持创新是第一动力,坚持抓创新就是抓发展、谋创新就是谋未来,明确我国科技创新主攻方向和突破口,努力实现优势领域、关键技术重大突破,主要创新指标进入世界前列。中国特色的自主创新发展道路体现为:(1)突出自主创新引领,提升发展质量和效益。以提高经济发展的质量和效益为中心,加快我国经济发展方式转变和经济结构调整进程,加大创新驱动力度。(2)突出市场主体培育,打造创新型企业集群。总结并推广具有较大影响力的典型企业自主创新经验,通过分类施策、精准施策,加快形成不同类型创新企业竞相发展的创新型企业集群。(3)突出产学研合作,推动科技经济更紧密结合。注重科技创新的市场导向、应用技术研发和先进技术运用,提高科技进步对经济增长的贡献。(4)突出人才培育和使用,强化创新驱动的智力支撑。着力完善优化人才培育机制、评价机制和发展环境,为创新驱动发展输送更多创新型人才和高技能实用人才,为人才施展才华提供广袤的空间。

（二）核心力量：政府主导的国家创新体系

中国特色社会主义进入新时代的这十年,我国加快推进创新驱动发展在实践中取得了显著成效。国家财政科技支出超过 1 万亿元,全社会研发经费从 1 万亿元增加到 2.8 万亿元,居世界第二位。科技进步贡献率超过 60%。我国全球创新指数排名从 2012 年的第 34 位上升到 2022 年的第 11 位,进入创新型国家行列。在社会主义市场经济从不成熟走向成熟的过程中,在企业创新能力不足的情况下,政府作用至关重要。我国政府在国家创新体系建设中占据主导地位,在推动创新过程中扮演着重要角色。中央和地方政府因其能力不同而各有分工,中央政府具有顶层设计与资源统筹能力,而地方政府更加了解本地实际情况。要推动创新战略落地,中央与地方政府的互动至关重要。政府可以通过制定有利于创新活动的政策、直接参与创新投资、建设创新活动所需要的基础设施三种方式投入到创新伟业当中。

首先,制定有利于创新活动的政策。不同类型的创新政策工具对创新产生的影响不同,应用较为广泛也最为经典的分类是罗斯维尔（Rothwell）和泽维尔德（Zegveld）提出的将政策工具分为供给型、需求型和环境型三种类型。[①] 借鉴罗斯维尔和泽维尔德对政策工具的分类方法,中国政府提供三类政策工具鼓励创新:(1)"推动"对创新企业和创新型人才的供给。如对创新企业实施配套财税金融政策,对创新型人才提供多样化补贴和社会福利等。(2)"拉动"对企业和消费者的市场需求,即通过优先采购创新产品,在市场树立示范效应。(3)"塑造"有利于资本市场和科学研究的创新环境。其次,直接参与创新投资。中国政府通过政府引导基金的形式,撬动社会资本,为国家创新战略服务。政府引导基金主要用于支持初创期中小企业的创业和技术创新,引导资本投资方向,弥补单纯通过市场配置创业投资资本可能出现的市场失灵问题。截

---

① Rothwell R, Zegveld W., *Reindustrialization and Technology*, London：Longman Group Limited,1985,pp.83−84.

至 2021 年上半年,中国各级政府已投出约 4700 亿元,撬动 4 万亿元其他各类资本投入,并且主要投到核心技术、重点战略和新兴技术领域。再次,建设创新活动所需要的基础设施(见图 3-7)。基础研发和应用技术创新需要大规模长期性投入,政府在其中具有关键作用。中国政府在价值链的每一环都设计了针对性的创新基础设施,支持创新从供给到转化的全过程。此外,在一些新兴领域,新技术的应用推广需要相应的经济社会基础设施作为支撑,如近两年来广受关注的新基建,其本质就是在新发展理念指导下,为了加快实现中国经济社会的数字化转型所开展的与新经济相关的基础设施建设①。

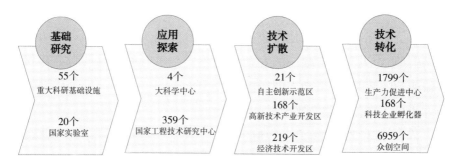

图 3-7　中国创新基础设施覆盖创新全链条

资料来源:中国科学院;科技部火炬计划;BCG 亨德森智库分析。

此外,改革开放 40 多年来,我国民营企业在推动社会经济发展、促进创新、增加就业、改善民生和扩大开放等方面发挥了不可替代的作用。为进一步激发民营企业活力和创造力,我国发布了《中共中央　国务院关于营造更好发展环境　支持民营企业改革发展的意见》,采取更加包容审慎的态度鼓励引导民营企业改革创新、促进民营企业规范健康发展,包括引导民营企业深化改革、支持民营企业加强创新、鼓励民营企业转型升级优化重组、完善民营企业参与国家重大战略实施机制、引导民营企业聚精会神办实业、推动民营企业守法合规经营、推动民营企业积极履行社会责任、引导民营企业家健康成长等十余项具体措施。

---

① 薛澜、梁正:《构建现代化中国科技创新体系》,广东经济出版社 2021 年版,第 10 页。

(三)市场效能:充分发挥国内外市场作用

中国经济发展进入了由高速增长阶段转向高质量发展阶段的新时代。实施创新驱动发展战略以来,中国社会经济发展方式逐步向依靠知识积累、技术进步和劳动力素质提升转变,促进经济向形态更高级、分工更精细、结构更合理的阶段演进。创新往往是高风险、高投入、高回报、长周期行为,从基础研究到技术开发以及产业化应用的各个阶段都需要大量的创新要素投入,而且面临创新失败的风险。市场赋能创新驱动发展不仅能够通过合理的投资方式为企业聚集创新资源,还能分散创新风险,有效激发创新动力,提升企业创新能力,促进产业创新发展。

推进创新驱动发展战略稳步实施,必须充分发挥我国的超大规模市场优势。得益于经济持续快速发展,我国逐步形成了超大规模国内市场,并成为运用市场化机制促进创新驱动发展的巨大优势。实施创新驱动发展要以扩大国内市场需求为战略基点,通过市场化机制激励企业科技创新、产业转型升级、区域创新与协调发展等,加快建设国家创新体系。如我国企业在技术创新过程中取得长足进步,我国企业研发经费支出也呈现逐年上升趋势(见图3-8)。而运用市场化机制激励企业科技创新,全面提升企业创新能力是推动创新发展的微观基础,实施创新驱动发展需要一批掌握关键核心技术的科技型企业集群式崛起,其关键在于持续提升我国企业的自主创新能力,为此需要运用市场化机制激励企业创新,使企业成为创新决策和科技成果转化的真正主体,整合运用新型举国体制和市场化激励机制优势,探索实施和完善创新型领军企业工程、创新联合体工程和共性技术平台工程,重点培育一批面向世界科技前沿、面向国家重大战略需求,具有较大原始创新能力的创新型领军企业。同时,实施创新驱动发展不仅是国内市场的优势发挥,而且是国际国内市场的共同发力,以吸引全球资源要素,充分利用国内国际两个市场两种资源。我国科技型企业积极拓展全球市场,整合全球创新资源,根据商务部统计数据,2021年我国全行业对外直接投资9366.9亿元,同时对外承包工程完成营业额为9996.2亿元,新签合同额为16676.8亿元,对外投资呈现对"一带一路"沿线国家和地区投资增长快、对外承包工程大项目多、境外经贸合作区建设成效显著的特点。以阿里巴巴、百度、华为等为代表的科技型公司纷纷在全世界布局和上市,为我国创新驱动发展带来强大的发展潜力。

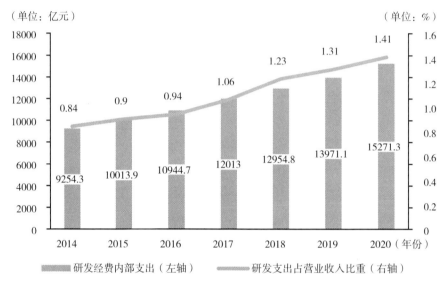

图 3-8　2014—2020 年中国规模以上工业企业研发经费投入情况

资料来源:根据历年《中国科技统计年鉴》数据整理。

为更好发挥国内外市场在创新驱动发展中的能动作用,需要破除各类型创新门槛、封闭垄断等问题,创造让市场推动创新驱动发展的有利条件,为此要发挥市场的试错作用、聚合作用、晴雨表作用以及反向作用。首先,由于市场具有分众化、机制活、掉头易等特点,犯错成本和代价相对较低,创新成果通常是许多试错后的结晶。其次,市场能够将资源要素聚合与协同,实现行业与行业、整体与局部之间的创新协作。再次,市场对业态、技术、模式的创新需求最为敏感,能够快速把握创新的新风向。最后,市场会产生反向推动作用,并由此倒逼政府进入退出市场的领域和时机选择,政府要高度重视市场的反作用信号。此外,市场作用并非万能,在落实创新驱动发展战略过程中,政府需要为创新提供一个公正、透明、鼓励、包容的好环境。

二、面向未来的创新驱动发展战略导向

（一）推进科技自立自强，强化国家战略科技力量

新一轮科技革命和产业变革突飞猛进，科学技术和经济社会发展加速渗透融合。以大数据、云计算、人工智能等为代表的新技术大规模产业化，并深刻影响着制造业等关键产业部门的生产组织方式，进而改变全球产业链和世界竞争格局。科技创新是大国竞争的核心原始动力。科技自立自强是中华民族屹立于世界民族之林的奋斗基点。过去的经验表明，关键核心技术是"要不来、买不来、讨不来的"[①]，必须瞄准世界科技前沿和顶尖水平，敢于走前人没走过的路，努力突破"卡脖子"关键核心技术，着手解决一批影响和制约国家发展全局和长远利益的重大科技问题。

站在新的历史起点上，国家战略科技力量在国家创新体系中的地位进一步凸显，强化国家战略科技力量是优化国家创新体系布局、带动科技创新综合实力系统提升的重要抓手。国家实验室、国家科研机构、高水平研究型大学、科技领军企业作为国家战略科技力量的重要组成部分，是国家创新体系的中坚力量，代表了国家科技创新的最高水平。考察近代科技强国的发展历程不难发现，培育和发展建制化的国家科研机构、高水平研究型大学，建立支撑科技发展的大型平台，组织实施重大科技项目和工程等，在推动国家科技创新能力提升中发挥了关键作用。未来要进一步强化和优化国家战略科技力量，推动国家创新体系布局更加完善，实现国家综合科技实力和创新体系整体效能的大幅提升。

新型举国体制是面向国家重大需求，瞄准关键核心技术和"卡脖子"领域，通过政府力量和市场力量协同发力，凝聚和集成国家战略科技力量、社会资源共同攻克重大科技难题的组织模式和运行机制。"新"在科技自立自强和国际科技合作辩证统一的条件下推动有为政府和有效市场

---

① 习近平：《在中国科学院第十九次院士大会、中国工程院第十四次院士大会上的讲话》，人民出版社 2018 年版，第 11 页。

更好结合。① 目前,我国在发展核心技术方面同发达国家的总体差距在缩小,重大创新成果竞相涌现,科技实力逐步从量的积累迈向质的飞跃,从点的突破迈向系统能力提升,但同时我国基础科学研究短板依然突出,科技创新链条存在体制机制关卡,创新和转化各环节衔接不够紧密,迫切需要构建符合市场经济规律的关键核心技术协同攻关机制,让市场和政府两只手相互配合、优势互补,充分激发各类创新主体的主动性与创造性,形成集中力量攻克关键核心技术难关的强大创新合力。此外,建立健全关键核心技术攻关的新型举国体制,成为实施创新驱动发展战略的必然要求。2022 年 9 月 6 日,中央全面深化改革委员会第 27 次会议审议通过《关于健全社会主义市场经济条件下关键核心技术攻关新型举国体制的意见》,指出要坚持国家战略目标导向,瞄准事关我国产业、经济和国家安全的若干重点领域及重大任务,明确主攻方向和核心技术突破口,重点研发具有先发优势的关键技术和引领未来发展的基础前沿技术。要构建协同攻关的组织运行机制,要推动有效市场和有为政府更好结合,营造良好创新生态,激发创新主体活力。

(二)落实国家科技体制改革,构筑区域创新高地,构建引领创新发展的增长极

科技体制是一个国家科技创新活动的组织机构和运行规则,其中组织机构是与科技相关的部门设置,运行规则是科技组织机构之间相互联系和作用的规则和制度。当前科技在国家安全和经济社会发展中的作用越发重要,中央政府机构需要具备强大的战略决策能力,要以更加宏观的视野和长远的眼光制定国家创新发展战略,需要从部门和职能设置上着手,引领更深层次的科技体制改革。为此,我国新一轮的机构改革进一步强化党中央对科技工作的集中统一领导,通过组建中央科技委员会增强科技领导和宏观管理部门的权威性。

为进一步深化科技体制机制改革,推进科技创新发展,深入实施创新

---

① 《关于健全社会主义市场经济条件下关键核心技术攻关新型举国体制的意见》,https://www.gov.cn/xinwen/2022-09/06/content_5708628.htm? eqid = 9954bf3f00000034000000036463331e,2022 年 9 月 6 日。

驱动发展战略,根据国务院关于提请审议国务院机构改革方案的议案,重新组建科学技术部(见图3-9)。本次重组旨在加强科学技术部推动健全新型举国体制、优化科技创新全链条管理、促进科技成果转化、促进科技和经济社会发展相结合等职能,强化战略规划、体制改革、资源统筹、综合协调、政策法规等宏观管理职责,不再参与具体科研项目评审和管理;保留国家基础研究和应用基础研究、国家实验室建设、国家科技重大专项、国家技术转移体系建设、科技成果转移转化和产学研结合、区域科技创新体系建设、科技监督评价体系建设、科研诚信建设、国际科技合作、科技人才队伍建设、国家科技评奖等相关职责,仍作为国务院组成部门。本次改革虽然科学技术部拟定相关方面发展规划的权力被划分到其他部委,但增加了全国范围内的战略规划、体制改革、资源统筹等。从国家长远发展来看,科学技术部"瘦身"成纯粹的科学技术引领部门,有助于"抓大放小",从而将更多精力集中到国家战略层面的科学技术事业。

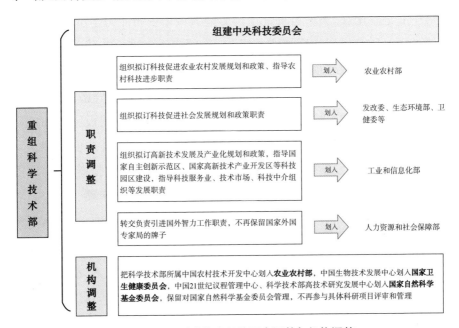

图3-9 中国科学技术部的职责调整与机构调整

在新一轮科技体制改革等新形势下,中央与地方之间科技统筹协同的重要意义越发凸显,通过增强科技统筹协同凝聚创新合力已经成为深入完善国家创新体系、加快建设科技强国的现实需要和长远需求。虽然，我国科技领域统筹协同多点发力，已取得实质性突破，如中央与地方财政事权和支出责任划分体系建设加快推进,2019年国务院办公厅印发《科技领域中央与地方财政事权和支出责任划分改革方案》,推动初步形成了完整规范、分工合理、高效协同的科技领域财政事权和支出责任划分模式。但是,也要看到中央与地方在国家财政科技计划管理改革方面联动不够等问题。为此需要在以下三个方面持续发力:第一,加快健全科技领域统筹协同的领导机制。如建立权威的决策指挥体系,尽早构建协同攻关的组织运行机制。第二,深化中央与地方对科技活动支持的联动改革,可考虑将国家科技计划项目与省级科技计划统筹实施,避免重复部署,提升国家财政科技投入效能。第三,共同推进科技创新基础设施建设和营造良好的科技创新环境。

当前我国创新发展的空间地理结构发生深刻变化,一方面全国创新发展中心逐步南移,另一方面北上广等超大城市创新能力逐步增强,成为我国经济高质量发展的区域增长极。① 党的二十大进一步优化了对促进区域协调发展的战略规划,强调"深入实施区域协调发展战略、区域重大战略""以城市群、都市圈为依托构建大中小城市协调发展格局"。未来需为构筑区域创新高地提供多维度支撑,如加快布局和建设完善的创新基础设施,吸引或支持研究型高等院校、科研院所以及科技创新型企业等,积极营造适宜创新的外部环境。面向新时代、新形势、新需求,需要围绕区域协调发展战略和区域重大发展战略,大幅提升京津冀、长三角、粤港澳大湾区、成渝四大城市群配置创新要素与创新策源能力,并使其成为引领我国经济高质量发展的动力来源。

(三)建设全球人才高地,培育壮大新时代科技人才队伍

党的二十大报告提出,深入实施人才强国战略,加快建设世界重要人才中心和创新高地,着力形成人才国际竞争的比较优势。科技人才是创新驱动发展战略的基石,对推动社会发展、科技进步等方面具有决定性作

---

① 丛书编写组:《深入实施创新驱动发展战略》,中国计划出版社2020年版,第461页。

用。实施创新驱动发展战略,需要激发科技人才的创新活力。科技人才与创新驱动发展密不可分,科技人才通过持续地探索与创新,为企业、国家甚至全球作出贡献,同时创新驱动的实施也为科技人才提供更加广阔的发展空间与平台。

建设世界人才中心和创新高地,需要改革人才培养体制,培养造就更多有创新思维的人才,包括科学家、工程师队伍以及高技能人才。首先,要建设高质量的教育机制。高质量的人才教育不仅是对科学知识的系统性学习,更是培育科学精神和创新思维植入的重要过程。其次,建立合理的竞争机制和人才选拔机制,为科技人才提供良好的创新生态环境。再次,完善人才培养、激励、评价等方面的机制建设,加强科技创新人才培养,激发人才创新活力。此外,还要注重爱护科技人才,完善良好的创新生态环境建设,提升人的成才率。注重发挥青年人才的创新性思维,秉持和弘扬科学家精神,营造敢于质疑、宽松包容的学术风气,激励科技人才潜心研究、"勇闯无人区",建设宽容失败、坐住坐稳"冷板凳"的科研环境。最后,形成对全世界优秀人才的吸引力与包容性。《"十四五"规划和 2035 年远景目标纲要》提出探索建立技术移民制度,给新发展阶段"聚天下英才而用之"提出了新要求新方向。该项工作已经取得了积极进展,但在法律法规、移民政策、服务体系和社会融入等环节还比较薄弱,需要借鉴全球科技强国技术移民经验,加快完善中国技术移民制度和管理体系,为海外高层次人才来华工作提供有国际竞争力的移民制度环境。

面对快速发展的数字经济,以及对数据人才的强劲需求,我国还亟待建立和完善数据科学教育体系,为实现"数字中国"战略提供专业人才资源支撑。面向创新驱动未来发展,一是培养数据逻辑的支撑学科;二是有关数据知识的核心内容;三是有关前沿信息技术的关联学科,包括物联网、云计算、人工智能、区块链等前沿热点技术课程;四是有关数据实践知识的应用学科,包括时空大数据、交通大数据、健康医疗大数据等课程。①

---

① 李佩洁、王娟:《高校数字人才培养体系建设现状与展望》,《社会科学家》2021 年第8 期。

（四）推进在更高水平开展国际科技创新交流合作

伴随国际科技创新合作主体的持续扩展，世界各国创新体系之间的相互依赖程度在上升，创新也不再局限于内部研发，而是运用新兴数字技术、开放创新平台等，通过发起国际大科学计划、共建国际研究平台、设立海外研发机构等合作新模式，在全球更大范围内寻找和整合外部创新资源，以期实现更优的创新资源配置方案和更高的创新效率，通过创新成果转化推动我国创新链、价值链、产业链的全球化布局。我国也已经进入新发展阶段，要求更加积极融入全球科技创新生态网络，深度参与全球科技治理，链接更多优质全球科技创新资源。近年来，我国积极参与国际科技交流，为全球科技治理提供中国方案、贡献中国智慧，但相对于发达国家而言，我国在发起和参与国际大科学计划、国际规则制定等方面仍存在不小差距。为此需要在以下几个方面付出努力：第一，牵头和参与国际科技规制和标准制定。发挥国家级科技协会和诸多学会在全球科技治理中的重要作用，支持其牵头、参与重大国际科技标准、规则制定。第二，支持我国科学家担任国际科技组织的职务，尤其在具有全球影响力的国际组织中担任重要职务。第三，支持由我国牵头和参与的国际大科学计划和大科学工程。在此基础上吸引世界多个国家的科学组织和科学家参与进来，共同开展研究。第四，培养具有前瞻性和国际视野的科技战略专家，同时拓展对外交流渠道，鼓励广大科技工作者深度参与全球科技治理，增进对国际科技界的开放、信任、合作。

第四章 促进区域协调：
完善区域政策与优化空间布局①

改革开放以来,中国区域发展取得了巨大进步,区域之间发展更加协调,为国民经济和社会发展作出了突出贡献。在这一过程中,逐步形成了中国的区域发展理论,探索了以空间发展为主要方向的战略路径。

第一节 中国的区域发展演进和理论探索

中国对区域协调发展的认识是随着发展阶段的变化不断深化的。从战略演进和理论观察视角梳理中国区域发展历程并理解其演进逻辑,对未来推动区域协调发展具有十分重要的意义。

一、中国区域发展战略的演进

中国区域发展战略的演进,大体经历了以下四个阶段。

（一）从新中国成立初期到改革开放前,是中国工业布局由沿海向内地推进的发展阶段

为了改变旧中国遗留下来的工业基础薄弱、沿海与内地布局畸轻畸

① 清华大学中国发展规划研究院课题组。课题组长:杨伟民,中国国际经济交流中心副理事长;课题组成员:刘云中,国务院发展研究中心研究员;董煜,清华大学中国发展规划研究院常务副院长;杨永恒,清华大学公共管理学院教授、博士生导师;李善同,国务院发展研究中心研究员;孟延春,清华大学公共管理学院副教授;龚璞,清华大学公共管理学院助理研究员;王红帅,清华大学公共管理学院博士后;周玲玲,中国地质大学(北京)经济管理学院副教授;黄溯源,清华大学中国发展规划研究院学术科科研部副主任;田小楚,清华大学公共管理学院博士后。

重的格局,同时鉴于新中国成立初期的国际政治环境和出于战备的考虑,当时工业布局的指导思想是,利用沿海的基础和适当利用外援,促使工业布局向内地推进,形成全国工业布局相对均衡,各大经济协作区自成体系、相互促进的格局。毛泽东同志在 1956 年的《论十大关系》中就明确指出:"沿海的工业基地必须充分利用,但是,为了平衡工业发展的布局,内地工业必须大力发展。"在这一战略思想指导下,这一时期的投资明显向内地倾斜。

国家投资的地区布局有两次大规模地向西推进,即"一五"时期和"三线建设"时期。据统计,"一五"时期,内地的投资占全国总投资的 46.8%,其布局主要与苏联援建项目分布有关。苏联援建的 156 个项目中,东北地区占 37%、西北地区占 22%。1954 年国家计委先后批准了"一五"计划 694 项建设项目的选址方案。其中,有 65% 的项目分布在京广铁路以西的 45 个城市和 61 个镇;35% 的项目分布在京广铁路以东及东北地区的 46 个城市和 55 个镇。具体来看,经过"一五"计划的布局,106 个民用工业企业中,布局在东北地区的有 50 个、中部地区的有 32 个;44 个国防企业中,分布在中部地区和西部地区的有 35 个;150 个施工项目中,内地安排了 118 项,占全部项目的 79%,沿海地区分布的项目只占总数的约 21%。[①]

"三线建设"高潮的"三五"时期,当时基于对国际形势的判断,为做好打仗的准备,中国进行了大规模的工业迁移,地域涉及 13 个省区。1964 年下半年到 1965 年,在西南、西北"三线"部署的新建、扩建、续建的大中型项目高达 300 项,由一线迁入"三线"的第一批工厂有 49 个。同时,在西南地区规划了以重庆为中心的常规兵器工业基地、以成都为中心的航空工业基地、以长江上游重庆至万县为中心的造船工业基地。在西北地区也规划了航天工业、航空工业、常规兵器、电子和光学仪器等工业基地。1965—1968 年,国家累计向"三线"地区投资 2052.68 亿元,占同

---

① 中国社会科学院政治学研究所,http://chinaps. cass. cn/cgzs/201905/t20190520_
4899356. shtml。

期全国投资的 39.01%；在"三五"计划时期，这一比例更是高达 49.43%。经过几十年的建设，内地工业产值占全国的比重由 1952 年的 31.9% 提高到 1978 年的 40.1%。①

这一阶段由于国家投资的地区布局由沿海转向内地，客观上推进了内地的工业化进程，使旧中国遗留下来的工业布局极不平衡的格局得到初步改观。但是，由于未能充分发挥沿海地区的作用，国家投资的效益没有得到充分发挥，区域生产力配置效率的差距反而拉大。1978 年，沿海地区百元固定资产原值实现的产值为 141 元，而"三线"地区仅为 70 元；沿海地区百元产值占用流动资金为 24.6 元，而"三线"地区为 40.7 元；沿海地区盈利率为 23.4%，而"三线"地区只有 9.2%。②

（二）从改革开放初到 20 世纪 90 年代后期，是顺应开放、沿海地区率先发展、有条件地区先富起来的阶段

党的十一届三中全会以后，全党的工作重点转移到以经济建设为中心的社会主义现代化建设上来，中国经济社会发展进入一个新的阶段。当时，区域发展战略要优先解决的问题是，如何通过扩大开放，加快发展。根据邓小平同志关于"让一部分地区、一部分人先富起来，逐步实现共同富裕"和"两个大局"的战略思想，通过设立经济特区、开放沿海城市等一系列对外开放措施，形成了沿海地区先走一步、率先发展，进而带动内地发展的格局。

1979 年 7 月，中共中央和国务院同意在广东省的深圳、珠海、汕头三市和福建省的厦门市试办出口特区。1980 年 5 月，出口特区改称为经济特区。1988 年 4 月，海南成为新的经济特区。2010 年 5 月，中央新疆工作会议上中央又正式批准霍尔果斯、喀什设立经济特区。1984 年，中国开放 14 个沿海港口城市。1985 年，建立 4 大沿海经济开放区：长江三角洲、珠江三角洲、闽南三角区、环渤海开放区。1978—1998 年，中国城镇化率从 17.92% 上升到 30.4%，城市数量从 192 个上升到 668 个，百万以

---

① 四川省情网，http://scdfz.sc.gov.cn/ztzl/scsxjs/zjyt/content_31507。
② 国民经济和社会发展的统计数据（1978—1998）公报，https://www.xiexiebang.com/a2/2019051220/9082ea1c08464640.html。

上的城市数量从 13 个上升到 37 个。①

与此同时,国家也逐步加大了对贫困地区和少数民族地区发展的扶持力度。理论界通常把这一阶段称为梯度推进或不均衡发展战略阶段。沿海地区的率先发展,加快了中国改革开放进程,使中国的经济实力迅速上升,缩小了与发达国家之间的差距,为 20 世纪末实现国民生产总值比 1980 年翻两番的战略目标,以及人民生活达到小康水平作出了巨大贡献。但是由于发展基础和条件的差异以及其他原因,东部地区与中西部地区发展速度的差距逐步扩大。差幅最大的"八五"时期,东部地区生产总值的平均增幅,比中西部地区高 5 个百分点。

(三)从 20 世纪 90 年代末到党的十八大,是中国区域协调发展总体战略逐步全面实施、区域发展思路更趋均衡的阶段

20 世纪 90 年代中后期,针对地区差距带来的突出矛盾,需要适时调整和完善区域发展战略,更加重视支持中西部地区经济的发展,缩小区域差距。党的十四届五中全会强调区域协调问题,要求"在已有经济布局的基础上,以中心城市和交通要道为依托,进一步形成若干个跨省(自治区、直辖市)的经济区域,包括以上海为龙头的长江三角洲及沿江地区经济带,以珠江三角洲和闽东南地区为主的东南沿海经济区,以辽东半岛、山东半岛、京津冀为主的环渤海经济圈,以亚欧大陆桥和京九等铁路大干线为纽带的经济带。同时,以东北、西南、西北等地区老工业基地和粮食、棉花、煤炭、石油等资源富集地区为依托,形成若干各具特色的重点产业区"。也就是提出了 7 个跨省(自治区、直辖市)的经济区域。

在此基础上,1999 年中国政府正式作出了实施西部大开发战略的决策,这是区域发展史上一个重要的里程碑。2003 年进一步提出了"振兴东北老工业基地"战略,2005 年又提出了"中部崛起"战略。至此,新的"区域发展总体战略"形成,经济地带也被划分为东部、中部、西部、东北部四大板块。

---

① 《中国城乡建设统计年鉴》,https://www.mohurd.gov.cn/gongkai/fdzdgknr/sjfb/tjxx/jstjnj/index.html。

2006 年开始实施的《中华人民共和国国民经济和社会发展第十一个五年规划纲要》对促进区域协调发展做了全面阐述，提出推进形成主体功能区的基本思路和方向，区域协调发展的内涵有了新的升华和概括。随着主体功能区思路的研究推进和《全国主体功能区规划》的发布实施，在区域战略方面逐步形成了区域发展总体战略和主体功能区战略双轮驱动的架构。

在这一时期，中国的区域发展协调性出现积极变化，各地区经济发展速度的差距有所缩小。1997—2004 年，中国现价人均 GDP 的地区人口加权基尼系数由 0.24 上升到 0.27，但从 2004 年后开始下降至 2013 年的 0.21，有效地逆转了地区差距扩大的态势。

（四）党的十八大之后，中国区域发展进入新阶段，在生态文明建设和高质量发展要求下，构建新的区域发展格局

一是重视生态文明，促进人口资源环境的均衡。2015 年，中国发布《生态文明体制改革总体方案》，提出按照生态文明的要求，完善空间治理秩序，促进区域发展，包括健全国土空间用途管制制度，建立国家公园体制、完善自然资源监管体制，建立空间规划体系，编制统一的国土空间规划等，从制度层面进一步明确了区域发展的空间治理支撑。

二是区域协调发展战略、区域重大战略、主体功能区战略三大战略并行，保留四大板块，把主体功能区上升为制度，推动形成优势互补、高质量发展的区域经济布局。要根据各地区的条件，走合理分工、优化发展的路子，落实主体功能区战略，完善空间治理，形成优势互补、高质量发展的区域经济布局。

三是区域发展与城市化相结合，重视城市群、重视次区域、有经济联系的重点区域，如实施了京津冀协同发展、长三角一体化、长江经济带、粤港澳大湾区、黄河流域生态保护和高质量发展等一系列区域重大战略。

四是重视区域发展与对外开放的连接，提出了共同建设"丝绸之路经济带"和"21 世纪海上丝绸之路"的倡议，国家重大区域协调发展战略与国际经济走廊建设紧密对接。

党的十八大以来，中国区域发展成就辉煌。中央谋划推出了一系列区域重大战略,并已取得实质性进展。京津冀协同发展迈出坚实步伐,北京非首都功能疏解取得突破,雄安新区进入大规模建设阶段。长江经济带发展坚持共抓大保护、不搞大开发,生态环境系统保护修复成效明显。粤港澳大湾区建设持续推进,硬联通、软联通不断加强。长三角区域一体化进程加快,政策协同、产业合作、设施共建、服务共享、分工合理的一体化格局逐渐成形。黄河流域生态保护和高质量发展扎实起步,污染防治、生态保护修复、深度节水控水等领域重大工程深入实施。

党的二十大系统阐述了新时代区域发展的战略框架,即深入实施区域协调发展战略、区域重大战略、主体功能区战略、新型城镇化战略,优化重大生产力布局,构建优势互补、高质量发展的区域经济布局和国土空间体系。从区域协调发展战略看,西部大开发要形成"新格局"、东北全面振兴要取得"新突破"、中部地区要"加快崛起"、东部地区要"加快推进现代化",同时支持革命老区、民族地区加快发展,加强边疆地区建设,推进兴边富民、稳边固边。从区域重大战略看,主要是推进京津冀协同发展、长江经济带发展、长三角一体化发展,推动黄河流域生态保护和高质量发展,高标准、高质量建设雄安新区,推动成渝地区双城经济圈建设等。从主体功能区战略看,主要是健全主体功能区制度,优化国土空间发展格局。从新型城镇化战略看,主要是推进以人为核心的新型城镇化,加快农业转移人口市民化,以城市群、都市圈为依托构建大中小城市协调发展格局,推进以县城为重要载体的城镇化建设等。

二、对中国区域政策的理论认识

(一)中国区域政策的内涵和主要工具

区域政策是国家调控区域经济发展和促进区域格局协调的重要工具。[1]

---

① 赵勇、白永秀:《中国区域政策宏观调控职能的影响及其未来取向——兼论中国区域政策"泛化、叠化、虚化"现象》,《贵州社会科学》2015年第5期;邓睦军、龚勤林:《中国区域政策的空间属性与重构路径》,《中国软科学》2018年第4期。

理论和实践层面对区域政策和中国区域政策的内涵有着不同的解读。[①]
植根于改变自由市场机制所形成的空间结果的初衷，区域政策在一般意
义上被视为中央政府或地方政府对区域发展进行干预的工具。[②] 理论
上，考虑到区域政策关于空间性的本质属性[③]，区域政策通常被认为是区
域中性政策和区域干预政策[④]，前者假设空间均衡、考虑"人的繁荣"和完
全竞争，后者假设空间失灵、考虑"地区繁荣"和异质干预。孙久文、原
倩[⑤]曾指出区域政策具有三个特点，分别是空间异质性、空间局部干预性
和相对开放性；其中空间局部干预性使区域中性政策成为区域干预政策
的理论基础。此外，从广义和狭义的角度来看，区域政策又可以分为三
类：全国普适性政策，如农业税等；全国地区性政策，如西部大开发战略
等；全国特殊性政策，如特区、开发区政策等。[⑥] 按照既有理论文献，诸多
学者对中国区域政策的内涵及工具手段也做了相应的界定。张军扩[⑦]把
中国改革开放以来的区域政策分为三类：第一类是作为国家总体发展战
略重要组成部分的区域政策，比如东北振兴及中部崛起等；第二类是作为
改革开放先行区和试验田的区域政策，比如各类开发区政策等；第三类是
针对各类问题区域、特殊功能区域实行的政策，比如针对贫困区域的政策
等。这几类政策既有扶持性政策、鼓励性政策，也有帮扶性政策，工具手

---

① 陈瑞莲、谢宝剑：《回顾与前瞻：改革开放 30 年中国主要区域政策》，《政治学研究》
2009 年第 1 期；魏后凯、邬晓霞：《我国区域政策的科学基础与基本导向》，《经济学动态》2010
年第 2 期；邓睦军、龚勤林：《中国区域政策的空间属性与重构路径》，《中国软科学》2018 年第 4
期；宋准、夏添：《双"政府—市场"框架下的区域政策路径重构：冲突与分类》，《现代经济探讨》
2021 年第 6 期。

② 张可云：《区域经济政策》，中国轻工业出版社 2001 年版，第 87 页。

③ 宋玉祥、丁四保：《空间政策：由区域倾斜到产业倾斜》，《经济地理》2010 年第 1 期。

④ Martin，R.，"The New Economic Geography and Policy Relevance"，*Journal of Economic
Geography*，2011，Vol. 11，No. 2，pp. 357 - 369；丁嵩、孙斌栋：《区域政策重塑了经济地理
吗？——空间中性与空间干预的视角》，《经济社会体制比较》2015 年第 6 期；周玉龙、孙久文：
《论区域发展政策的空间属性》，《中国软科学》2016 年第 2 期。

⑤ 孙久文、原倩：《我国区域政策的"泛化"，困境摆脱及其新方位找寻》，《改革》2014 年
第 4 期。

⑥ 张军扩：《中国的区域政策和区域发展：回顾与前瞻》，《理论前沿》2008 年第 14 期。

⑦ 张军扩：《中国的区域政策和区域发展：回顾与前瞻》，《理论前沿》2008 年第 14 期。

段不限于包括税收优惠、投资鼓励、用地优惠、产业倾斜、人才引进等多种方式。① 因此,从政策科学的角度来看,中国区域政策的定位、层次、种类、议题选定有以下的定义。在总政策—基本政策—具体政策的政策层次中,中国的区域政策可以被视为一种基本政策,即"在总政策的制约下,解决社会基本领域中存在的主要问题时候必须坚持的行为规范"。②基本政策分为分领域政策和跨领域政策,区域政策属于后者。至于其层次和分类,中国的区域政策可以分为两个层次和多种不同形式的分类。③第一个层次是全局性政策,以国家整体作为对象的政策,目前包括区域发展总体战略和主体功能区规划等。第二个层次是各类具体区域政策,包含广泛,其中有的范围广,如西部大开发战略,涉及 12 个省(自治区、直辖市),有的则为专项政策,以解决区域问题为任务,如对口支援政策。类型上,中国区域政策则既可以分为分配性政策(如西部大开发)、再分配性政策(如对口支援)以及调节性政策(如主体功能区)等④;还可以分为鼓励性政策(四大板块)、限制性政策(主体功能区),鼓励性政策还包括帮扶性政策等。其中,值得关注的是在各项鼓励性区域政策里,特殊功能区政策使用得最为广泛,其中经济功能区是大多数,主要包括经济技术开发区、高新技术产业园区、保税区(自由贸易区)、出口加工区、边境合作区等类型。至于区域政策的主要工具,代表性的研究和分类指出,区域政策的主要工具可以分为宏观、微观、协调政策工具⑤;财税、金融、贸易、行政审批、科技、人才开发政策工具⑥;单一政策工具、集合政策工具。⑦

① 杨龙:《中国区域政策研究的切入点》,《南开学报(哲学社会科学版)》2014 年第 2 期。
② 严强:《公共政策学》,社会科学文献出版社 2008 年版,第 101 页。
③ 杨龙:《中国区域政策研究的切入点》,《南开学报(哲学社会科学版)》2014 年第 2 期。
④ 朱崇实:《公共政策:转轨时期我国经济社会政策研究》,中国人民大学出版社 1999 年版,第 53 页。
⑤ [英]哈维·阿姆斯特朗:《区域经济学与区域政策》,刘乃全、贾彦利、张学良等译,上海人民出版社 2007 年版,第 221 页。
⑥ 高国力:《区域经济不平衡发展论》,经济科学出版社 2008 年版,第 31 页。
⑦ 程栋:《中国区域经济政策工具创新:理论与实践》,《贵州社会科学》2016 年第 4 期。

（二）中国区域政策的作用机理和效应

中国区域政策的实施必须考虑作用的时间、对象和地区，面对不同的时间阶段和对象地区，中国区域政策的效力也略有不同。邓睦军、龚勤林以空间中性和空间干预的阶段性交替为思路，认为中国的区域政策在越来越重视市场作用的前提下逐步缩小了区域差距、协调了区域关系、优化了资源配置①；但中国的区域政策还面临：平等与效率取向两难选择、制度的不完善始终会抵消区域空间的整合能力、区域政策精准性不够等困境。这种制度的困境主要表现为行政区划和经济区划并不完全一致，行政性分割、地方保护主义等问题依旧存在，直接性的结果是区域空间分工得到抑制。但即使如此，有研究基于城市群的数据也表明，中国的区域政策依然可以在这种制度环境中促进区域经济发展和缩小地区差距，只是区域政策的干预强度需要体现足够的阶段性：空间效应发挥前期加大区域政策干预才能缩小区域差距，空间效应发挥后期减少区域政策干预才能促进区域一体化发展。② 另外，考察中国区域政策的宏观调控职能时，也有研究认为中国区域政策的"泛化、叠化、虚化"现象导致其效应有限：区域政策只是中国四大板块相对增速变化和区域差距缩小的原因之一。③ 至于中国区域政策宏观调控职能失效的机理，其主要体现在三个方面：区域政策和宏观政策目标依然存在冲突④；在中国"政治集权、经济分权"的中央地方治理结构下，区域政策的出台过程不规范⑤；区域政策的选择性执行。⑥ 最后，中国的区域政策效果受到影响的因素还在于区

---

① 邓睦军、龚勤林：《中国区域政策的空间属性与重构路径》，《中国软科学》2018 年第 4 期。

② 赵勇、魏后凯：《政府干预、城市群空间功能分工与地区差距——兼论中国区域政策的有效性》，《管理世界》2015 年第 8 期。

③ 刘云中、何建武：《地区经济增长格局的变动与区域差距的缩小：短期波动抑或长期趋势》，《发展研究》2011 年第 12 期。

④ 张可云：《区域经济政策》，中国轻工业出版社 2001 年版，第 53 页。

⑤ 周黎安：《转型中的地方政府：官员激励与治理》，格致出版社 2008 年版，第 32 页。

⑥ 刘云中、侯永志、兰宗敏：《中国"国家战略性"区域规划的主要特点》，《中国发展评论》2013 年第 1 期。

域政策执行不力①，如主体功能区在地方曾出现过变通式类型。当然，新发展阶段下，中国的区域政策变化显著。以"一带一路"、长江经济带和京津冀协同三大战略为引领的区域发展模式正在逐步促进"人的繁荣"；"中心—外围"的经济空间结构越发明显②；区域政策制定中的地区意识③逐步觉醒等。亟待解决的区域政策问题仅留存：如何进一步完善要素自由流动的制度条件；如何平衡人口与经济的空间密度；如何突出区域政策的差异化和精准性等。

（三）区域战略演进过程中区域政策关注度的变化

第一，是对整体区域政策的关注。最早，区域经济和区域差距视角是理解区域政策的主要切入点④；后来又有学者对区域政策的制定、实施和评价做了详细的回顾⑤；区域政策开始成为国内学者长期致力研究的领域，代表性著作之一是《区域大战和区域经济关系》，书中将区域政策框架分为区域分工政策、区域布局政策、特殊问题区域政策、区域管理和调控政策。随后对区域政策的研究有了持续的跟进，区域协调发展和区域政策的演进历程开始得到关注⑥，区域发展的不平衡问题⑦开始被反复讨论。第二，主体功能区具体政策被广泛关注。最早，宏观经济研究院国土地区所课题组在《我国主体功能区划分理论和实践的初步思考》一文中

---

① 杨龙：《中国区域政策研究的切入点》，《南开学报（哲学社会科学版）》2014年第2期。

② 尹虹潘：《开放环境下的中国经济地理重塑——"第一自然"的再发现与"第二自然"的再创造》，《中国工业经济》2012年第5期；孙志燕：《从人口空间布局的演变看我国区域政策的调整》，《国家治理》2016年第45期。

③ 邓睦军、龚勤林：《中国区域政策的空间选择逻辑》，《经济学家》2017年第12期。

④ 杨开忠：《中国"八五"和后十年区域政策系统的构思》，《管理世界》1990年第5期；魏后凯：《进一步充实和完善中央区域政策》，《经济研究参考》1996年第ZJ版；陆大道：《地区合作与地区经济协调发展》，《地域研究与开发》1997年第1期。

⑤ 王一鸣：《中国区域经济政策研究》，中国计划出版社1998年版，第122页。

⑥ 魏后凯：《区域政策的效应评价与调整方向》，《经济理论与经济管理》1990年第6期；魏后凯、邬晓霞：《"十二五"时期中国区域政策的基本框架》，《经济与管理研究》2010年第12期；魏后凯、邬晓霞：《新中国区域政策的演变历程》，《中国老区建设》2012年第5期。

⑦ 严汉平、白永秀：《中国区域差异变化轨迹及区域差异系统分析》，《云南大学学报（社会科学版）》2004年第4期；金相郁、武鹏：《中国区域经济发展差距的趋势及其特征——基于GDP修正后的数据》，《南开经济研究》2010年第1期。

初步构建了中国主体功能区划理论框架,对主体功能区划应坚持的原则、主体功能区划的层级和单元、主体功能区划的标准和指标体系、分类政策设计重点进行了探讨,后续主体功能区的功能和建设重点成为重要的研究领域。① 区域发展统筹要求下的主体功能区划构想、主体功能区概念所导致的区域管理问题也被提上研究日程。② 第三,对口支援的区域政策研究也相对较多。大多数研究围绕关注:对口支援的必要性③、对口支援的绩效评估④和对口支援的形式、内容及未来趋势⑤。总的来看,对口支援的区域政策研究相对较为分散,缺少来自整体性的区域协调发展框架的分析。第四,关于经济功能区的研究则是区域政策的经典研究。郝寿义等在《综合配套改革试验区与我国特殊经济区的演变》中界定了"特殊经济区"的概念,并指出广义的特殊经济区包括经济特区、沿海沿江开放城市、省会开放城市、内陆边境开放城市、经济技术开发区、高新技术产业区、保税区、出口加工区、边境经济合作、综合保税区、自由贸易港区、国际旅游度假区、综合配套改革试验区等。⑥ 魏后凯⑦则对特殊经济区政策及其产生发展过程做了详细论述。张军扩、侯永志⑧也对开发区、综合

---

①　杜黎明:《在推进主体功能区建设中增强区域可持续发展能力》,《生态经济》2006 年第 5 期;樊杰:《解析我国区域协调发展的制约因素,探究全国主体功能区规划的重要作用》,《中国科学院院刊》2007 年第 3 期。

②　陈秀山、张若:《主体功能区从构想走向操作》,《决策》2006 年第 12 期;李军杰:《确立主体功能区划分依据的基本思路——兼论划分指数的设计方案》,《中国经贸导刊》2006 年第 11 期;张可云:《主体功能区的操作问题与解决办法》,《中国发展观察》2007 年第 3 期。

③　阿拉塔高娃:《关于东南沿海地区与少数民族地区的对口支援和经济技术协作发展的再认识》,《内蒙古社会科学》2000 年第 2 期;李庆滑:《我国省际对口支援的实践、理论与制度完善》,《中共浙江省委党校学报》2010 年第 5 期;赵明刚:《中国特色对口支援模式研究》,《社会主义研究》2011 年第 2 期。

④　杨道波:《对口支援和经济技术协作法律对策研究》,《中央民族大学学报(哲学社会科学版)》2006 年第 1 期。

⑤　赵伦、蒋勇杰:《地方政府对口支援模式分析——兼论中央政府统筹下的制度特征与制度优势》,《成都大学学报(社会科学版)》2009 年第 2 期;熊文钊、田艳:《对口援疆政策的法治化研究》,《新疆师范大学学报(哲学社会科学版)》2010 年第 3 期。

⑥　郝寿义、徐刚、武晓庆:《综合配套改革试验区与我国特殊经济区的演变》,载《2010 中国经济特区论坛:纪念中国经济特区建立 30 周年学术研讨会论文集》,2010 年,第 9 页。

⑦　魏后凯:《中国区域政策:评价与展望》,经济管理出版社 2011 年版,第 75 页。

⑧　张军扩、侯永志:《中国:区域政策与区域发展》,中国发展出版社 2010 年版,第 11 页。

配套试验区、特殊功能区等经济功能区相关概念进行了阐述。开发区的经验研究覆盖面则更广。[①] 但总体来看,经济功能区研究中"功能区""经济区""开发区"等概念仍在混淆使用,基本概念不清的情况不利于研究的深入;另一个问题是已有的研究在内容上呈现碎片化趋势,其中以"开发区"的研究为多,其他各类经济功能区的研究则相对较少;此外,有关的研究集中在经济学、法学等学科,政治学对经济功能区的关注度还不够。[②]

三、空间发展理论的形成

21 世纪以来,中国区域发展理论中具有重大原创性的成果是空间发展理论的逐步形成。2003 年,国家发展改革委发展规划司在开展"十五"评估时,发现中国区域发展存在不协调问题。2003 年,国家发展改革委发展规划司首次提出了主体功能区的概念,强调从区域范围内整合资源配置,合理划定各种主体功能区,统筹规划好城镇布局、产业聚集区、基础设施网络和生态环境。2004 年,国家发展改革委向国务院报送了关于"十一五"规划编制工作有关问题的请示,初步考虑将全国划分为优化整合区域、重点开发区域、生态环境脆弱区域及生态保护区域。这四类区域成为后来主体功能区区域划分的雏形。中央"十一五"规划编制起草组采纳了关于推进形成主体功能区的思路,2005 年 10 月,党的十六届五中全会通过《中共中央关于制定国民经济和社会发展第十一个五年规划的建议》,明确提出:"各地区要根据资源环境承载能力和发展潜力,按照优化开发、重点开发、限制开发和禁止开发的不同要求,明确不同区域的功能定位,并制定相应的政策和评价指标,逐步形成各具特色的区域发展格局。"2006 年 3 月,十届全国人大四次会议审议通过的《中华人民共和国国民经济和社会发展第十一个五年规划纲要》明确提出了推进形成主体

---

① 朱永新:《中国开发区组织管理体制与地方政府机构改革》,天津人民出版社 2001 年版,第 201 页;郭会文:《国家级开发区管理机构的行政主体资格》,《法学》2004 年第 11 期;李金龙、何滔:《我国高新区行政管理体制的现状与创新路径选择》,《中国行政管理》2006 年第 5 期;潘波:《开发区管理委员会的法律地位》,《行政法学研究》2006 年第 1 期。

② 杨龙:《中国区域政策研究的切入点》,《南开学报(哲学社会科学版)》2014 年第 2 期。

功能区的战略任务和基本框架。"十一五"时期，国家发展改革委牵头编制《全国主体功能区》，历经五年的努力，2010年年底，国务院正式印发了《全国主体功能区规划》。主体功能区规划的编制和实施，开创了中国空间规划理论和实践的全新领域。

党的十八大确立了"五位一体"的总体布局，将主体功能区上升到战略层面，与区域发展总体战略相辅相成，共同构成中国国土空间开发的完整战略。党的十八届三中全会进一步将主体功能区上升到制度层面。党的十八届五中全会明确要"以主体功能区规划为基础统筹各类空间性规划，推进'多规合一'"，同时首次提出以市县级行政区为单元，建立由空间规划、用途管制、领导干部自然资源资产离任审计、差异化绩效考核等构成的空间治理体系。2017年8月，中央全面深化改革领导小组审议通过《关于完善主体功能区战略和制度的若干意见》，明确要发挥主体功能区作为国土空间开发保护基础制度作用，推动主体功能区战略格局在市县层面的精准落地。2018年自然资源部的成立、2019年《中共中央　国务院关于建立国土空间规划体系并监督实施的若干意见》的发布和《土地管理法》的修编，明确将主体功能区规划、土地利用规划、城乡规划等空间规划融合为统一的国土空间规划，实现了空间层面的"多规合一"，中国的空间发展进入了新的阶段。

四、空间发展理论的内涵

发展有三个层次的理论内涵，包含经济发展、人的全面发展以及可持续发展。其中，人的全面发展指以人为本的发展，意味着社会和谐、社会进步；可持续发展强调生态环境保护。空间发展就是在一定的空间内，实现经济发展、人的全面发展、可持续发展三者的均衡。既要有财富的增加，也要将公平分享到所有人，还能保持自然的再生能力。

第一，空间均衡。空间发展的基础是空间均衡论。空间均衡是在一定的空间单元内，实现人口、经济、资源环境的最优配置。

图4-1中，横轴表示经济，纵轴表示人口，曲线代表资源环境承载能力。假定一国有东西两个地域，西部的资源环境承载能力差一些，位于曲

线Ⅰ,东部的资源环境承载能力好一些,位于曲线Ⅱ。

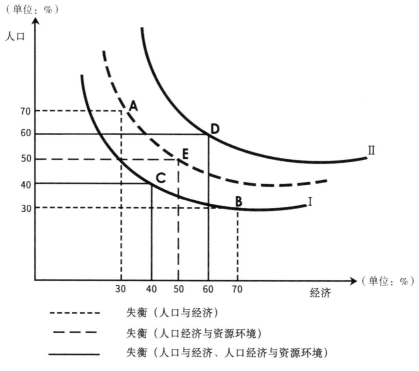

（单位：%）

图 4-1　空间均衡（失衡）图

初始状态,西部的经济和人口的比重分别为 30%、70%,超出其资源环境承载能力曲线Ⅰ;东部的经济和人口的比重分别为 70%、30%。此时,该国人口分布与经济布局失衡,拥有 70% 经济的东部有 30% 的人口,集中了 70% 人口的西部只有 30% 的经济。此时,人口经济与资源环境承载能力也是失衡的,西部的经济和人口超出其自身的资源环境承载能力Ⅰ,东部的经济和人口没能充分利用其资源环境承载能力Ⅱ（见图 4-1）。

如果不顾及资源环境承载能力,单纯追求缩小地区间的经济差距,让全国的经济和人口平均分布于东西两地,经济和人口均分别占全国的 50%,则西部必须超出其资源环境承载能力曲线Ⅰ,到 E 点;东部必须在其资源环境承载能力之下,到 E 点。假定西部的土地资源不足,此时只能是开发西部本应属于生态空间的森林、草地、水面等,以满足发展经济和人口居住的空间需求。这种开发行为，虽然可以增加西部的承载能力，使经济与人口在 E 点实现均衡（图4-1中虚线），但破坏了西部的生态空间，破坏了全国的生态系统，在全国范围内，经济、人口又与资源环境失衡了。

按空间均衡理论，正确的发展路径是，西部通过适度发展经济，并转移人口，经济比重达到了40%，人口降到了40%，与其资源环境承载能力曲线Ⅰ相切于 C 点；东部的经济比重降到60%，人口增加到60%，并与其资源环境承载能力曲线Ⅱ相切于 D 点。这样，甲乙两地之间即全国的经济与人口实现了均衡，人均经济水平一样，没有经济上的差距。全国的经济布局、人口分布与资源环境承载能力实现了空间均衡。

空间均衡，对正确认识区域协调发展，对促进人与自然和谐发展具有重大意义。目前为止的经济学是不考虑资源环境承载力的。经济理论需要抽象，可以抽象掉东部地区和青藏高原的海拔，可以抽象掉南方和北方的温度，但制定经济政策如果也抽象掉这种海拔和温度，就会犯历史性错误。区域协调发展，绝不是单纯地缩小青藏高原 GDP 总量与其他地区的差距。若为了缩小差距、增加 GDP 而盲目开发、过度开发，对中华民族的永续发展将是毁灭性的破坏。

总之，如果不从空间均衡的立场考虑生态脆弱地区人的发展问题，就挡不住这类区域根据其发展权进行的经济开发，就会有什么挖什么，也就无法从源头上扭转生态恶化的趋势。当生态被严重破坏后，就不得不花费大量资金进行类似于三江源生态保护建设等一批又一批的生态工程。再如，不从空间均衡的立场控制资源环境承载力已经减弱区域的开发强度，不推动其调整已经超出资源环境天花板的产业结构，也就挡不住其继续消耗更多能源、水资源，难以从源头上控制污染物排放的增加。当缺电、缺水影响到人民生活或恶性环境事件发生后，就不得不花费大量资金为其建设一批又一批的输电、输水、治污工程。还有，如果不从空间均衡的立场推动"城市病"严重的城市疏解其中心城区功能，放任其继续拓展和强化经济中心、总部基地、工业基地、商贸物流中心、交通枢纽、航运中心、教育医疗中心、研发基地等功能，也就难免出现"摊大饼"式的扩张，城市就会变成连绵几千平方千米的大"水泥板"。

第二,资源环境承载能力。资源环境承载能力,指在自然生态环境不受危害并维系良好生态系统前提下,一定地域空间的资源禀赋和环境容量所能承载的经济规模和人口规模,主要包括水、土地等不宜跨区域调动的资源,以及无法改变的环境容量。

资源环境承载能力是自然决定的,不同空间的自然条件不同,集聚人口和经济的能力不同。当然,承载能力的大小不是不可变的,社会进步和科技进步,可以提高一定空间的承载能力,但提高程度在一定的历史时期是有限的。一定地域空间承载人口的能力,取决于人的消费水平及其为满足这种消费而形成的产业结构。在农业文明时代,由于消费水平不高,一个地区可以做到“一方水土养活一方人”,但在工业文明时代,人们要求较高的消费水平后,有些地区就很难再做到“一方水土养活一方人”。

城市化地区的资源环境承载能力也是有限的,人口和经济的过度集聚会给资源、环境、交通等带来难以承载的压力。一定空间单元的水资源也是有限的,当地面的水资源难以满足需要时,要么就要超采地下水,结果是地面沉降以及未来的基础设施甚至城市破坏;要么是长距离、跨区域的调水,这不仅要花费大量输水工程的财务成本,还会给水资源输出地区带来难以估量的生态成本。在水资源严重短缺地区,到底是调水,还是“走人”(不再继续通过城市功能扩张带动人口增加),需要从全局和长远统筹考虑。承载能力取决于土地、水资源、环境容量,但地多、水多、环境容量大,并不一定意味着承载能力就大,还要看其他方面的自然条件,如海拔高度等。

第三,生态产品。生态产品指维系生态安全、保障生态调节功能、提供良好人居环境的纯自然要素或经过人类加工后的人工自然要素。生态产品除了直接满足人们的生存需要外,还通过诸如吸收二氧化碳、制造氧气、涵养水源、保持水土、净化水质、防风固沙、调节气候、清洁空气、减少噪声、吸附粉尘、保护生物多样性、减轻自然灾害等方式满足人们身心健康和提高生活品质的需要。

传统的发展观将发展局限在增强农产品、工业品和服务产品生产能力上,而空间发展将提供生态产品也作为发展的重要内容。空间发展理论强调各类主体功能区应该充分重视提供生态产品,同时大幅度降低开发强度。在发展经济的同时要注重保护和修复生态环境,增强生态产品的生产能力。

改革开放 40 多年来,中国提供农产品、工业品和服务产品的能力迅速增强,而提供生态产品的能力却在减弱。同时,人们对生态产品的需求开始爆发式增加。呼吸空气是人最基本的生存需求,若连空气都不能自由呼吸,就谈不上美好生活、人的幸福、人的全面发展。人民渴望的美好生活,不能完全依赖金钱得到,清新空气、清洁水源、舒适环境、宜人气候是美好生活的必要条件,用金钱买不来,用 GDP 换不来。

将生态产品定义为产品的意义在于:可以解决生态功能区的发展权问题。生态功能区也有人,也有居住和生活权利,他们也有发展权,也有过上美好生活权利,只不过发展的内容不同,主要不是生产农产品或工业品,而是通过保护自然、修复生态提供生态产品。过去的"狩猎"是发展,今天的"狩猎"也是发展;过去的砍树是发展,今天的护林也是发展;过去的放牧是发展,今天的轮牧也是发展。

生态产品是有价值的,是可以卖的。生态产品价值的实现有几个途径:一是出售用水权、排污权、碳排放权、土地开发权的权益。二是中央财政购买生态产品。三是地区之间的生态产品价值交换。四是生态产品溢价,如生态产品增加带动的旅游文化产业创造的价值以及房地产的溢价。

第四,空间结构。国土空间可以分为四大类:城市空间、农业空间、生态空间、其他空间。城市空间是人类居住和活动的主要空间,人口多,居住集中,开发强度高,产业结构以工业和服务业为主,居民点形态是规模很大的城市或城市群。农业空间人口较少,居住分散,开发强度不大,产业结构以农业为主,居民点形态为点状分布的小城镇和村庄。生态空间人口稀少,开发强度很小,经济规模很小,居民点形态为点状分布的乡镇和村庄。其他空间包括基础设施用地和宗教、军事用地等。

从总量上看,目前我国建设空间,包括城市和建制镇的建成区、独立工矿区、农村居民点、各类开发区的总面积,已能满足我国工业化、城市化的需要,主要问题是空间结构不合理,空间利用效率不高,国土空间被切割得七零八碎,功能定位很不清晰。到处都有树,但成林的少;到处都有田,但成片的少;到处都有工业区,但形成产业链并具备集聚经济的少;到处都有居民点,但形成"入门人口"规模具备城市功能的少。反观一些欧洲国家,其较大尺度的国土空间,大体上是"四片两线",即一片森林、一片水面、一片农田、一片城市(或农村居民点),一条河流、一条高速公路或铁路。

我国空间结构存在"三多三少":一是生产空间偏多、生态空间偏少,退耕还林、退牧还草、退田还湖就是在调整空间结构,减少农业空间,增加生态空间;二是工业生产空间偏多、城市居住空间偏少,这是长期以来形成的重工业生产、轻人民生活的观念所致,也是造成当前高房价的根本性因素;三是农村居住空间偏多、城市居住空间偏少,大量农业人口已经转移到了城市,但他们的住房及其宅基地不能用于城市的住宅建设。

我国陆地国土空间辽阔,但适宜开发的面积少,山地多,平地少,约60%的陆地国土空间为山地和高原,与总面积大体相仿的美国、欧洲相比,我国人均土地面积特别是人均平原面积极为匮乏。我国适宜工业化城市化开发的面积只有180余万平方千米,扣除必须保护的耕地和已有的建设用地,今后可用于工业化、城市化开发的面积只有28万平方千米左右,约占全国陆地国土总面积的3%。从人多、地少、空间窄的基本国情出发,我国必须走空间节约、空间集约的道路,必须十分珍惜每一寸国土。

从一定地域看,建设空间的扩大,意味着农业空间和生态空间的减少,而这就必然影响农产品或生态产品的生产量。农产品满足不了需求时,可以由区外调入,而且农产品依靠科技进步可以提高单位面积的产出。但生态产品则不同,生态产品具有地域性,很难调入。因此,开发必须有节制。尤其是在环境危机的今天,我们需要更多的绿地和农地,净化人类活动所产生的脏空气和脏水,让动植物有个栖身之地,确保国家有稳定的粮食供给。这些,都需要我们在工业化、城市化开发中,控制开发强度,保留必要的农业空间和生态空间。地球空间不仅是人类的,也是野生动物的,我们不仅要关爱人类的弱势群体,也要关爱动物、关爱水资源、关爱大自然。

第五,开发强度。开发强度指一定空间单元中建设空间占该区域总面积的比例。建设空间包括城市和建制镇的建成区、独立工矿区、农村居民点、交通、能源、水利设施（不含水面）和军事、宗教等其他建设用地等。

从基本国情看，针对全国陆地国土空间土地资源、水资源、环境容量、生态系统脆弱性、生态系统重要性、自然灾害危险性、人口集聚度以及经济发展水平和交通优势度等因素的综合评价，从工业化、城市化开发的角度看，尽管我国陆地国土空间辽阔，但适宜开发的面积少。我国山地多，平地少，约60%的陆地国土空间为山地和高原。适宜开发的国土面积较少，决定了中国必须走空间节约、集约的发展道路。

从趋势上看，今后我们既要满足人口增加、人民生活改善、经济增长、工业化城市化发展、基础设施建设等对国土空间的巨大需求，又要为保障国家农产品供给安全而保护耕地，还要为保障生态安全和人民健康，应对水资源短缺、环境污染、气候变化等，保护并扩大绿色生态空间，在国土空间开发中，我们面临诸多的两难挑战。实现现代化，需要占用必要的自然空间，但也要给有限的森林、不多的水源、已经少得可怜的野生动植物，以及保障食物安全的农作物留下必要的空间。

第六，主体功能。人们需要工业品、农产品、生态产品，这是由不同地区生产的。不同空间的自然状况不同，开发的适宜性及其程度不同，开发对自然带来的影响不同。海拔很高、地形复杂、气候恶劣以及其他生态脆弱或生态功能重要的区域，不适宜大规模高强度的工业化、城市化开发，有的甚至不适宜高强度农牧业开发和旅游开发，但却适合提供生态产品。

不同空间的自然属性不同，也就决定了一定尺度的空间单元应该有不同的主体功能。从满足人类需求来讲，正因为空间有稀缺性，才需要遵循自然规律。青藏高原在全球都具有唯一性，提供的生态产品也稀缺，这种空间不适宜大规模地用于工业品或农产品生产，应该更多地用来提供生态产品。否则，不仅青藏高原自身会遭到破坏，东中部地区乃至整个地球都会受损。

主体功能区的"功能"，是提供产品的类型。经大规模高强度工业化、城市化开发后，就会形成城市化地区，其主体功能就是提供工业品和服务产品，从城市化形态来看，就是城市群。经限制或禁止大规模高强度工业化、城市化开发后，就会形成以提供农产品为主体功能的农产品主产区和以提供生态产品为主体功能的重点生态功能区。因此，城市化地区、农产品主产区、重点生态功能区是从开发结果角度定义的主体功能区；优化开发区域、重点开发区域、限制开发区域、禁止开发区域是从开发行为角度定义的主体功能区。

主体功能区的"主体"，并不排斥其他从属功能。农产品主产区也可以适当发展农产品加工等产业，重点生态功能区也可以适度放牧。但若主次功能不分，则会带来不良后果。退耕还林、退牧还草、退田还湖，实质是对过去主体功能错位的一种纠偏，退的是"耕""牧""养"的功能，还的是"林""草""湖"等主体功能。

优化开发、重点开发、限制开发、禁止开发，这里的"开发"，是针对大规模高强度工业化和城市化开发强度而言的，是相对的，不是绝对的。相对于重点开发区域，有些区域开发强度已经很高，所以要优化开发；相对于限制开发，禁止开发区域的生态更重要、更独特、具有唯一性，所以要禁止开发。

国务院2010年颁布了《全国主体功能区规划》。习近平总书记在城镇化工作会议上明确提出：全国主体功能区规划对城镇化总体布局做了安排，提出了"两横三纵"的城市化战略格局，这是全局、大局，要一张蓝图干到底，不要"翻烧饼"。各地区要坚定不移实施主体功能区制度，严格按照主体功能区定位推动发展和推进城镇化。承载能力减弱的区域要实行优化开发，重点开发区域要集约高效开发，限制开发区域要做好点状开发、面上保护，禁止开发区域要令行禁止、停止一切不符合法律法规要求的开发活动。"十三五"建议提出发挥主体功能区作为国土空间开发保护基础制度的作用，落实主体功能区规划，完善政策，以主体功能区规划为基础统筹各类空间性规划，推进"多规合一"。

第二节　实施空间发展战略的基本思路

在改革开放以来探索发展的基础上，未来中国将更加重视空间发展。

面向"十四五"和更长时期,中国应加快推动实施空间发展战略,健全区域协调发展体制机制,构建空间发展的制度体系。

一、构建空间发展战略的基本框架

构建空间发展战略,需要明确战略的基本内涵,运用系统观念,搭建起战略的基本框架(见图4-2)。

图4-2 构建空间发展战略的基本框架

（一）优化空间发展格局

从宏观上，落实"一张蓝图干到底"，继续深入推进城市化地区、农产品主产区、生态功能区三大空间格局的落实，优化重大基础设施、重大生产力和公共资源布局。支持城市化地区高效集聚经济和人口、保护基本农田和生态空间，支持农产品主产区增强农业生产能力，支持生态功能区把发展重点放到保护生态环境、提供生态产品上，支持生态功能区的人口逐步有序转移，形成主体功能明显、优势互补、高质量发展的国土空间开发保护新格局。

（二）完善空间发展结构

在微观上，要深入推进"多规合一"，明确三区三线三网的空间发展结构，在此基础上建立一套系统的空间分类体系和技术规程，确立市县空间规划的基本架构，将国土空间用途管制的原则和规定主要落实到对空间结构的管控上。

（三）构建空间治理体系

明确空间治理单元，以空间尺度适当的实施单元作为基础平台，使区域政策和城乡治理措施实施更有针对性、更加精准。不断完善差异化的空间治理体系，将城乡治理、产业发展、生态环境保护与激励引导、绩效评价、审计问责等制度有机结合。

（四）建立空间发展支撑体系

不断完善法规政策体系、技术标准体系及国土空间基础信息平台等，使国土空间治理体系更加成熟、更加定型。在建立统一的空间信息平台基础上，形成实时响应的空间监测系统，并不断推进空间发展理论体系和人才队伍建设，强化空间发展领域国际交流与合作，搭建完善的空间发展支撑体系。

二、构建现代化空间发展格局

国家的现代化，必须有现代化的空间格局，在不同的空间单元，实现经济发展、人的全面发展、可持续发展的均衡，实现经济效率、社会活力、生态安全的统一。要落实主体功能区制度，形成"两横三纵"的城市化战略格局，"七区二十三带"的农业战略格局，"两屏三带"及大江大河重要水系为骨架的国家生态安全战略格局，成为区域重大战略的空间发展支撑。

（一）优化城市化发展格局

城市化地区的主体功能是提供工业品和服务产品。城市化地区要实行开发与保护并重的方针，开发主要是工业化、城市化开发，保护主要是保护区域内生态环境和基本农田。

"两横三纵"城市化战略格局，就是要发挥重要的城市群地区的空间发展支撑作用。一是优化发展京津冀、长三角、粤港澳大湾区3个亿人规模的世界级特大城市群，辐射带动全国的高质量发展。二是重点发展成渝、长江中游、中原3个亿人规模的特大城市群，辐射带动中西部地区发展。三是重点发展山东半岛、辽东半岛、哈长地区、福建沿海、关中平原、北部湾、呼包鄂榆、天山北坡8个千万人口规模的城市群，培育发展太原、贵阳、昆明、兰州、银川5个千万以下人口规模的都市圈，辐射带动次区域发展。四是海南要按照自由贸易港的目标，率先实行更高水平开放。五是青藏高原要以保护修复生态为重中之重，鼓励人口向中心城市集中，重点发展西宁、拉萨等中心城市。

优化城市化发展格局，要推动高质量发展，加快转变发展方式、优化经济结构、转换增长动力，优化空间结构、城镇布局、人口分布，加强基础设施互联互通，加快公共服务均等化，强化生态保护和环境治理。城市化地区要高效率集聚经济和人口，坚持质量第一、效益优先，推动质量变革、效率变革、动力变革，加快建设现代产业体系，成为中国经济、人口以及创新资源高效集聚的地区，成为体现中国国家竞争力的主要区域，成为以国内大循环为主体、国内国际双循环相互促进新发展格局的主体。要加快户籍制度改革，推动城市群地区实现户籍准入年限同城化累计互认，实行以经常居住地登记户口制度。鼓励城市群中心城市向周边城市疏解其功能特别是提供优质公共服务，促进城市群内公共服务均等化。城市群的中小城市要发展有竞争力的生活性服务业，打造宜居的生活环境，吸引中心城市人口居住。

（二）优化农业发展格局

农产品主产区的主体功能是提供农产品。农产品主产区要实行保护为主、开发为辅的方针：保护主要是保护耕地，禁止开发基本农田；开发主要是以增强农产品生产能力为目的的开发，而不是大规模高强度的工业化、城市化开发。

"七区二十三带"农业战略格局，就是要增强农业综合生产能力，切实保障农产品供给安全。一是将东北平原、黄淮海平原、长江流域、汾渭平原、河套灌区、华南、甘肃、新疆等农产品主产区，建设成为保障农产品供给安全的重点区域、农村居民安居乐业的美好家园、实施乡村振兴战略的主战场。二是保护耕地，稳定粮食生产，发展现代农业，增加农民收入。在重点建设好农产品主产区的同时，积极支持其他农业地区和其他优势特色农产品的发展，根据农产品的不同品种，国家给予必要的政策引导和支持。三是增强县城和建制镇公共服务功能，优化乡村布局，打造生态化诗意田园，在适宜地区实施自然农法生产。四是根据自然条件，实行农业人口"两栖"生活，鼓励有条件的农业人口在春秋两季到自己的村庄播种、收割，其他时间进城就业和居住。

优化农业发展格局，要保护并提高农产品特别是粮食综合生产能力，把支持农业发展的政策进一步向农产品主产区聚焦。加强高标准农田建设，优化农业生产结构和布局，加快农业科技进步和创新，提高农业物质技术装备水平，创新发展新型农业经营主体，有限发展农产品深加工。完善粮食主产区利益补偿机制，建立对农产品主产区的转移支付制度，更好调动农产品主产区发展农业生产的积极性。实施好乡村振兴战略，完善乡村基础设施和公共服务，改善村庄人居环境，成为保障国家农产品安全的主体区域，农村居民安居乐业的美好家园。

（三）优化生态发展格局

生态功能区的主体功能是提供生态产品。生态功能区要实行保护为主、限制开放的方针：保护主要是保护自然生态系统；限制或禁止开发主要是限制或禁止大规模高强度的工业化、城市化开发，在某些生态功能区甚至要限制或禁止农牧业开发。

　　"两屏三带"及大江大河重要水系为骨架的国家生态安全战略格局，就是要保护生态脆弱地区，为实现生态文明战略转型和人与自然和谐共生现代化提供空间发展支撑。推动重点生态功能区增强生态产品生产能力。要实行点状开发、面上保护，形成自然友好型产业结构，维护生物多样性，防风固沙，保持水土，涵养水源。通过提高人口素质，逐步减少人口总量。一是建立青藏高原生态屏障、黄河重点生态区（含黄土高原生态屏障）、长江重点生态区（含川滇生态屏障）、东北森林带、北方防沙带、南方丘陵山地带、海岸带等重点区域构成的生态格局。二是将大小兴安岭森林生态功能区、三江源草原草甸湿地生态功能区、祁连山冰川与水源涵养生态功能区等25个重点生态功能区，建设成为国家生态安全的重要屏障。建立以国家公园为主体的自然保护地体系。三是评估青海三江源国家公园、东北虎豹国家公园、大熊猫国家公园等各级各类自然文化保护地，完成自然保护地整合归并优化，明确保护范围边界，总体上适度减少保护地面积，整合形成国家公园、自然保护区、自然公园三类保护地。四是在大江大河大湖流域实行以流域为单元的生态保护和环境治理。按照主体功能区制度，依托内水和领海主体功能、专属经济区和大陆架及其他管辖海域主体功能区，形成大江大河大湖海洋自然岸线格局，重点实施若尔盖草原湿地—甘南黄河重要水源补给生态保护和修复，黄河下游湿地特别是黄河三角洲生态保护和修复，长江干流及重要支流、洞庭湖、鄱阳湖等河湖湿地生态保护修复与岸线资源修复治理，松嫩平原等重要湿地保护恢复，京津冀地区白洋淀等湖泊和湿地综合治理与永定河、滦河、潮白河、北运河、南运河、大清河等"六河"绿色生态治理，河西走廊地区黑河、石羊河等河湖湿地生态保护修复，塔里木河流域生态修复，黄渤海鸭绿江口、辽河口、黄河口、苏北沿海滩涂等重要湿地保护修复，长江三角洲杭州湾、象山港等重点海湾的综合整治，海峡西岸兴化湾、厦门湾、泉州湾、东山湾等半封闭重点海湾河口整治修复，以及海南岛自然岸线、滨海湿地保护和恢复等。

　　优化生态发展格局，要把修复自然生态系统、提供生态产品作为发展的首要任务，把国家支持生态环境保护的政策，特别是生态保护修复的政策进一步向生态功能区聚焦,提供更多优质生态产品以满足人民日益增长的美好生态环境需要。重大生态系统保护修复、防洪减灾、生物多样性保护、大江大河和重要湖泊湿地生态保护治理、荒漠化石漠化水土流失综合治理、国土绿化、草原森林河流湖泊休养生息等重大任务和工程进一步向重大生态功能区倾斜。着力解决好国家公园和其他各类自然保护地重叠设置、多头管理、边界不清、权责不明、保护与发展矛盾突出等问题,加快建立以国家公园为主体的自然保护地体系。着力提高生态功能区人口素质,增强劳动人口就业能力。因地制宜地发展不影响生态功能的温和旅游、适量农牧业、民族特色产业等,成为保障国家生态安全的重点区域,成为人与自然和谐共生的展示区。

三、完善空间发展结构

优化空间结构,首先从主要空间类别,即城市、农业和生态以及承载上述三大空间的交通、基础设施等其他空间着手,建立适应经济发展趋势的空间结构体系。

(一)明确三区三线三网的空间发展结构

空间规划的主要内容是划分三区三线三网,明确城市定位,通过空间规划的编制,在一个空间内实现人口、经济和资源的协调发展。[①]

国务院印发《省级空间规划试点方案》指出,"三区三线"是城镇空间、农业空间和生态空间三种类型空间,分别对应划定的城镇开发边界、永久基本农田保护红线和生态保护红线三条控制线。党的十八大以来,中央明确提出:"围绕优化国土空间开发格局,构建科学合理的城市化格局、农业发展格局、生态安全格局。"国土空间规划中"三区三线"是从空间划定层面,落实中央对城市发展的一系列举措。

今后的空间规划,在空间结构层面,在原有的"三区三线"基础上,可以增加"三网":城市网络、基础设施网络、生态环境网络。结合以往"三

---

① 杨伟民:《应放开就业人口在超大城市中心以外落户》,中国城市高质量发展研讨会,2019年。

区三线"划定，"三区三线三网"的空间发展结构以城市群都市圈为单元，分层规划，确定自然层、网络层、各类功能区。县级和城市群级的协调，形成一张可操作、可遵循、可检查的百年规划图，一张蓝图干到底。[①]

（二）建立统一的空间分类体系

在明确"三区三线三网"的基础上，通过建立全国统一空间分类体系，形成适应全国统一空间规划的城市、农业和生态发展的统计和指标体系，自上而下形成一套约束政府、市场、企业和社会，适应城市、农业和生态空间开发行为的统一准则。

四、构建空间治理体系

空间治理是以空间均衡为目的，以空间发展为对象，以主体功能为依据，以承载能力为底线，以空间规划为准则，以控制开发强度和优化空间结构为手段，以政府、企业、居民、社会组织为治理主体的一种治理方式。空间治理不同于现有的对地方事务的自上而下的管理，而是在国家基本制度和大政方针的基础上，根据不同空间的主体功能定位，实现人口、经济、资源环境的空间均衡以及各项工作精准落地的治理模式。

空间治理的对象是空间发展，即协调经济发展、人的全面发展、可持续发展，解决空间失衡问题。空间治理的目标是实现经济、人口、资源环境的空间均衡，形成生产空间集约高效、生活空间宜居适度、生态空间山清水秀，安全和谐、富有竞争力和可持续发展的国土空间格局。

（一）明确空间治理单元

根据空间治理的内容，可以划分不同的空间治理单元。从社会治理看，主要是行政区单元，即省市县。从生态环境治理看，主要是自然生态系统和环境流域单元或空域单元，如长江流域是一个独立的生态环境治理单元、京津冀及周边地区是一个大气环境治理单元。从空间发展看，主要是主体功能区单元，如一个城市群、一个农产品主产区、一个重点生态

---

① 杨伟民：《应放开就业人口在超大城市中心以外落户》，中国城市高质量发展研讨会，2019年。

功能区等。

合理设定空间治理单元是构建空间治理体系的基础。空间政策的实施依赖于确定尺度适当的实施单元,应避免单元尺度过大造成政策平均、缺少针对性,或是单元尺度过小而增加实施成本和难度。兼顾社会经济一体性以及自然生态系统的完整性,推动区域政策单元由行政区或类型区向主体功能区单元拓展,优化细化主体功能区分区和定位,进一步细化空间治理单元,从而增加空间政策实施的针对性和精准性。如针对生态保护和环境治理,应将大江大河的一级流域到二级流域及其重要的三角洲和湾区等地理单元作为国家制定区域政策的重要类型,实现区域政策有机匹配。

(二)完善空间规划体系

健全国土空间规划体系,通过不同层级、不同空间尺度的空间规划纵深落实主体功能区战略,是有效发挥空间治理体系的关键举措。目前中国国土空间规划"五级三类四体系"①的规划体系基本建立,下一步应以空间治理体系和治理能力现代化为导向,在规划体系法治化、科学化、系统化等方面不断完善。

要加强国家发展规划和国土空间规划的衔接。加强两大规划在空间发展战略、空间结构优化、重大生产力布局等方面的衔接,尽量保证生态空间格局、农业空间格局和城镇空间格局在两大规划体系中基本一致,尽可能在国家空间规划中为发展规划确定的重大项目、重大工程预留空间。合理确定预期性指标和约束性指标,科学分解两大规划指标体系。协调好发展规划和国土空间规划的评估与监测,强化评估和监测结果的综合应用,提升规划实施的协同性,确保规划的目标任务得到落实。

(三)建立空间治理制度体系

要坚定不移实施主体功能区制度,发挥主体功能区战略和基础性制

---

① 2019年5月,《中共中央、国务院关于建立国土空间规划体系并监督实施的若干意见》发布,标志着中国国土空间规划体系基本形成:"五级"是从纵向看,对应中国的行政管理体系,分为国家级、省级、市级、县级、乡镇级五个层级;"三类"指规划的类型,分为总体规划、详细规划、相关的专项规划;"四体系"是从规划运行方面来看,包括规划编制审批体系、规划实施监督体系、法规政策体系、技术标准体系。

度的统领作用。将主体功能定位作为国土空间规划指标分解的重要因素，合理分解建设用地总规模、耕地保有量、永久基本农田面积、森林覆盖率等指标，促进不同主体功能区差异化发展；结合主体功能区定位，统筹优化全域国土空间开发保护格局，调控人口、产业集疏，引导空间开发、保护、整治、修复等各类活动的布局及时序，促进开发与保护相协调、人与自然和谐共生；结合主体功能区布局，合理安排国家、省、市、县各级重要基础设施建设的类型和时序，使交通、水利、能源等设施建设与各地主体功能定位相协调。

把空间管制作为落实空间规划的重要手段，建立"指标+空间+清单"的管控体系，构建分区管制思路下空间准入及清单管制规则。针对规划分区设定差异化的空间准入条件，并据此研制与空间分区相匹配的正负面准入清单，明确管制规则和控制指标。健全全过程管制的国土空间用途纠错机制。探索国土空间用途管制绩效评估和督察制度，加强国家对地方政府履行国土空间用途管制职责情况的监督检查，落实用途管制目标责任，监督国土空间规划和用途管制政策的实施。

针对跨行政区的空间治理，组建区域性流域性协调办公室，协调各行政区，解决空间性问题。要突破行政划界限，加强跨区域、次区域规划，重点解决基础设施建设、生态环境治理等方面的跨区域、次区域事务。在基础设施方面，重点规划跨区域、次区域的高速交通网络和信息网络；在生态环境方面，重点规划跨区域联合污染治理工程和环境保护工程、跨流域水资源利用工程等。

完善差异化导向的空间治理政策体系。2017年，中央印发了《关于完善主体功能区战略和制度的若干意见》，明确了差异化政策的总体要求，但相关配套政策仍不够完善，缺乏系统性的激励约束机制。应进一步细化财政、投资、土地、产业、人口等政策，使空间治理政策更加精准化、精细化和精益化。

实行差异化考核评价。根据不同区域的主体功能定位，实行各有侧重的绩效评价和政绩考核。对优化开发区域，应强化对经济结构、资源消耗、环境保护、自主创新以及外来人口公共服务覆盖面等的评价，弱化对经济增长速度、招商引资、出口等的评价。对重点开发区域,应综合评价经济增长、吸纳人口、质量效益、产业结构、资源消耗、环境保护以及外来人口公共服务覆盖面等,弱化对投资增长速度等的评价。对限制开发区域,分为限制开发的农产品主产区和重点生态功能区两类,分别实行农业优先和生态优先的绩效评价。对禁止开发区域,应根据法律法规和规划要求,按照保护对象确定更细致的评价内容,主要评价自然文化资源等保护对象的原真性和完整性。此外,还包括加强基础设施互联互通,组建协调办公室负责跨行政区的空间发展和治理工作等。

五、建立空间发展支撑体系

不断增强空间发展的软硬件支撑,搭建促进空间要素更合理配置和管理的基础平台,形成各方共同促进空间高质量发展的合力。

(一)建立统一的空间信息平台

2019 年《中共中央 国务院关于建立国土空间规划体系并监督实施的若干意见》指出,依托自然资源、测绘地理等已有空间数据资源,建立空间信息平台,为开展国土空间相关的规划、审批、监管与分析决策提供基础服务,提升空间治理能力现代化水平。通过聚合集成各类与空间相关的数据,形成覆盖全国范围、涵盖地上地下、能够及时更新的以基础地理信息、高分辨率遥感影像、土地利用现状、矿产资源现状、地理国情普查、基础地质、地质灾害与地质环境等现时状况为主的空间现状数据集,以基本农田保护红线、生态保护红线、城市扩展边界、国土空间规划、矿产资源规划、地质灾害防治规划等基础性管控性规划为主的空间规划数据集和以不动产登记、土地审批、土地供应、矿业权审批等空间开发管理和利用信息为主的空间管理数据集。建立网络化、分布式云管理与服务平台,配置相应的支撑运行环境,形成空间基础信息分工维护、合作开发、有机集成、统一服务的信息化工作平台。

(二)建立实时响应的空间监测系统

将空间管理监测系统与全国主体功能区拼图进行整合,作为未来空间管理的基本依据和平台。一是建立覆盖全国、统一协调、更新及时、反应迅速、功能完善的空间动态监测管理系统，对空间开发情况进行全面监测、分析和评估。注重空间调控，把空间调控管理作为政府管理的重要内容，研究制定相关办法，今后制定有关政策、布局重大项目都要与空间规划相一致。二是加强监测。一个市县建一个统一的空间数据资料库，集合数据、图件，统一对国土空间变化情况进行跟踪监测，并编制空间规划执行情况报告。各市县监测数据由所在省份汇总，作为编制省级空间规划的重要基础。对城市建设、项目动工、耕地占用、地下水开采、矿产资源开采等各种开发行为，以及水面、湿地、林地、草地、海洋、自然保护区、蓄滞洪区等的保护，完全可以采用对地观测技术，在计算机上进行精细化的管理。比如，通过遥感卫星，可以在第一时间发现禁止开发区域的违规项目，就可以立即采取措施制止，大大减少项目建成后再纠正造成的浪费。

（三）推进空间发展理论体系和人才队伍建设

要研究空间发展的基础理论，对比国际相关理论，结合中国探索实践，提出具有原创性的中国空间发展理论体系。特别是要把涉及经济发展、区域协调、城镇化、生态文明建设的多学科理论，在空间发展的盘子里进行整合提炼，形成具有创新性、融合性的学术成果。要根据理论研究的需要，建立多学科融合的人才培养体系，空间治理的高层次人才培养平台。各级地方政府也要高度重视空间治理的实践人才培养，加强经验交流，逐步对地方领导干部提出既要懂经济治理也要懂空间治理的要求。

（四）推进空间开发保护立法

加快国土空间规划相关法律法规建设，梳理与国土空间规划相关的现行法律法规和部门规章，对"多规合一"改革涉及突破现行法律法规规定的内容和条款，按程序报批，取得授权后施行，并做好过渡时期的法律法规衔接。完善适应主体功能区要求的配套政策，保障国土空间规划有效实施。[①] 积极推进《空间规划法》的立法工作，将其作为空间规划体系的基本法，从法律层面上明确空间规划的地位作用，严格界定空间开发的

---

① 《中共中央 国务院关于建立国土空间规划体系并监督实施的若干意见》，https://www.gov.cn/zhengce/2019-05/23/content_5394187.htm，2019 年 5 月 23 日。

战略目标、调控重点、配套政策以及空间规划体系的类型组成、功能定位、管理机制等重要内容。制定与空间规划体系与管理相契合，涵盖规划编制、规划执行、规划冲突协调、规划监督检查等内容的行政法规体系，促进空间规划系统、规范和科学的有效落实。①

---

① 严金明、陈昊、夏方舟：《"多规合一"与空间规划：认知、导向与路径》，《中国土地科学》2017年第1期。

第五章　促进城乡协调：
"三农"政策与乡村振兴[①]

中国式现代化是一个新型工业化、信息化、城镇化、农业现代化叠加发展的"并联式"过程,促进城乡协调是实现中国式现代化的重要方面。党和政府始终把解决好"三农"问题作为全党工作的重中之重,坚持农业农村优先发展,加快建设农业强国、全面推进乡村振兴,推动我国城乡关系从城乡二元走向城乡融合,促进城乡协调和实现农业农村现代化取得了实质性进展。但由于长期以来的城乡二元结构制约,我国城乡协调面临城乡收入差距特别是绝对收入差距仍在拉大、城乡均等化的社会保障和公共服务体系尚未健全两个最主要的挑战,同时乡村振兴面临县域经济发展活力不足、集体经济增长乏力、乡村人口老龄化和劳动力弱质化、乡村产业体系薄弱和小农户难以有效对接大市场等难题。未来促进城乡协调可以从激发县域经济、壮大乡村集体经济、发展乡村合作经济、提升农民就业质量、创新农村投入机制、夯实农村社会保障体系、加强农村社会治理等方面着手,打通和铺实乡村振兴和城乡协调的推进路径。

第一节　城乡关系演变与"三农"政策主题

我国的城乡关系呈现出"城乡二元分割—农村导向的城乡二元松动—城市导向的二元松动—城乡互动—城乡融合"的演进脉络。新中国

---

① 　课题组组长:周绍杰,清华大学公共管理学院教授,博士生导师,国情研究院副院长。课题组成员:耿瑞霞,管理学博士,清华大学公共管理学院助理研究员、博士后;钟晓萍,管理学博士,清华大学公共管理学院助理研究员、博士后。

成立后,面对错综复杂的国际国内政治经济形势,中央政府采取了重工业优先发展战略,即优先发展钢铁等金属冶炼、汽车等交通运输设备制造、石油化工、电力生产等资本密集型重工业。① 而在无法依靠国内工业自身的积累为重工业发展提供资金的情况下,提取农业剩余用以支持工业成为当时的最优选择。为此,政府制定并实施了一整套有利于集中农业剩余的计划配置与管理办法,农产品统购统销政策、人民公社管理体制以及户籍制度是其中最为核心的政策设计②,用于压低农产品价格进而降低劳动力成本,并控制生产要素在城乡间的流动。城乡二元分割,包括工农产品不能平等交易、城乡要素不能自由流动、城镇居民与农民权利和发展机会不平等③,通过这些政策得到强化,城市作为工业化载体,成为政府政策偏向的"绝对中心"。

1978 年 12 月,党的十一届三中全会作出了将党和国家的工作重心转移到经济建设上来、实行改革开放的历史性决策,开启改革开放和社会主义现代化建设新时期。农村经济体制改革首先发轫,安徽省凤阳小岗村实行土地家庭承包责任制开启了农村基本经营制度变革,包产、包干到户等生产责任制陆续建立,农户家庭重新成为生产经营的基本单位,在不改变集体所有权的情况下,农户获得了自主的土地使用权、经营决策权和剩余索取权,农户生产积极性大幅提高,农业生产得到恢复性增长。政府在政策设计方面对农户的创新给予了顶层支持,推动农村经济体制改革。特别地,中央"一号文件"作为改革开放后中央政策思路最主要的体现,政府在 1982—1986 年以农业农村发展为主题连续发布中央"一号文件",将农户探索的制度创新进行提炼总结并形成正式规则,重塑了农村基本经营制度。1978—1986 年,中央"一号文件"以家庭承包责任制的构建与合规化为主题,对生产责任制在社会主义意识形态下进行了合理合

---

① 陈斌开、林毅夫:《发展战略、城市化与中国城乡收入差距》,《中国社会科学》2013 年第 4 期。

② 蔡昉:《中国农村改革三十年——制度经济学的分析》,《中国社会科学》2008 年第 6 期;林毅夫、蔡昉、李周:《中国的奇迹:发展战略与经济改革》,上海三联书店、上海人民出版社 2014 年版,第 28—37 页。

③ 韩俊:《中国城乡关系演变 60 年:回顾与展望》,《改革》2009 年第 11 期。

规化,认可了家庭承包的合法地位,强调保持家庭承包的长久不变,以促进农村经济的发展。1985 年中央"一号文件"允许社区合作经济组织按规划使用建设用地,鼓励集体(与农民)使用建设用地发展乡镇企业,解决了大量剩余劳动力就业,带动农民收入增长、内需扩大、城乡差距缩小①,凸显了此阶段中央政策的"农村导向",带来城乡"绝对二元"关系的松动,切实缩小了城乡差距。

1987—2003 年,中央"一号文件"并未以农业农村为主题,表明在前一阶段农村改革带来农村经济大幅增长的情况下,政府的政策重心由农村转移到了城市,并启动城市经济体制改革,建立和完善社会主义市场经济体系,保持整个国民经济的持续、快速、健康发展。当政府的改革重心转向以国有企业为代表的城市经济时,在很大程度上将不可避免地利用上一阶段农村改革的成果②,即充足的农产品供应、持续增长的农村经济、广阔的工业品市场以及稳定的农村社会。此时,政府的农村经济发展总体思路转向巩固和完善以家庭承包为基础、统分结合的双层经营体制,并将之作为党在农村的一项长期的基本政策③,以"加快建立适应社会主义市场经济要求的农村经济运行机制和管理体制"。④

这一阶段,我国城镇化、工业化进程快速推进。然而,城市的进步是以农业、农村、农民负担加重为代价的。自计划经济时代延续而来的城乡二元管理体制,使城市经济可以通过工农产品"剪刀差"汲取农业剩余,通过雇佣廉价的农民工节约城市资本,通过征地和偏低的征地补偿拓展城市空间、节约财政资金、提供财政收入,获得快速发展。据孔祥智、何安华测算,1987—1997 年,我国工农产品"剪刀差"相比 1981—1986 年有明

①　杨帅、温铁军:《经济波动、财税体制变迁与土地资源资本化——对中国改革开放以来"三次圈地"相关问题的实证分析》,《管理世界》2010 年第 4 期。

②　蔡昉:《中国农村改革三十年——制度经济学的分析》,《中国社会科学》2008 年第 6 期。

③　江泽民:《加强农业基础,深化农村改革,推进农村经济和社会全面发展》,载中共中央文献研究室(编):《十四大以来重要文献选编(下)》,人民出版社 1999 年版,第 1947 页。

④　江泽民:《要始终高度重视农业、农村和农民问题》,载中共中央文献研究室(编):《十四大以来重要文献选编(上)》,人民出版社 1996 年版,第 425 页。

显的扩大(见图 5-1)。[1] 工业产品价格显著拉高,农产品价格明显拉低,城市经济发展获得了大量农产品,还取得了大量农业剩余,而农民收入却没有有效增长。

（单位：亿元）

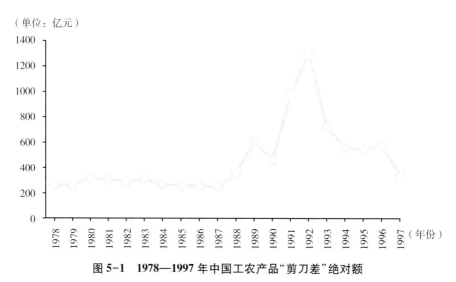

图 5-1　1978—1997 年中国工农产品"剪刀差"绝对额

资料来源:孔祥智、何安华:《新中国成立 60 年来农民对国家建设的贡献分析》,《教学与研究》2009 年第 9 期。

与此同时,自家庭承包责任制建立以后,"交足国家的、留足集体的、剩下的都是自己的",农民需要直接面对国家农业税压力,缴纳地方的村提留、乡统筹,以及各种名目的杂项。特别是 1994 年分税制改革后,中央财政收入占比提高了,但县乡财政普遍出现困难,乱派款、乱收费现象非常严重,农业税费持续增长,占到农民收入的 10.2%—12.2%,农民不堪重负(见图 5-2)。1994 年,我国的农业税费总额为 958 亿元,提留统筹及其他收费占比达 75.9%,农民人均税费额 112 元/人;2000 年,农业税费总额 1359 亿元,比 1994 年增长约 42%,农民人均税费额为 168.4 元/人,比 1994 年提高约 50%[2],农民的税费负担达到无法承受的地步,

---

① 孔祥智、何安华:《新中国成立 60 年来农民对国家建设的贡献分析》,《教学与研究》2009 年第 9 期。

② 赵云旗:《中国当代农民负担问题研究(1949—2006)》,《中国经济史研究》2007 年第 3 期。

因农民负担增加引发的恶性事件频发。这成为此阶段我国农村发展的主要矛盾。2000年3月,时任湖北省监利县棋盘乡党委书记的李昌平向总理上书"农民真苦,农村真穷,农业真危险","三农"问题再次受到中央的高度重视。

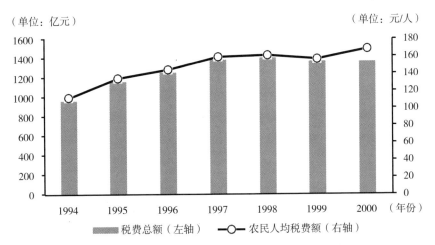

图5-2　1994—2000年中国农业税费总额及农民人均税费负担

资料来源:赵云旗:《中国当代农民负担问题研究(1949—2006)》,《中国经济史研究》2007年第3期。

2004年,我国人均GDP超1500美元,农业GDP的份额约为13%,农业就业份额约为47%,城镇化水平约为42%①,表明非农产业成为国民经济的主导产业及经济增长的主要动力,我国已进入工业化中期阶段②,总体上到达以工促农、以城带乡的发展阶段③,农业农村发展自此重新成为历年中央"一号文件"的主题并延续至今(见表5-1)。2004年以来,中央"一号文件"的政策主题核心是农业增产、农民增收和农村发展(包括新

---

① 资料来源:国家统计局网站。人均GDP(美元)按国家统计局公布的人民币对美元汇率的年平均价计算。城镇化水平资料来源于《2004年国民经济与社会发展公报》。

② 韩俊:《工业反哺农业 城市支持农村——如何在新形势下更多地支持农业和农村发展》,《人民日报》2005年11月18日。

③ 胡锦涛同志在党的十六届四中全会上提出了"两个趋向"的重要论断,即"在工业化初始阶段,农业支持工业、为工业提供积累是带有普遍性的趋向;但在工业化达到相当程度以后,工业反哺农业、城市支持农村,实现工业与农业、城市与农村协调发展,也是带有普遍性的趋向",为我国在新形势下形成工业反哺农业、城市支持农村的机制定下了基调。

表 5-1　改革开放以来中央关于"三农"工作的"一号文件"

年份	中央"一号文件"
1982	《全国农村工作会议纪要》
1983	《当前农村经济政策的若干问题》
1984	《中共中央关于一九八四年农村工作的通知》
1985	《中共中央、国务院关于进一步活跃农村经济的十项政策》
1986	《中共中央、国务院关于一九八六年农村工作的部署》
2004	《中共中央国务院关于促进农民增加收入若干政策的意见》
2005	《中共中央国务院关于进一步加强农村工作 提高农业综合生产能力若干政策的意见》
2006	《中共中央国务院关于推进社会主义新农村建设的若干意见》
2007	《中共中央国务院关于积极发展现代农业 扎实推进社会主义新农村建设的若干意见》
2008	《中共中央国务院关于切实加强农业基础建设 进一步促进农业发展农民增收的若干意见》
2009	《中共中央国务院关于2009年促进农业稳定发展 农民持续增收的若干意见》
2010	《中共中央国务院关于加大统筹城乡发展力度 进一步夯实农业农村发展基础的若干意见》
2011	《中共中央国务院关于加快水利改革发展的决定》
2012	《关于加快推进农业科技创新持续增强农产品供给保障能力的若干意见》
2013	《中共中央国务院关于加快发展现代农业 进一步增强农村发展活力的若干意见》
2014	《关于全面深化农村改革加快推进农业现代化的若干意见》
2015	《中共中央国务院关于加大改革创新力度加快农业现代化建设的若干意见》
2016	《中共中央国务院关于落实发展新理念加快农业现代化 实现全面小康目标的若干意见》
2017	《中共中央　国务院关于深入推进农业供给侧结构性改革　加快培育农业农村发展新动能的若干意见》
2018	《中共中央　国务院关于实施乡村振兴战略的意见》
2019	《中共中央　国务院关于坚持农业农村优先发展做好"三农"工作的若干意见》
2020	《中共中央　国务院关于抓好"三农"领域重点工作　确保如期实现全面小康的意见》
2021	《中共中央　国务院关于全面推进乡村振兴加快农业农村现代化的意见》
2022	《中共中央　国务院关于做好2022年全面推进乡村振兴重点工作的意见》
2023	《中共中央　国务院关于做好2023年全面推进乡村振兴重点工作的意见》

农村建设),以及新型工业化、城镇化、信息化进程下同步实现农业农村现代化。首先,经济社会发展的阶段变化需要切实减轻农民负担。延续2001年开始的农村税费改革试点,我国自2004年开始逐步降低农业税税率,2005年12月十届全国人大常委会第19次会议决定,自2006年1月1日起国家不再针对农业单独征税。至此,我国延续两千余年的农业税彻底终结。其次,随着农业税费的取消,中央在2004年前后密集出台了良种补贴政策、种粮直接补贴、农资综合补贴政策、农机购置补贴政策、水稻和小麦最低收购价政策、玉米和大豆临时收储政策等系列支农惠农政策,中央财政支农资金投入持续增加(见图5-3),推动农业增产增效、农村发展、农民增收。而在城乡关系方面,党的十六大提出了"城乡统筹",党的十八大提出了"城乡一体化",党的十九大提出了"城乡融合",以破除长期以来存在的城乡二元结构,实现城乡协调发展。

（单位:亿元）

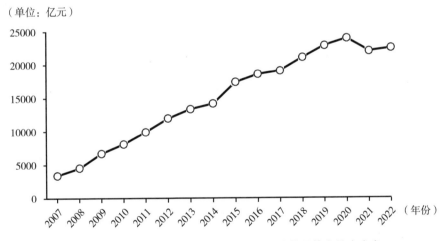

图5-3　2007—2022年中国国家财政一般公共预算农林水支出

资料来源:历年《中国统计年鉴》。

随着中央政策主题的变化以及中央支持农业农村发展财政投入的增加,城乡互动日益频繁,城乡要素开始了"双向"流动,既有农地转用、农民进城,也有技术下乡、资本下乡,更有进城务工人员返乡创业,带动周边农户致富增收、助力乡村产业振兴,城乡融合迈出实质性步伐。例如,城乡居民收入比2004年为3.08、2012年降为2.88、2022年进一步下降到

2.45；城乡低保平均标准比2012年为1.92、2021年下降到1.34，城乡协调发展取得实质性进展。

第二节　中国式现代化视域下的城乡协调发展

一、中国式现代化与城乡协调

　　现代化是世界性的潮流，各国处于实现现代化的不同阶段，而实现现代化的道路并非唯一。在中国共产党的全面领导下，党和人民克服新冠疫情影响等多种艰难险阻，推动我国的社会主义建设事业取得重大成就，并且顺利踏上了向第二个百年奋斗目标进军的新征程。党的十九届六中全会庄严地向世界宣告，中国共产党领导人民成功走出中国式现代化道路，创造了人类文明新形态，拓展了发展中国家走向现代化的途径。习近平总书记指出，"我国现代化是人口规模巨大的现代化，是全体人民共同富裕的现代化，是物质文明和精神文明相协调的现代化，是人与自然和谐共生的现代化，是走和平发展道路的现代化"①，推动了物质文明、政治文明、精神文明、社会文明、生态文明协调发展，为人类对现代化道路的探索作出了重要贡献。

　　中国式现代化的基本特征之一是协调发展。协调发展不仅是物质文明和精神文明的协调发展，更是全方位、多领域的协调发展。当前，我国协调发展的重点难点依然在乡村。② 推进城乡协调，促进城乡融合发展，是国家现代化的重要标志，是解决我国发展不平衡、不充分问题的关键举措，也是建成社会主义现代化强国最终实现共同富裕的必由之路。党的十九大报告首次提出推进城乡融合发展，党的二十大报告明确强调"坚持城乡融合发展，畅通城乡要素流动"，而构建协调统一的城乡共同体，是新时代实现城乡协调与促进城乡融合发展的科学内涵。

---

① 《习近平著作选读》第二卷，人民出版社2023年版，第401页。
② 文丰安：《中国式现代化进程中城乡融合高质量发展的路径探析》，《海南大学学报（人文社会科学版）》2023年第5期。

马克思主义城乡关系理论是理解和处理我国城乡发展问题的基本理论依据。马克思观察了欧洲工业化勃兴之时的城乡对立过程,指出了资本主义制度生产和发展的必然产物以及社会发展的必经阶段就是城乡二元结构,工业挤压农业,城市剥夺农村,城市与农村相对立。要消除城乡对立,马克思认为最先进的国家应该"把农业和工业结合起来",其最终目标是通过城乡融合、工农互促,实现人的全面发展和经济社会发展成果全民共享。因而,构建协调统一城乡共同体的具体内涵包括以下三个方面①:其一,城镇和乡村是互促互进、共生共存的生命共同体,城镇发展需要乡村提供农产品供应、原材料、土地、劳动力供应以及广阔的工业产品需求市场,乡村发展需要城镇的辐射带动以及人才、资本、技术、管理、理念等多方面的支持,城乡并非互斥对立,而是相互作用、长期共生并存。其二,新发展阶段城乡协调在于构建城乡共同繁荣的共同体。不断完善深化户籍、土地、金融和农村集体产权制度改革,健全城乡协调体制机制和政策体系,促进城乡要素双向自由流动、城乡产业协同发展、城乡公共服务均等化、城乡生态文明协同共建,推动错位发展、协调发展和互补发展,共建繁华城镇和繁荣乡村。其三,新时代城乡协调需要构建成果共享利益共同体。城乡协调与城乡融合发展,以满足人们日益增长的美好生活需要为出发点和落脚点,促进城乡在就业、收入分配、社会保障、教育、医疗、住房、养老、扶幼等各方面的均等化,并更加注重把公共资源向乡村倾斜,向弱势群体倾斜,推动城乡利益互惠和价值共创共享,推动发展成果由全体人民共享,从而服务于社会主义现代化强国建设和推进城乡共同富裕。

二、"四化同步"与城乡协调

不同于西方国家 200 多年时间跨度的"串联式"现代化进程,我国的现代化进程是一个"'并联式'发展过程,工业化、城镇化、信息化和农业

---

① 高增安、何兴隆:《习近平关于新时代城乡融合发展的重要论述研究》,《经济学家》2023 年第 6 期。

现代化是叠加发展的"。"并联式"现代化具有发展任务的高度叠加性和同步性特征,我国要在不到 100 年的时间里推动工业化、信息化、城镇化、农业现代化"四化同步",就需要整个现代化发展过程具有多重协调性,既要兼顾物质文明、政治文明、精神文明、社会文明、生态文明协调发展,也要兼顾区域协调和城乡协调。

城乡协调是新发展阶段"四化同步"的重点和难点问题。习近平总书记多次指出,"同步推进新型工业化、信息化、城镇化、农业现代化,薄弱环节是农业现代化""没有农业现代化,国家现代化是不全面、不完整、不牢固的"①。在历史进程中,我国农业、农村、农民为工业化、城镇化作出了巨大贡献,也为之付出了很大的代价,因而相比工业化、信息化、城镇化,我国农业现代化是"四化同步"的短板。② 补齐农业现代化短板需要借助外部力量激活农业农村内生发展动力,这就需要正确协调城乡发展关系,核心是确保农业农村发展的资源投入和人才保障。加强乡村各类基础设施建设、培育乡村产业、培养乡村实用型专业人才等多个方面,都需要其他领域现代化要素的支持。

新型工业化是改造传统农业的根本支撑,为农业发展提供了机械装备和生物技术,使农业生产从传统的劳动密集型生产方式走向规模化生产和市场化经营,有利于提升农业生产、加工、销售等环节的深入整合,提升农业产业化水平。信息化、数字化为农业现代化发展提供了新技术和新平台,有助于提升农业生产经营的管理模式以及降低农业生产经营风险,有助于实现乡村经济与我国超大需求市场的衔接,使现代农业进一步升级。新型城镇化一方面把农村剩余劳动力向城镇转移,不断减少农民,为农业生产的机械化创造条件,另一方面有助于促进农村土地的规模化经营,进而促进农业生产活动的多元化,提高了农业生产经营活动的专业化水平,从而提高农业生产率;提供就业岗位和优质的生活居住条件。因此,在新的历史时期,新型工业化、信息化与城镇化发展总体上会对农业

---

① 习近平:《论"三农"工作》,中央文献出版社 2022 年版,第 35 页、第 202 页。
② 洪银兴:《新时代社会主义现代化的新视角——新型工业化、信息化、城镇化、农业现代化的同步发展》,《南京大学学报(哲学·人文科学·社会科学)》2018 年第 2 期。

现代化产生全面的赋能作用,更加有利于促进工业反哺农业、城市支持乡村,加快构建起以工促农、以城带乡、工农互惠、城乡一体的新型工农城乡关系,这就是"四化同步"的重要内涵。

城乡经济融合是城乡协调发展的基础。随着我国城镇化的发展,城乡协调发展在不同发展阶段的重点领域和内涵也是不同的,也越来越体现为多维度的协调发展。城乡协调涉及要素、产业、制度、治理和空间等多个维度的协调与融合①,最终目标是要形成全面、互促、共进的城乡共同体。在"四化同步"的背景下,新型城镇化和乡村振兴战略将是促进城乡协调的"两翼",两大战略联动将成为推进城乡协调与融合发展的必由之路。通过产业兴旺与高效城镇化、生态宜居与绿色城镇化、乡风文明与人文城镇化、治理有效与善治城镇化、生活富裕与包容城镇化的有效联动,推动构建城乡共生共荣的城乡有机统一整体,带动农业全面升级、农村全面发展、农民全面进步,助力农业农村现代化发展。

第三节 乡村振兴战略与农业强国建设

一、乡村振兴战略及其科学内涵

党的十九大报告指出,我国社会主要矛盾已经转化为人民日益增长的美好生活需要和不平衡不充分的发展之间的矛盾。而我国发展最大的不平衡是城乡发展不平衡,最大的不充分是农村发展不充分。工业化、城镇化具有规模经济、集聚效应、范围经济特征,长期以来都是经济增长和社会发展的引擎,同时也随着人口、土地、资本、技术等资源和要素持续向城市集聚,这造成了乡村人口、资金持续外流,农村"空心化"和人口老龄化加剧,导致农村经济和社会发展缺乏活力从而导致农村发展凋敝,威胁粮食安全。从中国式现代化建设来看,中国有14多亿人口,中国式现代化的实现必然要求不断提升统筹发展与安全的能

① 年猛:《中国城乡关系演变历程、融合障碍与支持政策》,《经济学家》2020年第8期。

力,特别是粮食安全得到保障。这也意味着,中国式现代化必然是以农业现代化为前提和基础的。因此,在我国当前仍旧处于新型城镇化建设阶段,通过推进乡村振兴战略夯实乡村发展基础对我国现代化发展具有战略意义。

2022年,我国常住人口城镇化率已经达到65.22%,有9个省份的城镇化率超过70%,其中包括京、津、沪三大直辖市和粤闽浙苏东南沿海四省。经济发展水平以及城镇化水平的地区差异也意味着不同地区统筹城乡协调发展的任务和模式是不同的。一般来说,经济发展水平高、城镇化率较高的地区,城镇地区对农村地区的发展具有更强的带动作用,也更容易形成城乡统筹发展模式。因此,通过推进乡村振兴促进城乡统筹发展要因地制宜,不存在统一的模式。

推进乡村振兴的核心是构建城乡融合发展基础,这就需要把握好城乡融合发展规律。从发达国家和地区的发展经验来看,城镇化水平超过50%后,人口地域分布格局的变动将带来居民生活消费方式的明显变化,并对农业农村所提供的产品和服务产生巨大需求[1],从而为促进城乡经济循环、带动乡村发展提供契机。在前述背景下,党的十九大报告首次提出实施"乡村振兴战略","要坚持农业农村优先发展,按照产业兴旺、生态宜居、乡风文明、治理有效、生活富裕的总要求,建立健全城乡融合发展体制机制和政策体系,加快推进农业农村现代化"[2]。随后,在已然取得脱贫攻坚的全面胜利与全面建成小康社会奠定的社会经济条件的基础上,中央政府始终坚持以人民为中心的发展思想,强调实现农业农村现代化是全面建设社会主义现代化国家的重大任务,是解决发展不平衡不充分问题的必然要求。基于此,党和政府提出实施全面的乡村振兴战略,指出从乡村的经济、生态、文化、组织和人才五条路径实现全面振兴,以推动在2035年基本实现农业农村现代化,并服务于2050年建成社会主义现代化强国目标。

---

① 黄祖辉、马彦丽:《再论以城市化带动乡村振兴》,《农业经济问题》2020年第9期。
② 《习近平著作选读》第二卷,人民出版社2023年版,第26页。

乡村振兴战略是一项长远性、全局性的大战略[1]，推动实现乡村振兴和实现农业农村现代化是一项复杂的、多维的、长期的系统性工程。乡村振兴的实现，既包括构建现代农业的产业体系、生产体系和经营体系，健全农业支持保护体系，发展适度规模经营，培育新型经营主体以及健全农业社会化服务体系，总体可以概括为"农业现代化"；也涵盖完善乡村基础设施建设，促进乡村三产融合，为农民创业就业开拓更大空间，提升乡村治理效能与水平，推动乡村环境治理和生态保护，提升乡村公共服务和社会保障水平，总体可以概括为"农村现代化"。农业现代化与农村现代化并不割裂，二者相互关系、相互促进。

推动乡村振兴、实现农业农村现代化的实质是通过乡村经济振兴、文化振兴、生态振兴、组织振兴和人才振兴，实现城乡"人—地—产业"的协调发展，其基本模式为以人为核心、以地为基础资源、以产业连接人口和土地，从而重塑乡村地区经济社会形态和空间格局，实现城乡融合发展。城乡协调与融合发展既是推动乡村振兴的路径，也是乡村振兴最终实现的一个重要结果和表现。

二、实施乡村振兴战略的三个关键问题

第一，乡村振兴战略是长期战略，必须考虑可持续性。2022年年底，我国农村常住人口为4.9亿人，预计2035年将下降至2022年规模的75%左右，这也就意味着未来农村人口将减少至约1.4亿人。因此，从总体的人口趋势来看，必然有一部分乡村会出现持续减少的态势。乡村振兴并不意味全国所有乡村都能实现振兴，一部分资源禀赋、地理区位等条件较差的村庄会萎缩甚至消亡是不可避免的。[2] 因此，乡村振兴实际上是与新型城镇化建设同步推进的，而乡村常住人口的减少可能主要集中于资源条件和区位条件不利于乡村产业发展的地区。与此同时，人口显

---

[1] 韩俊、高云才、朱隽、王浩：《新时代乡村振兴的政策蓝图》，《人民日报》2018年2月5日。

[2] 姜长云：《准确把握乡村振兴战略的内涵要义和规划精髓》，《东岳论丛》2018年第10期。

著减少的乡村地区也将是人口老龄化程度更为严峻的地区。因此,乡村振兴战略的实施必须以人口趋势为前提,没有人口支撑的乡村振兴不具有可持续性。总体上,城镇化进程是大趋势,必然对人口及要素具有持续的吸引力,推动乡村振兴需立足于城镇化对人口和要素的持续性吸纳、部分城市人口和要素流入乡村,以及乡村内部人口空间布局优化的基础之上,乡村振兴战略背景下部分回流的人口和要素应该集聚在靠近城市的集中居住区、小城镇或者乡村群。① 在实践中,政策设计应该根据村庄分化的特点分类、分层推进,前瞻性地做好乡村规划,重点支持部分具有资源禀赋优势、地理区位条件、人文历史生态景观、较强社区凝聚力和组织动员能力的村庄的可持续发展。②

第二,乡村振兴要把实现好、维护好、发展好广大农民根本利益作为出发点和落脚点。建设农业强国,确保国家粮食安全,促进农村产业繁荣,都必须要充分发挥农民的主体作用。产业振兴是乡村振兴的内源动力,这就需要把产业振兴与农民的生产经营以及就业结合起来,确保农民在乡村产业发展中获得合理收益。目前,在农村地区参与乡村振兴的企业在经营种养殖业时普遍追求规模经济,这在一定程度上也提高了农民参与的门槛。因此,在推进乡村产业振兴的过程中,需要大力发展服务于农村生产经营的合作组织,在服务农民生产经营以及就业的同时,有效对接企业。此外,还需要强调的是,巩固拓展脱贫攻坚成果是乡村全面振兴的基础和前提。乡村振兴作为脱贫攻坚的接续战略,乡村振兴也必然被赋予了持续为乡村低收入群体创造经济机会的使命,也就是巩固脱贫的稳定性和可持续性,建立防止返贫和新致贫的长效机制。同时也要看到,乡村振兴是脱贫攻坚的战略升级,这就必然要求乡村振兴战略要把乡村发展的成果更多地惠及农村居民,特别是农村低收入群体。

第三,乡村振兴政策应当因地制宜。我国各地资源禀赋、经济社会发展条件差异很大,没有普适性的乡村振兴方法和路径。在实践中需处理

---

① 黄祖辉:《准确把握中国乡村振兴战略》,《中国农村经济》2018 年第 4 期。
② 叶兴庆:《新时代中国乡村振兴战略论纲》,《改革》2018 年第 1 期。

好几对重要的关系。首先,乡村振兴战略的实施需首先明确产业发展是解决农民增收,从而是解决农业农村农民问题的核心。[①] 其次,需要处理好政府与市场、城镇与乡村、第一产业与第二三产业、农民与市民、小农户与现代农业、生产与生活及生态、粮食安全与经济效益、短期和长期、局部和全局这九组关系。在这个基础上,乡村振兴的实现需要城镇化、工业化的持续拉动,以及政府政策支持为村庄可持续发展创造条件,设定因时、因地制宜的政策目标,选择合适的乡村治理主体、乡村主导产业以及农业经营主体,通过分类精准施策,增强乡村振兴的实践效果和加快乡村振兴目标的实现。在这个过程中,需要防止政府行政手段的过度干预(过度行政化),防止在推进乡村振兴过程中重物不重人的偏向(过度形式化),防止在乡村所有领域无所不在地选择产业覆盖(过度产业化),以及防止无条件和无限制地引入城市资本从而挤压作为乡村振兴主体的农民和农村集体经济组织(过度外部化)。[②]

三、加快建设农业强国,全面推进乡村振兴

习近平总书记在党的二十大报告中指出,加快建设农业强国。这明确了新时代新征程农业农村现代化的主攻方向,提出了全面推进乡村振兴的重大任务。[③] 我国是农业大国,但尚非农业强国。长期以来,我国以占世界约9%的耕地、6%的淡水资源,养活了世界18%以上的人口。近年来,我国的谷物、肉类、水果产量均占到世界总产量的20%以上,蔬菜产量占比超过50%,是名副其实的农产品生产大国。然而,我国农业大而不强的问题仍然突出,农业生产规模偏小、产业组织能力较低、科技创新能力不强、绿色转型发展乏力,进而造成农业生产效益和农业产业的国际竞争力相对低下。2021年,我国单位农业从业人员能够供养的人口数为8.27人,美国在20世纪90年代就达到90人的水平,当前单位农业从业人员能

---

　　①　陈锡文:《实施乡村振兴战略,推进农业农村现代化》,《中国农业大学学报(社会科学版)》2018年第1期。

　　②　郭晓鸣:《乡村振兴战略的若干维度观察》,《改革》2018年第3期。

　　③　《党的二十大报告辅导读本》,人民出版社2022年版,第290—296页。

够供养的人口数超过 120 人。我国与世界农业强国仍有很大的差距。

何谓农业强国？世界上农业发达国家普遍在农业科技装备现代化、服务现代化、产业链现代化、经营体系现代化等方面具备优势，注重农业可持续发展、农业支持保护以及适时调整工农城乡关系。① 基于党的二十大精神，结合我国人多、地少、水缺的基本国情农情，农业强国的基本内涵反映为农业强、农村美、农民富，既包括生产专业化、作业标准化、经营一体化、产业组织化、产业融合化、服务社会化、发展永续化等路径（农业强），也包括环境景观化、治理效能化、服务均等化、城乡等值化等内容（农村美），更包括农民职业化、产业高值化、利益共享化、生活品质化、精神富有化等方向（农民富）。② 这在本质上与全面推进乡村振兴实现农业农村现代化的总目标相契合，也阐释了全面推进乡村振兴的内在逻辑。要把加快建设农业强国作为全面推进乡村振兴的重大战略任务，推动农业全面升级、农村全面发展、农民全面进步。③

社会各界对农业强国的特征特点做了充分的讨论，如比较具有代表性的研究将农业强国的特征归纳为"四强一高"，即农业供给保障能力强、农业科技创新能力强、农业可持续发展能力强、农业竞争力强和农业发展水平高。④ 梳理学界的各种观点，世界农业强国的五个共性特征可概括为供给保障强、科技创新强、产业体系强、国际竞争力强和可持续发展能力强。从政策导向来看，2023 年中央"一号文件"明确要求"要立足国情农情，体现中国特色，建设供给保障强、科技装备强、经营体系强、产业韧性强、竞争能力强的农业强国"，为加快建设农业强国勾画出了相对清晰、科学、合理的轮廓。

总体来看，加快农业强国建设、全面推进乡村振兴，需要尊重农民的主体性，以增强供给保障能力、提升科技创新能力、建设现代经营体系、提

---

① 金文成、靳少泽：《加快建设农业强国：现实基础、国际经验与路径选择》，《中国农村经济》2023 年第 1 期。

② 黄祖辉、傅琳琳：《建设农业强国：内涵、关键与路径》，《求索》2023 年第 1 期。

③ 《党的二十大报告辅导读本》，人民出版社 2022 年版，第 290—296 页。

④ 魏后凯、崔凯：《建设农业强国的中国道路：基本逻辑、进程研判与战略支撑》，《中国农村经济》2022 年第 1 期。

高农业产业韧性、强化农产品竞争能力、促进农业可持续发展为方向,处理好发展与安全、小农户与大市场、政府与市场等关系,建设起现代农业的生产、经营和产业体系,充分利用我国特色的双层经营体制,以更有效的"统"促进高水平统分结合发展现代农业;依靠科技和改革双轮驱动,提高农业生产与资源利用效率;发挥有为政府、有效市场、有机社会的协同作用,构建更加完善的政策体系、市场体系和消费体系;统筹国内建设和对外开放,利用好国内国外两种资源、两个市场,促进农业发展"双循环",全面增强农业发展内在动力和国际竞争力。

第四节　促进城乡协调面临的现实挑战

当前,我国城乡协调发展面临的两个最主要的挑战,或者说城乡发展不平衡、农村发展不充分最主要的表征,在于城乡收入差距特别是城乡绝对收入差距仍在拉大,以及城乡均等化的社会保障体系和公共服务体系尚未健全。而要解决这两个重要的挑战,需要乡村经济振兴、人才振兴、组织振兴、文化振兴和生态振兴,实现乡村全面振兴。然而,乡村振兴面临县域经济发展活力不足、集体经济增长乏力、乡村人口老龄化和劳动力弱质化、乡村产业体系薄弱和小农户难以有效融入大市场的难题,可能进一步妨碍乡村组织、文化和生态振兴,给乡村全面振兴和促进城乡协调带来现实挑战。具体包括以下几个方面。

一、城乡收入差距仍然较大,农村内部贫富分化严重

如图 5-4 所示,改革开放以来,我国城乡居民相对收入差距总体上呈现先波动上升、后逐年下降的态势,在 2007 年左右达到最高水平 3.14 倍,随后呈下降趋势,2022 年降为 2.45 倍,但仍远高于历史最低水平 1.82 倍(1983 年)。特别地,党的十八大以来,2012—2022 年,农村居民人均可支配收入年均增速为 9.15%,高于城镇居民人均可支配收入 7.40% 的年均增速,城乡居民相对收入差距持续缩小,城乡人均可支配收入比从 2.88 倍下降到 2.45 倍。然而,也需要看到,尽管城乡相对收入差距在缩

小,但城乡居民绝对收入差距仍在持续拉大,2012年城乡居民收入差距为15738元,2022年这一差距增加至29150元,年均增长6.36%,城乡发展差距仍旧较大,城乡发展不平衡依然是我国发展不平衡的重要方面。

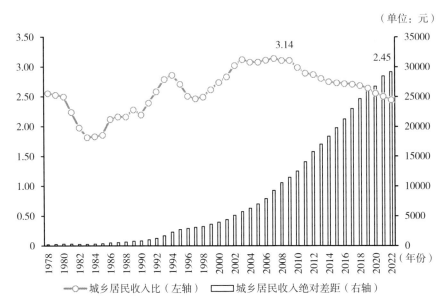

图5-4 1978—2022年中国城镇居民与农村居民的收入比和收入绝对差距

资料来源:国家统计局。

除了城乡间收入差距以外,农村居民内部的收入差距也非常显著,存在相当程度的收入不平等问题。利用国家统计局对城乡居民收入五等分组中高收入组与低收入组的人均可支配收入之比①来衡量城镇居民和农村居民内部的收入差距,可以发现,农村居民内部的收入差距长期以来明显高于城镇居民内部的收入差距(见图5-5)。

2017年,农村居民内部的收入差距达到最高水平,最高收入组是最低收入组农村居民人均可支配收入的9.48倍,农村居民内部的收入差距自2017年以来开始呈现稳步下降趋势,这种下降趋势很可能是实施脱贫攻坚计划的成果。值得警惕的是,自2020年开始,农村居民内部的收入

---

① 全国居民按收入五等分组是将所有调查户按人均收入水平从低到高顺序排列,平均分为五个等份,处于最高20%的收入群体为高收入组,其他分组以此类推。

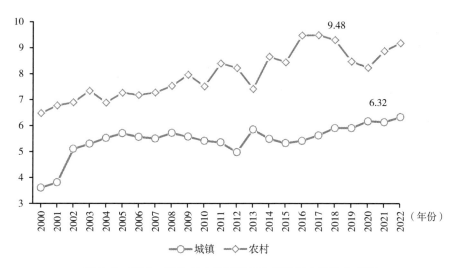

图 5-5　2000—2022 年中国城镇与农村居民内部收入差距

资料来源：根据国家统计局、《中国统计年鉴(2014)》整理。

差距又有上升的趋势。2022 年,农村居民最高收入组人均可支配收入仍然是最低收入组的 9.17 倍,而城镇居民内部的收入差距为 6.32 倍,显著高于城镇居民内部的收入差距。

虽然我国已经消除绝对贫困,但是农村居民的收入水平仍较低。2020 年,农村居民最低收入组家庭人均可支配收入为 4618 元,而城镇居民低收入组家庭的人均可支配收入为 15598 元,这个收入水平超过了 60% 的农村家庭居民;农村 80% 的家庭人均可支配收入不及城镇中间偏下收入组家庭。2022 年,城乡居民内部各个群体的人均收入有不同程度的增加,但农村内部最低收入组以外的四个群体增速均快于最低收入组,因而四个群体与最低收入组的收入差距相比 2020 年显著加大,并且农村内部不同群体与最低收入组的收入差距均显著大于城镇内部的收入差距(见表 5-2)。因此,我国低收入群体的主体是农村居民,缩小城乡收入差距的核心任务是提高农民的收入,这是我国新时代经济社会高质量发展的必然要求,也是促进共同富裕的长期任务和难点。邓小平同志曾指出"如果导致两极分化,改革就算失败了"。消除两极分化既是改革的目标,也是社会主义的本质要求。推进乡村振兴,除了持续促进农民增收外,也应重视和解决农村内部的收入不平等问题,促进农村低收入群体增收能力提升以及加强政策支持。需要指出的是,随着我国经济发展与城镇化进程的推进,乡村经济与乡村社会将持续发生变化,乡村产业适应规模经济发展要求将促进资金、土地等要素集聚,从而使农民农村共同富裕面临诸多挑战。因此,需要通过建立健全体制机制确保农民利益在乡村产业振兴过程中得到保护。在推进乡村振兴过程中,财政性补贴资金既要考虑资金使用的整体效益,同时也应当关注广大农民能够充分受益。

表5-2 2022年中国城乡居民家庭分组收入情况 （单位:元）

指标	农村		城镇	
	人均收入	低收入组=1	人均收入	低收入组=1
低收入组	5025	1	16971	1
中间偏下收入组	11965	2.38	31180	1.84
中间收入组	17451	3.47	44283	2.61
中间偏上收入组	24646	4.90	61724	3.64
高收入组	46075	9.17	107224	6.32

资料来源:国家统计局。

二、农村社会保障水平较低,城乡公共服务均等化有待提升

完善的社会保障制度是建设共同富裕社会的重要支柱,城乡均等的社会保障体系是促进城乡协调的必然要求。2000年以来,我国城乡社会保障体系不断完善,目前已经建立覆盖城乡的社会保障体系,城乡社会保障体系一体化基本形成。据国家统计局、人力资源和社会保障部发布的数据,截至2022年年末,我国参加基本养老保险人数达10.53亿人,其中,城镇职工基本养老保险参保人数为5.03亿人,城乡居民基本养老保险参保人数为5.49亿人,享受最低生活保障的城乡居民总数达4032万人,社保覆盖率已经达到较高水平。

　　尽管我国已经建立了统一的城乡社会保障体系,但是受制于长期存在的二元结构体制,社会保障体系长期存在资源配置不均衡,以我国基本养老保险体系为例,其中一个突出问题是城乡居民,特别是城镇职工与农村居民的保障水平存在明显差距。从基本养老基金收入贡献来看,2022年城镇职工人均贡献为12576元/年,城乡居民人均贡献为1021元/年,城镇职工的贡献是城乡居民的12.3倍。从领取养老金人员的养老金收入看,2022年城镇退休职工人均养老金收入为44870元/年,城乡居民领取者的人均养老金收入为2456元/年,前者是后者的18.3倍,城镇职工与农村居民的养老金收入差距显著高于养老金贡献差距。[①] 2022年,领取养老金的农村居民,其养老金平均月收入为189元,明显低于农村最低生活保障(2022年为542元/月)以及2010年标准的国家农村人口贫困线(约192元/月)。

　　社会保障收入(包括养老金收入或最低生活保障收入)是老龄人口收入的重要来源之一,对很多老年人口而言甚至是唯一收入来源,但是现有的农村养老金标准难以保障农村老年人口的基本生活。对老龄家庭而言,若有疾病风险、自然灾害等外部冲击,农村老龄家庭陷入贫困的可能性将会大幅提高。此外,农村老龄化加剧也将使农村家庭独居老人比重增加,部分农村老年人口有可能重新成为绝对贫困人口或农村最低保障对象,这也使推进农村社会服务体系建设成为农村发展的重要领域。同时,现阶段农业农村发展尚不充分,农民对农村社会保障体系了解不足、信任不够、参保积极性有限、参保层次较低,并且当前我国的农村居民养老保险体系存在保障水平不高、地区分配不均、可持续性不强、激励约束不到位等问题,难以给予农民养老足够的兜底支持。日益增多的农村社会保障需求与社会保障体系建设缺位的矛盾成为促进城乡协调的一大困境。

　　社会保障体系之外,养老和医疗也是与农村居民追求美好生活密切

---

　　① 资料来源:《人力资源和社会保障事业发展统计公报2022》。人均贡献为基金收入除以缴纳人数,人均养老金收入为基金支出除以实际领取人数。

相关的问题,但城乡均等的公共服务体系建设仍任重道远。在人口结构转型和持续城乡人口流动等多元背景下,人口老龄化和养老服务存在"城乡倒置"问题,导致农村养老问题日渐凸显。这将是未来我国农村发展面临的一个严峻问题。目前,我国仍旧存在明显的城乡二元结构特征,农村养老服务体系存在家庭养老服务功能弱化、机构养老功能单一、互助养老缺乏培育、社会养老组织不发达等短板,面临理念不融合、功能不完备、缺乏层次性、碎片化严重、供需不匹配等挑战。

健全完善乡村医疗卫生体系是全面推进乡村振兴的重要方面,直接关系到近 5 亿农村常住居民的健康福祉。党的十八大以来,我国持续加大乡村医疗卫生体系建设,乡村医疗卫生服务能力得到持续提升,农民居民基本实现了公平享有基本医疗卫生服务。也要看到,城乡医疗卫生发展水平不平衡、乡村医疗卫生体系发展不充分问题依然突出,与满足农村居民日益增长的健康需求的目标还有很大差距。我国城乡居民的健康水平存在差异,也在医疗服务利用、卫生筹资、卫生服务可及性等方面存在较大的不平等现象。[1] 卫生总费用衡量政府对卫生事业的投入力度,其在城乡间的分配将直接影响对城乡居民医疗服务需求的满足程度,然而,进入 21 世纪以来,我国城乡医疗财力资源的配置不公平程度在持续扩大。如图 5-6 所示,城市卫生费用从 2000 年的 2624.24 亿元增长到 2016 年的 35458.01 亿元,年均增长 17.7%,占全国卫生总费用的比重也从57.2%提升至 75.6%;相应地,农村卫生费用从 2000 年的 1962.39 亿元增长到 2016 年的 10886.87 亿元,年均增长 11.3%,增速大幅低于城市,占比持续下降。在人均卫生费用方面,2000—2016 年,城市人均卫生费用从 813.7 元增加至 4471.5 元,农村则从 214.7 元增加至 1846.1 元,由于农村人口的迁移,农村人均卫生费用的增速快于城镇,但 2016 年城市人均卫生费用仍为农村的 2.4 倍,农村拥有的卫生财力资源仅相当于城市 2008 年的水平,换言之,农村的医疗资源大致落后了城市 8 年。在财

---

① 胡琳琳、胡鞍钢:《从不公平到更加公平的卫生发展:中国城乡疾病模式差距分析与建议》,《管理世界》2003 年第 1 期。

政投入之外,城乡每千人口医疗机构床位数的绝对差距有扩大趋势,同时每千人口卫生技术人员、执业(助理)医师、注册护士数的城乡绝对差距仍然没有明显收缩。此外,除了城乡间医疗、养老服务在数量上仍存有差异外,城乡公共服务在"质"上更存在明显差距,城镇公共服务水平远高于农村,因而亟须进一步提升农村公共服务水平,促进城乡公共服务均等化。

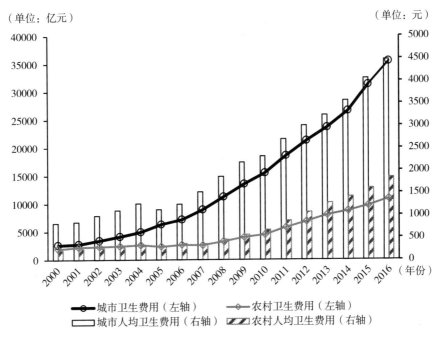

图 5-6 2000—2016 年中国城乡卫生费用

注:分城乡数据仅公布到 2016 年。2016 年后,城乡数据合并。

资料来源:《中国卫生健康统计年鉴 2022》,中国协和医科大学出版社 2023 年版。

三、县域经济发展不平衡且带动力不足

县域经济是城市经济和农村经济的联结点,在推进新型工业化、信息化、城镇化、农业现代化同步发展中发挥重要作用,对于吸纳农村剩余劳动力等方面发挥积极作用。在推进乡村振兴战略过程中,县域经济在促进城乡协调和融合发展方面发挥关键作用。目前,我国县域人口约占全

国人口的 74%,县域 GDP 约占全国 GDP 的 53%,这也决定了县域经济对推进农民农村共同富裕将发挥重要作用。总体来看,我国各地区县域经济发展不平衡不充分的现象还非常突出。

从不平衡来看,我国东部地区县域经济发达,中西部地区和东北地区县域经济发展明显落后。根据《2022 年中国县域经济百强研究报告》,2021 年百强县东部地区占 65 席、中部地区占 22 席、西部地区占 10 席、东北地区占 3 席,近五年百强县区域分布格局变化较小,区域分布不平衡问题仍然突出。东部地区的百强县又主要分布在江苏、浙江、山东三省,分别占 25 席、18 席和 13 席。百强县已占全部县域不到 3.0% 的土地、11.0% 的人口,创造了县域约 1/4 的 GDP。地区间县域经济发展不平衡,也必然影响地区间农村地区发展不平衡。据《2022 年中国乡村振兴百强县研究报告》,东部地区仍然入榜最多,占 38 席,中部地区占 28 席,西部地区占 15 席,东北地区占 19 席,东部地区的乡村振兴百强县主要分布在广东(15)、江苏(14)和山东(3)。从中似乎可以观察到经济发达省份县域经济发展较好,同时乡村振兴的推进效果也相对更好,出现强者越强的"马太效应",这可能进一步拉大城乡差距和农村居民内部的收入差距。

从发展不充分来看,县域经济发展落后的地区,往往呈现产业结构单一、主导产业不强、特色产业不突出、农业产业化和市场化程度低等特点,县城对辖区农村地区的经济辐射能力和带动能力较弱,对外部市场的开放程度低、整体活力不足。特别是,随着我国城镇化的进一步发展,部分欠发达县域地区也出现了资本、人才等要素流出的现象,使县域经济发展面临巨大挑战,这进而影响农村经济发展和乡村振兴。

县城是城乡融合发展的重要支撑,对促进县域经济发展、推进城乡协调发展以及新型城镇化建设发挥重要带动作用。党的二十大报告明确提出,"推进以县城为重要载体的城镇化建设",明确了县域城镇地区对城镇化发展的重要作用。从人口规模来看,2021 年年底,我国县域城镇人口规模为 2.5 亿人,其中 1472 个县的县城常住人口为 1.6 亿人左右,394 个县级市的城区常住人口为 0.9 亿人左右,县城及县级市城区人口占全国城镇常住人口的近 30%,县及县级市数量占县级行政区划数量的约 65%。① 因此,县域城镇地区发展对推进乡村振兴以及促进城乡协调发展将发挥重要作用。

四、乡村集体经济基础薄弱且后劲不足

我国农业农村发展的一个基本特征是"大国小农",农业人口与农村人口规模大,但农业生产经营规模较小,农业生产经营效率总体不高。2022 年,我国农村仍有约 4.9 亿人口,占全国人口的 34.8%,农业就业人口约占总就业人口的 24%,而我国户均家庭承包经营面积仅为 7.12 亩 (2020 年),小农户经营的特征仍然比较普遍。总体来看,我国农业生产率相对较低,距离农业强国目标还有很大差距。例如,农业部门就业人均增加值水平仅仅相当于人均 GDP 的 31.7%,单位农业就业人员仅能够供养的人口数为 8.27 人,而美国单位农业就业人员能够供养的人口数超过 120 人。这也表明,我国农业生产经营的效率不高,人均耕地面积少也制约了农民通过种植业增收。要推动乡村振兴和实现农业农村现代化,就需要进一步提升农业生产经营效率,走规模化、特色化道路。而乡村集体经济组织是促进农业适度规模经营、提升农民组织化程度的重要组织形式之一。

我国农村土地所有权的基本形式是集体所有权,但是随着我国农村土地制度改革的深入推进,我国农村集体经济逐步瓦解,农村集体经济整体发展缓慢,呈现发展不充分不平衡的基本态势。根据农业农村部的统计,2018 年集体经济经营收入超过 50 万元的乡村比例仅为 4%,超过 1/3 的乡村的集体经济经营收入低于 5 万元,近 20% 的乡村为集体经济"空壳村"。同时,农村集体经济发展在区域上也极不平衡,东部地区集体经济发展较好,全国农村集体经济账面资产 7.7 万亿元,东部地区占了 5 万亿元,全国集体经济组织资产总额的 2/3 集中在东部地区,而中部地区只

---

① 安蓓、潘洁:《推进以县城为重要载体的城镇化建设》,《新华每日电讯》2022 年 5 月 9 日。

有 1.4 万亿元,占全国的 17.6%;西部地区 1.3 万亿元,占 16.9%。除了资产数量上的差距,东部地区集体经济组织的资产质量更高,经营性资产占比超过 50%。相比之下,中部和西部地区集体经济组织的经营性资产比重分别仅为 26.5% 和 23.9%。

"十四五"规划和 2035 年远景目标纲要提出,要"深化农村集体产权制度改革,发展新型农村集体经济"。实现这一目标需要有效应对农村集体经济发展不足的挑战。例如,村集体经济要素供给不足,村集体资产不足,随着农村"空心化"导致的劳动力供给不足;土地资源被各级政府征用,制约了集体经济发展;乡村集体经济组织治理主体不完善,与作为自治组织的村委会存在治理协调问题;乡村集体经济的"成员权"界定还需要进一步明晰;乡村集体经济收入来源结构单一以及可持续增长动力不足。有效应对这些挑战,就是要把握乡村集体经济发展规律,进而发挥乡村集体经济对推进乡村振兴和共同富裕的积极作用。村集体经济组织内生于乡村社会,并且通过嵌入于乡村社会关系网络对乡村经济发展产生作用,通过精英/能人带领、整合村集体资源,加之政府支持,有助于凝聚乡村发展动力、释放农村生产要素活力、改善农业生产条件、提升农业产业化水平、促进乡村公共事业发展、增强农村内生发展动能,推动乡村共同富裕。①

五、农村人口老龄化更为严重,农业劳动力弱质化问题明显

改革开放以来,我国的城镇化进程随着经济社会发展持续推进,城镇化率从 1978 年的 17.9% 提高到 2022 年的 65.2%,预计在"十四五"末期达到 70% 左右。尽管如此,由于我国人口基数较大,我国还有 4.9 亿人口生活在乡村,相当于美国和俄罗斯两国人口总和,规模依然庞大。他们也是制定任何政策都不能够忽视的群体。未来影响我国乡村振兴和城乡协

---

① 孙雪峰、张凡:《农村集体经济的富民效应研究——基于物质富裕和精神富裕的双重视角》,《南京农业大学学报(社会科学版)》2022 年第 6 期。

调发展的根本性因素是农村人口问题,目前我国农村面临人口老龄化形势严峻、农业劳动力弱质化的双重压力。

随着我国城镇化的持续推进,农村人口总量将持续下降。第六次和第七次全国人口普查数据显示,我国乡村人口从 2010 年的 6.7 亿人下降到 2020 年的 5.1 亿人,净减少 1.6 亿人。预计到 2035 年我国将完成城镇化过程,城镇化率将达到 75% 左右。[①] 预计 2021—2035 年,我国农村人口还将减少 1.5 亿人左右,农村人口在 2035 年将降到 3.5 亿人以下,农村"空心化"现象将可能更加严重。

随着农村人口总量的持续下降,农村人口老龄化趋势将进一步加剧。根据第七次全国人口普查数据,2020 年我国农村 65 岁及以上的老龄人口达 9035 万人,占全部 65 岁及以上老龄人口的比重为 47%。相对于 2010 年,虽然 2020 年农村人口总量下降了 1.6 亿人,但是农村 65 岁及以上人口总量却增长了 2370 万人。2010 年,我国乡村人口中 65 岁及以上人口比率为 10.06%,已显著高于城镇的老龄化程度(城镇为 7.80%);到了 2020 年,乡村人口中 65 岁及以上的人口比率为 17.72%,更加明显高于城镇老龄化水平(城镇为 11.14%),近十年城乡老龄化差异显著拉大。如表 5-3 所示,2021 年,城镇老龄人口占比略微上升,为 11.84%,相比 2020 年增加了 0.7 个百分点;而农村老龄人口占比 18.59%,同比增加 0.87 个百分点,可以预见,城乡人口老龄化差异将继续加大,农村人口老龄化问题将越发突出。

表 5-3　2021 年中国城乡人口年龄分布

地区	0—14 岁	15—24 岁	25—34 岁	35—44 岁	45—54 岁	55—64 岁	≥65 岁
城镇	16.73%	11.64%	16.32%	15.43%	16.16%	11.88%	11.84%
乡村	18.90%	8.38%	11.75%	11.01%	16.63%	14.76%	18.59%

资料来源:根据《中国人口和就业统计年鉴 2022》计算所得。

[①]　根据世界银行数据,2020 年,经济合作与发展组织成员的平均城镇化率达到 81%,高收入国家的平均城镇化率为 82%,上中等收入国家的平均城市化率为 68%。因此,我国的人口城镇化率在 2035 年达到 75% 是大概率事件。

据《中国发展报告 2020：中国人口老龄化的发展趋势和政策》预测，中国 65 岁及以上的老年人口到 2035 年将达到 3.1 亿人。2020 年，乡村人口中年龄分布在 50—64 岁的人口规模为 12099 万人，这个年龄段的人口在 2035 年将是 65—80 岁。如果这部分人口不能转化为城镇人口的话，考虑到人均寿命的提升，到 2035 年农村 65 岁及以上人口规模将超过 1 亿人，相当于 2035 年农村人口比重的 30% 左右[①]。届时我国乡村将整体上进入超高老龄化社会，农村人口老龄化将成为未来我国农村发展的最严峻挑战。因此，应对老龄化社会的政策应当充分重视老龄化的城乡差异问题，高度重视更加严峻的农村老龄化问题。

与农村人口老龄化问题密切相关的是农村青壮年劳动力外出务工人员的持续增加。2022 年，全国农民工总量 29562 万人，其中本地农民工 12372 万人，外出农民工 17190 万人。随着农村青壮年劳动力持续的非农转移，导致农业劳动力弱质化，从而带来了"谁来种地"的问题。在这样的人口和劳动力趋势下，农村人口数量下降以及更加严峻的老龄化将导致农村空心化，部分农村地区的发展将面临人口凋敝、产业不兴的问题，对农业增产增效造成严峻挑战，制约农村社会活力与消费需求，将明显不利于乡村振兴和促进城乡协调，也成为"2035 年共同富裕取得更为明显的实质性进展"的重大挑战。

六、乡村产业体系相对薄弱，小农户难以有效对接大市场

产业振兴是乡村振兴的重中之重。随着政府政策重视和投入增加，当前我国农业产业链建设取得了相当的成效，基本形成了生产、加工、储存、包装、运输、批发、配送等多环节一体化的农业产业链条，缩短了流通时间、节约了交易成本、减少了农产品损耗，有助于产业价值链的延伸。然而，在涉及乡村产业高质量发展的关键领域，如农产品绿色生产与质量安全、农产品加工流通业、农产品品牌构建与营销、乡村新产业新业态、县

---

① 预计到 2035 年我国城镇化率达到 75%，农村人口在 2035 年将下降到 3.5 亿人以下，按照 2035 年农村 65 岁及以上人口 1 亿人预测，此时的农村老龄化程度为 29.4%。

域富民产业等领域,仍然存在不少短板,我国乡村产业体系仍然相对薄弱,尚不能适应农业现代化与建设农业强国的需要。

一是农业绿色生产水平不高,体现在农业生产过程中的面源污染和生态破坏,影响农产品质量安全。根据中国绿色食品发展中心历年《绿色食品统计年报》,我国绿色食品原料标准化生产基地数自 2015 年的 665 个波动增加至 2020 年的 742 个,2021 年略有下降,为 729 个;而绿色食品原料标准化生产面积在 2015—2021 年呈现出波动状态,2015 年为 16853 万亩,2021 年甚至略有下降,为 16806.7 万亩,我国农业生产绿色转型仍任重道远(见图 5-7)。

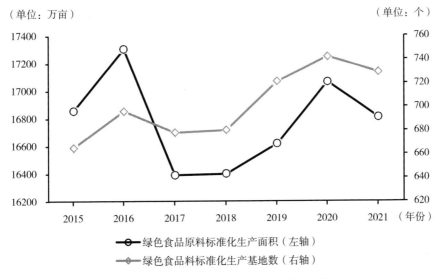

图 5-7　2015—2021 年中国农业绿色化发展情况
资料来源:根据中国绿色食品发展中心发布的历年《绿色食品统计年报》整理。

二是农产品加工业的总体实力不强、发展方式粗放、精深加工业发展水平低、区域发展水平差异大,并且呈爆发式增长的预制菜产业,标准体系也亟待完善。2022 年全国农产品加工业产值与农业总产值之比平均为 2.52∶1,同期农业主产区的黑吉辽三省比值仅为 0.58∶0.65∶1[①],农

---

①　陈秀萍:《东北三省国家粮食安全产业带建设研究》,载闫修成等主编:《东北蓝皮书:中国东北地区发展报告(2021—2022)》,社会科学文献出版社 2022 年版,第 33—49 页。

产品加工产业链条较短，龙头企业的带动联动作用相对较弱，大多数加工业企业处在初加工的初级阶段，无法向前链接第一产业、向后融合第三产业，"种养加""贸工农""产加销""商仓流"一体化发展尚未完全成型。

三是农业生产总体上规模小、质量参差不齐、缺少专业人才、缺乏销售渠道和专业服务平台，"原字号""老字号""特字号""食字号"等产品品牌建设仍需加强，农产品附加价值有待提升。据亚洲品牌集团（Asiabrand）发布的"2022中国品牌500强"榜单，属于农林牧渔或农牧饲渔行业的仅有中粮集团、牧原、温氏股份、禾丰牧业4家，农药兽药行业有安迪苏和中化化肥2家，即使纳入更广泛意义上的涉农食品饮料行业，如金龙鱼、新希望，以及乳制品行业的伊利、批发零售行业的蒙牛，我国著名的农业品牌总计不到10家，农产品品牌建设总体成效仍需提升。

四是由于农业绿色化发展、产业化发展以及品牌化发展乏力，乡村一二三产业融合发展程度仍然较浅，休闲农业、创意农业、农村电商、乡村服务业以及农文旅融合等新产业新业态发展滞缓，县域富民产业仍需持续发力培育。

尽管我国乡村产业体系仍然相对薄弱，但近年来农业产业化发展过程中的多元主体，例如龙头企业、农民合作社以及家庭农场等新型经营主体，在联农带农方面发挥出了很大的积极作用，带动农产品销售、增加就业岗位、促进小农户增收，有助于解决小生产与大市场的"对接难"问题。然而，在农业产业化过程中，多元主体的利益分配格局不合理、小农户利益受到挤压等问题仍然突出。小农户由于规模小、要素少、素质整体偏低，对产后利益分配环节参与不足，对卖出的农产品鲜有议价权[1]，因而农户在承担了农业生产的自然风险、大部分的市场风险后，所获得的收益份额却相对最低，强势的企业资本、拥有市场优势地位的中下游批发商、

---

① 例如，清华大学国情研究院课题组对宁夏回族自治区某县奶牛养殖业的实地调查发现，当地大多数养殖户由于规模小而分散，养殖奶牛所生产的生鲜牛奶基本只能销售给上门收购的商贩，价格仅为1.7—1.8元/千克，而蒙牛、伊利在当地的分公司从规模养殖户处收购生鲜牛奶的价格约为3.6元/千克，其他中等规模的奶制品企业收购价格也能达到2.5—2.6元/千克，销售价格奇低导致小规模养殖户入不敷出，更遑论通过养殖奶牛实现增收致富。

零售商能够向上转移风险并获得更大的收益份额。如李娜考察了河北某县肉羊产业链的分配格局,发现一只羊经历了整个养殖、屠宰加工、销售过程后的总利润为 318.54 元,屠宰加工环节获利占比 54.71%,销售环节获利占比 44.76%,而养殖户获利仅占总利润的 0.53%。[1] 因而从实质上来说,小农户仍然无法有效对接大市场,从而难以真正地获得可持续收入,实现生活富裕。这不利于缩小城乡收入绝对差距,也对全面推进乡村振兴提出挑战。

第五节 促进城乡协调的政策建议

促进城乡协调发展是新发展理念的重要方面,也是实现农业现代化、推进中国式现代化以及扎实推进共同富裕社会的重要任务。在新发展阶段,随着新型城镇化的不断推进,全面推进乡村振兴是促进城乡协调发展的战略指引。基于我国城乡发展的现状与趋势,我们给出推进城乡协调发展的政策建议。

一、激发县域经济活力

激发县域经济活力有助于把强县和富民统一起来,促进乡村振兴战略的实施,推进农民农村共同富裕。发展县域经济,必须准确把握所属县情、区情,因地制宜,发挥比较优势、突出区域特色,充分利用外部动力,紧跟技术创新步伐、推进数字化建设,以重点城区、乡镇为分布式中心,带动周边农村,加快推进县域经济高质量发展,不断增强县域经济竞争力。

第一,激发县域经济发展要按照找准定位、错位发展,构建特色鲜明、优势互补、繁荣兴旺的县域经济发展新格局的思路,以发展优势特色产业为支撑,促进县域一二三产业的融合发展,做强特色优势产业,推进县域产业的特色化、集群化发展,使县域经济发展能够充分辐射和带动辖区农

---

① 李娜:《河北省唐县肉羊产业链利益分配机制研究》,河北农业大学 2021 年硕士学位论文。

村地区发展,发挥县域经济在吸纳农村转移劳动力方面的重要功能。

第二,加强县域经济与区域性中心城市的经济联系,积极拓展县域经济新的发展空间,增强县域经济发展的外部动力。在实现路径上要立足本地区的优势特色产业,找准区域产业分工定位,支持和培养专注于细分市场、聚焦主业、创新能力强、成长性好的"专精特新"企业,积极承接中心城市的产业转移,强化与区域中心城市在产业链和价值链上的关系。同时,要强化企业创新主体地位,促进各类创新要素向企业集聚,在承接外部产业转移的同时提高本地企业创新能力,打造发展的新引擎。此外,提高县域经济对外开放水平,大力发展外向型产业,培育具有全国以及国际影响力的品牌。

第三,以建设中心镇为重点,以建制镇为支点,带动周边农村发展。选择具有较好区位优势、较强经济实力、较好基础设施作为重点发展的中心镇,发展中心镇的特色优势产业,发展农业产业化社会服务业,促进农业产业化发展。增强中心镇的社会服务功能,推动基础设施和公共服务向农村延伸,打造镇中心节点的同时,完善镇—村利益联结,不断提升中心镇对服务农村经济繁荣的功能。

第四,大力推进数字化赋能对县域经济发展的积极作用。提升县域资源的数字化管理水平,推进数字技术、数据要素与县域特色优势产业深度融合。加快农村宽带网络和物流配送体系建设,大力发展数字农业、智慧农业,积极发挥电商平台的作用,拓宽县域经济发展空间。持续推进农产品出村进城、农业生产资料下乡,增强县域经济的产业链和供应链基础,为发展乡村特色产业创造条件。

二、壮大乡村集体经济

农业农村现代化必须建立在现代乡村产业体系充分发展的基础上,这也必然要求未来新型农业经营主体适应生产的规模化与科技化、经营的组织化与市场化、服务的专业化与社会化的要求,这也凸显了发展新型乡村集体经济的重要作用。具体而言,需要重点做好以下几个方面。

第一,完善村集体资产的清查和管理,盘活农村闲置集体资源、挖掘乡村集体资产的规模效应。对闲置土地、坑塘等自然资源进行修整开发,为村集体经济发展提供土地要素,实现村集体经济增收。积极探索村级集体经济发展新模式,创办多种形式的村级经营性服务实体,创新"村企"合作方式,积极探索多元化村集体经济发展途径,充分发挥乡村集体经济组织在开发集体资源、管理集体资产、服务集体成员等方面的作用。

第二,在充分保障农民合理利益的基础上,稳步探索农户承包地退出机制,所退出的承包土地可以转为集体资产,作为发展乡村集体经济的重要资源依托,发挥村集体的规模经济效应,在扩大经营规模时带动群众就业,带动集体成员增产增收。

第三,完善村集体经济的产权制度与分配制度,明确村集体经济的首要功能是服务和保障全体村民利益,平衡好不同类型村民的利益,合理分配村集体经济收益,同时也确保村集体经济收益能够作为农村民生发展的重要投入保障之一。

第四,完善乡村集体经济治理结构,处理好村委会和村集体经济的关系,既要充分发挥村两委班子发挥"领头雁"作用,又要处理好集体利益代表人与集体经济组织经营者的关系。完善乡村集体经济组织的功能,既要发挥其经济性组织的功能,也要充分发挥集体经济组织在乡村社会建设方面与村民委员会、村民小组等基层组织的协调配合。

三、发展乡村合作经济

合作组织振兴是乡村振兴的重要方面。在我国"大国小农"的基本国情、农情背景下,农民的组织化程度仍较低,部分农民合作社处于"空壳"状态,农民组织化有名无实,缺乏辐射带动作用,无法有效整合产前、产中、产后各环节,无法形成合作社之间的有效联合,导致农民整体的组织化程度不高。因此要发展乡村合作经济,实现"统"和"分"的有机结合,需要从推动农民合作社高质量发展、加深纵向一体化程度、优化利益联结机制、加强联合联盟等方面着手。

第一,持续开展农民合作社规范提升行动,推动农民合作社高质量发展。完善相关法律法规,促进农民合作社完善章程制度、健全组织机构、规范财务管理、加强登记管理、优化盈余分配,提升农民合作社规范发展水平。清理存在无农民成员实际参与、无实质性生产经营活动、因经营不善停止运行等现象的"空壳社",明确清理范围、畅通退出机制、实行分类处理。鼓励基层党组织领办合作社,以党建引领运行合作社,提升农民合作社的质量。

第二,鼓励农民合作社从专营走向综合性经营,加深纵向一体化程度。在农村集体产权制度改革背景下鼓励建立村(社区)股份合作社或经济合作社,开展生产服务、资源开发、资产积累、兴办公益事业、提供公共服务等活动。引导部分符合条件的专业合作社在内部开展信用合作、消费合作、劳务合作、土地股份合作等,推动形成"多位一体"的综合社业务模式。进一步推动农民专业合作社参与农业产业化经营联合体,实现产加销一体与一二三产业融合,推动生产流通规模化、服务社会化。

第三,进一步规范和完善农民合作社利益分配机制,优化合作社与农户的利益联结机制。规范农民合作社农民盈余分配方案,一般性要求合作社可分配盈余主要按照成员与所在农民合作社的交易量(额)比例返还。向农民普及合作社知识,提升其合作意识,切实提高农民的组织化程度。结合综合社发展模式,引导农民合作社为社区居民和小农户提供农业社会化服务、农村电商、农产品销售、农资采购、小额信贷、农业保险、基础金融等服务,同等情况下的工作岗位优先向小农户和困难家庭提供,深化合作社与社区及农户的利益联结。

第四,引导合作社之间的联合与联盟,实现农民合作社的"提质控量"。引导和鼓励各地以专业协会、联合社、联合会等组织形式,围绕生产、营销、产业链以及综合业务,开展农民专业合作社横向与纵向联合,壮大规模打造"市场大船",促进资源要素有机整合,降低各类生产资料采购成本,增强市场话语权,共同筑品牌、拓销路、延伸产业链条,争取在流通环节的话语权,提升市场竞争力和抗风险能力,实现社际取长补短、社社做大做强。

四、提升农民就业能力

长期以来,农民大多停留在传统的农业生产,即便是外出务工也大多从事技能要求较低的服务业、制造业、建筑业等工作。因此要增加农民收入,还要着眼于为农民赋能、增加农民就业创业机会、提升就业质量。

第一,为农民赋能,打造新型农民。积极采用线上线下各种培训模式培养新型农村实用型人才,打造农业产业化、农业科技创新人才队伍;以村组干部、农民专业合作组织负责人、大学生村官等为重点,培养农村社会治理人才。大力发展农村电商,鼓励电商平台深耕农村市场,以大力发展农村物流体系和电商平台为支撑,推广农产品"品牌化+平台化"模式,推进乡村数字经济发展。

第二,为农民创业就业创造有利条件。农民就业非农化是当前我国农民就业的典型特征。2022 年,我国第一产业就业人数为 1.77 亿人,而全国农民工总量为 2.96 亿人,其中外出农民工为 1.72 亿人。因此,为农民创造就业机会始终是促进农民致富的首要任务。一方面,要加大新型城镇化建设,让一部分农民工稳步转变为"新市民",特别是要在制度上保障外出农民工群体能够公平享受工作地的公共服务,这也是新型城镇化建设的应有之义;另一方面,积极为农民工创业提供税收优惠或补贴,鼓励农民工通过创业带动就业。

第三,提升农民就业质量。鼓励从事农业生产的农民发展产业促增收,因地制宜构建农业生产、农产品加工、流通、营销等多环节一体化,以及农文旅相融合的现代产业体系,提升农产品质量和农业产出效益;给予外出务工人员更多元的劳动技能培训,提升农村人口在产业链中的价值,提升农民就业质量。

五、创新农村投入机制

农业农村现代化有赖于多元的投入机制保障,包括人才投入、科技投入、资金投入。其中,资金投入包括财政资金投入、金融服务、保险服务、社会资本投入等方面,通过协调各类资金投入不断提升资金使用效率,促进农村基础设施、民生保障、产业延链强链补链全面发展。

第一，加快建立健全农业农村发展的财政投入保障制度，按照农业农村优先发展的原则，公共财政应更大力度向乡村倾斜，确保财政投入与农民农村共同富裕建设目标任务相匹配。同时也要出台政策法规，鼓励、引导公共财政资金之外的资金筹集，支持符合条件、有一定收益的乡村公益性项目建设，坚决避免借乡村建设之名的违法举债，做到真正地促农、富农。

第二，加强乡村公共基础设施建设。进一步提升农村交通、农田水利、农村信息基础设施、农村居民供水、供电、供气，着力推进乡村基础设施往村覆盖、往户延伸，提升村级综合服务设施，加强乡村公共服务、社会治理等数字化智能化建设。大力发展数字农业、智慧农业，建立农业农村大数据体系，推进农业生产经营产业化、科技化、数字化。

第三，密切关注国际粮食形势，守住国家粮食安全底线。完善农业财政补贴政策。进一步加强农业经营体系建设，推动农村土地流转市场发展，提高农村土地配置效率。夯实粮食生产能力，确保藏粮于地、藏粮于技，建立高效的粮食市场调控体系和流通体系，拓展粮食国际合作机制，深度参与国际农业和全球粮食安全治理。

六、夯实农村社会保障

完善农村社会保障体系建设是社会主义公平正义的体现和要求。农村社会养老、基本医疗保险虽已基本实现全面覆盖，但尚属于最低生活保障层次，还需要向更高阶的保障层次转变。

首先，在坚持城乡统筹发展的大格局之下，加强城乡居民基本养老保险、城乡居民最低收入保障等各类社会保障体系的制度衔接。在此基础上，不断提高基本养老保险和最低收入保障的统筹层次，加快推进全国统筹。不断加强财政对农村社会保障体系的保障，中央财政重点支持地方财力薄弱省区，提高对城乡居民基本养老保险基金的财政补助。

其次，大幅度提高城乡居民基础养老金的最低标准，缩小与城镇职工基本养老保险差距，确保农村老龄人口的生活水平不断提高，推进农民农村共同富裕社会建设。2022 年,城乡居民基础养老金最低标准为 98 元/月,建议到 2025 年大幅度提高至与城乡最低保障水平相当。此后,在此基础上再进一步逐步提升,使农村居民共享经济发展成果。

最后,依据农村居民收入水平,逐步提高农民基本养老保险缴费水平。提高农民基本养老保险缴费水平要充分考虑农民的承担能力,适度提高最低缴费档次,同时显著提高最高缴费档次,并结合地区差异增加缴费档次。提高农民缴费水平还要加大宣传,增强农民养老保险意识,提升缴费意愿。

七、提升农村社会治理

农村社会治理是我国社会治理的重点领域,影响国家治理的整体水平与国家治理现代化进程,是推进乡村振兴、促进城乡协调的着力点之一。积极构建深化自治、强化法治、实化德治相结合的乡村治理机制,突出党建引领、文化浸润、群众参与,把基层社会治理与党组织建设、宣传思想文化工作有机结合起来,重点是要加强基层党组织建设,突出基层党组织的领头作用,其次是强化村民自治组织、农村社会组织和经济组织的组织建设,增强村民自治组织能力,提升村民议事协商效能。在党建引领之下,强化乡村法治建设,规范村级公共事务管理,实化德治建设,培育乡风文明、弘扬道德新风。

第六章　推动绿色现代化：
生态文明建设与可持续发展[①]

　　党的十八大提出"要把生态文明建设放在突出地位,融入经济建设、政治建设、文化建设、社会建设各方面和全过程",这为我国实现绿色现代化确立了转型路径。2018 年,全国生态环境保护大会上习近平总书记首次提出"生态文明体系"并明确生态文明体系的丰富内涵,其核心理念为我国实现绿色现代化提供了基本遵循。2021 年,习近平总书记发表题为《共同构建人与自然生命共同体》的重要讲话,强调将生态文明理念和生态文明建设写入《中华人民共和国宪法》,要坚持走生态优先、绿色低碳的发展道路,实现人与自然和谐共生。2022 年 10 月 16 日,党的二十大报告提出:中国式现代化的本质要求是促进人与自然和谐共生,推动构建人类命运共同体,创造人类文明新形态。因此,全面推进绿色现代化对于全面建成社会主义现代化强国、解决我国资源环境生态问题、力争于2030 年前实现"二氧化碳排放达到峰值,努力争取 2060 年前实现碳中和"目标具有重大现实意义。

---

　　① 课题组组长:胡鞍钢,清华大学国情研究院院长,清华大学文科资深教授、公共管理学院教授、博士生导师。课题组成员:周绍杰,清华大学公共管理学院教授、博士生导师,国情研究院副院长;吕指臣,经济学博士,国家发展和改革委员会价格成本调查中心助理研究员,清华大学公共管理学院博士后;耿瑞霞,管理学博士,清华大学公共管理学院助理研究员、博士后。

第一节　中国经济发展的资源环境问题

一、中国正以绿色发展创造人类文明新形态

党的十八大以来，以习近平同志为核心的党中央把握新发展阶段，贯彻创新、协调、绿色、开放、共享的新发展理念，统筹推进经济建设、政治建设、文化建设、社会建设、生态文明建设，创造了新时代中国特色社会主义的伟大成就，其中生态文明建设成就颇为令人瞩目。进入新时代，以习近平同志为核心的党中央以前所未有的力度抓生态文明建设，坚持绿水青山就是金山银山的理念，坚持山水林田湖草沙一体化保护和系统治理，全方位、全地域、全过程加强生态环境保护，中国生态文明建设取得历史性成就：十年来，我国累计造林 9.6 亿亩、森林抚育 12.4 亿亩，森林覆盖率提高至 24.02%，为全球贡献了约 1/4 的新增绿化面积，成为全球森林资源增长最快最多的国家；①这十年，全国单位 GDP 二氧化碳排放下降了 34.4%，煤炭占能源消费总量比重从 68.5% 下降至 56.0%，非化石能源消费占比达到 16.6%，2021 年全国地级及以上城市天气优良天数比率达到 87.5%，全国地表水 Ⅲ 类及以上比例上升至 84.9%，接近发达国家水平。② 党团结带领全国人民不遗余力全面推进绿色发展，不断推动生态文明建设，中国的天更蓝、山更绿、水更清。

百尺竿头更进一步，在全面建成社会主义现代化强国、实现第二个百年奋斗目标的开局阶段，党的二十大提出要以中国式现代化全面推进中华民族伟大复兴，并指出中国式现代化有很多基于自己国情的重要特征，其中之一就是中国式现代化是人与自然和谐共生的现代化。③ 党把生态

---

① 顾仲阳、刘温馨：《美丽中国不断铺展崭新画卷》，《人民日报》2022 年 11 月 13 日。

② 黄润秋：《深入学习贯彻党的二十大精神 努力建设人与自然和谐共生的美丽中国》，《学习时报》2022 年 12 月 26 日。

③ 习近平：《高举中国特色社会主义伟大旗帜 为全面建设社会主义现代化国家而团结奋斗——在中国共产党第二十次全国代表大会上的报告》，人民出版社 2022 年版，第 23 页。

文明建设放到了更加重要的地位,党的二十大报告用一个章节专门强调要继续推动绿色发展,促进人与自然和谐共生。以习近平同志为核心的党中央站在人与自然和谐共生的高度谋划发展,为丰富和发展以生态文明为特点的人类文明新形态谋划了四大举措:加快发展方式绿色转型,深入推进环境污染防治,提升生态系统多样性、稳定性、持续性,积极稳妥推进碳达峰碳中和。[①] 四大举措统筹产业结构调整、污染治理、生态保护、应对气候变化,协同推进降碳、减污、扩绿、增长,为未来生态文明建设擘画了宏伟蓝图、规划了实践路径。

回顾过往中国生态文明建设的历史性成就,展望党对未来生态文明建设的全面性谋划,绿色发展、生态环境保护和改善等思想已全面贯穿中国生态文明建设整体布局和经济社会发展全局,可以说,在党的全面领导之下,在习近平生态文明思想的指引之下,今天的中国正稳步走在建设美丽中国的大道之上,今天的中国也正以绿色发展创造着人类文明新形态。

积土成山,非斯须之作。如今中国生态文明建设取得历史性成就,发展方式全面向绿色转型,也并非一蹴而就的瞬间功绩。事实上,中国共产党在领导中国革命、建设和改革的过程中,一直在实践中不断探索生态文明建设和经济社会发展的辩证关系,几十年的实践探索不断推动认知突破和理论创新,为我国在不同历史时期正确处理经济社会发展与生态环境保护等关系指明了方向。

二、求生存、求发展、求共生:中国经济社会发展和环境保护理念的动态演变

在不同的历史时期,我国社会主要矛盾有差异,人民群众诉求也不相同,因此党和全国人民对经济发展和生态环境保护的关系认知在不同时期也不一致。回顾改革开放后中国经济发展历程和生态环境保护推行进程,总体上讲,随着时间的推移和经济社会的发展,党对生态文明建设的

---

① 习近平:《高举中国特色社会主义伟大旗帜 为全面建设社会主义现代化国家而团结奋斗——在中国共产党第二十次全国代表大会上的报告》,人民出版社 2022 年版,第 50—51 页。

认识越发深刻，党和国家对生态环境保护也越发重视，中国经济社会发展理念从单一的"以提高经济效益为中心"演变到统筹各方面的"创新发展、协调发展、绿色发展、开放发展、共享发展"五位一体，中国发展模式从较少考虑生态环境的粗放型发展演变到生态优先、节约集约、绿色低碳的高质量发展。通过分析中国经济和社会发展的阶段特征，结合中国在生态环境保护层面的举措，可以把改革开放后中国经济和社会发展分为"贫困之中求生存、抓住机遇求发展、富裕之后求共生"三个阶段。

（一）贫困之下求生存："三高"粗放型发展（1978—1991 年）

改革开放初期中国整体发展不充分，人民依然贫困，经济建设是该阶段的根本任务、中心任务，生态环境保护虽然有一定的发展但整体上让位于经济发展。中国处于在贫困之下求生存的"经济高增长、资源高消耗、环境高污染"的粗放型发展阶段。即便该阶段生态环境保护没有受到足够重视，在环境立法、能耗控制等生态环境保护方面也取得了一些成就。

1. 改革开放初期中国依然贫困

在新中国成立后的近 30 年中，中国共产党团结带领全国人民在旧中国遗留下来的经济严重凋敝、民生极端困苦的烂摊子上，建立起来了独立的、比较完整的工业体系和国民经济体系。按当年价格计算，国内生产总值由 1952 年的 679 亿元增长到 1978 年的 3624 亿元，教育、科学、文化、广播、卫生、体育等各项事业都有了很大的发展，国防力量显著增强。但是由于这一时期我国选择以优先发展重工业为目标的发展战略，在生产建设上出现了超越实际、可能急于求成的错误，导致该阶段人民生活并没有得到相应的改善：按照当年价格计算，1978 年中国人均国内生产总值仅为 379 元，按照 2015 年不变价美元计算，1978 年中国人均国内生产总值为 381. 1 美元，而同期美国为 30914. 6 美元。[①]　改革开放前的 30 年，在百废待兴、内忧外困的情况下，党领导全国人民在社会主义革命和建设时期取得了巨大成就，但是因为中国经济基础底子薄、

---

① 当年价格中国 GDP 及人均 GDP 数据来自《中国统计年鉴 1999》，http://www.stats.gov.cn/yearbook/indexC.htm；2015 年不变价美元计算的中国人均 GDP 和美国人均 GDP 数据来自世界银行数据库，https://data.worldbank.org.cn/indicator/NY.GDP.PCAP.CD? locations＝US−CN。

人口多,从人均国内生产总值的绝对值和相对值来看,改革开放前的中国依然较为贫困。

2. 生态环境保护无奈让位于经济发展

面对国家整体实力远落后世界其他发达国家、人民群众依然较为贫困的现状,党和国家作出以经济建设为中心的决策,是以邓小平同志为主要代表的中国共产党人深刻把握中国社会主要矛盾,立足中国特色社会主义初级阶段的基本国情,响应人民需求,科学、必然正确的选择。不过,在以经济建设为中心的时代大背景下,党领导全国人民夙兴夜寐想要摆脱贫困,虽然已经认识到生态环境的重要性,也着力推进能耗降低、推进环境保护立法,但面对不得不发展、不能不发展的时代要求和人民期盼,无奈之下对环境保护的实际举措和重视程度相对不足。从能够体现中国战略发展方向的"六五""七五"和"八五"计划之中对生态环境保护的着墨篇幅、环保指标的设定便能窥得在当时的历史阶段,生态环境保护只能外挂于经济建设,服从于、服务于甚至让位于经济发展。

"六五"计划开篇序言中确立的重要原则和战略思想第一条就是:"一切经济活动,都要以提高经济效益为中心,努力求得国民经济按比例地长期稳定地增长。"在第四条结尾论述经济的发展要适应社会需求之时才提到"并注意保护生态环境"。"六五"计划中设定的十大基本任务大部分是经济发展任务,只有最后一条是明确的环境保护任务:"加强环境保护,制止环境污染的进一步发展,并使一些重点地区的环境状况有所改善。"虽然后文中有专门章节(第三十五章)阐释环境保护的具体要求和主要措施,包含搞好统筹规划综合治理,搞好立法、执法等,但事实上这些要求还是顶层理念论述为主,在此章节并未设定详细的环境保护数字目标。① 在"七五"计划之中虽然对环境保护的目标设定进一步细化,在防止工业污染、水环境质量控制等方面设定了数字目标,但是在"七五"

① 《中华人民共和国国民经济和社会发展第六个五年计划》,《中华人民共和国国务院公报》1983 年第 9 期。

计划的整体原则和方针之中没有提到环境保护,在主要任务之中尤其强调了经济体制改革和发展,对环境保护也鲜有提及。① "八五"计划的核心重点依然强调经济增长:"在整个'八五'期间,都要根据经济发展的需要和现实条件的可能,在确保经济与社会稳定的前提下,积极深化改革,使改革更好地促进治理整顿和经济发展。"和"七五"计划类似,"八五"计划提到的环境保护偏重于对工业"三废"的要求,不过"八五"计划设定的"工业固体废弃物综合利用率达到33%"和"七五"计划中"工业废渣综合利用率达到33%"一样。② 从这个角度来看,当时的环境保护举措有原地踏步嫌疑。

以今天的视角看,以经济建设为中心是兴国之要,发展是党执政兴国的第一要务,是解决我国一切问题的基础和关键。③ 在改革开放初期,面对我国整体较为贫困的基本国情,面对人民日益增长的物质文化生活需求,我们只能以经济发展为第一任务,生态环境保护也只能无奈地让位于经济发展。

3. 中国经济高速增长伴随着资源高消耗

为改变我国经济和社会发展较为落后的现状,1978 年年末党的十一届三中全会作出把工作重点转移到社会主义现代化建设上来和实行改革开放的决策,中国进入了社会主义现代化建设的新时期,经济建设成为全国的工作重心。中央政府为恢复国民经济的发展,制定了一系列有利于经济发展的政策制度,中国经济发展的衡量目标也从过去的工农业总产值增速转向人均国内生产总值。经过两年的调整恢复,我国经济于 20 世纪 80 年代进入高速增长阶段:以 1978 年不变价计算,实际国内生产总值从 1978 年的 3593 亿元增长至 1992 年的 23554.3 亿元,14 年翻了 6.6 倍,平均年增长率达到 14.4%,人均国内生产总值从 1978 年的 385 元增

---

① 《中华人民共和国国民经济和社会发展第七个五年计划(摘要)》,《人民日报》1986 年 4 月 15 日。

② 《中华人民共和国国民经济和社会发展十年规划和第八个五年计划纲要》,《中华人民共和国国务院公报》1991 年第 12 期。

③ 习近平:《经济工作要适应经济发展新常态》(2014 年 12 月 9 日),《十八大以来重要文献选编》(中),中央文献出版社 2016 年版,第 245—246 页。

至 1992 年的 1111.8 元,14 年翻了 2.9 倍,平均年增长率超过 7.9%。① 总的来说,党的十一届三中全会以后的 20 世纪 80 年代,全国各族人民在中国共产党的领导下,贯彻执行党的建设有中国特色社会主义的基本路线和各项方针、政策,全面开创了社会主义现代化事业的新局面,取得了举世瞩目的巨大成就,伟大成就中最令人瞩目的就是经济的高速增长。

经济的快速发展一方面得益于对内改革和对外开放,对内改革使经营制度改善,人民生产积极性大为提高,对外开放带来了外部投资,吸收了先进技术;另一方面也离不开大量能源、资源的支撑,随着中国经济前所未有的高速增长,该时期中国的能源、资源消耗总量持续扩大:我国总的能源消费折算成标准煤当量,从 1978 年的 5.7 亿吨升至 1992 年的 10.9 亿吨。② 不考虑价格变动简单计算我国每年单位 GDP 的能耗,如图 6-1 所示,从数据上看该时期我国单位 GDP 的能源强度持续下降,万元 GDP 能源消耗量从 1978 年的 15.53 吨标准煤降至 1992 年的 4.01 吨标准煤③,能耗水平随着经济发展持续下降和世界其他国家发展历程一致,然而与其他国家比较来看,即便是我国大幅下降之后的单位 GDP 能源消费量也显著高于世界其他主要国家。考察 1993 年中、日、美三国的单位 GDP 能耗,美国万美元 GDP 能源消费 4.2 吨标准煤,日本则是 1.36 吨标准煤,而此时中国万美元 GDP 能源消费是 26.3 吨标准煤,和美国 1960 年能耗水平相仿(美国 1960 年万美元 GDP 能耗为 28 吨标准煤)。④ 可以明显看出,虽然在改革开放后的一段时期我国单位 GDP 能耗在下降,但事实上同期我国单位 GDP 能耗远高于世界其他国家数倍甚至超过十倍,可以说我国经济的高速增长在很大程度上依赖于资源的高消耗。

4. 粗放型发展带来环境高污染

虽然在"六五""七五""八五"计划中,我国都提出了要降低工业能

---

① 《中国统计年鉴 2021》,中国统计出版社 2021 年版。

② 《中国统计年鉴 1999》,中国统计出版社 1999 年版。

③ 直接用每年的能源消费量和 GDP 数值计算的单位 GDP 能耗未排除价格变动影响,和以不变价格计算 GDP 之后再计算的能耗有所差异,但是总体来看显著的下降趋势是可信的。

④ 彭志龙等:《我国能源消费与 GDP 增长关系研究》,《天然气技术》2007 年第 4 期。

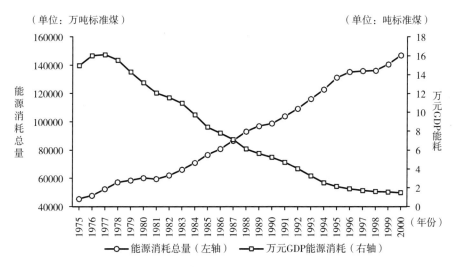

（单位：万吨标准煤）　　　　　　　　　　　　　　（单位：吨标准煤）

图 6-1　1975—2000 年中国能源消耗总量和万元 GDP 能源消耗

资料来源：《中国统计年鉴 1990》《中国统计年鉴 2023》，中国统计出版社 1990 年版、2023 年版。

耗，工业能耗也确实有一定程度的下降，但是由于我国节能技术底子差，事实上能源、资源消耗强度远高于同期发达国家，经济高增长、资源高消耗带来了环境高污染。这一时期中国出现了历史上最严重的生态环境危机，主要表现在生态破坏和环境污染两个方面。生态破坏突出表现为以下几个问题：一是森林面积低于世界平均水平，1990 年中国森林覆盖率为 16.7%，世界平均森林覆盖率超过 31%。① 二是草原退化速度加剧，20世纪 70 年代全国草原退化率为 15%，因为"竭泽而渔"的农牧经济发展，80 年代中期已超过 30%。② 三是淡水资源需求增加导致水资源短缺，中国年淡水抽取量自 1982 年的 4437 亿立方米升至 1992 年的 5169 亿立方米，增长 16.5%，人均可再生内陆淡水资源从 1978 年的 2942 立方米降至1992 年的 2415 立方米，下降 17.9%。③ 四是生物多样性被破坏，因为原

① 世界银行数据库，https://data.worldbank.org.cn/indicator/AG.LND.FRST.ZS。

② 王关区：《我国草原退化加剧的深层次原因探析》，《内蒙古社会科学（汉文版）》2006年第 4 期。

③ 世界银行数据库：淡水抽取量，https://data.worldbank.org.cn/indicator/ER.H2O.FWTL.K3？locations＝CN；人均可再生内陆淡水资源，https://data.worldbank.org.cn/indicator/ER.H2O.INTR.PC？locations＝CN。

始森林砍伐、草场退化、水资源消耗,众多动物栖息地被破坏以及过度猎杀,部分物种濒危、灭绝(如野生华南虎、藏羚羊等)。环境污染突出表现为大气污染、水体污染、固体废弃物污染"三废"问题严重:工业废气排放量从 1983 年的 63167 亿立方米上升至 1992 年的 90308 亿立方米,增长43%;工业废水自 1980 年的 233.6 亿吨升至 1988 年的 268.4 亿吨,增长14.9%;工业固体废弃物产生量从 1980 年的 4.9 亿吨升至 1992 年的 6.2亿吨,增长 27%。[①]

总体来看,改革开放初期,我国经济增长付出了巨大的自然资产损失代价,自然资源损耗占国民总收入比例最高达到 11.6%,远超世界平均水平,其中绝大部分是因为能源损耗居高不下(见图 6-2)。结合当时我国生态环境的恶化,毫不客气地说,改革开放初期的经济发展是以"透支"自然资源和生态环境为代价的。

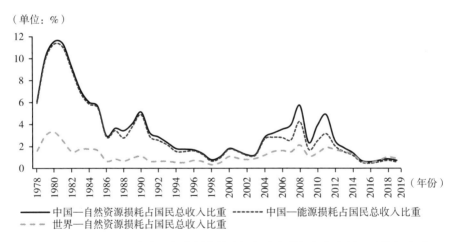

图 6-2　1978—2019 年中国与世界自然资源损失和能源损耗占国民总收入比重

资料来源:世界银行数据库,https://data.worldbank.org.cn/indicator/NY.ADJ.DRES.GN.ZS。

5. 改革开放初期环境保护行动和成就

在生态环境保护让位经济发展的时期"三高"粗放型发展阶段,我国的环境保护也并非一事无成,党在持续推进经济建设之时也在逐步丰富对生

---

① EPS 数据平台,https://www.epsnet.com.cn/index.html#/Index。

态环境保护的认识,在环境保护领域采取了众多行动。首先是持续推进环境保护顶层设计:"六五"计划提出要搞好环境立法、执法,"七五"计划提出要进一步完善环境法规和标准,大力加强环境保护的教育工作,"八五"计划提出要加强环境监测系统的建设和管理。其次是环境保护相关法律法规持续推出、修订:1981年发布的《国务院关于在国民经济调整时期加强环境保护工作的决定》,提出了"谁污染、谁治理"的原则。1982年修订的《中华人民共和国宪法》首次以宪法形式确认了"生态环境"的概念,为制定和实施环境保护法律法规提供了宪法依据。[1] 1983年第二次全国环境保护会议明确提出环境保护是我国的一项基本国策。1989年全国人大常委会第十一次会议通过《中华人民共和国环境保护法》。这些法律法规为环境保护的执行提供了法理依据。同时环境管理体制和执法机制逐步建立:1982年五届全国人大常委会第二十三次会议决定,组建城乡建设环境保护部,内设环境保护局,开始承担环境执法职能。1988年国家环境保护局从城乡建设环境保护部中独立出来,成为国务院副部级直属机构,环保机构的组建和升格也从侧面证明了党和国家对环境保护的重视。

对环境保护的逐步重视也取得了一些成就,主要体现为:第一,单位GDP能耗持续下降:"六五"计划中首次提出降低工业能耗,要求亿元工业总产值消耗的能源由1980年的8.15万吨下降到1985年的6.82万—7.15万吨,能耗下降12.3%—16.3%,实际上单位GDP能耗下降了23.5%,"七五"计划要求万元国民收入能耗的能源由1985年的12.9吨标准煤下降到1990年的11.4吨标准煤,下降11.6%,实际上单位GDP能源消耗下降了11.9%,"八五"计划要求单位GDP能耗下降8.6%,实际下降了25.4%。[2] 第二,持续推进植树造林,森林赤字扩大的趋势有所

---

[1]　中华人民共和国全国人民代表大会公告(第五届全国人民代表大会第五次会议),《中华人民共和国宪法》(1982年12月4日)。其中,总纲第九条、第二十六条分别规定:"国家保障自然资源的合理利用,保护珍贵的动物和植物。""国家保护和改善生活环境和生态环境,防治污染和其他公害。国家组织和鼓励植树造林,保护林木。"

[2]　目标数据来自"六五""七五"和"八五"计划,单位GDP能耗实际降低数据来源于EPS数据平台,https://www.epsnet.com.cn/index.html#/Index。其中"六五""七五"时期单位GDP能耗1980年可变价格计算,"八五"时期单位GDP能耗以1990年可比价格计算。

遏制;1978年"三北"防护林体系建设工程正式批复实施;1979年设立植树节鼓励全国人民植树造林;"六五"计划正式提出森林覆盖率指标。进入20世纪80年代后我国森林覆盖率逐步开始回升,从第二次全国森林资源清查(1977—1981年)时的11.9%,上升至第四次全国森林资源清查(1989—1993年)时的13.92%。[①]

(二)抓住机遇求发展:从粗放型发展转向可持续发展(1992—2011年)

20世纪90年代,我国发展经济的国内条件具备、国际环境有利,邓小平同志南方谈话为社会主义市场经济体制的创建指明了方向,中国掀起了新一轮的大规模经济建设,开始了长达20年的高速增长期。该阶段环境保护得到重视并逐步加强,但是由于经济发展迅速,该阶段前中期环境保护滞后于经济发展,生态环境赤字急剧扩大。随着环境保护力度加大,科学发展观以及生态文明理念的提出,阶段末期生态赤字开始缩小,经济发展模式从"高增长、高能耗、高污染"的"三高"粗放型发展逐步转向"经济高增长、能耗逐步降低、污染逐步降低"的可持续发展。

1. 中国经济在战略机遇中高速发展

1992年春,邓小平同志先后赴武昌、深圳、珠海和上海视察,沿途发表了重要的南方谈话[②],邓小平同志深刻把握国内外局势,准确定位我国面临的发展机遇,在南方谈话中他指出:"现在,我们国内条件具备,国际环境有利。"站在今天回望过去,1992年之后的20年,中国经济逐步融入世界,"国内条件具备、国际环境有利"准确描述中国在20世纪最后几年和21世纪第一个10年面临的发展机遇。

从国内层面看,经过改革开放初期的探索发展,社会生产力取得了长足发展,我国经济发展迅速,中国面貌焕然一新,为后续的经济增长奠定

---

① 中国林业科学研究院林业专业知识服务系统,https://forest.ckcest.cn/sd/si/zgslzy.html。

② 1992年1月18日至2月21日,邓小平同志先后到武昌、深圳、珠海、上海等地视察,并发表了一系列重要讲话,通称南方谈话,详见《邓小平文选》第三卷,人民出版社1993年版,第370—383页。

了物质基础和社会基础。1992年春邓小平同志南方谈话,明确提出了社会主义本质的科学论断,回答了改革开放初期困扰和束缚人们的许多问题,从中国实际出发,站在时代高度,为社会主义市场经济体制的创建指明了方向,为中国特色社会主义的进一步发展指明了前进的方向和拓展的空间。在社会、制度等层面具备经济发展再上新台阶的基础。

从国际环境来看,随着苏联的解体、东欧国家的剧变,国际社会主义运动出现低潮,长期以来的东西方两极冷战结束了。冷战的结束虽然没能完全终结各种形式的地区对抗和冲突,但是苏联的解体让"美苏"白热化竞争不复存在,世界发生全面战争的风险得以暂时解除,整体上表现出了一种全球相对稳定的发展趋势,安全问题不再在许多国家内政外交的决策中是一个占主导地位的考虑因素,和平与发展的时代主流愈加明显。[1] 进入21世纪,我国加入世界贸易组织,广泛参与全球经济发展,中西方合作越来越多,同时美国全球战略转向反恐战争,一定程度上为中西方对抗降温。从国际形势来说,周边和国际环境总体上对中国相对有利。

邓小平同志在南方谈话中要求我们"抓住时机,发展自己"。以江泽民同志为主要代表的中国共产党人和以胡锦涛同志为主要代表的中国共产党人继承邓小平同志关于"发展才是硬道理"的经济发展思想,抓住机遇谋发展,随着市场化改革,中国经济建设掀起一波又一波高潮,取得了令人瞩目的经济成就。以当年价格计算,1992—2012年,中国国内生产总值从27194.5亿元上涨至538580亿元,名义GDP增长率超16%。[2] 以2015年不变美元计算,中国国内生产总值从1992年的1.28万亿美元增至2012年的8.3万亿美元,年均实际GDP增长率为9.8%。[3] 自2010年起我国超过日本成为世界第二大经济体。同期,以1992年不变价计算,中国实际人均国内生产总值由1992年的2334元上涨至2012年的13978元,年均GDP增长率9.4%,中国从低收入经济体进入上中等收入经济体。

---

① 王学玉:《九十年代的国际环境与中国的改革开放》,《当代世界社会主义问题》1994年第1期。

② 《中国统计年鉴2021》。

③ 根据世界银行公开数据库指标计算。

2. 中国成为能源消耗大国

自 20 世纪 90 年代以来,中国推进了前所未有的工业化和城镇化,经济高速增长,工业及人民日常生活对化石能源的消耗也成倍增长,中国因此成为温室气体排放新兴大国。从工业化发展规律来看,工业化的过程也是碳排放总量逐步增加达峰后再下降的过程,世界发达国家如美国也是如此。中国作为工业化的后来者,实际上用了不到 60 年的时间完成了欧美国家几百年的工业化进程,拉长时间看中国的总计碳排放并不多,1960—2012 年总计来看,中国排放了约 1450 亿公吨二氧化碳,同期美国则是约 2495 亿公吨。[①] 如果时间延伸更久,则中美碳排放差距会更大。同时也要考虑到中国人口规模巨大,实际上中国人均二氧化碳排放量长期远低于美国。如图 6-3 所示,虽然美国人均二氧化碳排放量自进入 21 世纪后呈现下降趋势,而中国的人均二氧化碳排放量呈上升趋势,但截至 2012 年,中国人均二氧化碳排放量为 7.05 公吨,同期美国人均二氧化碳

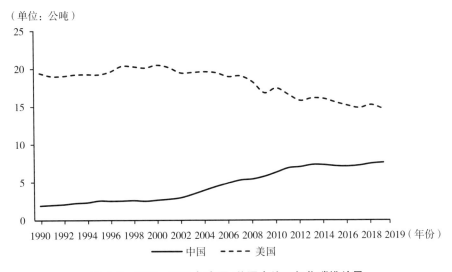

（单位：公吨）

图 6-3 1990—2019 年中国/美国人均二氧化碳排放量

资料来源:世界银行数据库,https://data.worldbank.org.cn/indicator/EN.ATM.CO2E.PC?locations=CN—US。

---

① 根据世界银行公开数据库指标计算。

排放量则为 15.79 公吨,是中国的 2 倍还多。[①] 总体而言,中国虽然现在已是世界碳排放大国,但是从人均碳排放量和延长时间的总计碳排放量来说,中国并不是世界二氧化碳总量的最大排放国。

3. 中国更加重视生态环境保护

随着改革开放初期经济粗放发展带来的环境问题日益严峻,以及世界生态环境保护思潮的扩散,党中央不断深化对生态环境的认识,在发展经济的同时更加重视保护生态环境。从该阶段的几个"五年计划"中就能看出环境保护的地位越发重要。继"八五"计划对工业"三废"控制和森林覆盖率提出明确数字目标之后,"九五"计划提出实施可持续发展战略,并再次丰富环境保护指标:"到 2000 年,县及县以上工业废水处理率达到 83%,废气处理率 86%,固体废弃物综合利用率 50%……城市污水集中处理率达到 25%,绿化覆盖率 27%,垃圾无害化处理率 50%,城市区域环境噪声达标率提高 5—10 个百分点……森林覆盖率达到 15.5%。"[②]"十五"计划提出"把节约放在首位""实现资源永续利用"的思想,设定了可持续发展的主要预期目标:"生态恶化趋势得到遏制,森林覆盖率提高到 18.2%,城市建成区绿化覆盖率提高到 35%。城乡环境质量改善,主要污染物排放总量比 2000 年减少 10%。"[③]并再次丰富生态环境保护指标:"2005 年灌溉用水有效利用系数达到 0.45……工业用水重复利用率达到 60%……城市污水集中处理率达到 45%,'两控区'[④]二氧化硫排放量比 2000 年减少 20%……城市建成区绿化覆盖率提高到 35%……'十五'时期,新增治理水土流失面积 2500 万公顷,治理'三化'草地面积 1650 万公顷。"[⑤]"十一五"规划设定了资源环境 5 个约束性指标(单位

---

① 世界银行数据库,https://data.worldbank.org.cn/indicator/EN.ATM.CO2E.PC?locations=CN。

② 《十四大以来重要文献选编》中,人民出版社 1997 年版,第 1884 页。

③ 国家发展计划委员会编写、主编曾培炎:《〈中华人民共和国国民经济和社会发展第十个五年计划纲要〉学习辅导讲座》,人民出版社 2001 年版,第 8 页。

④ 酸雨控制区和二氧化硫污染控制区。

⑤ 国家发展计划委员会编写、主编曾培炎:《〈中华人民共和国国民经济和社会发展第十个五年计划纲要〉学习辅导讲座》,人民出版社 2001 年版,第 36、8、35 页。

GDP 能源消耗降低 20%，单位工业增加值用水量降低 30%，主要污染物排放总量减少 10%，森林覆盖率达到 20%，耕地保有量 1.2 亿公顷）和 2 个预期性指标（工业固体废弃物综合利用率达到 60%，农业灌溉用水有效利用系数达到 0.5），提出建设"低投入、高产出，低消耗、少排放，能循环、可持续的国民经济体系和资源节约型、环境友好型社会"，并用 5 个章节详细规划了"十一五"时期保护、修复生态环境的举措。

在环境保护执行机构方面，相关机构级别的不断提升也是党和国家更加看重生态环境保护的明证：1998 年国家环境保护局升格为国家环境保护总局，成为国务院主管环境保护工作的直属机构，2008 年，国家环境保护总局升格为环境保护部，成为国务院组成部门。此外，党和国家更加重视生态环境保护还体现在更多地、更积极地参与国际环境治理和生态环境保护事业方面，20 年间加入了众多国际公约组织：1992 年加入《生物多样性公约》，1998 年签署《京都议定书》等。从"八五"计划到"十一五"规划，计划/规划中生态环境保护内容逐步增加，指标逐步丰富完善，相关机构在国民经济发展中的话语权逐步加重，更积极地参与国际环境治理，这些都明确体现了党和国家对生态环境认知的不断创新和重视的不断加大。

4. 生态环境保护从面临巨大压力到取得阶段性成果

从经济发展的角度而言，1992 年之后的 20 年是中国经济发展的黄金时期。社会生产力、经济实力、科技实力迈上一个大台阶，人民生活水平、居民收入水平、社会保障水平迈上一个大台阶，综合国力、国际竞争力、国际影响力迈上一个大台阶，国家面貌发生历史性变化。[①] 然而不可否认的是，即便党和国家对生态环境保护越发重视，在以往"三高"粗放型发展的惯性下，该阶段特别是进入 21 世纪的前几年，中国经济高速发展严重冲击生态环境，能源消耗总量和温室气体排放持续上升，污染物排放居高不下，环境污染和生态破坏事件高发多发，生态环境保护

---

① 胡锦涛：《坚定不移沿着中国特色社会主义道路前进 为全面建成小康社会而奋斗——在中国共产党第十八次全国代表大会上的报告》，人民出版社 2012 年版，第 6—7 页。

面临巨大压力。"十一五"时期,党中央、国务院把环境保护摆上更加重要的战略位置,将建设资源节约型、环境友好型社会作为加快转变经济发展方式的重要着力点。党的十七大报告提出建设生态文明①,再次突破了对生态环境的认知,大力促进了环境保护事业发展。此后我国环境保护力度不断加大,主要污染物排放总量得到控制,生态赤字急剧恶化的趋势被遏制,生态保护全面加强,生态文明建设取得阶段性成果。

考察主要污染物排放量就可了解到该阶段我国生态环境保护的转轨。中国的二氧化硫排放量在 20 世纪末期的 10 年虽有波动,但相对比较稳定,基本年二氧化硫排放量在 2000 万吨之下,如图 6-4 所示。然而世纪之初"十五"时期(2001—2005 年),受新一轮高投资、重化工业发展影响,中国二氧化硫排放量迅速增加,至 2005 年达到 2549.4 万吨,并于 2006 年达到峰值 2588.8 万吨,2007 年后中国二氧化硫总排放开始逐步下降。

（单位：万吨）

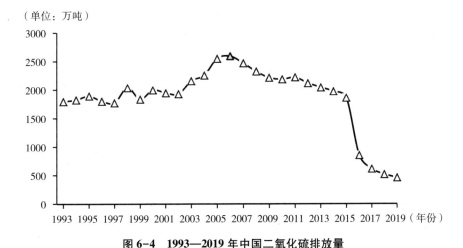

图 6-4　1993—2019 年中国二氧化硫排放量

资料来源:1993—1995 年、2000—2019 年数据来自 EPS 数据平台中国环境数据库,https://www.epsnet.com.cn/index.html#/Index。1996—1999 年数据为笔者根据工业二氧化硫排放量与总计二氧化硫排放量的比例和数据拟合推算。

---

①　胡锦涛:《高举中国特色社会主义伟大旗帜　为夺取全面建设小康社会新胜利而奋斗——在中国共产党第十七次全国代表大会上的报告》,人民出版社 2007 年版,第 20 页。

　　同样地,中国化学需氧量(COD)①排放量进入 21 世纪也持续处于较高位置,如图 6-5 所示,同二氧化硫一样于 2007 年后才进入稳定下降阶段。"十五"时期,我国经济发展的各项指标大多超额完成,但环境保护的指标(主要污染物排放总量比 2000 年减少 10%②)没有完成,主要就是因为硫排放量与化学需氧量两个指标没完成。

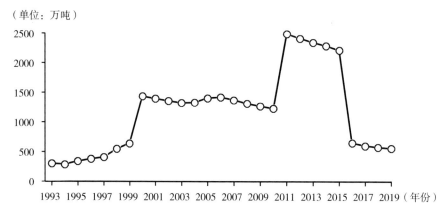

（单位：万吨）

图 6-5　1993—2019 年中国化学需氧量排放量

资料来源:EPS 数据平台中国环境数据库,https://www.epsnet.com.cn/index.html#/Index。2011—2015 年数据口径有调整,据 2012 年环境保护部通报的 2011 年度全国主要污染物减排情况,2011 年,全国化学需氧量排放总量为 2499.9 万吨,比 2010 年下降 2.04%,见 https://www.mee.gov.cn/gkml/sthjbgw/qt/201209/t20120907_235881.htm。国务院公布的 2016 年《政府工作报告》量化指标任务落实情况,2016 年中国化学需氧量排放下降 2.6%,见 http://www.gov.cn/xinwen/2017—03/01/content_5172216.htm。可知从 2006 年后中国化学需氧量排放量是一直下降的。

　　2007 年中国的两大主要污染物(二氧化硫、化学需氧量)首次实现双降,中国水污染时间次数也大幅降低,见图 6-6。2012 年,地级以上城市环境空气质量达标(达到或优于二级标准)城市比例为 91.4%,113 个环境保护重点城市环境空气质量达标城市比例为 88.5%。③ 中国森林覆盖

---

　　①　化学需氧量(COD)指用化学氧化剂氧化水中有机污染物时所需的氧量。数值越高表示水中有机污染物污染越重。

　　②　《中华人民共和国国民经济和社会发展第十个五年计划纲要》,《中华人民共和国全国人民代表大会常务委员会公报》2001 年第 3 期。

　　③　《2012 年中国环境状况公报》,https://www.mee.gov.cn/gkml/sthjbgw/qt/201407/W020140707496640197649.pdf。

率持续增加,2012 年达到 21.7%。① 这些生态环境领域的成就正是党中央、国务院对环境问题高度重视的成果。虽然从"八五"到"十一五",中国的主要污染物排放与经济增长经历一个反复脱钩的过程(主要是"十五"时期,部分污染物减排不及预期,且增速较快),但可喜的是十年多的调整转向,大部分生态环境指标于 21 世纪 10 年代中期开始转向良性发展,生态赤字扩大趋势减缓并逐步缩小,环境状况改善的范围日趋扩大,逐步实现了局部生态盈余。

（单位：次）

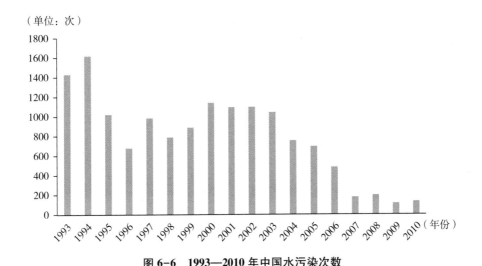

图 6-6　1993—2010 年中国水污染次数

资料来源:EPS 数据平台中国环境数据库,https://www.epsnet.com.cn/index.html#/Index。

（三）富裕之后求共生:以绿色发展创造人类文明新形态 （2012 年以来）

2012 年后中国经济进入"三期"叠加阶段,经济向形态更高级、分工更复杂、结构更合理的阶段演化,中国经济进入"新常态"②,经济增长速度由高速增长转向中高速增长。党的十八大把生态文明建设纳入建设中

---

① 世界银行数据库, https://data.worldbank.org.cn/indicator/AG.LND.FRST.ZS?locations=CN。

② 2014 年 5 月习近平总书记在河南考察时首次提及"新常态"。11 月再次阐述。新常态的基本特征之一为经济从高速增长转为中高速增长。按照中国经济增速数据来看,从 2012 年开始中国经济即开始进入常态。

国特色社会主义"五位一体"总体布局,生态环境保护受到前所未有的重视,生态文明全面融入经济社会发展,绿色发展成为核心理念之一,中国生态文明建设取得历史性成果。在习近平生态文明思想和新发展理念指引下,中国正以绿色发展创造着人类文明新形态。

1. 中国经济进入新常态

从经济增长速度来看,1978—2012 年,中国经济年均增长率为9.9%,2003—2007 年,年均增长率为12.1%,2008—2011 年,年均增长率为9.9%,2012 年之后,中国经济年均增长率降至8%以下,经济增速由高速增长转入中高速增长。从经济发展方式来看,经历了 30 多年高强度大规模开发建设后,传统产业、房地产投资相对饱和,加之国际金融危机,全球总需求不足,直接投资和进出口对经济发展的作用减弱,科技创新成为驱动发展的新引擎,随着"三去一降一补"①等一系列供给侧结构性改革,至 2020 年,高技术制造业占规模以上工业增加值的比重为 15.1%,装备制造业占规模以上工业增加值的比重为 33.7%,全年网上零售额 117601亿元,新产业新业态新模式快速成长,中国经济发展方式从规模速度型粗

（单位：%）

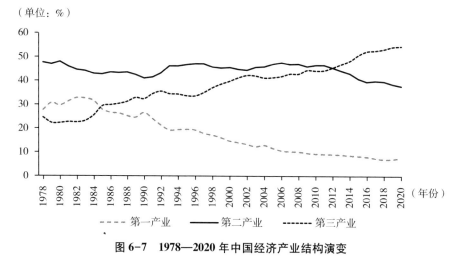

图6-7　1978—2020 年中国经济产业结构演变

资料来源:国家统计局,https://data.stats.gov.cn。

---

① 即去产能、去库存、去杠杆、降成本、补短板。

放增长转向质量效率型集约增长。① 从经济结构来看,如图 6-7 所示,2012 年后经济结构调整取得积极进展,服务业对经济增长的贡献明显提高:至 2020 年第三产业增加值占国内生产总值的比重为 54.5%,第二产业增加值比重为 37.8%,最终消费支出拉动国内生产总值占比 58.9%。②

2. 绿水青山就是金山银山

党的十八大以来这十年,是生态文明建设和生态环境保护认识最深、力度最大、举措最实、推进最快、成效最显著的十年。以习近平同志为核心的党中央,把握我国社会主要矛盾变化,响应人民对美好生活的期盼,不断提升生态文明建设的地位,党的十八大把生态文明建设纳入中国特色社会主义事业"五位一体"总体布局,将"建设社会主义生态文明"写入党章;党的十九大将"贯彻创新、协调、绿色、开放、共享的新发展理念""增强绿水青山就是金山银山的意识"写入党章,至此"两山论"成为我们党重要的执政理念之一;2018 年将生态文明写入宪法;党的二十大把"推动建设清洁美丽的世界"写入党章。十年来,党中央加强对生态文明建设的全面领导,不再以 GDP 论英雄,把"绿水青山"排在了"金山银山"之前,全力推进绿色发展。在"十三五"规划和"十四五"规划中,生态文明的地位也再次得到提升,涵盖耕地保有量、森林覆盖率等资源存量指标,也涵盖用水、能耗、污染物排放等资源利用指标,指标类型更为丰富,且全部为约束性指标。以上种种顶层设计无不说明了党中央对生态文明的重视。

3. 人与自然和谐共生的人类文明新形态

为加快形成全面的绿色发展,党的十八大以来,我国持续出台政策、建议及发起倡议用来引导形成绿色发展方式和生活方式。例如,深入推进蓝天保卫战、扎实推进碧水保卫战、稳步推进净土保卫战等环保工作,中国生态环境质量持续改善;提出"光盘行动"倡议,鼓励民众节约粮食;提出"中国智造""中国创造"替代"中国制造",驱动中国产业结构转型;

---

① 国家统计局:《中华人民共和国 2020 年国民经济和社会发展统计公报》,《人民日报》2021 年 3 月 1 日。

② 国家统计局:《中华人民共和国 2020 年国民经济和社会发展统计公报》,《人民日报》2021 年 3 月 1 日。

推出并落实主体功能区规划,该保护的保护、该开发的开发,使资源能源利用效率大幅提高等,中国正以绿色发展创造人与自然和谐共生的人类文明新形态。

在山水林田湖草沙一体化保护和系统治理的思想指导下,山水林田湖草沙生态保护和生态修复方面成绩斐然。在全球森林覆盖面积下降的时期,中国的森林覆盖率维持了超过 30 年的增长,2020 年已达23.3%,30 年之内中国森林的增加面积对世界森林增长贡献率超过40%;①持续推进自然生态保护区划定建设,截至 2021 年国家级自然保护区为 474 个,相对应的 2005 年是 243 个,2012 年是 363 个;②"地球之肾"③全面强化,全国湿地面积 2013 年至 2019 年稳定在 5360 万公顷,相较于 2012 年前增加 1512 万公顷,增幅 39.3%;④水土流失得到有效治理,中国 2021 年水土流失治理面积近 1.50 亿公顷,相较于 2012 年的 1.12亿公顷增加 0.38 亿公顷,增长 33.9%;⑤地表水水质大幅度提升,2021年,全国地表水水质优良(Ⅰ—Ⅲ类)断面比例为 84.9%,比 2012 年提高23.3 个百分点。⑥ 山水林田湖草沙这个生命共同体生机勃勃。

经过一代又一代人的努力,中国从传统的高能耗、高污染粗放型发展转向高质量的绿色发展。中国单位 GDP 二氧化碳排放量持续下降,按世界银行的数据口径,2018 年相较于 2011 年下降了 31.8%,相较于 2005 年下降了 41.9%,碳强度持续降低。中国清洁能源消费占比持续上升,天然气、水电、核电、风电、太阳能发电等清洁能源消费量占能源消费总量的25.5%。⑦ 中国二氧化碳排放总量增加速度减小,2021 年 10 月国务院印

---

① 世界银行数据库,https://data.worldbank.org.cn/indicator/AG.LND.FRST.ZS。

② 《中国环境统计年鉴》(2006 年、2013 年、2022 年),中国统计出版社出版。

③ 湿地为地球上 20% 的已知物种提供了生存环境,具有不可替代的生态功能,享有"地球之肾"美誉。

④ 《中国环境统计年鉴》(2013 年、2020 年),中国统计出版社出版。

⑤ 《中国环境统计年鉴》(2022 年),中国统计出版社出版。

⑥ 《生态文明建设深入推进 美丽中国引领绿色转型》,《中国信息报》2022 年 10 月 11 日第 1 版。

⑦ 国家统计局:《中华人民共和国 2021 年国民经济和社会发展统计公报》,《人民日报》2022 年 3 月 1 日。

发了《2030 年前碳达峰行动方案》，对推进碳达峰工作作出总体部署，承诺在 2030 年前，二氧化碳的排放不再增长，并在 2060 年实现碳中和。在节能减排的同时，对主要污染物的控制方面也卓有成效，化学需氧量排放、二氧化硫排放量 2015 年之后持续大幅减少，水污染、空气污染等问题得到一定治理。中国北方主要城市的空气质量均有所好转（见表 6-1），

表 6-1　2013—2019 年中国北方及西南地区部分城市空气质量达标天数

	年份	2013	2014	2015	2016	2017	2018	2019
空气质量达到二级以上的天数（天）	北京	167	168	186	198	226	227	240
	石家庄	49	97	180	172	151	151	174
	太原	162	197	230	232	176	170	200
	呼和浩特	213	240	276	283	255	272	292
	沈阳	215	190	207	249	256	282	284
	哈尔滨	239	241	227	282	271	310	304
	济南	79	107	124	168	181	188	182
	郑州	134	135	136	159	166	168	177
	重庆	207	246	292	289	277	295	309
	成都	139	216	211	214	235	251	287
	西安	157	172	250	192	180	187	225
	银川	249	255	259	252	232	249	324
	乌鲁木齐	184	202	218	246	241	255	277

资料来源：EPS 数据平台中国环境数据库，https://www.epsnet.com.cn/index.html#/Index。

以北京为例，2013 年空气质量达到二级以上的天数是 167 天，2019 年是 240 天，增加了 43.7%。以污染严重出名的石家庄，空气质量达到二级以上的天数也从 2013 年的 49 天上升至 2019 年的 174 天。

自 2012 年以来，在新发展理念的指导下，中国经济在保持中高增速的基础上，实现了更加协调、全面的高质量发展，中国生态环境明显改善，生态环境保护发生历史性、转折性、全局性变化，中国天更蓝、山更绿、水更清，人与自然和谐共生的社会图景正逐渐走向现实。与此同时，中国也以胸怀天下的格局，积极回应各国人民普遍关切，不遗余力地推动构建人类命运共同体，坚持共建人与自然生命共同体，向世界生态文明建设贡献中国智慧、中国方案、中国力量。毫不讳言，在以习近平同志为核心的党

中央的领导下,在习近平新时代中国特色社会主义思想的指引下,中国正以绿色发展引领、创造着人类文明新形态。

三、中国经济发展和生态环境保护关系的演进主线和特征

笃路蓝缕启山林,栉风沐雨砥砺行。几代人为发展中国艰苦奋斗,实现了从站起来到富起来,再到强起来的伟大飞跃,中国经济社会发展方式也由"三高"粗放型发展转到绿色发展。改革开放后各阶段中国经济发展模式和生态环境之间的辩证关系无法脱离时代国情,也和各阶段人民最急切的期盼有着直接联系。我们党在不同历史时期,总是根据人民意愿和事业发展需要,提出富有感召力的奋斗目标,团结带领人民为之奋斗。① 现实国情和人民意愿也正是我们洞察中国从"粗放型"发展迈向绿色发展的两个核心出发点和落脚点,也是中国经济发展和生态环境保护关系演变的主线。

改革开放伊始,经济状况处于缓慢发展和停滞状态,中国整体还不富裕,大部分人民还处在贫困之中。② 此时,人民最大的愿望就是摆脱贫困,最朴素的"吃饱饭""过上好日子"是人民深埋在心中的强烈期盼。以邓小平同志为核心的党的第二代中央领导集体及时响应人民期盼,提出了"三步走"③的发展战略,小康社会成为当时人民最殷切的期盼和改革开放的战略之一。虽然党的十六大报告从经济、政治、文化、可持续发展四个方面论述了小康社会的要求④,但是从小康目标提出的场景来说,其本质是一个经济概念,主要特征是社会生产力持续发展、人民生活水

---

① 《习近平谈治国理政》第一卷,外文出版社 2018 年版,第 12 页。

② 以 1978 年贫困标准计算,中国农村贫困人口为 2.5 亿人,贫困发生率为 30.7%。如果以 2010 年贫困标准衡量,1978 年中国农村贫困人口多达 7.7 亿人,贫困发生率高达 97.5%。

③ 第一步,在二十世纪八十年代实现国民生产总值比一九八〇年翻一番,解决人民的温饱问题;第二步,到二十世纪末,使国民生产总值再增长一倍,人民生活达到小康水平;第三步,到二十一世纪中叶,人均国民生产总值达到中等发达国家水平,人民生活比较富裕,基本实现现代化。参见《邓小平年谱(一九七五——一九九七)》下卷,人民出版社 2004 年版,第 1214 页。

④ 江泽民:《全面建设小康社会 开创中国特色社会主义事业新局面——在中国共产党第十六次全国代表大会上的报告》,人民出版社 2002 年版,第 20 页。

平普遍提高、国家综合国力特别是经济实力显著增强，而衡量是否小康最核心的目标就是人均 GDP。现实国情和核心目标相互作用，党和国家的根本任务是集中力量进行社会主义经济建设，经济增长速度就成了一个较为关注的指标，生态环境保护等其他领域相对而言只能服务于经济建设。因此在改革开放初期（1978—1997 年），为在贫困之下求生存，我国经济发展和生态环境保护的关系特征就是"经济为主、环保服务"。

此后一个阶段（1992—2012 年），我国面临较为有利的发展环境，人民群众期盼更加丰富的物质文化生活，经济建设依然是中国发展的重中之重。不过随着环境污染和生态破坏问题日益严重及世界环境保护思潮的扩散，人民群众开始关注生态环境问题，党和国家在极力满足人民日益增长的物质文化需求之余，也逐步推进生态环境保护。在党领导全国人民抓住机遇求发展的阶段，"经济发展"和"环境保护"的相对地位虽然还未发生变化，但是该阶段已能明显观察到生态环境保护的地位在不断被加重，两者的关系已演化为"经济为主、环保为辅"。

党的十八大之后，中国特色社会主义进入新时代，物质层面的相对富裕已基本实现，中国社会主要矛盾发生了变化。人民群众对清新空气、清澈水质、清洁环境等生态产品的需求越来越迫切，生态环境越来越珍贵。[1] 事业发展需求和人民意愿比之以往已大不一样，生态文明被放到了更加重要的位置，"绿水青山就是金山银山"的理念深入人心，生态环境的地位追赶上了经济发展，成为考核部门成绩"权重很大的一票"，该阶段经济发展和生态环境保护的关系可概括为"环保就是经济"。

2020 年，中国全面建成小康社会。党的二十大报告指出，今后党的中心任务就是团结带领全国各族人民全面建成社会主义现代化强国、实现第二个百年奋斗目标，以中国式现代化全面推进中华民族伟大复兴。党和国家的目标已转为全面建成社会主义现代化国家。全面建成社会主义现代化国家和小康社会在核心关切上是一致的，即都致力于实现民族

---

[1] 《习近平谈治国理政》第二卷，外文出版社 2017 年版，第 232 页。

复兴,实现人民的美好生活,但是在社会发展阶段是属于更高层次的,这一目标比全面建成小康社会涵盖的内容更加全面,发展水平更高,指标维度也更加立体。人与自然和谐共生被视为中国式现代化的主要特征之一,可以预见在未来的经济社会发展过程中,生态环境将会被放在更加重要、大多数情况下或超过经济发展的位置。

总而言之,改革开放后的40余年,中国共产党依据人民意愿和现实国情制定了从小康到现代化的发展目标,中国经济发展和生态环境之间的辩证关系也从"经济为主,环保服务"过渡到"经济为主,环保为辅",最后演进到"环保就是经济"。中国经济发展和生态环境关系的辩证演变实际上就是围绕人民意愿和现实国情,不断推进发展理论与中国实际相互融合、相互促进的实践过程。

历史地看,生态兴则文明兴,生态衰则文明衰。[1] 人类文明要想继续向前推进持续发展,就必须要正确认识人与自然的关系,解决好人与自然的矛盾和冲突,并将其置于文明根基的重要地位。中国共产党深刻总结社会主义建设正反两方面的历史经验,立足国情提出建设美丽中国这一伟大工程,并强调"绿色发展是构建高质量现代化经济体系的必然要求"[2],树立起了"绿水青山就是金山银山"的发展理念,现已取得丰硕成果。"绿色是永续发展的必要条件和人民对美好生活追求的重要体现。"[3]党已经发出向全面建成社会主义现代化强国进军的号角,在后续以中国式现代化全面推进中华民族伟大复兴的过程中,我们必须增强"绿水青山就是金山银山"的意识,更加全面地贯彻绿色发展理念,推动绿色发展,促进人与自然和谐共生,让绿色成为中国式现代化的鲜明底色。

---

① 习近平:《在十八届中央政治局第六次集体学习时的讲话》(2013年5月24日),见中共中央文献研究室:《习近平关于社会主义生态文明建设论述摘编》,中央文献出版社2017年版,第6页。

② 习近平:《坚决打好污染防治攻坚战 推动生态文明建设迈上新台阶》,《人民日报》2018年5月20日。

③ 习近平:《论把握新发展阶段、贯彻新发展理念、构建新发展格局》,中央文献出版社2021年版,第500页。

第二节　绿色现代化的历史考察

现代化提法由来已久，如何理解现代化和绿色现代化？中国绿色现代化在各个历史阶段如何进行部署安排？本部分主要从历史脉络梳理现代化和绿色现代化的阶段性特征，为进一步分析绿色现代化需要重视的重大关系和面临的重大任务提供理论基础，以提出推动全面实现绿色现代化的相关政策建议。

一、绿色现代化的发展阶段

基于社会综合性变革视角，现代化的起源可以追溯到 14 世纪中叶的文艺复兴运动（西方最早的思想解放），此次文化现代化的运动给欧洲社会带来了翻天覆地的变化，也为资产阶级积累了巨大的原始财富，提供了一定的经济基础。实际上，现代化实质为传统社会的解体和新社会形态的重塑过程，它包含了社会整体变革各方面的综合性演进①。虽然西方现代化国家的相关经验有借鉴之处，但西方现代化道路并不完全适用于中国。

事实上，自接触到现代文明开始，中国一直在对现代化进行探索，这一过程具体从哪个时间节点起始，目前尚无准确的判断。由于新中国成立前的国情、体制不同，本节主要结合中国发展历史时期的交替变化，参照西方世界三个阶段的分类，根据建设社会主义国家目标的演变和社会呈现出的综合状态，将中国式现代化和生态文明理念的普及大致分为以下三个阶段，即新中国成立以来（1949—1977 年）、改革开放以来（1978—2011 年）和党的十八大以来（2012 年至今）三个阶段。

第一阶段：新中国成立以来（1949—1977 年）我国关于现代化建设的构想。早在 1945 年，毛泽东同志在党的七大作《论联合政府》报告，提出

---

① 陈丹、张越：《现代化建设的历史演进与社会主义现代化的时代内涵》，《宏观经济管理》2021 年第 7 期。

将中国建设成为一个独立、自由、民主、统一和富强的新国家,同时提出中国工人阶级的任务是为建立新民主主义的国家而奋斗,为中国的工业化和农业现代化而斗争。新中国成立后,关于建设一个什么样的新中国,基本延续了这目标,当时既是百废待兴、亟须建设的国情需要,也是毛泽东同志关于"中国现代化"建设的最初构想。1954年在国防委员会第一次会议上,毛泽东同志第一次把工业、农业、文化、军事并提,形成了"四个现代化"理论的基本雏形。同年,周恩来同志在第一届全国人民代表大会上提出,包括现代化的工业、农业、交通运输业和国防在内的四个现代化目标。

在第一阶段,随着中国现代化的建设部署,绿色发展的理念也逐渐浮现:以毛泽东同志为核心的党的第一代中央领导集体,就已经提出了"绿化祖国""实行大地园林化"的号召。周恩来同志一直倡导的"青山常在,永续利用",也是中华人民共和国成立初期林业建设的重要指导思想。1972年,第一次全球环境峰会在瑞典斯德哥尔摩举行,中国派出了代表团。1973年,我国召开了第一次全国环保大会后,中央政府决定在当时的城乡建设部设立一个管环保的部门。

第二阶段:改革开放以来(1978—2011年)国家关于现代化建设的构想。改革开放以来,我国实现了历史性的转折,与新中国成立初期的国情发生了重大转变。1978年,党的十一届三中全会召开,改革开放拉开序幕,现代农业、现代工业、现代国防和现代科学技术"四个现代化"建设传承推进,着重对"四个现代化"建设的目标要求作出了新的更为具体和务实的安排。1982年,党的十二大对"四个现代化"的阶段性目标作出适时调整。1987年,党的十三大明确提出建设"富强、民主、文明"的社会主义现代化国家,中心工作转向经济建设,核心是解决如何富起来的问题,如何奋起追赶,提高整体文明水平。可以看出,从改革开放到20世纪末,中国式现代化成果显著。1997年,在即将进入新世纪之际,针对邓小平同志"三步走"战略的"第三步"如何走,江泽民同志提出了"新三步走"战略。此后,2007年党的十七大报告中,胡锦涛同志提出中国特色社会主义道路的目标是建设富强、民主、文明、和谐的社会主义现代化国家,与

1987年党的十三大中邓小平同志提出的建设"富强、民主、文明"的社会主义现代化国家相比，增加了和谐目标，这是对中国式现代化目标的进一步完善和升华。

在第二阶段，这个时期的绿色发展理念日益凸显：(1)以邓小平同志为核心的党的第二代中央领导集体，将治理污染、保护环境上升为基本国策。在邓小平同志的重视下，我国先后制定、颁布、实施了森林法、草原法、环境保护法水法。这些法律法规，为保护、利用、开发和管理整个生态环境及其资源提供了强有力的法律保障，具有根本性意义。(2)此后，以江泽民同志为核心的党的第三代中央领导集体提出：退耕还林，再造秀美山川，绿化美化祖国；西部大开发，保护和改善生态环境就是保护和发展生产力；可持续发展，走生态良好的文明发展道路；江泽民同志还向全国人民发出了"再造秀美山川"动员令。(3)新世纪新阶段，以胡锦涛同志为总书记的党中央，强调坚持以人为本、全面协调可持续发展，提出构建社会主义和谐社会、加快生态文明建设，形成了科学发展观，成功地在新的历史起点上坚持和发展了中国特色社会主义。统筹人与自然和谐发展是科学发展观"五个统筹"的重要组成部分，它要求我们树立科学的人与自然观，重视人类与自然为相互依存、相互联系的整体，从整体上把握人与自然的关系，并以此作为认识和改造自然的基础。

第三阶段：党的十八大以来(2012年至今)习近平总书记关于现代化建设的部署。2012年党的十八大报告明确提出了"全面建成小康社会"的奋斗目标，同时提出"坚持走中国特色新型工业化、信息化、城镇化、农业现代化道路"的"新四化"。2017年，党的十九大召开，提出从2020年到本世纪中叶，可以分两个阶段来安排，即"两步走"战略，第一步，基本实现社会主义现代化；第二步，把我国建成"富强、民主、文明、和谐、美丽"的社会主义现代化强国。其中有两个最为明显的变化：一是与2007年党的十七大胡锦涛同志提出的建设"富强、民主、文明、和谐"的社会主义现代化国家相比，增加了美丽目标，实际上也是"五位一体"总体布局和习近平生态文明思想的重要体现；二是由现代化国家变为现代化强国，实现我国从站起来、富起来到强起来的重大历史转变。

至此阶段后,中国绿色现代化的实践日益丰富:事实上,党的十八大以来,习近平总书记就生态文明建设做了一系列重要论述,深刻、系统、全面地回答了我国生态文明建设发展面临的一系列重大理论和现实问题,党的十九大报告中详细论述了生态文明建设的阶段性成就、指导思想和战略部署,这标志着社会主义生态文明从思潮到社会形态的真正转变。这个标志的核心,就是"五位一体"中国特色社会主义事业总体布局的完善和发展,也是不断巩固和深化人与自然和谐发展现代化建设新格局新的政治宣言和行动指南。美丽目标的提出,意味着中国绿色现代化被正式提上日程。

二、绿色现代化的基本特征

根据世界银行公开数据和各国公开数据,以及联合国开发计划署《人类发展报告》可知,无论是从经济发展情况、社会经济效益、生活质量状况看,还是从服务业发展状况和工业化程度看,已经进入现代化的国家(美国、日本、德国、法国、英国、意大利、加拿大)至少都满足4万美元以上的人均GDP、7万美元/人的劳动生产率、0.88以上的人类发展指数、60%以上的三产占GDP比重、0.6万美元/人的人均工业增加值、30%以下的工业增加值占GDP比重。因此,现代化国家应具备经济实力强、生活状况和社会经济效益足、第三产业比重领先、工业化程度和城镇化程度高等特征。结合党的二十大报告中对中国式现代化的描述:是人口规模巨大的现代化、是全体人民共同富裕的现代化、是物质文明和精神文明相协调的现代化、是人与自然和谐共生的现代化、是走和平发展道路的现代化。中国式现代化有各国现代化的共同特征,更有基于自己国情的中国特色。

综上所述,我们要建成的"富强民主文明和谐美丽"的绿色现代化①将融合中国式现代化和绿色发展的共同特征,即:一是高度发达的现代化,拥有世界上所有的现代化因素,比如强大的经济实力;二是社会主义的现代化,为全体人民所分享,比如高质量的生活状况和社会经济效益;

---

① 胡鞍钢:《中国创新绿色发展》,中国人民大学出版社2012年版,第239页。

三是生态文明的绿色现代化,在较低的不可再生资源和能源消耗、污染物排放水平上的现代化,又是生态资产不断增值、生态盈余不断扩大的人与自然和谐共生的现代化。

第三节　战略定位

中国实现绿色现代化标志国家进入绿色创新、生态投资、生态盈余的新时代,形成人与自然和谐共生的绿色现代化新格局。这也是中国式现代化的核心目标和显著特征之一。早在 2018 年,习近平总书记在全国生态环境保护大会上就提出:"确保到 2035 年节约资源和保护环境的空间格局、产业结构、生产方式、生活方式总体形成,生态环境质量实现根本好转,生态环境领域国家治理体系和治理能力现代化基本实现,美丽中国目标基本实现。"①这为推动我国实现经济社会发展全面绿色转型、形成人与自然和谐共生、全面实现绿色现代化,美丽中国建设目标实现指明了节点和方向。

一、主要目标

党的二十大报告中提出:"全面建成社会主义现代化强国,总的战略安排是分两步走:从二〇二〇年到二〇三五年基本实现社会主义现代化;从二〇三五年到本世纪中叶把我国建成富强民主文明和谐美丽的社会主义现代化强国……未来五年是全面建设社会主义现代化国家开局起步的关键时期。"②因此,参考两步走战略规划,也将绿色现代化的远景目标分为两个阶段实现。

(一)2035 年基本实现绿色现代化

——清洁低碳、安全高效的能源体系基本建立。一是严格控制能源

---

① 《习近平谈治国理政》第三卷,外文出版社 2020 年版,第 366 页。
② 习近平:《高举中国特色社会主义伟大旗帜　为全面建设社会主义现代化国家而团结奋斗——在中国共产党第二十次全国代表大会上的报告》,人民出版社 2022 年版,第 24 页、第 25 页。

消费总量,总体能源自给率保持在80%以上,基本保障我国能源总体安全;二是能源利用效率达到国际先进水平,单位GDP能耗比2020年力争下降50%以上,全面推进各产业节能,大力构建节能型社会;三是严格控制煤电碳排放总量,大大降低煤炭发电碳排放压力;四是因地制宜开发水电;五是积极安全有序发展核电;六是能源消费结构加速绿色化,在世界能源消费大国中①,中国率先实现可再生能源发电成为主体电源,即实现能源绿色化、电力绿色化,基本建成现代绿色电能体系,成为21世纪世界绿色能源、绿色电力革命的发动者、领先者。

——节水型社会建设取得显著成绩。中国水资源利用效率达到国际先进水平,实现水资源消耗与经济增长彻底脱钩,通过实现水利现代化,实施国家全民节水行动,建成世界最大的节水型社会;建成与高质量发展相适应的节水制度体系、技术支撑体系和市场机制,形成水资源利用与发展规模、产业结构和空间布局等协调发展的现代化新格局②。

——环境质量实现根本好转。一是中国大气、水、土壤等环境状况明显改观,政府划定环境质量安全红线,开展全方位、全区域、全过程的环境保护;二是环境风险得到有效控制,确保全社会环境安全,到2035年,中国主要环境保护指标力争达到中等发达国家水平。

——绿色发展方式基本形成。一是绿色发展生产方式基本形成,中国建成体系完整、结构优化的绿色低碳循环发展的产业体系,如第一产业的绿色农业、林业、草业,第二产业的绿色矿业、绿色能源与节能产业、绿色制造业、环保产业、循环经济、绿色建筑业,第三产业的绿色商业、绿色交通运输业、绿色旅游业等产业,实现经济与产业、行业与企业、技术与产品、销售与服务的绿色转型,创造世界最大规模的绿色就业岗位;二是绿色发展生活方式基本形成,全民环境保护意识更加强烈,制定绿色消费服

① 2021年,世界能源消费大国占世界能源消费比例超过3%以上的国家有:中国(26.5%)、美国(15.6%)、印度(6.0%)、俄罗斯(5.3%)、日本(3.0%)。资料来源:BP Statistical Review of World Energy,July 2022。

② 国家发展和改革委员会,水利部,住房城乡建设部,等."十四五"节水型社会建设规划[EB/OL].(2021-11-09)[2022-02-26].http://www.gov.cn/zhengce/zhengceku/2021-11/09/5649875/files/146d1a6fcb7c42f3a4aad9dca6104719.pdf。

务标准,促进绿色消费、绿色饮食、绿色购物、绿色出行、绿色居住、绿色办公;三是绿色发展体制机制基本建成,中国绿色发展的法律和政策体系基本形成,绿色金融、绿色投资成为投融资主体,绿色标准和标志全国基本普及。

——生态文明建设取得明显成效。一是严守耕地红线;二是大力提升内陆水体水质;三是大力提升草原生态功能;四是建成世界最大的绿色林业产业;五是重大生态保护和修复工程取得重要进展;六是生态环境领域国家治理能力现代化基本实现。

——生态安全屏障体系基本建立。一是建立全国统一的空间规划体系,保持生态功能保障基线、环境质量安全底线、自然资源利用上线;二是全国主体功能区规划目标基本实现,海洋主体功能区战略格局基本形成;三是充分利用国内外两种资源;四是开拓两个市场、使用两种技术、吸引两种人才,通过自主全面对外开放来确保我国能源安全、资源安全、环境安全、生态安全。

——2030 年前碳排放达峰。把碳排放总量与碳排放强度作为经济社会发展重要约束性指标,建立指标分解落实机制,建立合理的碳排放市场,促进市场主体、高碳行业企业实行碳排放报告制度,入市与绿色能源企业直接交易;继续削减煤炭消费总量,大力推进煤炭清洁化,大幅度提高清洁能源比重,降低碳排放强度,支持有条件的地方率先达到碳排放峰值。

(二)2050 年远景展望

推动我国成为世界绿色文明的先进国,人均收入水平、人类发展水平进入世界发达行列;建成世界最大的森林盈余之国,建成世界最发达的绿色能源之国,实现人与自然和谐共生;建成世界发达的资源节约型社会、环境友好型、生态平衡型社会;拥有现代化的绿色生产体系、绿色分配体系、绿色交换体系、绿色消费体系;真正实现 360 度全方位的高质量变绿。

二、现实意义

(一)绿色现代化对中国的意义

绿色现代化作为中国式现代化的主要方面,对中国的长远稳定可持续发展有着非常重大的现实意义。

绿色现代化体现我们对马克思主义发展观的重大创新。习近平总书记曾强调,"绿色是永续发展的必要条件和人民对美好生活追求的重要体现"。可以说,新时代大力推进绿色发展理念向纵深发展,是对马克思主义发展观的继承和创新,体现了我们党对经济社会发展规律认识的进一步深化。一方面,"两山"理论引领着中国走向高质量绿色发展之路;另一方面,明确了绿色发展的目标和路径,坚持绿色发展,就是要在尊重自然规律和社会发展规律的基础上,统筹推进"五位一体"总体布局,建设美丽中国,实现中华民族伟大复兴的中国梦。

绿色现代化为我国指明了高质量发展的方向。绿色现代化将推动我们从"人与自然是生命共同体"的高度认识、分析和解决经济社会发展中的生态环境问题,其引导我们推动生产生活方式的绿色转型和打造青山常在、绿水长流、空气常新的美丽中国,从各个方面为我国高质量发展指明方向,并持之以恒推进生态文明建设,全面实现绿色现代化,以推动我们实现中华民族永续发展的千年大计。

绿色现代化体现大国担当的同时,也将展现我国良好形象的发力点,同时彰显了新时代的实践指向与价值追寻。绿色发展理念是当代中国与时俱进的马克思主义发展观,为推动世界经济发展、全球生态治理、构建人类命运共同体贡献中国方案和中国智慧。绿色发展也是新时代推进生态文明建设的内在要求,是绿色与发展的统一,既要绿色又要发展,发展与生态协同推进,综合体现了绿色现代化的实现路径和目标。

(二)绿色现代化对全球的意义

中国绿色现代化将广泛汇聚全球绿色发展的理念共识。比如习近平总书记关于绿色发展的重要论述推动凝聚了全球绿色发展的理念共识[1]。引导世界各国在绿色发展领域聚同化异、相向而行,包括在应对全球气候变化方面的论述(发达国家和发展中国家对造成气候变化的历史责任不同,发展需求和能力也存在差异等),这些论述形象地指明了坚持

---

[1]　丛书编写组:《推进绿色循环低碳发展》,中国市场出版社 2020 年版,第 105 页。

共同但有区别的责任、公平、各自能力等重要原则，也旗帜鲜明地指出了各国绿色发展合作的前提基础。

中国绿色现代化将贡献构建人类命运共同体的中国方案。建设绿色家园是人类的共同梦想，人类是命运共同体，地球是人类的共同生命家园，大气、海洋、河流都是循环相通的，一个国家的生态问题不仅对本国有影响，对周边国家甚至全球生态都有影响。国际社会应该携手同行，构筑尊崇自然、绿色发展的生态体系，共谋全球生态文明建设之路，保护好人类赖以生存的地球家园。在习近平生态文明思想的指引下，中国已成为全球生态文明建设的重要参与者、贡献者、引领者。

中国绿色现代化的实现为全球绿色发展贡献中国方案。实际上，自党的十八大以来，中国的绿色发展成就已经获得各界高度评价，中国的实践经验也为其他国家，特别是广大发展中国家提供了宝贵经验，作为全球生态文明建设重要的参与者、贡献者、引领者，贡献了中国智慧和中国方案。一方面，为全球生态治理作出贡献，如在生态保护、污染治理、节能能效等领域，中国发挥并将继续发挥更加重要的作用，中国在生态环境保护修复治理方面同样开展了大量工作，成效也十分显著。另一方面，随着中国绿色现代化的实现，将对参与引领应对气候变化作出更多贡献，如主动践行应对气候变化行动，开展更多的气候变化国际合作，为国际应对气候变化探索新方法、开辟新路径。

第四节　推进绿色现代化所需要
系统完成的重大任务

坚持绿色发展是发展观的一场深刻革命①，绿色现代化的实现将是这场革命的主要目标。正如习近平总书记指出的："绿色发展，就其要义来讲，是要解决好人与自然和谐共生问题。"这场深刻革命也是对生产方式、生活方式、思维方式和价值观念的全方位、革命性变革。它突破了旧

---

① 《习近平在山西考察工作时的讲话》，《人民日报》2017年6月24日。

有发展思维、发展理念和发展模式,是对自然规律和经济社会可持续发展一般规律的深刻把握。因此,把握规律的过程中也要深刻认识绿色现代化的重大任务,即从能源体系、经济体系、创新体系和治理体系等方面入手,以推动绿色现代化的顺利实现。

一、大力推动能源体系转型

2021年1月24日,中共中央政治局就努力实现碳达峰碳中和目标进行第三十六次集体学习,中共中央总书记习近平在主持学习时强调:"减排不是减生产力,也不是不排放,而是要走生态优先、绿色低碳发展道路,在经济发展中促进绿色转型、在绿色转型中实现更大发展。要坚持统筹谋划,在降碳的同时确保能源安全、产业链供应链安全、粮食安全,确保群众正常生活。"①因此,绿色现代化需要解决的首要任务就是推动能源转型、建立清洁低碳高效的现代化能源体系:

第一,必须立足于国家能源资源禀赋,坚持先立后破、整体谋篇布局的原则,首先大力发展新能源和清洁能源,形成安全可靠的新能源,在此基础上,逐步退出传统化石能源,加强风险管控,保证能源安全稳定地供应和过渡。

第二,需要合理运用国家能源生产基础,大力推动能源清洁低碳安全高效利用,率先深入推进工业、建筑、交通等领域的绿色低碳转型。

第三,继续贯彻落实节能优先的能源发展战略,全面提升能源利用效率,健全能源管理体系,加快实施节能降碳改造升级,大力推动现代能源技术与现代信息、新材料和先进制造技术的深度融合,带头深化能源体制机制改革,为完善能源统一市场提供基础。

二、推动产业结构调整优化

抓住产业结构调整这个关键点,从源头推动发展方式绿色转型,实现

---

① 新华网:《习近平主持中共中央政治局第三十六次集体学习》,http://politics.people. com.cn/n1/2022/0125/c1024-32339606.html.2022.01.25。

绿色现代化,减少过剩和落后产能,增加新的增长动能。加快传统产业改造升级,推动战略性新兴产业、高技术产业、现代服务业加快发展;调整交通运输结构,大力发展多式联运,加快大宗货物和中长途货物运输"公转铁""公转水",减少公路运输量,增加铁路运输量,提高沿海港口集装箱铁路集疏港比例。全面推动互联网、大数据、人工智能、5G等新兴技术与绿色低碳产业的深度融合,建设绿色制造体系和服务体系。加快推进绿色农业发展,建立绿色低碳循环的农业产业体系。发展循环经济,推动再生资源清洁回收、规模化利用和集聚化发展。大力发展绿色建筑,推广新型绿色建造方式,提高绿色建材应用比例。大力发展装配式建筑,推动钢结构装配式住宅建设,不断提升构件标准化水平,形成完整产业链。①

三、建立健全绿色经济体系

2022 年 6 月 1 日,习近平总书记在《求是》杂志上发表的《努力建设人与自然和谐共生的现代化》指出:我国要建设的社会主义现代化是需要注重同步推进物质文明建设和生态文明建设,站在人与自然和谐共生的高度来谋划经济社会发展,努力建设人与自然和谐共生的现代化。②因此,我国实现绿色现代化的重要任务就是需要响应国家战略,站在人与自然和谐共生的高度,构建能够适应国家自身蓬勃发展的绿色低碳循环发展的现代化经济体系,全面推行绿色生产、绿色流通、绿色消费和高质量的分配,有效推动全面绿色转型。具体来看:

第一,在经济体系的生产环节,从源头降低资源消耗,降低污染物的排放,真正实现减量化和再利用,推动绿色服务,进行绿色低碳生产,在生产环节实现绿色生产。

第二,在经济体系的分配环节,坚持高效配置资源,让市场来主导交换与分配,实现更高质量的分配,以保证相关制度和政策能够切实落地、

---

① 尹艳林:《加快发展方式绿色转型》,《经济日报》2022 年 11 月 7 日。
② 习近平:《努力建设人与自然和谐共生的现代化》,《求是》2022 年第 11 期。

贯彻实施,正如 2021 年中央经济工作会议强调的:结构政策需要畅通国民经济的循环,要着重打通生产、分配、流通和消费环节。① 这也为推动我国经济体系在分配环节实现绿色分配指明了发力方向。

第三,在经济体系的交换环节,加快谋划构建"通道+枢纽+网络"流通格局,完善交通、仓储和物流基础设施,加大高新技术在交通物流领域的应用,促进资源交换的绿色低碳循环高效,全面实现绿色交换。

第四,在经济体系的消费环节,提倡绿色消费和低碳出行,加大力度宣传绿色、低碳消费理念,推动形成绿色的生活方式和绿色的消费模式,实现绿色消费。

与此同时,全面提升城市群经济体系各个环节的流通效率。正如习近平总书记强调的:"经济活动需要各种生产要素的组合在生产、分配、流通、消费各环节有机衔接,从而实现循环流转。"②大力促进生产要素在各环节中的高效畅通,全方位实现绿色现代化。

四、完善绿色技术创新体系

持续深入实施创新驱动发展战略,加快进行绿色低碳科技革命,加快完善绿色科技创新、产业创新和体制机制创新,形成安全共享的绿色技术创新体系,提升我国整体创新能力,是我国实现绿色现代化的科技基础任务。

一方面,各创新主体应主动加强绿色低碳技术攻关力度,加大先进的技术研发并大力推广应用,继续完善绿色低碳技术的评估和交易体系,推动科技创新成果的有效转化,以科技创新为基础引领城市群专享低碳型产业结构和能源结构。

另一方面,国家继续加大科学技术和教育的投资力度,丰富人才培养模式,鼓励高等学校和科研院所扩大人才培养规模和加强科技相关学科的建设。通过综合施策,推动绿色技术创新体系的进一步完善,为我国绿

---

① 《中央经济工作会议在北京举行 习近平李克强作重要讲话》,《新华每日电讯》2021年12月11日。
② 《习近平著作选读》第二卷,人民出版社 2023 年版,第 411 页。

色现代化提供科技支撑。

五、完善生态综合治理体系

习近平总书记曾强调："我们要推进美丽中国建设，坚持山水林田湖草沙一体化保护和系统治理。"①在绿色现代化进程中，一方面，要继续加快推进现代化环境治理体系，建立健全环境治理的领导责任体系、企业责任体系、全民行动体系、监管体系、市场体系、信用体系、法律法规政策体系，落实各类主体责任，形成激励有效、多元参与、良性互动的环境治理体系。另一方面，要统筹兼顾、综合施策以提高生态环境治理体系和治理能力现代化水平，构建一体谋划、一体部署、一体推进、一体考核的制度机制，实现政府治理和社会调节、企业自治良性互动，完善体制机制，强化源头治理，形成工作合力，为推动生态环境根本好转、建设生态文明和美丽中国提供有力的制度保障。与此同时，要不断创新生态综合治理方式，推进生态治理的精细化。

六、建设绿色城市和美丽乡村

城乡建设是推动绿色发展、实现绿色现代化、建设美丽中国的重要载体。正如2022年10月16日党的二十大报告中指出的：推动绿色发展，促进人与自然和谐共生；持续深入打好蓝天、碧水、净土保卫战；推进城乡人居环境整治。因此，绿色现代化的推进需要重视的重要任务有以下两方面。

第一，要建设人与自然和谐共生的美丽城市：大力推动绿色城市、森林城市、"无废城市"建设；深入开展绿色社区创建行动，推进以县城为重要载体的城镇化建设；加强县城绿色低碳建设，大力提升县城公共设施和服务水平。②

第二，要打造绿色生态宜居的美丽乡村：按照产业兴旺、生态宜居、乡

---

① 《习近平著作选读》第一卷，人民出版社2023年版，第41页。
② 《中办国办印发〈意见〉推动城乡建设绿色发展》，《新华每日电讯》2021年10月22日。

风文明、治理有效、生活富裕的总要求,持续改善农村人居环境;保护塑造乡村风貌,延续乡村历史文脉;统筹布局县城、中心镇、行政村基础设施和公共服务设施;提高镇村设施建设水平,实施农村水系综合整治,推进生态清洁流域建设,加强水土流失综合治理;立足资源优势打造各具特色的农业全产业链,拓宽农民增收渠道,促进产镇融合、产村融合,推动农村一二三产业融合发展。

七、全面高质量推动国际合作

坚持以互利共赢为宗旨,提高我国在绿色发展领域的国际影响力,通过使用多元化的传播策略、丰富的传播路径和国际交流平台做好习近平生态文明思想的国际传播。[①] 深度参与全球环境治理,树立绿色负责任大国形象,坚定不移推动生态环境治理全球合作。加强绿色发展国际合作,把握国际绿色产业合作机遇,加强国际绿色技术、绿色标准、人才和项目等方面的合作。

第五节　推进绿色现代化需要
正确处理的重大关系

我们目前还处于绿色现代化的进程中,面对绿色发展大潮,高质量推进绿色现代化亟须处理好几个方面的重大关系,包括正确看待长远目标与短期目标、有效处理能源安全与能源转型、全面统筹经济增长与节能减排、合理兼顾整体利益与局部利益、充分结合有为政府与有效市场以及正确处理中国责任与全球减排。

一、正确看待长远目标与短期目标

绿色现代化的推进既要立足当下,一步一个脚印解决具体问题,积小胜为大胜;又要放眼长远,克服急功近利、急于求成的思想,把握好绿色发

---

① 丛书编写组:《推进绿色循环低碳发展》,中国市场出版社 2020 年版,第 206 页。

展和降碳的节奏和力度，实事求是、循序渐进、持续发力。正如党的二十大报告中提出的："从二〇二〇年到二〇三五年基本实现社会主义现代化；从二〇三五年到本世纪中叶把我国建成富强民主文明和谐美丽的社会主义现代化强国。"绿色现代化的短期目标是：2035年基本实现绿色现代化，包括清洁低碳安全高效的能源体系基本建立、绿色发展方式基本形成、2030年前碳排放达峰等。长远目标是：21世纪中叶推动我国成为世界绿色文明的先进国，包括人类发展水平进入世界发达行列、建成世界最发达的绿色能源之国，实现人与自然和谐共生等，以真正实现360度全方位的高质量变绿。短期目标和长远目标是相辅相成、承前启后的，将会共同书就我国"富强民主文明和谐美丽"的现代化篇章。随着绿色现代化短期目标的实现，长远目标的实现路径也将愈加清晰。因此，应该正确看待长远目标对短期目标的"灯塔"作用，也要注重短期目标的稳步推进和对长远目标的时代贡献。

二、有效处理能源安全与能源转型

优化能源布局和能源结构、构建清洁低碳安全高效的现代化能源体系，是推进绿色现代化和"双碳"目标实现的重要基础。目前全国各地在国家战略指导下，已积极主动加快能源结构转型，但考虑到能源系统安全和稳定问题，就必须协同推进能源安全和能源转型，以保证转型降碳的同时确保能源安全和产业链供应链安全等。从现阶段看，我国清洁能源的结构相对比较单一，实现多能互补的难度依然较大，风、光、水等清洁能源具有较大的不稳定性，灵活调节和稳定电源支撑能力不足，电源结构有待优化，包括一些配套能源基础设施发展相对滞后、电网的互济能力有待提升。因此，优化能源布局和能源结构，协同推进能源转型与能源安全，全面提高电力系统的稳定性和抗风险的能力，是推动清洁能源高质量发展、实现绿色现代化的重要着力点。从能源安全与能源转型的视角看：一方面，应加快构建多能互补的综合利用体系，切实保障地区能源安全；另一方面，提升电网投资，加强调节性电源与稳定电源建设，巩固提升电源调节能力，促进多能互补的协同优化调度，助推能源高质量转型；与此同时，夯实清洁能源配套基础设施建设,推动区域电网提档升级,增强能源转型过程中的稳定性。

三、全面统筹经济增长与节能减排

在绿色现代化进程中,如何处理经济增长和节能减排的关系非常重要。事实上,经济增长和节能减排有着明显的对立关系,也有明显的互益关系。

一方面,促进经济增长要以推进节能减排为基础和落脚点。国家长远可持续的经济发展,同时取决于其经济增长速度和经济增长质量。通过调整经济结构,转变经济发展方式,走绿色发展之路,迈向绿色现代化,才能真正实现经济高质量发展。国内外经济增长经验均表明,单纯依赖生产要素的大量投入实现经济扩张是不具有长远可持续性的。因此,应该在发展过程中,以节能减排为基本前提,以高质量增长和绿色发展为目标,全面推进绿色现代化进程。

另一方面,节能减排是促进经济可持续高质量增长的内在要求和突破口。经济发展不仅要求速度,更要求质量。绿色现代化的本质要求就是用最小的资源消耗、最低的环境代价实现尽可能高的经济发展,并让尽可能多的人享受到高质量发展的有益成果。未来中国经济发展的关键就在于实现经济的可持续高质量发展,节能减排是转变经济发展方式、提高经济增长质量的切入点。因此,经济高质量增长将全方位体现节能减排的效果。

四、合理兼顾整体利益与局部利益

在绿色现代化进程中要兼顾整体利益和局部利益,既要增强全国一盘棋意识,加强政策措施的衔接协调,确保形成合力;又要充分考虑区域资源分布和产业分工的客观现实,研究确定各地产业结构调整方向和绿色行动方案,不搞齐步走、"一刀切";还要站在更高位置上有效识别中央与地方的利益诉求,有效推动局部利益对整体利益的正向贡献。

一方面,充分发挥中央和地方的积极性。中央在作出与绿色发展相关的重大部署时,既要考虑中央整体利益和长远利益,也要兼顾地方特点和利益,分类区别对待。地方要充分发挥各自的积极性、主动性、创造性,因地制宜地做好推进工作,但必须坚决维护中央的统一领导,维护国家的整体利益。

另一方面,要重视国家整体利益和产业主体局部利益。主动将绿色发展放在"政府—企业—公民"的责任共同体的整体中去理解,这几个主体在绿色发展中有不同地位,也承担不同责任,它们构成了一个完整的责任共同体。推进绿色现代化进程,既要明确主体各自的责任分工,又要合理地协调工作机制,以形成有效合力,使政府、企业和公民共同促进绿色发展。

五、充分结合有为政府与有效市场

绿色现代化的推进要坚持两手发力,推动有为政府和有效市场更好结合,建立健全绿色发展的工作激励约束机制。在这个过程中,就必须正确看待有为政府和有效市场的关系,以更好发挥有为政府的宏观调控作用和有效市场的调节作用。绿色现代化的高质量发展必须坚持有效市场和有为政府的原则,充分发挥市场在资源配置中的决定性作用,更好发挥政府的调控作用,强化竞争政策基础地位,加快转变政府职能。而处理有效市场与有为政府的关系,既要使市场在资源配置中起决定性作用,发挥市场机制、市场主体和资本的力量,又要更好发挥政府作用,强化宏观政策调控作用。

一方面,更好发挥有为政府的作用,高质量维护有效市场。在绿色现代化进程中,政府的引导作用不容忽视,市场的基础性地位必须有保障,以保证正常竞争的进行。包括当下的绿色治理体系中,政府就必须做好有效的综合治理,以发挥社会主义市场经济体制的优势,真正做好顶层设计。

另一方面,高度重视绿色发展过程中有为政府和有效市场二者的有机统一关系。它们并不是相互否定的,不能把二者割裂开来、对立起来。在推进绿色现代化进程中,应在尊重市场规律的基础上,用政策引导市场预期,努力形成市场作用和政府作用有机统一、相互补充、相互协调、相互促进的格局。

六、正确处理中国责任与全球减排

绿色现代化进程中,应将绿色发展放在"中国—全球"的整体中去理解,因为,我们倡导的绿色发展不仅只是实现某一个区域的绿色发展,建设美丽中国,还要为全球减排成效和全球生态安全作出积极贡献。环境问题也不仅只是一国的内部问题,它是一个全球性的问题。因此,推进实现绿色现代化过程中,应该辩证看待中国与全球的关系,既要立足国内,也要放眼全球,要把中国和全球的长远可持续发展作为一个整体思考。

一方面,中国作为一个负责任的大国,既要着力把本国的绿色发展做好,努力改善本土的环境状况,提升中国人民的环境幸福指数,也要为全球减排和生态安全贡献自己的力量。

另一方面,只顾局部某一区域的生态利益、无视全球整体的生态利益,均不是真正意义上的绿色发展,也不是绿色现代化的目标,个别资本主义国家的变绿只是通过污染转嫁和资源掠夺的方式实现了生态相对平衡,这严重违背了人类是"命运共同体"的共识。

第六节　推动实现绿色现代化的政策建议

大力推进绿色现代化进程中,必须多方发力、运用多种举措,扎实有效推进绿色现代化,从而为我国中国式现代化的全面实现奠定坚实的基础。具体要从总体布局层面、政策制度层面、实践探索层面和理念意识层面着手全面推进。

一、加强绿色规划顶层设计

要发挥国家制度优势,强化顶层设计,根据各区域经济发展实际情况,分类施策,鼓励主要一线城市主动作为、率先转型。积极加快制定出台相关转型规划、实施方案和保障基本措施,并加强政策衔接。打破以行政区域为主体的经济发展模式,全面畅通梗阻和破除壁垒。破除各种要素流动的体制机制障碍,促进生产要素的配置效率和公平配置。积极贯彻落实中央关于"碳达峰碳中和"的重大决策部署,加强基于"碳核算"规划的顶层设计,加大力度开展碳排放统计核算方法研究。加强统筹协调,建立完善的工作机制,响应国家战略,以实现"碳达峰碳中和"为基本目标,支持部分区域主体率先在绿色低碳转型方面作出行动,为我国向绿色低碳转型的科学决策贡献区域智慧。

二、全面强化绿色低碳政策保障

绿色现代化的实现离不开政策保障,可以说,政策保障是实现绿色现代化的推动基础,在推进过程中,国家应进一步建立健全绿色发展的法律规范与标准体系,完善支持绿色发展的财税、金融、价格政策等体系,加大资金支持力度,创新资金支持方式,积极引导财税政策支持经济绿色转型,发挥政府财政投入和税收政策对绿色发展的指导作用。加快完善绿色金融体系和绿色监管体系,加大绿色产业和生态项目的投融资力度,引导银行等金融机构为绿色低碳项目提供长期限、低成本资金。深入创新政府对绿色技术创新的管理方式,完善绿色技术创新成果转化机制和绿色技术创新体系。强化统筹协调能力,建立完善的绿色综合评价指标体系,加强指标约束。绿色标准体系是引领生产生活方式绿色转型的重要手段。要进一步完善并强化绿色低碳产品和服务标准、认证、标识体系,增加标准体系覆盖面,完善标准更新升级机制,培育第三方绿色认证市场,加强与国际标准衔接,大力提升绿色标识产品的质量效益,探索建立资源环境权益交易机制。

三、健全资源环境要素市场化配置体系

市场化配置是引导各类资源要素向绿色低碳发展集聚的有效方式。要深入推进资源要素市场化改革,完善自然资源有偿使用制度。推进自然资源资产交易平台和服务体系建设,构建统一的自然资源资产交易平台。健全城乡统一的建设用地市场,完善国有建设用地市场化配置机制,

进一步扩大国有土地有偿使用范围,缩小划拨用地范围。按照国家统一部署,稳妥推进农村集体经营性建设用地入市。深化产业用地市场化配置改革,健全长期租赁、先租后让等工业用地市场供应机制。完善土地利用计划管理,实施年度建设用地总量调控制度,增强土地管理灵活性,城乡建设用地指标使用应更多由省级政府负责。加快自然资源统一确权登记,建立健全用水权、排污权、碳排放权初始分配制度。健全水流产权制度,加快推进水流产权确权登记,完善水资源有偿使用制度。推进水权市场化交易,培育和发展水权交易市场。全面实行排污许可制,加快建设全国用能权、碳排放权交易市场。完善碳定价机制,加强碳排放权交易、用能权交易、电力交易衔接协调。

四、持续推动绿色低碳循环发展

绿色现代化的实现离不开产业转型、效率提升和行动创新。推动发展方式绿色转型,科技支撑是关键。要增强绿色低碳科技创新能力,加快健全绿色低碳技术体系,狠抓绿色技术攻关,加快节能降碳先进技术研发和推广应用。一方面,要以产业绿色化为重点,加快经济绿色转型:推进传统产业绿色升级改造,优化工业生产体系布局,推进产业园区绿色化改造,抓好重点行业绿色化改造,推进农业绿色发展;大力发展绿色产业,加快培育绿色产业市场主体,促进绿色产业规模化集聚性发展,推动绿色服务模式创新,营造公平、充分竞争的市场环境;完善绿色供应链,加强绿色供应链制度建设,以重点企业为抓手构建绿色供应链体系。另一方面,以提高效率为核心,推进资源节约集约循环利用:加强节能和提高效能,完善能源消费总量和强度"双控"制度,提高重点领域能源利用效率,加强节水和非常规水源利用,加强矿产资源高效利用,加强土地资源高效利用,大力发展循环经济。与此同时,以创新行动为引领,推行绿色生活方式:引导生活方式绿色化,扩大绿色产品消费。创新人才培养模式,鼓励高等学校加快相关学科建设,为我国绿色低碳发展提供源源不断的人才支撑。

五、营造形成绿色转型社会环境

形成绿色低碳的生产方式和生活方式需要全社会的共同努力，在推动绿色现代化进程中，要强化宣传教育，推进绿色低碳的基础知识在机关、学校、企业、社区和农村的普及。地方各级政府需要全面贯彻落实新发展理念，树立正确的政绩观，切实把加快发展方式绿色转型摆到核心位置。同时，需要完善企业绿色发展责任，督促企业严格执行节能环保等法律法规标准，进一步落实生产者责任延伸制度，鼓励企业公开绿色发展信息、履行社会责任。广泛开展绿色低碳社会行动，鼓励新闻媒体加强舆论监督，维护公众环境权益，推动形成绿色转型的良好社会氛围。

六、积极推动全球伙伴关系构建

秉持人类命运共同体理念，积极参与全球环境治理，为全球提供更多公共产品，展现我国负责任大国形象。加强同周边国家的合作，为发展中国家提供力所能及的资金、技术支持，帮助提高环境治理能力。坚持共同但有区别的责任原则、公平原则和各自能力原则，坚定维护多边主义，坚决维护我国发展利益。

第七章 扎实推进共同富裕：
三次分配领域的改革红利①

在高质量发展中促进共同富裕,初次分配、再分配和第三次分配三个领域既是统一的也是互补的。首先,三个分配领域服从于相同目标,即保持经济增长合理速度、改善国民收入分配结构,以及形成覆盖全体居民和全生命周期的基本公共服务体系。其次,三个分配领域也具有不尽相同的性质、职能特点和发挥作用的特殊定位,需要准确定位从而各司其职。最后,三个分配领域都涉及诸多关键的改革内容,适时推进这些改革可以带来实实在在的改革红利。本章着眼于把改善生产要素供给与促进社会流动两类目标相结合,旨在贯穿供给侧的增长潜力和需求侧的保障条件。本章以实例具体揭示三个分配领域的改革目标和内涵,即在初次分配领域促进以人为中心的资源配置,在再分配领域形成覆盖全民的基本公共服务体系,在第三次分配领域激励和倡导更广泛的企业社会责任。

第一节 推进共同富裕需要实现的主要目标

以人民为中心的发展思想,不断促进人的全面发展、全体人民共同富裕,是习近平新时代中国特色社会主义思想的重要组成部分。中央财经委员会第十次会议提出,在高质量发展中促进共同富裕,构建初次分配、再分配、三次分配协调配套的基础性制度安排。党的二十大报告也作出部署,在2035年基本实现现代化之时,全体人民共同富裕迈出坚实步伐,

---

① 课题组组长:蔡昉,中国社会科学院国家高端智库首席专家、学部委员、研究员。

在 2050 年全面建成社会主义现代化强国之时,全体人民共同富裕基本实现。

我们应该从发展的目的和路径两个方面着眼,加深理解党中央对共同富裕作出重新强调的意义。一方面,共同富裕是社会主义的本质特征,内涵是在高质量发展的前提下,共享经济发展的成果;强调的是发展与共享的并重,而不是简单地把关注重点从发展转向分配。另一方面,就中国所处阶段,分好"蛋糕"是做大"蛋糕"的必要条件。共同富裕无疑是中国特色社会主义现代化的终极目标,同时又与实现这个目标的路径高度兼容,在分好"蛋糕"的过程中可以产生做大"蛋糕"的效应。促进共同富裕涉及一系列体制、机制和政策改革,因此,这种做大"蛋糕"的效应也就是改革红利。

在实现全面建成小康社会、开启全面建设社会主义现代化国家新征程之际,中国也进入新发展阶段,要立足新发展阶段、贯彻新发展理念、构建新发展格局,推动高质量发展,实现新发展目标。在这个发展时期,面临着诸多崭新的挑战,需要解决一系列发展中的问题和成长中的烦恼。从中长期发展来看,中国经济发展同时面临着供给侧和需求侧的挑战。[①]从促进共同富裕这个目标出发,中国在"十四五"以及到 2035 年,需要克服各种风险挑战,实现以下几个主要目标。

首先,保持经济在合理速度区间增长。按照党的十九届五中全会精神以及"十四五"规划和 2035 年长远目标的要求,以人均国内生产总值(GDP)衡量的中国经济发展水平,要在 2025 年达到或超过高收入国家门槛标准,进而在 2035 年达到中等发达国家水平。也就是说,按照世界银行的定义和标准,中国人均 GDP 在 2025 年超过 12535 美元,在 2035 年达到 23000 美元。这样的目标要求,意味着年平均实际增长率,要足以支撑GDP 总量和人均水平在未来 15 年翻一番。以世界银行数据库公布的数据为依据,2020 年中国人均 GDP 为 10500 美元,按照到 2035 年增长一倍

---

① 作者在一部著作中概括和分析了相关的挑战。参见蔡昉:《成长的烦恼:中国迈向现代化进程中的挑战及应对》,中国社会科学出版社 2021 年版。

的要求,意味着年平均增长率应为 4.73%。从供给侧来看,中国经济具备这样的潜在增长能力①,如果不发生干扰潜在增长能力实现的情形,同时更关键的是需求增长能够支撑这个增长潜力,这个翻番目标就可以实现。

但是,上述对潜在增长率的预测是基于之前的人口预测数据。如果采用最新的人口预测数据,即 2022 年中国人口达到峰值,2023 年进入负增长的情形,潜在增长率降低到 4.53%(中方案预测),降低幅度可达6.4%。即便如此,中国仍然可以有机会保持原来预测的增长率水平,只是这个机会要靠争取得来,或者说来自供给侧的改革红利,我称之为"取乎其上、得乎其中"。在最新的预测中,我们还预测了一个比 4.53% 高一些的高方案,即"改革红利情形"②。如果用之前预测的中方案与最新预测中的高方案相比较,两者在这一期间的平均潜在增长率则非常接近,分别为 4.84% 和 4.80%。高方案实际上就是假设更多的改革力度,可以使全要素生产率提高更快一些。可见,用更大的改革力度确实可以达到"取乎其上、得乎其中"的效果。

其次,改善国民收入分配结构,实质性提高居民收入占比,显著缩小收入差距。随着人口出生率以及自然增长率的逐年下降,中国人口将在2022 年到达峰值,随后进入负增长时代。③ 相应地,人口年龄结构进入中度老龄化,即 65 岁及以上人口占比超过 14%(2021 年为 14.2%),未富先老的特征进一步显现。由于人口总量、年龄结构和收入分配三种抑制居民消费效应的作用,未来中国经济增长的需求侧制约将愈益突出。克服需求制约固然需要综合施策,不过,最紧迫的政策举措和最对症的政策方向,莫过于在提高居民收入、扩大中等收入群体,从而改善收入分配方面取得明显效果。

改善国民收入分配结构和缩小收入差距,既紧迫也易于产生实效,是

---

① 谢伏瞻主编:《迈上新征程的中国经济社会发展》,中国社会科学出版社 2020 年版,第103—125 页。

② 蔡昉、李雪松、陆旸:《中国经济将回归怎样的常态》,《中共中央党校(国家行政学院)学报》2023 年第 1 期。

③ 蔡昉、李雪松、陆旸:《中国经济将回归怎样的常态》,《中共中央党校(国家行政学院)学报》2023 年第 1 期。

收获改革红利的关键领域。进入 21 世纪第二个 10 年以来,中国可支配总收入中的住户部门可支配收入占比、劳动者报酬占比和居民收入占比都有所回升,也标志着居民收入增长同经济增长的同步性得到增强。同一时期,城乡居民收入差距和基尼系数也得到改善。具体来看,在增长速度开始下行期间,中国的收入分配状况获得了一定的改善。在图 7-1 中,我们展示三种反映收入差距的指标,分别为帕尔玛比率(Palma ratio),即居民中最高 10%收入组的收入份额,与最低 40%收入组的收入份额之比;城乡收入差距,即城镇居民人均可支配收入与农村居民可支配收入之比;居民人均可支配收入基尼系数。这些反映收入差距的指标,在 2010 年之前总体上处于逐年提高的趋势,在 2010 年前后分别达到峰值,此后均有所降低,近年来保持在相对稳定的水平上。从国际比较来看,国民收入分配结构中的上述占比仍然偏低,反映居民收入分配的基尼系数等指标也处在较高的水平。

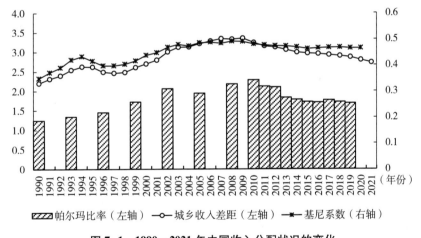

图 7-1 1990—2021 年中国收入分配状况的变化

资料来源:计算帕尔玛比率的数据来自世界银行数据库:https://data.worldbank.org/;城乡收入差距和近年来基尼系数来自国家统计局"国家数据";早年的基尼系数来源可参见 Cai Fang, *China's Economic Growth Prospects:From Demographic Dividend to Reform Dividend*,Cheltenham, UK:Edward Elgar,2016,p.180。

根据世界银行数据,在人均 GDP 超过 12535 美元(即中国到 2025 年的目标)的高收入国家中,基尼系数超过 0.4 的只有三个拉丁美洲国家以及美国;在人均 GDP 超过 23000 美元(即中国到 2035 年的目标)的高收入国家中,基尼系数超过 0.4 的只有美国一个国家(见图 7-2)。可见,在今后的 15 年里,实质性缩小收入差距的定量指标,应该是把中国的基尼系数降低到 0.4 以下。根据发达国家的经验,完全依靠初次分配并不足以把基尼系数降低到 0.4 以下,而需要运用税收和转移支付等再分配手段。因此,实质性缩小收入差距的目标,也就意味着今后一个时期政府主导的再分配力度必然明显增大。

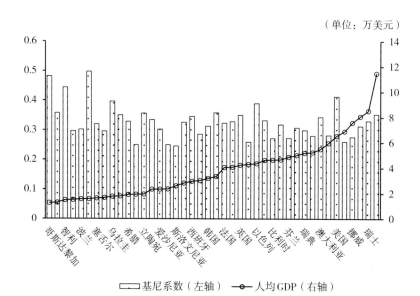

（单位：万美元）

图 7-2　高收入国家的基尼系数

资料来源:世界银行数据库,https://data.worldbank.org/,2021 年 11 月 24 日浏览。

最后,形成覆盖全体居民和全生命周期的基本公共服务体系。再分配并不仅指对初次分配结果进行二次调节,还有一项重要的政策任务,即通过政府的公共支出保障和扩大基本公共服务供给,以覆盖全体居民和全生命周期的方式,执行社会福利、社会共济和社会保护职能。政府履行此类职能,一方面可以降低和应对居民面临的生计风险,另一方面也满足居民的基本公共服务需求,所取得的总体效果与缩小收入差距是一致的。

党的十九大要求在幼有所育、学有所教、劳有所得、病有所医、老有所养、住有所居、弱有所扶上不断取得新进展,保证全体人民在共建共享发展中有更多获得感，不断促进人的全面发展、全体人民共同富裕。这七个"有所"整体覆盖了基本公共服务的范围，形成一个完整的全民共享型福利体系，应该依据尽力而为和量力而行的原则，随着经济发展水平的提高得到不断的完善和提升。2021 年，国家颁布了《国家基本公共服务标准（2021 年版）》，从七个"有所"以及优军服务保障和文体服务保障等九个方面，分 22 个大类和 80 个服务项目界定了基本公共服务范围，为确立基本公共服务支出责任提供了重要依据。

社会福利体系建设既是新发展阶段改善民生的实际需要，也符合经济社会发展的阶段性规律。社会福利的水平随着现代化进程和人均收入的提高而不断提高，在国家跨入高收入阶段前后的一个时期，通常经历一个显著的提升。跨国数据显示，在人均 GDP 从 10000 美元到 25000 美元这个发展阶段，政府社会支出占 GDP 的比重经历一个从平均 26% 到 36% 的大幅跃升。今后 15 年中国人均 GDP 的增长目标，意味着恰好处于这样一个社会福利水平按照规律显著提高的发展阶段，不应该成为一般规律性的例外。

初次分配、再分配和第三次分配这三个领域，既是统一的，服从于相同的最终目标，同时也具有不尽相同的性质，各有自身的职能特点，因而各具发挥作用的独特定位。借助初次分配、再分配和第三次分配协调配套的基础性制度安排，推进社会福利保障水平，要求进行一系列的改革。这项任务既是现实而紧迫需求，也符合一般发展规律，同时也符合各国普遍的做法。更重要的是，推进与此相关的关键性改革，具有报酬递增的特点，即能够带来真金白银的改革红利。本章的以下部分，将着眼于把改善生产要素供给与促进社会流动两类目标相结合，旨在贯穿供给侧的增长潜力和需求侧的保障条件，揭示三个分配领域的此类改革领域及其可以产生的改革红利。

第二节　初次分配：以人为中心的资源配置

初次分配过程也是资源和生产要素配置的过程，同时根据各种要素在产出中的贡献决定分配份额,通过报酬水平的决定形成激励和创造效率。因此,这个领域更加倚重市场配置资源的决定性作用;在这个领域进行的改革,核心就是完善生产要素配置的市场化水平,更有效率地重组生产函数。鉴于劳动力资源处于各种生产要素的中心地位,同时以人本身为载体,这里着重探讨进一步发育劳动力市场的途径和改革效应。

随着人口老龄化进程加速,由于双重的因素,中国经济增长不可避免地产生长期的减速趋势。从供给侧的潜在增长能力来看,由于劳动年龄人口逐年减少,劳动力短缺、人力资本改善速度减慢、资本回报率降低和生产率提高难度加大,都将降低潜在增长率的效果。这也是 2012 年以来中国经济减速的原因。由于劳动年龄人口减少的趋势将继续,减少的幅度将加大,经济潜在增长率仍将会降低。有的研究者甚至认为,由于中国劳动力的严重不足,使其无法维持期望的增长速度,因而不能做到如多少人预期的那样在 2030 年前后超过美国,成为世界第一大经济体。

从需求侧各因素满足潜在增长率的能力来看,第七次全国人口普查数据显示,中国的总和生育率已经降到 1.3,进入世界上最低水平之列;人口出生率达到新中国成立以来的最低水平,人口自然增长率则持续创造新低。因此,随着中国人口总量达到峰值,根据人口老龄化的规律,消费需求将成为越来越突出的制约因素①,很可能会妨碍中国经济增长潜力的发挥,导致实际增长速度不能符合预期,降低到合理区间之外。

初次分配领域改革对保持中国经济在合理区间增长、实现预期的发展目标,具有至关重要的意义。中国劳动年龄人口已经经历了十年的负增长,这个趋势不仅将继续而且将加剧。然而,中国未来农业农村剩余劳动力的转移潜力,从国际比较来看仍然巨大。根据一般规律,随着人均收入水平的提高,城市化水平将提高而农业劳动力比重将降低。中国在这两个指标上相对落后于同等发展水平的国家,与高收入国家更有较大的差距。

---

① 蔡昉、王美艳:《如何解除人口老龄化对消费需求的束缚?》,《财贸经济》2021 年第 5 期。

我们来看 2020 年中国的经济发展水平排位,并据此进行城市化率和农业就业比重的国际比较(见图 7-3)。这一年,按照世界银行的统计,中国的人均 GDP 为 10500 美元,比中等偏上收入国家(即按照世界银行定义人均 GDP 在 4046 美元到 12535 美元之间的国家)的平均水平高 14.2%,十分接近人均 GDP12535 美元这个高收入国家的门槛水平。因此,本来我们预期中国的城镇化率和农业就业比重都应该优于中等偏上收入国家,而更加接近高收入国家。然而,事实并非如此。2020 年,中国常住人口城镇化率为 63.9%,中等偏上收入国家的平均城市化率为 67.6%,高收入国家平均为 81.8%。不仅如此,中国常住城镇人口中有大约 29% 的人口没有城镇户口,也就是说,常住人口城镇化率与户籍人口城镇化率之间存在 18.5 个百分点的差距。同年,中国农业劳动力占全部劳动力的比重为 23.4%,中等偏上收入国家平均为 20.9%,高收入国家平均为 2.8%。

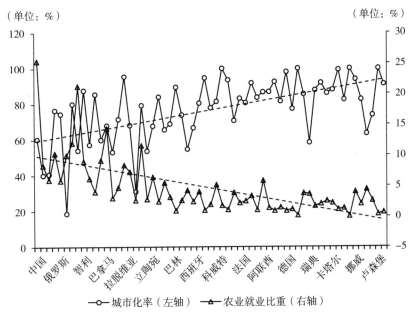

图 7-3　城市化率和农业就业比重的国际比较

资料来源:世界银行数据库,https://data.worldbank.org/。

这些差距赋予中国在劳动力供给和消费需求方面扩大以巨大潜力。以中国目前的经济发展水平为起点,与人均 GDP 高于中国的国家和地区相比较(见图7-3),可以看到中国未来仍有巨大的空间来提高城市化水平和降低农业劳动力比重。加快户籍制度改革,推动以农民工在就业地落户为主要内容的新型城镇化,是缩小这些差距的重要途径,可以从供给侧和需求侧收获改革红利,促进经济增长。下面,我们假设一种关联改革的情景,从两方面着力,即一方面完善城镇就业环境产生的拉力,另一方面提高农业劳动生产率产生的推力,进一步促进农业劳动力转移;加快户籍制度改革,显著扩大城镇新居民规模;在保持劳动力市场灵活性的前提下,提高就业的正规化程度。可以预期,这个一揽子改革可以产生显著的改革红利。

首先,加大政策力度促进劳动力转移,在"十四五"时期把农业劳动力比重降低 10 个百分点,即显著高于中等偏上收入国家的平均水平,而缩小与高收入国家平均水平的差距。这样,非农产业可以获得规模超过8000 万元的额外劳动力,或者说由此形成的非农产业劳动力供给,年均增长率可达到 2.7%。从更长期来看,中国的农业就业比重与高收入国家平均水平相差超过 20 个百分点,这个转移的空间应该说是难以限量的,可以对保持和提高潜在增长率作出显著的贡献。

其次,大规模推动农民工在城市落户,把户籍人口城镇化率提高到常住人口城镇化率的水平,也就是消除两者之间 18.5 个百分点的差距。一旦使目前常住城镇而没有城镇户口的农民工获得城镇户籍,就意味着全国增加 2.6 亿城镇户籍人口。即使在统计上常住人口城镇化率没有提高,但是,农民工落户之后将增强就业和收入的稳定性,获得均等的基本公共服务,消费水平将显著得到提高。经济合作与发展组织(OECD)研究表明,如果把中国的城镇化看作两个步骤的话,第一步,农民工从农村转入城镇,即便没有转变户籍身份,消费水平也可以得到 30% 的提升;第二步,进城农民工一旦获得城镇户口,在其他条件不变的情况下,消费水平可以再提升 30%。[①]

最后,相应提高城镇劳动力市场的正规化程度,构建更加和谐的劳动

---

① Margit,Molnar,Thomas Chalaux and Qiang Ren,"Urbanisation and Household Consumption in China",*OECD Economics Department Working Papers*,No.1434,2017.

关系,加强对劳动者的社会保护水平。2019 年,在 4.63 亿城镇就业人员中,既包括国有单位、集体单位、公司制企业、私营企业、外商投资和港澳台投资企业,以及各种其他形式的单位就业人员,也包括个体工商户及其他形式的非单位就业人员。如果我们粗略地把个体就业和没有在分部门统计中显示出来的就业,合并起来视为非正规就业的话,这部分人群的规模为 1.40 亿人,占全部城镇就业的 30.93%。

就业的非正规性表现在劳动关系不稳定、缺乏正常的工资增长机制和社会保险覆盖率低等方面。这不仅压低了劳动者报酬,也降低了对劳动者的社会保护程度,阻碍了劳动者的职业上升机会,抑制了社会流动性。世界经济论坛在《2020 年世界社会流动报告》指出,中国处于劳动报酬中位数以下的劳动者,平均劳动报酬仅为中位数以上群体的 12.9%。全部劳动者中劳动报酬偏低的比重为 21.9%。这成为降低中国社会流动性的一个重要因素。[①] 提高就业的正规化程度,无疑有助于纠正这种现象。

第三节 再分配:覆盖全民的基本公共服务体系

国民收入再分配和社会福利供给,是政府发挥分配功能的重要方式和共享生产率的必要途径,因而也是实现共同富裕的终极手段。再分配的显著功能是直接缩小收入差距。大多数经济合作与发展组织成员,初次分配之后的基尼系数仍然在 0.4 以上,只是经过税收和转移支付再分配调整后,基尼系数普遍下降到 0.4 以下(除了美国略高于 0.4),平均降低幅度高达 35%。[②] 中国居民收入差距经历过明显的改善,但目前仍处较高水平。基尼系数从 2008 年最高时的 0.491 降到 2015 年的 0.462 水平之后,便不再有显著的降低,2019 年仍然徘徊在 0.465 的水平上。可

---

① World Economic Forum, *The Global Social Mobility Report 2020: Equality, Opportunity and a New Economic Imperative*, Geneva: World Economic Forum, 2020.

② 笔者根据经济合作与发展组织数据库数据计算,参见 https://stats.oecd.org/index. aspx? r=556560,2021 年 11 月 12 日浏览。

见,要把基尼系数降低到0.4以下的相对合理水平,必须在更大程度上诉诸再分配手段。

再分配功能并不限于对初次分配结果进行直接调节,还通过政府的公共支出,保障和扩大基本公共服务的供给,执行社会福利、社会共济和社会保护职能,一方面降低和处置居民在经济社会生活中面临的生计风险,另一方面满足居民的基本公共服务需求,可以获得与缩小收入差距一致的效果。也就是说,政府在社会保护等领域的支出力度具有改善收入分配的作用。从39个包括现有经济合作与发展组织成员在内的国家数据看,社会领域公共支出占GDP的比例与基尼系数之间具有显著的负相关关系,即公共社会支出具有缩小收入差距的效果(见图7-4)。

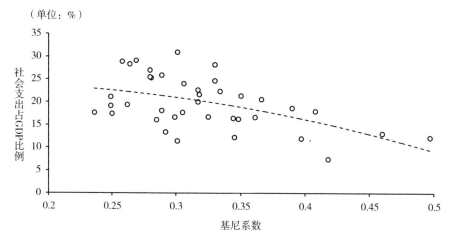

图7-4 社会支出与基尼系数的负相关

资料来源:OECD, Social Spending(indicator), http://data.oecd.org/socialexp/social - spending.htm. (Accessed on 12 November 2021)。

党的二十大强调使人民获得感、幸福感、安全感更加充实、更有保障、更可持续。这就要求在七个"有所"上不断取得新进展。这七个"有所"从全生命周期覆盖了基本公共服务的范围,构成完整的普惠型社会福利体系,应随着发展水平的提高不断完善和提升。

构建这个社会福利体系的必要性和紧迫性来自三个方面。第一,应对中国发展面临的严峻挑战。基本公共服务的充足性和均等化的提高,有助于解除居民后顾之忧,以不断扩大的居民消费需求支撑经济增长。第二,2035 年基本实现现代化的要求。在相当大的程度上,共同富裕迈出坚实步伐的定性目标,应该量化和体现在再分配领域。第三,符合经济社会发展的一般规律。跨国数据表明,随着人均收入水平的提高,社会福利支出规模持续扩大,比重不断提高,在人均 GDP 从 10000 美元到 25000 美元这个发展时期,政府社会性支出占 GDP 的比重提高最快,各国该比重的算术平均值大体上从 26% 提高到 37%,从而完成福利国家的建设任务。

在七个"有所"要求中,学有所教或教育发展就是一个典型的领域,既通过加强人力资本积累改善生产要素供给,又通过阻断贫困代际传递促进社会流动,从供给侧和需求侧创造改革红利。在关于经济增长的研究中,通常以劳动年龄人口的平均受教育年限作为人力资本的代理指标,并且大量的跨国研究都发现,这个变量对经济增长具有显著的贡献。以对改革开放时期中国经济增长因素的分解研究为例,沃利(Whalley John)等学者估计,人力资本对经济增长直接贡献了 11.7%;此外,教育水平提高还具有改善生产率的效果,把这个效应考虑在内的话,人力资本对经济增长的总贡献率高达 38%[①]。因此,把推进教育发展和教育深化作为政府公共服务责任,努力保持劳动年龄人口受教育年限的增长,应该成为再分配领域的关键目标。

我们既可以从理论上作出判断,也可以从中国的现实中实际观察到,人口变化因素已经产生了不利于受教育年限提高的效果。首先,15—59 岁劳动年龄人口已经历 10 年的负增长,即使考虑到实际进入劳动力市场的人口年龄要大于 15 岁,20—59 岁劳动年龄人口在稍后几年也开始了负增长。根据联合国数据计算,中国 20—59 岁劳动年龄人口总量,在 20 世纪 80 年代、90 年代和 21 世纪第一个 10 年和第二个 10 年,年平均增长率分别为 3.04%、1.84%、1.41% 和 0.10%,其中在 2016—2020 年各年均为负增长。其次,与人口年龄结构变化相对应,以各级毕业生(未升学或

[①]　Whalley, John and Xiliang Zhao, "The Contribution of Human Capital to China's Economic Growth", *NBER Working Paper*, No.16592, 2010.

辍学)加总为代表的新成长劳动力,也于 2014 年进入负增长。再次,在普及九年制义务教育和高校扩大招生巨大政策效应释放之后,人均受教育年限的增长速度也相应放慢。最后,作为上述因素的总结果,无论是平均受教育年限增量还是人力资本禀赋较高的新成长劳动力增量,都不足以支撑人力资本总量的增长(见图 7-5)。

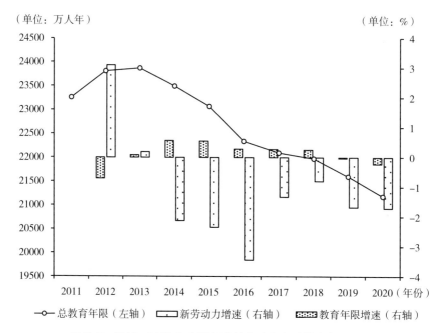

（单位：万人年）　　　　　　　　　　　　　　　　　　　　　　　　（单位：%）

总教育年限（左轴）　　新劳动力增速（右轴）　　教育年限增速（右轴）

图 7-5　2011—2020 年中国新成长劳动力和受教育年限增量

注:"教育年限增速"系平均受教育年限的年平均增长率;"新劳动力增速"系新成长劳动力即各级各类毕业未升学及肄业人数的年平均增长率;"总教育年限"系新成长劳动者总量与平均受教育年限的乘积。

资料来源:根据国家统计局和教育部数据估算,数据来自国家统计局"国家数据"网站 https://data.stats.gov.cn/index.htm 和教育部网站 http://www.moe.gov.cn/。

在人力资本提高速度明显放慢的同时,中国未来的高质量发展特别是生产率驱动型经济增长,对人力资本禀赋提出了更高的要求。虽然在中国改革开放时期中国的教育得到卓有成效的发展,但是,总人口的平均受教育年限仍然较低,特别是,劳动年龄人口中大龄劳动力的受教育程度显著偏低。利用联合国提供的平均受教育年限数据,我们可以在国际比较中清晰地看到这一点。如表 7-1 所示,2019 年中国 25 岁及以上人口的平均受教育年限为 8.1 年，低于"极高人类发展国家"和"高人类发展国家"（中国属于这个行列）的平均水平，也略低于世界平均水平，但高于发展中国家的平均水平。应该说，在中国经济和社会整体发展水平当中，教育发展仍然是相对滞后的领域。例如，2019 年中国的人类发展指数在全球排在第 85位，处于"高人类发展水平"行列，但是，平均受教育年限却排在第 115 位。[①]

表 7-1 1990—2019 年中国的平均受教育年限及国际比较

（单位：年数）

年份	中国	极高人类发展	高人类发展	发展中国家	世界平均
1990	4.8	9.3	4.9	4.2	5.8
2000	6.5	10.6	6.7	5.7	7.1
2010	7.3	11.6	7.7	6.7	7.9
2019	8.1	12.2	8.4	7.5	8.5

资料来源：联合国开发计划署网站：http://hdr.undp.org/en/indicators/103006#。

由于前述中国人口和劳动力的趋势性变化，以及教育自身增长的减速，25 岁及以上人口的平均受教育年限增长也明显减速。例如，在1990—2000 年、2000—2010 年和 2010—2019 年，该指标的年平均增长率分别为 3.08%、1.17% 和 1.16%。有鉴于此，对于教育的发展，政策上不能有丝毫的放松，要在社会福利支出中加大对教育公共投入的力度，特别是在义务教育的均等化、学前教育和高中教育等领域予以倾斜，不遗余力地延长在学时间，以确保在新成长劳动力增量减少的情况下，仍然不断提高劳动年龄人口的受教育年限。

第四节 第三次分配：更广泛的企业社会责任

由自愿捐赠、慈善事业、志愿者行动和企业社会责任构成的第三次分配领域，是初次分配和再分配的必要补充，体现经济主体、社会组织及个

[①] UNDP，*Human Development Report 2020：The Next Frontier，Human Development and the Anthropocene*，New York：UNDP，2020.

人的社会关爱和道德准则。这分配领域最显著的表现无疑是慈善捐款。最新的数据显示,2020 年中国接受款物捐赠共计 2086.13 亿元,比 2016 年名义增长 49.8%,占 GDP 的比重为 0.21%。[①] 与很多发达国家相比,这个水平仍然很低,有待通过形成良好的氛围和机制,使其进一步得到提高。然而,对企业来说,第三次分配绝非只是捐出多大的一个利润百分比,更重要的是乐于和善于承担一系列社会责任。而且,很多社会责任也未必是企业单方向的付出。如果说初次分配更多依靠发挥市场的作用、再分配更加强调以政府为主导的话,第三次分配则可以以社会贡献和市场盈利相结合的方式进行。

至少在过去几十年中,企业仅对所有者(股东)收益负责成为颠扑不破的信条,员工、消费者、客户乃至社会的权益并不在企业的生产函数权衡之中。近年来,国内外兴起一个讨论企业社会责任相关话题的小高潮。争论的问题虽然十分广泛,但是,企业究竟应该唯一地对股东利润负责,还是应该兼顾更广泛的利益相关群体的诉求这一辩题,是其中关涉企业发展目标的最根本问题。其实,这个问题经历过旷日持久的争论,只是在不同的时期不同的观点更占上风。长期以来,新自由主义经济学给这个问题提供了最为主流的答案。虽然不乏各种学理上的论证,但是,米尔顿·弗里德曼(Milton Friedman)的一篇广为引用的短文标题,直接成为后来实践的圭臬:企业的唯一社会责任就是增加利润[②]。

在很多西方国家,这一思想对实践产生了长达数十年的影响,对这些国家收入差距扩大、社会分化乃至政治分裂的痼疾负有其咎。现实中发生的两个趋势,正在促进人们特别是企业家反思这种理念和做法:一方面,包括很多富裕国家在内,全球普遍存在收入和财富差距过大,经济上的两极分化演变为社会分裂和政治对立,要求改变这种分配不公的格局;另一方面,人口老龄化和以人工智能为特征的新一轮科技革命,对普通劳动者的岗位和生计构成越来越现实的威胁,要求更人性化的经济发展和企业经营模式。对

---

① 参见 http://www.charityalliance.org.cn/news/14364.jhtml,2022 年 12 月 1 日浏览。

② Friedman, Milton, "The Social Responsibility of Business is to Increase Its Profits", *The New York Times Magazine*, September 13, 1970.

此，很多大型企业的领导人也作出了呼应，号召改变仅仅对所有者负责的现状，承诺把消费者、员工、供应商和社区等纳入企业责任的考虑之中。①

最适合大型跨国公司、科技企业、互联网平台企业和金融机构承担，也最为各国紧迫需求的民生导向社会责任，可以用"科技向善"来概括。以熊彼特（Joseph Alois Schumpeter）从产品或产品特性、生产方法、产品市场、供应来源和组织形式定义的创新为基础②，现代大公司的创新演进到更新更高级的层次。尤其是，在诸如金融衍生工具、人工智能、互联网平台、元宇宙、非同质化代币等超乎普通人想象力的领域，科技和算法的创新及其应用到了无所不能的境界。投资者和企业从中获利甚丰，可以说，资本收益增长始终快于经济增长和工资增长的皮凯蒂（Thomas Piketty）不等式 $r>g$③，在这里得到最直接的体现。与此同时，"蜘蛛侠信条"也是成立的，即"能力越大，责任越大"，这类富有创新能力的企业一旦转变导向，进行旨在兼顾员工福利、改善民生和服务于社区和社会的创新，既可以产生无穷无尽的创意，从企业内部和外部也都能够获得回报。

企业最擅长的，莫过于以市场利润最大化作为出发点发现投资机会和创新点。在转向以社会责任为出发点的情况下，单个企业的决策或许不具备充分的信息、必要的问责机制和足够的内在动力。因此，企业承担社会责任，并不仅仅是企业自身的决策和举措，还需要形成新型的企业和社会关系及相应的激励机制，以打破外部性的制约。也就是说，需要在企业内部的所有者、管理者和员工等之间，以及在社会范围的企业、政府、社区和民众（消费者和小额股民）等之间建造协商、合作关系，以便形成一致而有益的共识、目标和行动。在中国社会，企业可以在诸多方面有所作为，既提高企业员工社会流动性和居民幸福感，又赋能经济增长及可持续

---

① 例如，2019 年 8 月，包括许多著名跨国公司领导人在内的 180 多位企业家一致表示，摒弃单纯对所有者负责的传统信条和经营模式。参见"What Companies Are For"，*The Economist*，August 22，2019。

② ［美］约瑟夫·熊彼特：《经济发展理论——对于利润、资本、信贷、利息和经济周期的考察》，何畏、易家详等译，商务印书馆 1990 年版，第 75—76 页。

③ ［法］托马斯·皮凯蒂：《21 世纪资本论》，巴曙松等译，中信出版社 2014 年版，第 26—28 页。

性。下面,我们举一个具有综合性的例子。

一般来说,15—59 岁人口是劳动年龄人口,其中 15—49 岁女性为生育年龄人口,20—34 岁为生育旺盛年龄。在这个年龄段的人口特别是女性,既参与劳动力市场,也负担着子女的生育、养育和教育责任,因而也是家务劳动的主要承担者,在其中的一段时间里往往还处于在校学习的状态。这些活动及其时间的相对分布,以及从中取得的收入或付出的成本,决定了中国最活跃人口群体的劳动参与率、收入状况、生育意愿以及人力资本积累。

我们可以利用不同来源的数据,展示同时处在就业活跃期和生育年龄(即生育旺盛年龄)的人口群体在家庭中以及劳动力市场上的生存状况。如图 7-6 所示,20 岁是生育旺盛期的起点年龄,通常也是就业的起

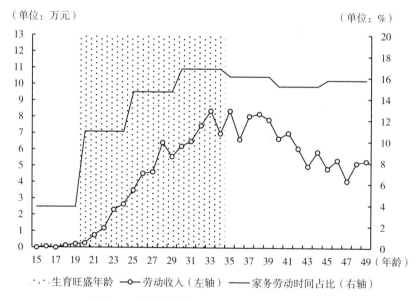

图 7-6　生育年龄人口的就业、收入和时间分配

注:"劳动收入"系调查样本中城镇居民平均数(不区分性别);"无酬劳动占比"系按每五岁年龄分组中,女性从事无报酬劳动时间(家务劳动是其中最主要的组成部分)占个人全部时间的百分比。

资料来源:劳动收入数据来自中国社会科学院人口与劳动经济研究所 2016 年城市劳动力调查。关于调查和数据的说明可参见蔡昉、王美艳:《如何解除人口老龄化对消费需求的束缚?》,《财贸经济》2021 年第 5 期;无酬劳动时间数据来自国家统计局 2018 年的调查,参见国家统计局网站:http://www.stats.gov.cn/。

点年龄,劳动收入从此开始逐年提高。然而,在整个生育旺盛期,劳动者始终处于劳动收入的增长曲线上,换句话说,在这个年龄区间的大部分时候,劳动者尚未达到职业地位和收入水平的高点。与此同时,在这个年龄段上,女性从事以家务劳动和照料活动为主的无报酬劳动的时间及其比例,也同样始终处于上升的曲线上。换句话说,处在这个对就业以及生育、养育和教育子女均至关重要的年龄,个人也同时面临着最为拮据的财务和时间预算约束。

无论是从经济增长意义上,还是从人口再生产意义上,处在最富有生产性的年龄段上的个人,面临着这种收入和时间都十分拮据的制约,显然造成一个抑制经济社会活力的结果。同时,家庭和社会之间的资源配置矛盾,也带来一系列宏观层面的经济和社会影响。首先,家庭收入与三育成本之间的矛盾,导致家庭生育孩子的意愿受到扭曲,抑制了人口出生率,降低了整体生育意愿和总和生育率。其次,家庭无报酬劳动的时间负担,冲减了生育和就业所需的必要时间,造成过于拮据的家庭时间预算约束,不仅抑制家庭生育意愿,还降低女性的劳动参与率。最后,过重的家务劳动负担也侵占了学习培训、锻炼、休闲、购物等时间分配,对人力资本培养和消费扩大造成不利的影响。

第五节　扎实推进共同富裕的政策建议

从促进共同富裕的目标出发,保持经济在合理速度区间增长、改善国民收入分配结构进而显著缩小收入差距、形成覆盖全体居民和全生命周期的基本公共服务体系,要求在初次分配、再分配和第三次分配领域全面推进改革。本章讨论了这些改革如何同时达到改善资源配置效率和增进人民福祉的目标,从供给侧的增长潜力和需求侧的保障条件上获得改革红利。作为本章的一个总结,也作为推进三个分配领域改革的政策建议,下面阐述几点与改革相关的方法论思考及其政策含义。

首先,在改革开放取得巨大成效的基础上,进一步推进关键领域的改革,可能面临改革成本递增现象;但是,如果把增进人民福祉作为根本目标,则改革收益同样是递增的。经济学家经常说"天底下没有免费午餐"。当代西方政治经济学用成本收益分析框架解释制度演变过程,假设制度变革的边际政治成本是递增的,而边际政治收益是递减的,因此,制度变革终将止于边际成本等于边际收益这个均衡点。很显然,这个分析框架对西方的改革决策者来说,两者都是以选票的多数来衡量的。改革按照净收益最大化来决策,直接取决于选票是净增加还是净减少。西方政治家的决策依据并不是改革本身的成本和收益,而是自身获得和保持权力的可能性的变化。利用这种模型来进行改革的决策,常常导致民粹主义的政策倾向。

一旦放弃这种分析框架,即不再以选票为目标函数,马上便可以看到,边际成本未必始终具有递增的性质,边际收益也未必一定会递减。在中国,推进改革不是以获取选票为目标,而是从促进全体人民共同富裕出发,因此,关键领域改革的真实社会收益一定是递增的。鉴于存在改革成本的递增现象,政府应该顺应市场及市场主体的制度需求,确立和把控改革方向,设计和引领改革路径,并承担推进改革的相应支出责任。实际上,从以人民为中心的发展思想和改革目标出发,改革的真正社会收益,即对于解放生产力、增强国力和提高人民生活水平的效果,在很多场合下是递增的。

一般而言,现行的经济运行中仍然存在各种体制和机制弊端,妨碍着生产要素的充分供给和有效配置,因而仍有提高潜在增长率的余地,意味着凡是可以改善生产要素供给潜力和配置效率的改革,均会产生从供给侧提高潜在增长率的效果,直到改革完成,这种收益往往是连续性的,可以源源不断地产生。特殊而言,很多类型的改革或者某些改革在通常情况下,在彻底完成之前甚至可能不产生收益。换句话说,改革的收益不一定是一条连续的曲线,必须持之以恒推进,以到达可以收获真金白银的改革红利为止。从教训上来说,历史上有过无数失败的改革,或者源于改革进程的半途而废,或者源于改革内容的"半截子"性质。①

---

① 蔡昉:《读懂未来中国经济:"十四五"到2035》,中信出版集团2021年版,第187—212页。

其次,正如不存在所谓收入分配的"涓流效应"一样,共同富裕也不会随着经济总量的扩大而自然而然实现,需要在必要的制度基础和物质基础上主动推进。在西方经济学的传统中,从米尔顿·弗里德曼主张自由市场社会中合理的收入分配伦理,是让每一种生产要素的所有者获得应得的产出份额①,从而为涓流效应提供了理论依据,但阿瑟·奥肯(Arthur M.Okun)认为公平与效率之间只能是此消彼长和替代取舍的关系②,及至卢卡斯(Lucas)干脆否定调节收入分配的必要性和有效性③,始终都有涓流经济学的地盘和影响。新自由主义理念更影响了许多国家的制度安排和政策制定,相应造成贫富差距扩大以及社会分化乃至政治分裂的恶果。

中国的发展坚持以人民为中心的发展思想,中国式现代化以共同富裕为目标,必然要借助再分配手段,加快建设社会福利体系。与此同时,中国经济高于参照国家的增长速度,以及三个分配领域的改革红利也将从物质上支持这个必要的制度建设。先从国际比较来看。根据前述潜在增长率预测,2021—2035年,按照中方案和高方案预测的人均GDP潜在增长率分别为4.53%和4.80%。根据世界银行数据,目前处在人均GDP从12000美元到30000美元的国家和地区(即中国从现在开始到2035年的赶超路径),2006—2019年的人均GDP实际增长率算术平均值仅为1.21%。再看改革红利。如果2021—2035年的实际增长率,不是前述预测的中方案的情形即4.53%,而是包括改革红利的高方案情形即4.80%,到2035年的GDP增量可以提高8%。这都意味着中国实现社会福利支出的显著增加,有着雄厚的物质基础做保障。

最后,在三个分配领域推进关键改革,既要破也要立,需要实现破与立的统一和均衡。"破"就是继续拆除阻碍资源和要素合理配置的各种

① Friedman,Milton,*Capitalism and Freedom*,Chicago:The University of Chicago Press,1962,pp.161-162.

② [美]阿瑟·奥肯:《平等与效率:重大的抉择》,陈涛译,中国社会科学出版社2013年版,第83页。

③ Lucas,Robert E. Jr.,"On Efficiency and Distribution",*The Economic Journal*,Vol.102,No.411,1992,pp.233-247.

体制性障碍,包括一系列改革措施。这包括加快户籍制度改革、促进生产要素市场的城乡一体化、提高市场准入和方便退出的竞争机制,以及提高基本公共服务均等化水平等。"立"则是进行必要的制度建设和规制,包括在生产和经营领域打破各种妨碍竞争的行为,在产品市场上维护消费者权益和保护个人数据隐私,在要素市场上规制资源配置方式,譬如在劳动力市场上加强对劳动者的保护等。

只有以这样的均衡方式推动改革,才能实现激励与规范的统一,达到效率与公平的兼得。一方面,在改革能够带来红利的前提下,应该把改革成本的分担和改革收益的分享,甚至把对某些既得利益群体的必要补偿都纳入改革的顶层设计之中,作为长期制度建设的重要内容。在这种改革方式下,只要改革的方向正确,改革的决心坚定,就可以遏制既得利益的阻挠,克服处于成本收益考虑的犹豫彷徨,化解推进途中的种种风险,使改革在理论上不再具有零和博弈的性质,在实践中不会成为"深水"和"险滩"。此外,企业利用创新和"助推"(nudge)等方式,在改革过程中也可以承担更多更好的社会责任,从而有助于使初次分配和再分配领域改革达到预期的结果。

第八章　人口发展趋势：
老龄化的影响与社会政策体系[①]

人口问题决定了一个国家最基本的国情。近几十年来,我国人口形势出现了急剧变化,突出体现为生育率的大幅下降、劳动年龄人口开始减少、迅速的人口老龄化等现象渐次出现。积极应对人口形势变化对经济发展的影响,已经具有关乎中华民族伟大复兴的全局性意义。要在把握我国人口形势变化特点的基础上,抓住人口老龄化这一核心矛盾,系统地完善人口政策以及与人口问题相关的经济政策,最大限度地降低人口形势变化对经济发展的负面影响。

第一节　人口发展的主要特点及趋势

由于独特的人口政策以及经济快速发展阶段与人口转变过程的叠加,我国的人口转变过程和速度与很多经济体明显不同,人口发展形成了自身的特点,也构成了我们独特的国情。

一、我国人口问题的突出特点

虽然人口发展有其一般规律,但我国的人口问题有自身的突出特点。只有把握这些特点,才能在制定人口及相关经济社会政策时,提高针对性和实施效果。我国人口问题的突出特点主要体现在以下几个方面。

---

① 课题组组长:都阳,中国社会科学院人口与劳动经济研究所所长、研究员。课题组成员:贾朋,中国社会科学院人口与劳动经济研究所副研究员;封永刚,中国社会科学院人口与劳动经济研究所助理研究员;程杰,中国社会科学院人口与劳动经济研究所副研究员。

  首先,我国的人口问题具有全局性影响。过去几十年的经验表明,我国人口形势的变化,已经对经济运行和社会发展产生了全局性的影响。2012 年 16—59 岁劳动年龄人口数量达峰后,已经从供给侧对我国的劳动力市场和经济发展产生了明显的制约;从人口总量的变化趋势看,2016 年以后新增人口数量逐年减少,2022 年我国总人口已经开始出现净减少。此后,人口规模的下降将从需求侧对我国经济社会发展产生转折性影响。

  未来我国人口发展最突出的特征是人口快速老龄化,不仅会对经济增长速度、就业规模与结构、储蓄(投资)与消费模式、居民收入增长等重要的经济指标产生抑制作用,也将对医疗看护、家庭模式、居住安排、社会保障等社会民生领域提出巨大挑战。鉴于人口老龄化既是不可逆转的长期趋势,又提出了十分紧迫的现实挑战,我们需要在实施积极应对人口老龄化国家战略的过程中,进一步在国家层面统筹谋划老龄化时代的生育政策、就业和退休政策、涉老产业发展政策、养老体系建设等问题,从全局高度应对人口问题对经济社会发展的影响。

  其次,中国的人口问题具有全球性的影响。除了独特的人口转变过程以外,就中国与世界的关系而言,中国人口问题可能产生的全球性影响,不仅使中国的人口与经济发展关系本身就成为一个有意义的课题,更意味着我们必须依据中国的经济社会发展现实找到自己的解决方案,妥善应对中国人口形势变化产生的全球性影响。中国在人口红利丰裕的时期融入了经济全球化进程,大量的劳动供给成为发达经济体得以长期保持低通胀的重要条件,而中国的人口快速老龄化进程则可能带来全球价格水平的上扬。[①] 2021 年,中国 65 岁以上人口占世界同年龄组人口的比重接近 1/4,巨大的老年赡养人口可能对世界的养老资源配置模式产生举足轻重的影响。总人口达峰后,将对全球总需求产生负面冲击,也会成为实施双循环战略的影响因素。

---

  ① Goodhart,Charles and Manoj Pradhan,*The Great Demographic Reversal:Ageing Societies, Waning Inequality,and an Inflation Revival*,Springer,2020,pp.21–40.

第三,中国的人口转变过程领先于经济发展过程。从长期看,人口转变以及人口因素的变化和经济发展形成了互动关系。因此,自然的人口转变过程也会体现为与特定发展阶段相吻合的特征。然而,中国人口转变的独特性主要体现为严格的人口政策和快速的经济发展相继对生育率的下降产生了重要的推动作用。[①] 进而,生育率的快速下降使人口转变过程领先于经济发展所能自然推动的进程。例如,由于人口因素的助推,中国达到刘易斯转折点时的经济发展水平,低于日本等经济体达到刘易斯转折点时的水平;中国未富先老的特征和正在出现的快速老龄化进程,充分说明了人口转变进程领先于经济发展过程的事实;2021 年中国的总人口达到峰值,2022 年开始负增长,人口负增长的出现也将领先于经济发展的水平。

因此,领先于经济发展进程的人口转变过程将成为中国经济发展和人口变化的独特因素长期存在。而鉴于人口因素在短期内难以逆转,尤其是生育率的提升困难重重,经济发展模式顺应人口形势变化将是长期的课题。

二、我国未来人口发展的主要趋势

第七次全国人口普查为判断我国人口形势的变化提供了主要依据。基于这次人口普查的资料,并结合第七次全国人口普查以来我国人口的发展现状可以看到,以下几个方面体现了未来相当长时期内我国人口形势变化的主要特征。

第一,低生育率将长期存在。根据第七次全国人口普查数据,2020年的总和生育率已经低至 1.3,陷入了极低生育率水平。如图 8-1 所示,图中每个点代表了一个国家,中国目前 1.3 的总和生育率,远远低于其经济发展水平所对应的拟合水平,也低于大多数发达经济体的水平。[②]

---

① 都阳:《中国低生育率水平的形成及其对长期经济增长的影响》,《世界经济》2005 年第 12 期。

② Vollset,Stein Emil,Emily Goren,Chun-Wei Yuan and et al.,"Fertility,Mortality,Migration,and Population Scenarios for 195 Countries and Territories From 2017 to 2100:A Forecasting Analysis for the Global Burden of Disease Study",*The Lancet*,Vol.396,No.10258,2020,pp.1285-1306.

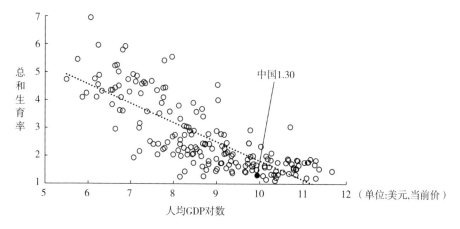

图8-1　经济发展水平与总和生育率

资料来源:中国的生育率数据来自第七次全国人口普查,其他国家的生育率数据来自联合国世界人口展望数据库;人均国内生产总值(GDP)数据来自佩恩表(Penn World Table)。

　　从国际经验看,一旦生育率开始下降,很少出现生育率反转的案例。中国的生育率下降较之发达国家和一些东亚国家虽然起步更晚,但速度反超很多东亚国家,生育率决定的因素也更加多元化。尽管从普遍意义上看,生育率的下降被认为很难反转,但根据国外学者的观察,在一些高收入且人文发展程度高的欧洲国家,生育率出现了重新升高的迹象。

　　第二,人口总量达峰。人口普查提供了最准确的人口总量数据。根据第七次全国人口普查数据,2020年我国人口总量达到14.12亿人。统计部门根据第七次全国人口普查数据对2019年的总人口数也进行了调整,因此2020年的人口净增长仅为205万人。如图8-2的左半部分所示,新出生人口在生育政策调整后,长期积压的生育意愿在2016年前后得到了集中释放。此后,年度新出生人口数持续走低,到2020年仅为1202万人,2021年进一步降低到1062万人。从死亡率来看(见图8-2的右半部分),粗出生率逐步下降,而粗死亡率则长期保持稳定(随着人口老龄化的加剧,粗死亡率还会略有升高)。根据国家统计局新近公布的数据,2022年全年出生人口956万人,死亡人口1041万人,总人口141175万人,比2021年年末减少85万人;人口出生率为6.77‰,人口死亡率为7.37‰,人口自然增长率为-0.60‰。可见,中国的总人口已经于

2021 年达到峰值,2022 年进入负增长。当然,由于新冠疫情的影响,出生和死亡人口在年度间可能还会有变化。

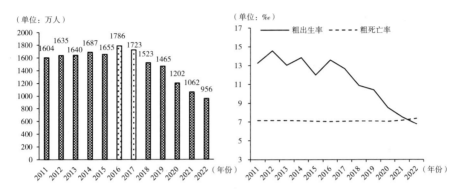

图 8-2　2011—2022 年我国新出生人口数及粗出生率、粗死亡率的变化

资料来源:2021 年及以前年份的数据来自国家统计局:《中国统计年鉴 2022》,中国统计出版社 2022 年版;2022 年数据来自国家统计局网站(https://www.stats.gov.cn)。

总人口达峰是我国人口形势自 2012 年前后劳动年龄人口达峰后的又一个重要转折。自此,人口因素将从供给侧和需求侧对我国经济社会发展形成双重约束,也将大大提高对人口及相关政策的协调性和系统性的要求。

第三,劳动年龄人口持续减少。从 16—59 岁劳动年龄人口总量的变化来看,2010 年第六次全国人口普查到 2020 年第七次全国人口普查之间的 10 年,该年龄组的人口总量下降了 4000 多万人,年均下降 400 万人。在"十四五"时期,劳动年龄人口的规模将继续下降。根据人口预测数据,这 5 年 16—59 岁的劳动年龄人口将累计减少 2500 万左右,平均每年减少 500 万人,劳动年龄人口减少的幅度加快。

劳动年龄人口数量的减少对劳动力市场和经济发展的影响已经显现,未来劳动年龄人口加速减少的态势将从供给侧对中国经济发展形成持续的约束,并构成新阶段发展的基础性因素。

第四,人口老龄化加速发展。联合国把一个国家 65 岁及以上人口比重超过 7% 定义为老龄化社会。根据历次全国人口普查数据,我国 65 岁及以上人口在总人口中所占的比重,2000 年达到 7.0%,2010 年上升到

8.9%,2020 年达到 13.5%。按照联合国的上述标准,2000 年第五次全国人口普查时,我国已经进入老龄化社会。

未来我国的人口老龄化将加速发展。如果把 65 岁及以上人口比例超过 14% 称为中度人口老龄化社会,超过 21% 称为重度人口老龄化社会,2021 年中国将正式迈入中度老龄化社会,而且高龄老年人口规模继续扩大,预计 2025 年 80 岁及以上高龄老年人口将达到 3376 万人,比 2020 年上升 446 万人,老年人口的长期照料问题将更加突出。

随着人口老龄化进程的不断发展,老年人口抚养比将不断攀升,并推动总抚养比上扬。根据不同的定义,中国的人口总抚养比在 2011 年(抚养比 1)或 2013 年(抚养比 2)已经达到最低点,此后一直呈上升趋势(见图 8-3)。在抚养比 1 的情形下,中国将于 2044 年左右出现抚养比大于 1 的情形,即出现"生之者寡、食之者众"的情形,社会经济发展将面临严峻挑战。

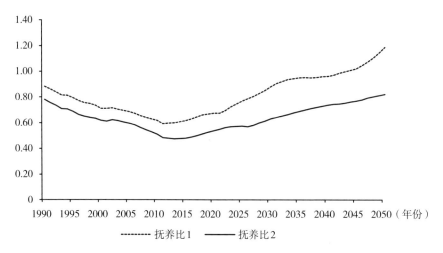

图 8-3 1990—2050 年中国人口抚养比的变化

注:"抚养比 1"定义为 0—19 岁人口与 60 岁及以上人口数量之和除以 20—59 岁人口数量;"抚养比 2"定义为 0—19 岁人口与 65 岁及以上人口数量之和除以 20—64 岁人口数量。

资料来源:根据《1990 年以来中国常用人口数据集》《2000—2010 年中国常用人口数据集》《中国人口和就业统计年鉴》以及中国社会科学院人口与劳动经济研究所课题组预测数据计算。

第二节 人口快速老龄化对经济增长的负面影响

在人类发展的历史长河中，预期寿命的显著提升和生育率的持续下降，只是近几十年发生的事情，因而，人口老龄化作为一种社会现象出现的时间并不长。发达国家由于较早完成了人口转变，进入老龄化社会也更早。根据联合国《世界人口展望 2019》数据，按照世界银行国民收入划分标准，1990 年的高收入国家 65 岁及以上人口的比重为 13%。其实，65 岁及以上人口占总人口的比重超过 7% 的高收入国家已有 26 个，占当时全部高收入国家的 74%。1990 年中等收入国家的数量为 80 个，其中 16 个国家 65 岁及以上人口比重超过 7%。到 2015 年，65 岁及以上人口比重超过 7% 的中等收入国家有 31 个，高收入国家有 54 个，分别占 31% 和 87%。中等收入国家进入老龄化的进程明显加速。

随着人口老龄化趋势日益明显，对人口结构与经济发展关系的研究逐渐从讨论人口红利的多寡与趋势，转向更为细致地分析人口老龄化对经济增长影响的方向、程度和作用机理。例如，有的研究发现，人口差异能够很好地解释不同国家总储蓄率的差异，而人口年龄结构和预期寿命都是促进经济增长的重要因素。[1] 有的研究在预测 2050 年以前世界人口发展趋势的基础上，认为人口老龄化会降低劳动参与率和储蓄率，从而导致经济增长放缓，但这种负面效应将主要发生在经济合作与发展组织成员，其效应在发展中国家则不甚明显。[2] 有的研究结合内生经济增长模型，推导了人口老龄化对长期经济增长的影响，认为预期寿命的增加对人均产出的增长有正向影响，生育率的下降对人均产出的增长有负面影

---

[1] Li, Hongbin, Jie Zhang and Junsen Zhang, "Effects of Longevity and Dependency Rates on Saving and Growth: Evidence from a Panel of Cross Countries", *Journal of Development Economics*, Vol.84, No.1, 2007, pp.138-154.

[2] Bloom, David, David Canning and Gunther Fink, "Implications of Population Ageing for Economic Growth", *Oxford Review of Economic Policy*, Vol.26, No.4, 2010, pp.583-612.

响,而长期看前者将大于后者。[1] 但这一分析框架和结论尚缺乏实证研究结果的支持。有的研究认为预期寿命与经济增长之间存在非线性关系,当存在代际转移(intergenerational transfers)时,预期寿命的提升将会抑制经济增长;而不存在代际转移时,预期寿命提升与经济增长存在倒"U"形关系。[2] 有的研究利用美国各州的人口结构变化数据,实证检验了人口老龄化对经济增长的影响,结果发现老龄化速度每增加 10%,将使人均 GDP 增速下降 5.5%,其中 2/3 来源于人口老龄化引起的生产率下降,1/3 来源于劳动力增长放缓。[3] 还有的研究利用跨国数据,细致地考察了人口结构变化对全要素生产率增长的影响,其结果也发现人口老龄化导致了全要素生产率增长放缓,并成为人均产出增长放缓的重要原因。[4]

综合已有的研究成果,人口老龄化对经济增长的负面影响得到了更多的关注,而其中已经得到阐明的机制是,人口老龄化使有效劳动力增长放缓甚至减少,对全要素生产率的负面影响则导致了人均产出的增长放缓。一些发达国家已经发生的老龄化进程,有助于我们理解老龄化与经济增长的相互关系。例如,美国和欧洲等战后出生的"婴儿潮"一代,在 20 世纪 90 年代相继进入老年,推动老龄化加速发展,并对经济增长绩效产生了影响。日本在进入人口老龄化社会后,经济增长也出现了急剧的下滑。但以下两个特征,使中国的情形更加独特。第一,未富先老。中国在中等收入阶段业已进入人口老龄化阶段,因此相对于发达国家而言,适度的经济增长在老龄化阶段仍然是筹集养老资源的重要基础。第二,中国经历了独特的人口转变过程,人口政策和经济快速发展相继在人口转变进程中发挥重要作用。因此,中国在 21 世纪进入老龄化社会后,老龄

[1] Prettner, Klaus, "Population Aging and Endogenous Economic Growth", *Journal of Population Economics*, Vol.26, No.2, 2013, pp.811-834.

[2] Kunze, Lars, "Life Expectancy and Economic Growth", *Journal of Macroeconomics*, Vol.39, 2014, pp.54-65.

[3] Maestas, Nicole, Kathleen Mullen and David Powell, "The Effect of Population Aging on Economic Growth, the Labor Force and Productivity", *NBER Working Paper*, No.22452, 2016.

[4] Feyrer, James, "Demographics and Productivity", *The Review of Economics and Statistics*, Vol.89, No.1, 2007, pp.100-109.

化的进程较之其他国家更为迅速。尤其是在"十四五"时期，人口老龄化将呈现出加速发展的态势。如前所述，快速老龄化也构成了中国人口老龄化的重要特点之一。正是由于上述两个特点，作为一个发展中国家保持适度的经济增长在中国仍然是较之发达国家更迫切的话题，由此，影响经济增长的各种因素理应在发展中得到持续关注。

经典增长理论中的增长核算给出了经济增长的主要来源，从而也可以刻画人口老龄化对经济增长的影响机制。我们沿用经典的柯布—道格拉斯生产函数，即总产出的增长来源于资本存量、有效劳动投入、人力资本以及全要素生产率的增长，如式 8-1 所示：

$$Y_{it} = K_{it}^{\alpha} (A_{it} L_{it} h_{it})^{1-\alpha} \tag{8-1}$$

为了进一步观察产出变化的来源，将式(8-1)以劳均产出(即劳动生产率)的形式重新表达如式(8-2)，其中 L_{it} 为总就业，劳均产出(即劳动生产率)为 $y_{it} = Y_{it} / L_{it}$，K_{it} / Y_{it} 为资本产出比。因此，劳均产出可以表达为：

$$y_{it} = \left(\frac{K_{it}}{Y_{it}}\right)^{\frac{\alpha}{1-\alpha}} A_{it} h_{it} \tag{8-2}$$

对式(8-2)的两边都取对数，得到劳均产出随时间变化的构成。以"."表示随时间的百分比变化，则总产出随时间变化的百分比可以分解为资本产出比、有效劳动投入、人力资本和全要素生产率的变化，如式(8-3)所示：

$$\dot{Y}_{it} = \left(\frac{\alpha}{1-\alpha}\right)(K/Y)_{it} + \dot{L}_{it} + \dot{h}_{it} + \dot{A}_{it} \tag{8-3}$$

因此，总产出的增长来源于以下几个部分：劳动力市场规模的扩大、人力资本水平的提升、资本产出比的提高、全要素生产率的提升。如果老龄化进程外生地对其中任何一个因子产生影响，那么也必然对总产出的增长产生影响，而老龄化对经济增长产生的净效应则是对各个因子影响的总和。

首先，随着老龄化，劳动年龄人口的规模必然减小，从而使劳动投入的总量下降。虽然一般将 16 岁以上的人口定义为劳动年龄人口，但对经济增长产生实际影响的是有效劳动投入 L_{it} ,而有效劳动投入取决于劳动年龄人口的总量 N_{it} 、劳动参与率 R_{it} 和失业率 U_{it} ,即以下关系:

$$L_{it} = N_{it} R_{it} (1 - U_{it})$$ (8-4)

其中,劳动参与率是影响有效劳动投入的最重要的因素。虽然影响劳动参与率的因素很多,但研究发现分年龄的劳动参与率呈倒"U"形分布的趋势非常明显,60 岁以上的劳动年龄人口参与率明显急剧下降。[1]这意味着,在劳动年龄人口总量等其他条件不变的情况下,仅仅由于老龄化进程的推进,就有可能减少有效劳动投入。如前所述,未来中国的16—59 岁的劳动年龄人口总量将以更快的速度大幅减少。这意味着,劳动市场规模的缩小已是必然的趋势。

其次,决定劳动生产率及未来经济增长的重要源泉是全要素生产率。老龄化进程领先国家(如美国、日本)的经验表明,40—49 岁年龄组占劳动者比重高的时候,全要素生产率更高。这也意味着一旦人口的中位年龄越过这一区间,将会导致生产率增长放缓。实证分析表明,人口结构的变化一定程度上解释了美国 20 世纪 90 年代(婴儿潮一代进入壮年)的生产率增长以及同期日本的生产率停滞,同样的结论也为更大样本的跨国数据所支持。[2]

最后,老龄化对资本产出比的影响机制较为复杂,是多种效应综合的结果,因此,其具体的影响方向应该是一个实证的问题。消费—储蓄行为的生命周期假说认为,人们的消费—储蓄行为在生命周期的不同阶段并不是平滑的,在不同的年龄阶段表现出异质性。[3]因此,从加总的意义上看,人口结构的变化会对储蓄率产生影响。已有的研究表明,以人口老龄

① 都阳、贾朋:《劳动供给与经济增长》,《劳动经济研究》2018 年第 3 期。

② Feyrer, James, "Demographics and Productivity", *The Review of Economics and Statistics*, Vol.89, No.1, 2007, pp.100-109.

③ Modigliani, Franco and Richard Brumberg, "Utility Analysis and Aggregate Consumption Functions: An Attempt at Integration", in Roger Abel (ed), *The Collected Papers of Franco Modigliani*, *Volume 2: The Life Cycle Hypothesis of Saving*, Cambridge: The MIT Press, 1980, pp.128-197; Attanasio, Orazio and Guglielmo Weber, "Consumption and Saving: Models of Intertemporal Allocation and their Implications for Public Policy", *Journal of Economic Literature*, Vol.48, No.3, 2010, pp.693-751.

化为典型特征的人口结构变化会对长期储蓄率产生负面影响,并进而影响投资。[1] 我们对中国城市住户数据的分析也表明,人口老龄化对家庭的消费结构会产生影响[2],而相对于年轻的人口结构,老龄化社会的消费可能更不利于经济增长。

然而,一旦老龄化进程加速演进,其对经济增长的影响机理可能与人口转变进程平稳推进时的效应有所不同。结合上述讨论,我们认为更快速的人口老龄化进程所形成的冲击效应,可能体现在以下几个方面。

首先,传统产业的优势可能迅速丧失,一旦不能顺利实现经济转型,将引致经济增长速度较大程度的下滑。2013—2019 年,中国经历了劳动年龄人口总量的迅速减少,16—59 岁的劳动年龄人口总量由 91954 万人下降到 89640 万人,减少了 2314 万人。劳动年龄人口迅速减少,必然对劳动供给产生影响,并成为推动工资快速增长最重要的因素,其间,农民工的名义工资年均复合增长率为 7.2%。工资上涨对中国最具比较优势的劳动密集型行业产生了最大的冲击,这些行业也成为就业损失最多的部门。图 8-4 展示了 2013—2018 年中国第二产业各个行业的就业变化情况,图中的横轴为 2013 年的就业人数,纵轴则表示 2013—2018 年就业人数的变化,图中的每一个点代表了第二产业中的一个行业。如果说在期初某行业的就业更集中,反映了该行业具有更大比较优势的话,那么,在随后的时间里原本比较优势更大的行业也遭受了更强的冲击,从而成为就业损失更多的部门。因此,图中的散点呈现明显向右下方分布的趋势。

其次,快速老龄化使社会负担骤然增加,并导致宏观结构的失衡。快速的深度老龄化,不仅增加了养老的资金支出,也使长期看护、医疗保障等赡养成本迅速增加。根据人口与劳动经济研究所课题组在 2020 年年初的人口预测结果,2020—2025 年,中国 80 岁以上的老人将增加

---

①　Grigoli, Francesco, Alexander Herman, and Klaus Schmidt-Hebbel, "World Saving", *IMF Working Papers*, No.14-204, 2014.

②　都阳、王美艳:《中国城市居民家庭的消费模式——对老年家庭的着重考察》,《人口研究》2020 年第 6 期。

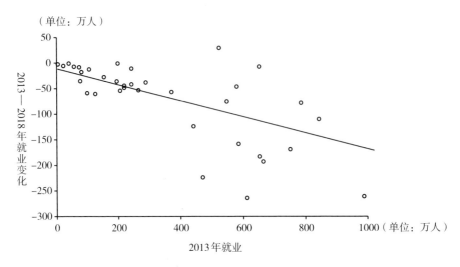

图 8-4　2013—2018 年第二产业各行业的就业变化

注：根据第三次和第四次全国经济普查数据计算。

15.2%，达 3376 万人，这将给长期看护等服务带来资源、技术和人力等多方面的压力。不考虑其他因素影响，仅由于人口老龄化的影响就将使"十四五"末期的养老负担较"十三五"末期上升 15%。[1] 从生命周期的角度看，快速的老龄化由于在短期内增加抚养比，而使消费、储蓄、投资的相互关系突然发生变化，从而在短期内改变原有的宏观经济结构，并形成冲击效应。

最后，快速的老龄化进程可能在劳动替代型技术广泛应用之前，对经济增长产生冲击。如上所述，老龄化对经济发展首要的影响途径是减少了有效劳动投入。根据诱致性技术变迁理论，老龄化引发的劳动力短缺和工资上涨，会推动劳动节约型技术的发展。已有的研究表明，老龄化进程的确诱发和推动了劳动节约型技术的发展与应用[2]，以及与老龄化需

---

[1]　人口与劳动经济研究所课题组：《"十四五"时期人口发展与老龄化问题研究》，中国社会科学院人口与劳动经济研究所工作论文，2020 年。

[2]　Acemoglu, Daron and Pascual Restrepo, "Secular Stagnation? The Effect of Aging on Economic Growth in the Age of Automation", *American Economic Review*, Vol. 107, No. 5, 2017, pp.174−179.

求相关的技术进步①。因此，由于老龄化引起的劳动供给减少，人口老龄化进程促进劳动节约型技术进步的方向是明确的。如果劳动节约型的技术进步能够有效地替代劳动投入，那么，至少从供给侧看，老龄化对经济增长的影响可以通过技术进步得到缓解。然而，诱致性技术变迁是否可以在要素结构迅速变化的情况下完成，尚需要关注。技术进步对生产率的全面影响不仅仅取决于革命性的技术进步发生的可能，还取决于新的技术在多大程度上能够成为通用性的技术（General Purpose Technology，GPT）。从技术进步的演化及其对经济增长发生作用的历史实践看，从新技术的出现到新技术成为通用型技术，往往需要花费大量的时间。② 显然，如果通用性的技术能够解释生产率与技术进步关系的话，那么，在新技术成为通用性的技术之前，劳动减少的效应将难以通过技术替代抵消，其对经济增长的负面效应也就难以化解。从这个意义上讲，老龄化的速度就是影响经济增长的一个重要变量。

人口结构变化在未来的十几年时间里具有较强的确定性，因此，我们也可以明确地预见中国人口老龄化加速的态势。根据今后一段时期中国现代化进程两个阶段的安排，"从 2020 年到 2035 年，在全面建成小康社会的基础上，再奋斗 15 年，基本实现社会主义现代化"。而这 15 年，也是中国老龄化加速发展的时期，其带来的挑战不容忽视。

从更广的范围看，我们也可以对中国即将出现的老龄化有多快有更深刻的认识。表 8-1 对比了中国和其他国家在这一时期老龄化速度的差别，其中，我们把其他中等收入和高收入国家按照老龄化的速度进行三等份的分组。根据人口预测数据推算，2020 年中国 60 岁及以上人口占总人口的比重为 18.17%，65 岁及以上人口占总人口的比重为 12.86%，

---

① Acemoglu, Daron and Joshua Linn, "Market Size in Innovation: Theory and Evidence from the Pharmaceutical Industry", *The Quarterly Journal of Economics*, Vol.119, No.3, 2005, pp.1049 – 1090.

② Gordon, Richard, The Rise and Fall of American Growth: The U.S. Standard of Living Since the Civil War, Princeton: Princeton University Press, 2016; Brynjolfsson, Erik, Daniel Rock and Chad Syverson, "Artificial Intelligence and the Modern Productivity Paradox: A Clash of Expectations and Statistics", *NBER Working Paper*, No.24001, 2017.

到 2035 年这两个比重将分别达到 30.11% 和 22.22%。如表 8-1 所示,以 2020 年为起点,在目前的中等收入和高收入国家中,中国的老龄化水平并不特别高,介于中等收入和高收入国家中的中速组和快速组的均值之间。然而,在随后的时间里,较之于其他经济体,中国的人口老龄化进程明显加速:2020—2035 年,60 岁及以上人口占总人口比重提高了 11.94 个百分点,65 岁及以上人口占总人口的比重将增长 9.36 个百分点。其他国家的人口预测结果显示,快速老龄化组到 2035 年 60 岁及以上人口占总人口比重的均值为 27.68%,65 岁及以上人口占总人口比重的均值为 21.51%。中等收入国家和高收入国家平均水平将仅提高 3.42 个百分点和 2.98 个百分点,即便是快速老龄化组,也仅分别提高 6.47 个百分点和 6.13 个百分点。

表 8-1　2020—2035 年不同类型国家的老龄化进程　　　（单位:%）

年份	中国	中等收入和高收入国家(不含中国)			
		平均	慢速组	中速组	快速组
60 岁及以上人口占总人口的比重					
2020	18.17	13.57(7.55)	8.35(5.64)	16.78(7.45)	21.21(7.10)
2025	21.86	14.81(8.01)	9.42(6.03)	18.46(7.85)	23.63(7.29)
2030	26.37	15.92(8.40)	10.56(6.43)	20.02(8.14)	25.71(7.47)
2035	30.11	16.99(8.78)	11.81(6.84)	21.58(8.43)	27.68(7.77)
65 岁及以上人口占总人口的比重					
2020	12.86	9.46(6.11)	5.52(4.39)	12.06(5.95)	15.38(6.00)
2025	14.80	10.48(6.55)	6.25(4.74)	13.49(6.36)	17.51(6.18)
2030	18.19	11.52(7.01)	7.18(5.14)	14.99(6.81)	19.68(6.45)
2035	22.22	12.44(7.41)	8.14(5.53)	16.34(7.14)	21.51(6.70)

注:括号中的数据为标准差;各个国家的数据按照人口加权。
资料来源:中国的数据根据郭志刚的"分年龄人口数据预测数据库"计算,其他国家根据"联合国人口展望 2019 数据库"计算。

可见,世界范围的横向比较,中国的人口老龄化在未来 15 年里的加速将成为具有典型特征和重大影响的现象。因此,我们不仅要关注老龄化对社会经济发展的一般影响,还需要特别关注这种具有风格化的快速老龄化进程是否会对经济增长形成冲击性的影响。

我们利用 1990—2015 年跨国面板数据，进行回归分析发现，老龄化速度显著地影响了总产出的增长，具体回归结果参见我们以前的相关研究结果。[①] 如我们所预期的，快速老龄化成为制约经济增长的重要因素，其影响的弹性为-1.35，即在其他条件不变的情况下，老龄化速度提高 1 个百分点，经济增速下降约 1.348 个百分点。更细致地分析发现，人口老龄化对经济增长的负面影响程度随着老龄化速度的提高而加大。老龄化以缓慢的速度渐进发展时，可能不会对经济增长产生明显的影响，但一旦老龄化的速度达到一定的阈值，其对经济增长的负面影响几乎是不可避免的。

人口老龄化对经济增长路径产生的影响可以通过对式(8-3)右侧的几个增长因子进行回归分析而得。实证研究的结果表明，老龄化速度对资本产出比增长、有效劳动投入增长以及全要素生产率增长都产生了显著的影响。具体来说，人口快速老龄化对劳动投入产生显著的负面影响，其弹性的绝对值在 0.5 左右；人口老龄化对全要素生产率产生了较为明显的负面影响，老龄化速度每提高 1 个百分点，全要素生产率的增长将减少 1.9 个百分点。老龄化速度对全要素生产率增长的影响程度随老龄化速度的增长而增加，呈现出从慢速组到快速组呈逐渐增大的趋势，体现了人口老龄化速度对全要素生产率增长的影响有较高的经济显著性。中国经济由高速增长阶段转向中高速增长阶段后，经济增长方式也需要明显的转变。具体来说，过去依赖生产要素积累的经济增长模式难以维系，必须转向以全要素生产率为基本推动力的经济增长模式。这意味着，虽然总产出的增长速度会有所下降，但全要素在经济增长中的贡献份额要有所提升。人口快速老龄化及其引发的劳动供给规模的缩小，更使资本报酬递减规律发生作用，从而导致投资回报率的下降。

结合跨国数据分析得出的一般规律，在其他条件不变的情况下，2020—2025 年由于人口老龄化的边际影响，中国经济的年均增长速度将

---

① 都阳、封永刚：《人口快速老龄化对经济增长的冲击》，《经济研究》2021 年第 2 期。

下降约 1.07 个百分点,2025—2030 年年均下降约 0.87 个百分点(见图 8-5)。这一分析结果与梅斯塔斯(Maestas)等的估计结果相类似,他们的分析结果表明,由于人口老龄化,美国的年均经济增长速度在 2010—2020 年减缓 1.28 个百分点,2020—2030 年减缓 0.68 个百分点[①]。

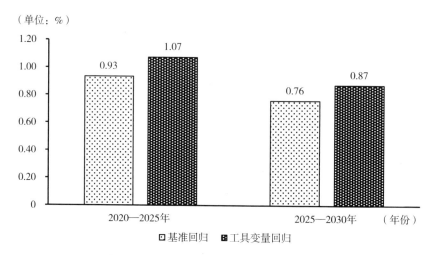

图 8-5　老龄化加速对经济增速的负向冲击

资料来源:课题组测算。

　　由于中国独特的人口转变过程,人口老龄化的进程也表现出与其他国家不同的特征,突出体现在两个方面:未富先老和富而快老。在以往的讨论中,"未富先老"及其带来的诸多挑战已经得到了很多重视。在"十四五"时期,中国人均收入水平大概率可以达到高收入国家下限,但随后面临的快速老龄化进程将可能对社会经济发展带来冲击,却没有引起足够的重视。因此,无论是从理论视角还是政策层面,观察快速老龄化这一中国社会经济发展中的重要结构性变化,防范其对经济发展可能产生的冲击效应,都值得关注。

　　尽管未来 5—10 年的人口老龄化水平几乎已成定局,改变人口结构的政策空间也非常有限,但我们仍然可以根据人口老龄化对经济增长的

---

① Maestas,Nicole,Kathleen Mullen and David Powell,"The Effect of Population Aging on Economic Growth,the Labor Force and Productivity",*NBER Working Paper*,No.22452,2016.

288

影响机理,采取一些针对性的应对措施,调动积极因素,把人口老龄化对未来一段时期经济发展的负面冲击降到最低。我们的分析表明,快速老龄化对经济增长产生负面冲击最主要是通过降低有效劳动投入和降低全要素生产率两个途径实现的,防范其负面影响也应该从这两个机制入手。

所有鼓励劳动供给、提高劳动参与的政策,都将有助于增加有效劳动的投入。例如,由于退休和养老金领取的制度设计缺乏弹性,达到退休年龄后的劳动参与率急速下降。在预期寿命不断增加、老龄化加速的情况下,启动延长退休年龄和弹性的养老金领取机制等相关改革就刻不容缓,也必然会对增加有效劳动投入起到积极的作用。众所周知,劳动参与的提升还受到其他一系列制度因素的影响,凡是可以促进劳动参与的改革,对于减少快速老龄化的冲击都是有意义的。

推动技术进步,是抵消快速老龄化对全要素生产率产生不利影响的主要手段。一旦正常的诱致性技术变迁的路径难以在短期内实现,而老龄化加速趋势又不可避免,就应该出台相关的政策以干预技术进步的速率,尤其是在新技术的应用与推广以及与其他产业部门的融合等环节发力,可以促进新技术尽快成为通用技术,从而对生产率的提升发挥作用。

第三节　人口因素变化对社会政策体系的影响

人口因素的变化对广泛的民生领域产生重要影响。在社会支持政策体系方面,"婴儿潮"一代申请养老金将对养老金支持体系产生冲击;人口结构的变化将对收入和消费模式产生影响,这些变化都将使社会政策体系面临新的挑战。

一、"婴儿潮"一代退休引起的养老金支付压力

进入新发展阶段,我国人口快速老龄化对经济社会发展形成的直接挑战是,"婴儿潮"一代开始陆续达到申领养老金的年龄,从而对养老金体系平衡形成巨大压力。目前,我国的社会化养老保险体系以城镇职工养老保险为主,并辅之以城乡居民养老保险。随着我国的人口红利期渐

行渐远,养老金支付体系的平衡关系也在不断恶化。尤其是从 2022 年开始,"婴儿潮"一代开始达到申领养老金的年龄,直至 2035 年,我国将迎来养老金支付最困难的一段时期。

作为一个发展中国家,我国的养老金支付体系建设不仅起步晚,基金积累的数量也相对有限。城镇职工基本养老保险制度是整个养老金体系的主体,个人账户并未完全做实(实际上也无法做实),事实上的现收现付制度使养老金赤字更直接地暴露。目前,城镇职工基本养老保险的基金收入主要依赖于征缴收入和财政补贴。2014 年,基金征缴收入为 1.87 万亿元,基金支出为 2.18 万亿元,这意味着城镇职工养老保险基金已经无法通过征缴收入保持自我平衡,而必须借助于财政补贴等外部资源输入。2020 年,城镇职工养老保险基金收入为 4.4 万亿元(其中财政补贴 1.17 万亿元),但当年基金支出达到 5.1 万亿元,这意味着自 2020 年开始需要动用基金的累计结余满足养老金的支出需求。

在以下情景假设下,我们可以对未来几年城镇职工基本养老保险基金收支情况进行预测:假定"十四五"时期基金收入可以保持"十三五"时期 6% 的年均增速,基金支出可以由"十三五"时期 12.7% 的年均增速降低到 10% 以内。在这一假设下,2024 年基金收入为 5.6 万亿元,基金支出为 7.5 万亿元,导致城镇职工养老保险基金的全部历史积累消耗完毕,必须启用全国社保储备基金。然而,相较于养老金支出的迅猛增长,届时约 3.1 万亿元的社保储备基金可谓杯水车薪。

人口结构变动是导致养老金体系平衡关系出现上述变化的重要原因。在现行的养老金申领制度下,"婴儿潮"一代对养老金支付体系产生影响的起始年份是 2022 年。人口预测显示,2022 年全国达到 60 岁的男性由 2021 年的 541 万人激增到 1040 万人,大幅增长 92%;2023 年进一步增加到 1267 万人,较 2021 年增长 134%。"十四五"时期全国新增 60 岁男性将达到 5154 万人,较"十三五"时期增长 33%;"十五五"时期进一步增加到 5927 万人,较"十三五"时期增长 52%。

"婴儿潮"一代开始陆续申领养老金,将给养老金体系带来巨大挑战。由于"十四五"时期申领人数激增,假定人口预期寿命无显著变化,在现行制度下仅仅由于"婴儿潮"一代陆续退休，将使养老金支出年均增长4.1个百分点，"十五五"时期进一步提高到年均增长6.2个百分点。

做保守估算（估算依据见图8-6注），2022年城镇男性达到退休年龄人数将猛增到309万人，较2021年几乎翻一倍；2022—2025年城镇男性达到退休年龄人数将达到1377万人，较"十三五"时期（2017—2020年）增加518万人，增幅为60.3%；"十五五"时期城镇男性达到退休年龄人数将达到1862万人，较"十三五"时期增加789万人，增幅为73.5%。若养老金待遇仍然保持刚性增长（每年4.5%左右），叠加预期寿命延长、女性退休人数增长、男性平均养老金水平更高等因素，未来十年养老金支出增速将不会低于10%，养老金支付压力巨大。

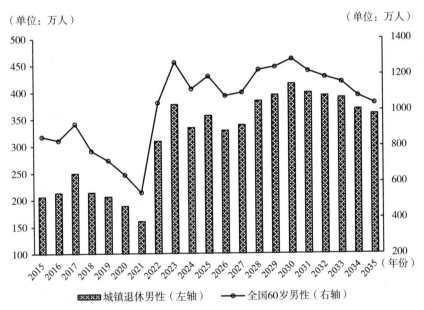

图 8-6　2015—2035 年全国达到 60 岁的男性及城镇退休男性人口数

注：城镇退休男性人口数量根据全国 60 岁男性人口数量与城镇人口比重、城镇劳动参与率以及城镇职工养老保险参保率推算得到。假设 2021—2035 年城镇化水平按照政府规划目标（2025 年为 65%、2030 年为 70%、2035 年为 75%）的增速发展；根据 2015 年全国 1% 人口抽样调查，城镇 55—59 岁男性劳动参与率约为 65%；假设 2021 年之后城镇职工养老保险参保率（城镇职工养老保险参保职工人数/城镇就业人数）保持不变（实际参保率会进一步提高，男性参保率也高于平均水平）。2020 年之前数据为实际值。

资料来源：课题组预测。

二、人口结构变化对消费模式的影响

随着人口老龄化进程的加速演进,生命周期效应对收入和消费的影响将会越来越明显。这一微观效应的加总将表现出全社会的消费模式发生重要的变化。退休金收入和工作收入的比例关系对老年和其他群体的永久收入预期产生影响,并影响到消费模式的变化。研究发现,英国家庭在工作阶段的收入和消费呈现出倒"U"形特征。[①] 而中国正处于迅速老龄化和收入、消费模式转折的时期,其变化模式也体现出一定的转型特征。在退休金的支付相对于工作收入而言比较慷慨的时期,退休后的收入甚至略高于退休前收入。图8-7中左图显示了2010年和2016年的收入—年龄曲线,两轮数据呈现出一致的变化模式,即家庭人均收入与户主年龄呈先下降随后上升的"U"形分布特征。2010—2016年,是中国工资收入增长最为迅速的时期,2016年的曲线高于2010年也不足为奇。图8-7的右图刻画了家庭人均消费和年龄的关系。两轮数据所刻画的模式大致相同,家庭人均消费随着户主年龄的增加而下降,但2010年60岁以上老人的消费基本保持平缓,2016年则随着年龄增大而略有下降。

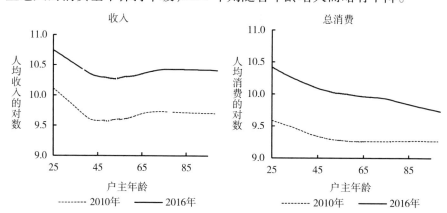

图8-7　2010年、2016年中国家庭随户主年龄变化的消费和收入模式

资料来源:根据中国城市劳动力调查(CULS)数据计算。

[①] Browning, Martin and Thomas Crossley, "The Life-Cycle Model of Consumption and Saving", *Journal of Economic Perspectives*, Vol.15, No.3, 2001, pp.3–22.

　　除了消费总量的生命周期效应外,我们还关心消费结构随年龄变化的情况。就总消费的构成看,中国的情形和其他发达国家也有所区别,表现出特定经济发展阶段的特征。关于发达国家的研究发现,临近退休的消费下降大多集中于两类消费:与工作相关的消费(如衣着和交通支出等)以及食品消费(包括家中的食品消费和在外的食品消费)①。尽管我们尚不清楚是什么原因导致食品消费模式不同,但图8-8中2010年的曲线表明在工作阶段,食品消费呈"U"形,并在退休后有所增加;2016年曲线虽然由于消费水平的总体上升而上移,但曲线的形状与2010年的曲线

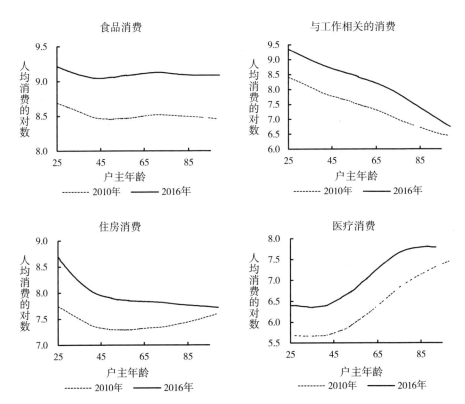

图8-8　2010年、2016年中国家庭消费结构随户主年龄的变化趋势

资料来源:根据中国城市劳动力调查(CULS)数据计算。

---

　　①　Hurst,Erik,"The Retirement of a Consumption Puzzle",*NBER Working Paper*,No.13789, 2008.

大致相同。与工作相关的消费变化趋势则非常明显,无论是 2010 年还是 2016 年,都随着户主年龄的增加单调下降,呈现了非常显著的负斜率,而且在退休后更加陡峭。

其他两类消费包括住房和医疗消费的支出。2010 年的数据显示,随着年龄的增加,住房消费逐渐下降,但临近退休后又开始上升;2016 年的数据显示的趋势是随着户主年龄增加而逐渐下降,不过曲线到退休年龄以后变得平缓。医疗消费支出随年龄的增加并不奇怪,随着老龄化进程,医疗消费支出增加是一个普遍的趋势。医疗消费支出的增加及其对家庭福利、宏观消费结构和经济增长的影响,将成为老龄化社会一个重要的现象。

表 8-2 列出了户主年龄在 65 岁及以上的家庭和户主年龄在 50 岁及以下家庭的消费构成。户主年龄在 65 岁及以上的老年家庭的食品消费和医疗保健消费高于户主年龄在 50 岁及以下的家庭。2010 年老年家庭食品消费的比重较之年轻家庭高出 8.4 个百分点,2016 年更高出 11.2 个百分点;2010 年老年家庭医疗支出的比重较之年轻家庭高出 9 个百分点,2016 年更高出 10.8 个百分点。形成对照的是,老年家庭与工作相关消费和教育消费低于年轻家庭,与居住相关消费和年轻家庭基本相当。

表 8-2 2010 年、2016 年中国城市家庭的消费结构　　（单位:%）

消费种类	2010 年		2016 年	
	户主 50 岁及以下	户主 65 岁及以上	户主 50 岁及以下	户主 65 岁及以上
食品	39.0	47.4	32.0	43.2
与工作相关消费	29.2	18.5	37.2	26.1
与居住相关消费	17.4	17.9	14.3	12.5
教育	10.8	3.7	13.3	4.1
医疗保健	3.5	12.5	3.2	14.0
合计	100	100	100	100

注:(1)与工作相关消费包括衣着消费、交通通信消费和文化娱乐消费;与居住相关消费包括居住消费、生活用品及服务消费和其他用品及服务消费;(2)所有的计算结果使用了抽样权重。
资料来源:根据中国城市劳动力调查(CULS)数据计算。

例如,2010 年老年家庭与工作相关消费较之年轻家庭低 10.7 个百分点,2016 年低 11.1 个百分点。

根据赫斯特(Hurst)所总结的事实,临近退休的消费下降大多集中于两类消费:食品消费、与工作相关消费。[1] 在中国,老年家庭与工作相关消费的数量和比例与年轻家庭相比也有大幅度下降,但食品消费数量和比例高于年轻家庭。老年人口的医疗保健需求本身就高于年轻人口,加上尚有相当比例的老年人口未被现行医疗保障体系覆盖,医疗保健消费数量和比例的增加容易理解。

总结起来,随年龄变化,消费模式变动具有以下特征:第一,与年轻家庭相比,老年家庭的食品消费和医疗保健消费的数量和比例明显增加;第二,老年家庭与工作相关消费和教育消费的数量和比例明显减少;第三,老年家庭和年轻家庭在与居住相关消费方面几乎没有差别。

三、人口因素对收入分配的影响

个人的劳动收入变化存在明显的生命周期效应,由于人口的快速老龄化,这一效应可能加总为中等收入群体的萎缩。如图 8-7 所示,劳动收入随着年龄变化存在明显的倒"U"形变化,老年人口的劳动收入急剧减少,劳动收入的减少将削弱中等收入群体的主要收入基础。人口老龄化导致越来越多的人口退出劳动力市场,从宏观上看,就会体现为图 8-9 的收入生命周期效应导致的中等收入群体萎缩。

此外,人口老龄化的加速还会加剧前述的一些不利于扩大中等收入群体的因素。例如,随着人口老龄化,劳动力市场规模缩小会削弱中等收入群体的基础;人口老龄化是诱致劳动节约型技术的重要因素,也会对扩大中等收入群体产生负面影响。

应对人口因素导致的收入分配问题,不断扩大中等收入群体,发挥劳动力市场的作用仍然至关重要。改革开放以来的实践已经证明了劳动力

---

[1]　Hurst,Erik,"The Retirement of a Consumption Puzzle",*NBER Working Paper*,No.13789,2008.

（单位：%）

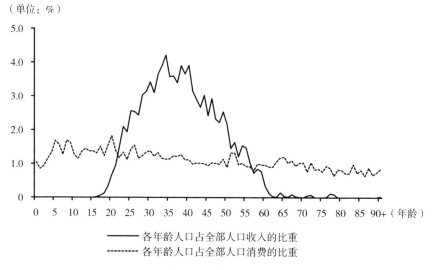

图8-9 收入和消费的生命周期效应

资料来源：根据中国城市劳动力调查（CULS）数据计算。

市场对脱贫攻坚和全面建成小康社会的重要意义。在未来人口形势不断变化的过程中，仍然需要借助高效的劳动力市场创造有利的收入分配格局。

要通过不断扩大就业，使初次分配成为收入分配的主体形式。这也是实现高质量发展、保障中等收入群体持续扩大的基本前提。只有不断扩大就业，才能使最广大的群体通过初次分配参与分享经济发展的成果。而且，利用劳动力市场直接对国民收入进行分配是较之再分配等手段更具经济效率的方式，也更具有持续性。从国际经验看，一些国家出现中等收入群体萎缩、收入分配恶化、民粹主义抬头等现象，首要原因就是劳动力市场出现了问题，失业率长期高企、一部分群体难以参与初次分配，必然引发社会的不稳定。

此外，还需要在产业结构升级中保持劳动力市场的均衡发展，防止出现劳动力市场的两极化、空心化。21世纪以来，发达国家劳动力市场的两极化趋势愈演愈烈，对中等收入群体造成了最大的伤害。一些原本中等收入群体占比较高的经济体，如美国和欧盟国家，由于劳动力市场的两极化,中等收入群体的规模有所缩小。美国的产业空心化导致所谓"铁锈"地带失业增加,中产阶级大量消失,成为美国当前社会矛盾的主要来源。1997—2007 年欧洲劳动力市场上的中间岗位减少了 6.5 个百分点,成为中等收入群体萎缩的直接原因。[①] 造成发达国家劳动力市场极化的原因,既有全球化导致的分工转移、技术进步对常规认知型岗位的替代,也有产业政策和收入分配政策的缺位。随着我国人口转变进程的加速,劳动力资源的相对优势将会发生变化,要避免走发达国家产业空心化的老路,减少劳动力市场震荡对中等收入群体的不利影响。

此外,要不断提升劳动份额。扩大就业只是扩大中等收入群体的必要条件,要保持中等收入群体在国民收入分配格局中占据合理的比重,还需要不断扩大劳动份额。近年来,我国国民收入中的劳动份额呈现缓慢上升的势头,对改善收入分配格局起到了一定的推动作用,但和发达国家相比仍然有较大的提升空间。例如,2018 年我国的劳动份额为 37.5%。[②]同期美国为 59.7%、德国为 64.2%、日本为 56.4%、英国为 59%。从变动趋势上看,经济合作与发展组织成员平均的劳动份额虽然自 20 世纪 70年代开始下降,但目前仍维持在 57% 左右,高出我国近 20 个百分点。在人口形势对收入分配格局变化产生不利影响的情况下,更需要利用这一潜力。

第四节　积极应对人口形势变化的政策讨论

人口形势在新发展阶段会产生新的变化。一方面,要通过持续深化改革完善人口政策,努力改变人口发展结果与经济发展水平脱节的现象;另一方面,也要在经济社会领域作出相应的改革,积极应对人口形势变化

---

① Breemersch,Koen,Joze Damijan and Jozef Konings,"What Drives Labor Market Polarization in Advanced Countries? The Role of China and Technology",*Industrial and Corporate Change*,Vol.28,No.1,2019,pp.51-77.

② 都阳、赵文:《中长期收入分配格局与政策研究》,见谢伏瞻主编:《迈上新征程的中国经济社会发展》,中国社会科学出版社 2020 年版,第 552—575 页。

引发的一系列经济社会发展问题。

一、持续完善人口政策

要从关乎中华民族伟大复兴的角度理解人口问题及相关政策，理解人口问题和经济社会发展的相关性。因此，要基于中国独特的人口转变特征，合理设定人口政策目标。中国超低的生育率水平远远低于其经济发展阶段所对应的水平。除了经济发展水平以外，存在一些制度或政策因素，使中国的总和生育率水平偏离了均值位置，补偿这一"生育缺口"是当前人口政策的首要任务，而提高生育意愿（理想子女数量）则是一个长期任务。从国际经验看，进入低生育率阶段之后，生育率反转异常艰难，诸多国家尝试通过经济激励、公共政策、职场环境等举措鼓励生育，但实际效果并不理想。当然，在一些高收入且人类发展指数（Human Development Index，HDI）高的欧洲国家，生育率似乎出现了重新升高的迹象，尤其具有促进女性发展和社会性别平等取向的家庭政策更有利于鼓励生育。[①] 劳动力市场的灵活性、社会保障与福利水平、性别平等程度、收入差距程度等提高人类发展指数的因素，既是发展所需要追求的目标，也是在超低生育率下实现生育率回转的希望所在。

在新发展阶段，要针对中国低生育意愿和低生育率可能长期存在的情况，在取消生育数量限制、实现群众自主生育的同时，还需要制定和落实全方位配套政策，支持育龄夫妇实现自主地有计划地生育。制定育儿友好政策、帮助育龄夫妇解决工作与育儿冲突问题、减轻妇女兼顾就业与育儿的负担，需要得到各级政府、各相关部门、用人单位乃至全社会的重视。

在实质上提升生育水平，则需要提高生育意愿。国际经验表明，通过政策干预和制度安排降低夫妇生育成本，将可能影响生育行为，并会长期影响生育意愿。具有针对性和具有性别视角的育儿友好政策，可有效支

---

① 吴帆:《欧洲家庭政策与生育率变化——兼论中国低生育率陷阱的风险》,《社会学研究》2016 年第 1 期。

持妇女兼顾工作和育儿,有利于夫妇落实生育计划、实现家庭理想的生育目标,并可在宏观上影响生育水平、避免陷入长期的低生育率。不少国家的公共政策主要针对这个问题采取多种干预措施,帮助夫妇消除障碍、降低生育成本(包括机会成本和直接成本),支持他们实现小家庭的生育目标。相关政策可以归纳为三方面内容,即支持工作和家庭兼顾、支持儿童发展、对育儿家庭提供财政补助。支持工作和家庭兼顾的政策包括母亲的带薪孕产假、父亲陪产假和父母育儿假,有利于父母尤其是母亲兼顾家庭和工作的灵活有弹性的劳动时间安排,最为重要的是保障女性就业的各种措施。支持儿童发展的相关政策包括发展儿童照料和教育服务、补贴教育费用等。儿童照料服务的发展不仅能够改善儿童成长环境、提高父母对子女发展的预期,也间接支持了父母兼顾工作与家庭。对育儿家庭提供财政补助的形式多样,主要是对育儿家庭的现金补贴和税收减免等。

要结合中国的经济社会发展阶段,尽快制定全面的综合性生育配套政策和制度规划,针对生育行为影响机制制定对策,遏制生育水平的进一步下降。力争在新发展阶段逐步树立扭转低生育率的政策导向,系统性地建立、完善和落实生育配套政策和制度,强化适应群众多样化的生育意愿的计划生育服务体系和服务水平,逐步形成育儿友好的社会和政策环境。通过持久的努力提升夫妇的生育意愿,并在可以预见的未来将中国的生育水平提升到接近一对夫妇两个孩子,促进人口发展平稳、结构更趋于平衡。

二、积极应对人口老龄化对社会支持体系的冲击

要实现养老金体系的可持续平衡,可供选择的政策工具既包括抑制养老金支付激增的需求侧工具,也包括增加养老金支付资源的供给侧工具。具体来说,需求侧工具包括延迟退休、降低养老金替代率和实行更具弹性的退休制度;供给侧工具则包括扩充社保储备金、划拨国有资本、扩大基金的投资运营等。鉴于未来 10 年我国养老金支付面临严峻的形势,依赖某一项政策工具可能难以应对困局,需要施行一揽子的改革方案。

根据我们的测算,以基准方案计算,延迟退休可以弥补 2022—2035 年养老金累计缺口的 27.9%;降低替代率可以弥补 2022—2035 年养老金累计缺口的 49.2%;扩充社保储备基金可以弥补 2022—2035 年养老金累计缺口的 9%;划拨国有资本可以弥补 2022—2035 年养老金累计缺口的 11.8%;扩大社保基金投资运营可以弥补 2022—2035 年养老金累计缺口的 6.4%。[①] 使用这些主要的政策工具后,在基准情形下可以在未来最困难的十余年,实现养老金体系的总体平衡。而部分年度出现的缺口,需要用储备基金作动态调整。

释放上述政策工具的效应,既需要各项工具的协同推进,还取决于养老金体系以外其他条件的配合。因此,积极应对养老金支付困局,还需要在相关领域推进更系统的改革。

首先,养老金支付体系与劳动力市场制度紧密关联。无论是从"开源"还是"节流"的角度考虑,提升中老年人的劳动参与率都有积极的意义。近年来,我国的劳动参与水平逐渐下降,女性的劳动参与下降更快。劳动者退出劳动力市场,导致劳动参与率的下行,在短期看减轻了"保就业"的压力,长期看不利于养老体系的持续运行。此外,尽快把非正规就业和新业态新模式从业人员纳入社会保障体系,对于保持体系的平衡也有积极的作用。

其次,我们测算上述政策工具实施效果的一个重要前提,是能够做到全国一盘棋。从现实情况看,养老金支付体系存在严重的地区分割,各个地方的差异性也很大。仅仅从基金支付平衡的角度看,目前存在基金大量结余的仅仅是少数经济发达的省份。尽早实现养老保障体系的全国统筹,一方面可以实现更大范围的互济,另一方面也可以消除发达地区不断提升支付待遇的动机。随着各地养老金支付待遇差距的不断扩大,统筹的难度也会不断加大。

最后,加强正面宣传,减轻改革的阻力。使用需求侧的政策工具涉及

---

① 都阳、程杰:《"婴儿潮"一代退休对养老金体系的冲击与应对》,《中国社会科学评价》2022 年第 2 期。

众多劳动者的切身利益,既不能因为改革难度大踟蹰不前,也要做好正面宣传,让广大人民群众理解我国的发展阶段现状,了解我国养老体系"广覆盖、保基本"的长期原则。

此外,经济发展是所有供给侧工具的源泉。任何提升劳动生产率、促进经济增长的政策举措,对于维持养老保障体系的可持续运行都是大有裨益的。如果说在中等收入阶段促进经济增长的主要目标是全面建成小康社会,那么,在我国跨入高收入国家行列后,保持一定速度的经济增长将是应对人口老龄化挑战的使命所在。

三、积极应对总人口达峰

如果说低生育率水平、人口老龄化、劳动年龄人口减少是已经发生的变化,也有了一些政策应对经验的话,那么如何应对总人口下降产生的一系列问题,将是新发展阶段面临的新挑战。要加紧对人口负增长时代的政策体系进行研究,尤其是化解需求侧因素转折性变化的影响。以下几个方面的政策值得关注。

首先,要以更高水平、更高质量的对外开放抵消需求侧的不利影响。人口负增长对经济发展的需求侧影响是在封闭经济的条件下提出的。我国已经提出构建以国内大循环为主体、国内国际双循环相互促进的新发展格局。即便人口进入负增长时代,在相当长的时期内,我国的人口总量规模仍然巨大,仍然具备实现国内大循环为主体的基础。与此同时,也要通过进一步扩大开放,提高对外开放的质量和水平,尽可能利用外部需求的增长,抵消人口负增长对内需形成的不利影响。

其次,改善收入分配格局可以降低需求侧冲击的影响。以支出法衡量的 GDP 中的消费需求,与消费水平和人口数量两个因素有关。因此,即使人口数量开始减少,只要可以保持人均消费水平的增长,就能在一定程度上抵消人口负增长的不利影响。目前,我国有相当大群体的收入水平还不高,制约了他们消费水平的提升。通过改善收入分配格局,促进中低收入群体的收入增长,将有助于提升我国的平均消费水平。

最后,发展方式和经济规划要考虑总人口达峰的不利影响。总人口达峰及此后的负增长,是我国基本国情的重大转折,也是我国在以往制定发展规划时从未遇到过的情况。今后,在重大项目规划、基础设施投资、资源区域配置等方面,要纳入总人口转折性变化的因素,提升资源配置的效率。

四、经济发展模式与劳动力市场制度的系统改革

老龄化社会的最大挑战来自老年抚养比提升对社会赡养体系的挑战。因此,依靠劳动年龄人口劳动生产率的不断提升,形成可持续的经济增长方式,是老龄化社会保持社会进步的根本动力。

中国快速的老龄化进程,大大压缩了人口红利的窗口期,要求经济增长方式的转变进程也必须加速。对于很多发达国家而言,人口转变的过程是自然的、无政策干预的,因此人口老龄化也是一个渐进的、缓慢的过程。在这种情况下,根据资本和劳动相对价格的变化,依靠市场的自发调节机制,就可以形成与老龄化社会相适应的经济增长方式。然而,中国迅速进入老龄化社会的事实以及不断加速老龄化的趋势,很容易对经济发展形成冲击性的影响,难以通过自发的机制实现结构变化,必须辅之以经济发展政策的干预和诱导。

在老龄化社会,提升劳动生产率的根本在于全要素生产率的提升,而全要素生产率的提升又在很大程度上取决于科技和创新在经济发展中的贡献程度。因此,从依赖要素积累的经济增长方式,转变至全要素生产率推动的增长方式应该成为经济发展政策的核心。

老龄化社会对经济发展的直接冲击就是劳动力市场规模的不断缩小,因此鼓励劳动节约型技术的应用在经济发展政策中有着至关重要的作用。需要注意的是,劳动节约型技术的应用必须辅之以与老龄化社会相适应的再分配体系,才能真正实现劳动生产率的增长为社会和谐发展服务的目的。否则,就会出现收入差距扩大、与老龄化相关的贫困加剧的不利局面。

在劳动年龄人口逐渐减少的情况下,更具弹性的劳动力市场和更广泛的就业,对缓解老龄化带来的冲击有着积极的作用。这一点已经为诸

多的国际经验所证实,并成为目前已经进入深度老龄化的国家应对人口老龄化挑战的主要政策取向。

遏制劳动参与率不断下降的趋势。针对女性劳动参与率不断下降的情况,通过打击就业歧视、补贴生育、加强托幼公共服务等措施,鼓励女性的劳动参与。

第九章　以开放促改革促发展：
从比较优势、后发优势到高水平
分工下的竞争优势①

　　2021 年,我国完成全面小康建设目标,进入了开启全面建设社会主义现代化国家新征程、向第二个百年奋斗目标进军的新发展阶段。党中央、国务院对这个阶段的对外开放战略提出了一系列新目标、新要求。最根本最重要的是,坚持高水平对外开放是支撑目标实现的一个关键举措。习近平总书记明确指出:"中国的发展惠及世界,中国的发展离不开世界。我们要扎实推进高水平对外开放,既用好全球市场和资源发展自己,又推动世界共同发展。"②这为我们谋划现代化建设阶段的高水平开放战略思路提供了根本指引和前进方向。

　　在党的二十大报告中,习近平总书记强调,推进高水平对外开放,依托我国超大规模市场优势,以国内大循环吸引全球资源要素,增强国内国际两个市场两种资源联动效应,提升贸易投资合作质量和水平。稳步扩大规则、规制、管理、标准等制度型开放。推动货物贸易优化升级,创新服务贸易发展机制,发展数字贸易,加快建设贸易强国。合理缩减外资准入负面清单,依法保护外商投资权益,营造市场化、法治化、国际化一流营商环境。③

---

　　① 课题组组长:江小涓,中国社会科学院大学,教授。课题组成员:孟丽君,清华大学服务经济与数字治理研究院,助理教授;魏必,清华大学公共管理学院,博士生。

　　② 习近平:《在第十四届全国人民代表大会第一次会议上的讲话》,人民出版社 2023 年版,第 5 页。

　　③ 习近平:《高举中国特色社会主义伟大旗帜　为全面建设社会主义现代化国家而团结奋斗——在中国共产党第二十次全国代表大会上的报告》,人民出版社 2022 年版,第 32 页。

全面建设社会主义现代化国家是一个宏伟而艰巨的奋斗过程,改革
开放以来,我国经历了发挥比较优势促进出口增长、发挥后发优势促进国
内产业成长两个发展阶段。今后,按照中央的明确要求,从学术理论视角
出发,在水平型分工格局下不断增强我们的竞争优势,提升产业竞争力,
并以制度型开放提高资源跨境配置效率,是社会主义现代化建设新阶段
高水平对外开放的基本要求和主要目标。

第一节　从比较优势到后发优势:对外贸易和
国内产业继起发力引领发展

本章简要回顾从改革开放之初到 21 世纪初,党中央、国务院有关我
国对外开放的战略部署和要求,并从学术理论的角度分析其重要意义和
实践进展。

一、以比较优势和国际市场带动发展

改革开放之初至 2006 年前后,我国以大口径对外贸易带动经济高速
发展。党中央、国务院对此作出过明确要求。从学术角度看,比较优势理
论相当有效地解释了我国该阶段的发展实绩。

(一)以扩大出口为重点的工作部署[①]

改革开放初期,我国面临的一个严峻挑战是产业水平极低,生产资料
和生活资料在数量上和质量上与国外相比差距明显,我国亟须高端技术
设备的成套引进和多样消费品的大量进口。然而,获取这些所需的资源
必然消耗大量外汇储备,如何获得足量外汇成为了现实问题。党和国家
明确认识到这一点,在该阶段的对外开放部署上,呈现出以扩大出口为重
点的特征,并体现在一系列最高层级的政策文件中。

1978 年党的十一届三中全会公报强调,我国要对经济管理体制和经

---

① 本部分主要内容来源于江小涓等:《中国开放 30 年:增长、结构与体制变迁》,人民出
版社 2008 年版,第 1—2 章。

营管理方法开展改革,在自力更生的基础上积极发展同世界各国平等互利的经济合作,努力采用世界先进技术和先进设备。在党的十一届三中全会作出改革开放的历史性决策后,1979年7月党中央和国务院发出文件,决定在深圳、珠海、汕头、厦门四个市划出部分地区试办特区。四个经济特区被允许在经济活动中实行特殊政策,在经济管理上实行特殊的管理体制。以社会主义公有制为主导的多种经济成分,主要采取市场调节手段。为外商投资提供优惠待遇,企业所得税率减按15%征收。对特区政府授予相当省级的经济管理权限。四个经济特区的设立,具有中国对外开放航船启程的标志性意义。

不过,由于旧有计划经济体制下的外贸体制尚未充分转型,一定程度上制约了外贸出口。为推动新形势下的外贸工作,国务院专门于1979年颁布了《开展对外加工装配和中小型补偿贸易办法》。该办法规定,要以发展出口商品生产、增加外汇收入为主要目的,各地方、各部门在国家对外贸易政策的指导下,根据自己的条件和特点,制定发展规划,因地制宜地发展重点行业、重点产品,发展高级加工产品,逐步改变出口商品结构。

经过几年的探索与积累,进一步发挥沿海地区的优势、扩大对外开放的范围具备了客观条件。1982年国务院召开沿海九省市、自治区(北京、天津、上海、辽宁、河北、山东、江苏、浙江、广西)对外经济贸易座谈会,要求发挥沿海地区优势,加强对外经济贸易。与外贸相关的重点工作包括:在内外销统筹安排的原则下,努力增加出口比重;抓住当前有利时机,大胆利用外资,积极引进使用的先进技术和必要的关键设备,对现有企业(特别是中小企业)进行改造。为促进上海在四个现代化建设中发挥更大的作用,1983年国务院决定扩大上海市对外经济贸易的管理权限,使上海市在国家计划指导下,在利用外资、引进技术、对外贸易、劳务出口等方面有较多的自主权。

随着对外贸易规模的逐步扩大以及开放进程的不断加深,我国审时度势地进行了多轮外贸体制重要改革。1984年9月19日,国务院批准了对外经济贸易部关于外贸体制改革意见的报告,并指出这次外贸体制改革是我国经济体制的一项重要改革,对我国实行对外开放、对内搞活经

济,进一步发展对外贸易,加快四个现代化建设,具有重要意义。1987年
9月26日,《国务院关于批转对外经济贸易部一九八八年外贸体制改革
方案的通知》发布,决定在轻工业品、工业品、服装三个出口行业实行自
主经营、自负盈亏的试点改革等一系列改革措施。1988年2月26日,
《国务院关于加快和深化对外贸易体制改革若干问题的规定》发布,全面
推行对外贸易承包经营责任制,进一步加快和深化对外贸易体制改革,加
速发展了对外贸易事业。

总体而言,党和国家在这一时期以对外开放作为社会主义现代化建
设的突破口,通过明确要求、周密部署和重要改革,大力发展对外贸易,带
动和促进了我国经济的高速发展。

(二)绝对优势和比较优势:理论基点及演进

党中央和国务院的一系列文件和工作,是推动对外贸易蓬勃发展的
重大政治决策和全面工作部署。这些决策、部署之所以能在中国开放实
践中发挥重要作用,是因为它们符合国情也符合规律。

在当时,大力发展对外贸易符合我国的绝对优势和比较优势。绝对
优势和比较优势是国际贸易理论的两个重要概念。亚当·斯密(Adam
Smith)提出的绝对优势理论认为,各国按照自身的绝对优势参与国际分
工,可以通过自由贸易获得收益。但该理论无法解释一国在所有产品的
生产上同外国相比都存在绝对劣势时,国家间贸易为何仍然存在。针对
这一理论缺陷,大卫·李嘉图(David Ricardo)提出了比较优势理论,论证
了即使一国在所有产品的生产上相比他国都处于绝对劣势,仍可按"两
优取重,两劣取轻"的原则与他国进行分工,生产并出口本国优势较大或
劣势较小的产品,进口优势较小或劣势较大的产品。[1] 其后,着重于分析
比较优势形成根源的要素禀赋理论进一步发展并成为主流理论[2]。该理
论认为,各国要素的相对丰裕程度导致的要素相对价格差异,使不同国家

---

① [英]李嘉图、斯拉法:《李嘉图著作和通信集　第1卷　政治经济学及赋税原理》,郭
大力、王亚南译,商务印书馆1962年版,第207—218页。
② [瑞典]奥林:《地区间贸易和国际贸易》,王继祖等译,首都经济贸易大学出版社2001
年版,第5—7章。

生产同一种产品的机会成本存在差异。①由于该理论的假设条件较为通用(如某些商品判定为劳动密集型,另一些为资本密集型),因而这种理论视角具有一般性。为分析简便,本章将前述逻辑的理论体系称为"比较优势理论"。这一理论体系长期影响着我国学者研究中国参与国际贸易相关问题的思路。②

近年来,比较优势理论常被用于分析发展中国家与发达国家之间贸易失衡问题③、全球生产分工④,以及农业、纺织、服装等行业的贸易特点⑤。可以看出,比较优势作为一种基本的理论方法仍具有良好的解释力。

(三)国门初开:发挥两个优势与国际贸易快速发展

20世纪80年代初,全球化加速推进,中国实行改革开放政策,极其有效地发挥了劳动力的比较优势和绝对优势,得以抓住全球化机遇,以出口持续扩张推动经济持续增长,该阶段一直延续到2006年⑥。

① 林毅夫、李永军:《比较优势、竞争优势与发展中国家的经济发展》,《管理世界》2003年第7期。

② 江小涓:《中国工业发展与对外经济贸易关系的研究》,经济管理出版社1993年版,第1—14页;林毅夫、李永军:《比较优势、竞争优势与发展中国家的经济发展》,《管理世界》2003年第7期;蔡昉、王德文、曲玥:《中国产业升级的大国雁阵模型分析》,《经济研究》2009年第9期;樊纲:《比较优势与后发优势》,《管理世界》2023年第2期。

③ Barattieri, A., "Comparative Advantage, Service Trade, and Global Imbalances", *Journal of International Economics*, Vol. 92, No. 1, 2014, pp. 1-13; Lin, Justin Yifu and Wang, Xin, "Trump Economics and China-US Trade Imbalances", *Journal of Policy Modeling*, Vol. 40, No. 3, 2018, pp.579-600; Shen, Jim Huangnan, Long, Zhiming, Lee, Chien-Chiang and Zhang, Jun, "Comparative Advantage, Endowment Structure, and Trade Imbalances", *Structural Change and Economic Dynamics*, Vol.60,2022,pp.365-375.

④ Nishioka, Shuichiro, "R&D, Trade in Intermediate Inputs, and the Comparative Advantage of Advanced Countries", *Journal of the Japanese and International Economies*, Vol.30,2013,pp.96-110.

⑤ Lu, Sheng, "Impact of the Trans-Pacific Partnership on China's Textiles and Apparel Exports: A Quantitative Analysis", *The International Trade Journal*, Vol.29, No.1, 2015, pp.19-38; Ruffin, Roy J., "Ricardo and International Trade Theory", in *Ricardo and International Trade*, Routledge, 2017; Meoqui, Jorge Morales, "The Demystification of David Ricardo's Famous Four Numbers", *Journal of the History of Economic Thought*,2023,pp.1-20.

⑥ 江小涓:《中国开放三十年的回顾与展望》,《中国社会科学》2008年第6期;李计广、张汉林、桑百川:《改革开放三十年中国对外贸易发展战略回顾与展望》,《世界经济研究》2008年第6期。

改革开放初期，我国人均收入极低，劳动力成本的绝对优势极为显著。根据经济合作与发展组织数据库提供的最早可比数据，1990年中国就业人员平均年工资为477.50美元，与同年美国工资水平有百倍之差，与日本有78倍之差。同时，我国劳动力的比较优势也极为显著。图9-1显示，我国主要生产要素占全球的比重畸高或畸低，其中劳动力极为丰裕。以1994年（人民币双轨制并轨，各种生产要素和汇率市场化定价开始）为例，中国劳动力数量占全球总量的27%，远高于同期的日本（2.69%）和美国（5.39%）。而投资额和研发投入方面，中国仅占全球的2.93%和2.63%；自然资源方面也相对紧缺，如煤炭、石油、天然气和淡水等均低于美国。比较优势理论表明，一国最富裕的要素由于无法被其他相对短缺的生产要素有效吸纳到生产过程中，数量过剩而相对价格低。我国劳动力正符合这一规律。

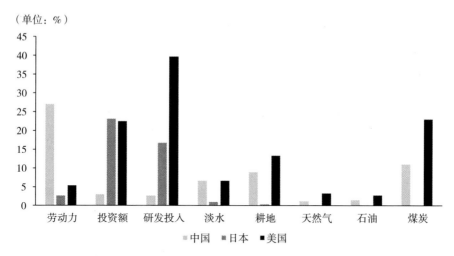

图9-1　1994年中国、美国、日本要素禀赋占全球的比重

资料来源：劳动力、吸引外资、对外投资资料来源于世界银行；研发投入、投资额（资本形成总额）及自然资源来源于《中国统计年鉴》和《国际统计年鉴》。

（四）全球化迅速推进的国际环境

20世纪80年代中期后，全球化迅速推进，其带来的国际市场规模扩张，可以用国际贸易规模及其占全球GDP比重的增长来衡量。一方面，全球贸易规模从1986年的51679.48亿美元扩大到2006年的296221.1

亿美元,增长近 5 倍;其中,货物贸易占比达到 80% 以上,货物贸易进出口总额从 1986 年的 43533.78 亿美元增长到 2006 年的 244847.57 亿美元,增长 4.6 倍。另一方面,全球贸易总额占 GDP 的比重从 1986 年的 33.98% 上升至 2006 年的 57.21%;其中,货物贸易总额占 GDP 的比重从 28.63% 上升到 47.29%。该阶段全球贸易对经济增长发挥了引领作用(见图 9-2)。

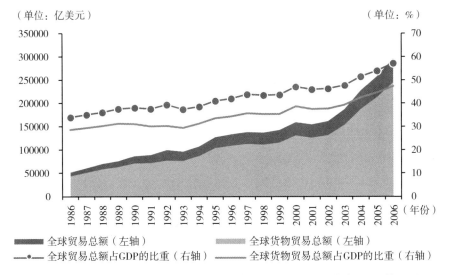

图 9-2 1986—2006 年全球贸易总额、全球货物贸易总额及其占 GDP 的比重

资料来源:UNCTAD 数据库。

(五)内外优势和机遇叠加:中国对外贸易规模和比重的惊人增长

对外开放开启了中国借力全球化促进自身快速发展的进程,中国以具有绝对优势和比较优势双重势能的国内巨量劳动力,步入了以大口径外循环引领经济发展的阶段。在该阶段,数以亿计的隐蔽性失业劳动力得以搭载出口商品,找到就业机会。1980—2006 年,中国进出口总额从 237.5 亿美元增长到 17745.4 亿美元,年均增速达 18.05%,占全球贸易额的比重从 0.51% 上升到 5.99%,全球货物贸易总额排名由第 26 位跃升至第 3 位。其中,中国出口总额由 113 亿美元增长到 9917.3 亿美元;进

口总额由 124.5 亿美元增长到 7828.1 亿美元。同期,中国进出口总额占
GDP 的比重从 1980 年的 12.42% 上升到 2006 年的 64.48%,这一比例位
居同类超大规模国家前列(见图 9-3)。

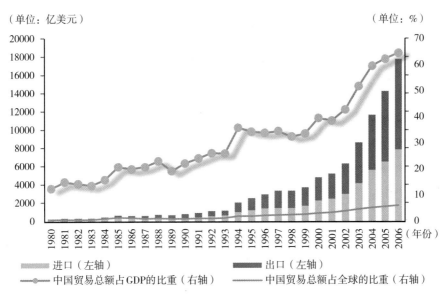

（单位：亿美元）　　　　　　　　　　　　　　　　　　　　（单位：%）

进口（左轴）　　　　　　　　　　出口（左轴）
—●—中国贸易总额占GDP的比重（右轴）　　——中国贸易总额占全球的比重（右轴）

图 9-3　1980—2006 年中国进出口贸易总额及其占全球的比重和占 GDP 的比重

注:图中进口额与出口额单位为现价的美元。

资料来源:UNCTAD 数据库。

　　此阶段出口增长依靠我国绝对优势和比较优势的有效发挥,这主要
体现在劳动密集型产品制造中。图 9-4 是 1987 年我国各制造业的人均
固定资产原值,平均值为 1.68 万元/人。该数值越低,表明劳动密集度越
高,值小于平均值是劳动相对密集的行业,值大于平均值则是资本相对密
集的行业。可以看出,我国出口商品高度集中在工艺美术品、皮革毛皮及
其制品、纺织品、文教体育用品等行业,以及从图 9-6 中可以看出,1995
年劳动密集和低技能类产品出口占我国出口比重高达 56.89%,充分体现
了我国出口实绩与比较优势的高度相关性。

　　特别是最能体现劳动力成本优势的加工贸易迅速发展带动了整体出
口的迅速增长。改革开放后,加工贸易占对外贸易总额的比重曾有十余
年高达 50% 以上,于 1999 年达峰(56.88%)(见图 9-5)。

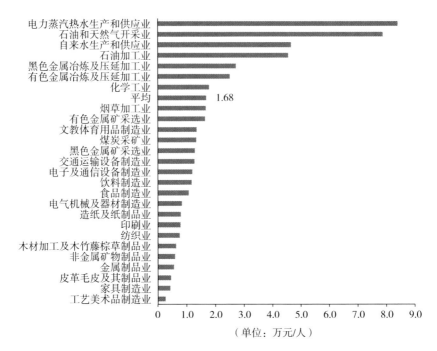

图9-4 1987年中国制造业人均固定资产原值

资料来源：根据《中国工业统计年鉴》整理。

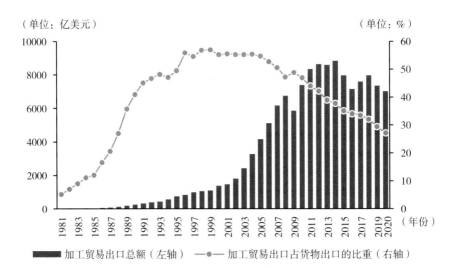

图9-5 1981—2020年中国加工贸易出口总额及其占货物出口的比重

资料来源：根据联合国贸易和发展会议（UNCTAD）和中国统计年鉴数据计算整理。

　　影响对外贸易结构的因素不只绝对优势和比较优势，有学者引入更
多因素分析改革开放以来中国出口商品结构的形成原因。研究表明，比
较优势、国内产业基础和市场结构、参与全球分工程度是决定一国贸易增
长和贸易结构的三项主要因素，我国兼得这三项有利因素，因而在较宽产
业面上具有竞争力，尤其在劳动相对密集、国内产业规模大、市场竞争激
烈、外资参与度高和具有可拆分加工制造特性的产业，我国具有显著竞争
优势。[1]

（六）劳动力成本上升与比较优势的减弱

　　随着中国经济快速增长和人均收入大幅提升，中国制造业劳动力的
平均年工资从 1990 年的 433.4 美元上升到 2006 年的 2615.7 美元，年均
增长率为 11.89%。而同期美国、日本制造业的实际工资年均增长率较
低，分别为 4.67%、1.69%。随着国内劳动力成本的不断上升，我国劳动
密集型产品出口份额不断下降。同时，国内产业水平逐步提升，出口产品
结构优化升级。如图 9-6 所示，1995—2006 年我国出口的制造业产品

（单位：%）

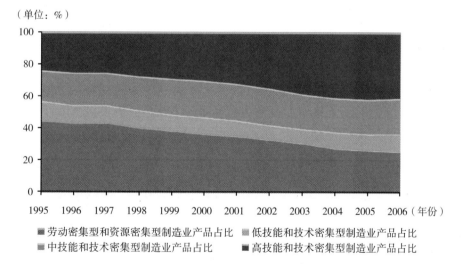

■劳动密集型和资源密集型制造业产品占比　　　低技能和技术密集型制造业产品占比
■中技能和技术密集型制造业产品占比　　　■高技能和技术密集型制造业产品占比

图 9-6　1995—2006 年根据要素禀赋划分的各类制造业产品出口占比

资料来源：UNCTAD 数据库。

---

① 江小涓：《我国出口商品结构的决定因素和变化趋势》，《经济研究》2007 年第 5 期。

中,劳动密集型和资源密集型制造业产品占比从 43.86% 降低到 25.35%,高技能和技术密集型制造业产品占比从 24.08% 上升到 41.34%。表明中国出口的制造业产品中劳动密集型和资源密集型产品比重在逐年降低,而高技能和技术密集型制造业产品比重在逐年上升。

二、后发优势、引进技术与国内产业快速成长[①]

早在改革开放初期,党中央、国务院就决定吸收国外投资,鼓励外资带来先进技术以促进社会主义现代化建设。1979 年 7 月 1 日,全国人大五届二次会议通过《中华人民共和国合资经营企业法》并公布施行。同年,四个经济特区设立,吸收外商直接投资开始起步。1983 年 9 月 26 日,国务院发布《中华人民共和国中外合资经营企业法实施条例》,体现了中国政府对利用外资、举办合资企业进一步放宽政策的务实举措。1984 年,我国将开放地区扩大至天津、大连、秦皇岛、烟台、青岛、连云港、南通、上海、宁波、温州、福州、广州、湛江、北海这 14 个沿海城市。不过,20 世纪 70 年代末,由于国内产业水平和消费水平较低,虽然国内市场对外商投资企业的产品有旺盛需求,同时境外投资者也看好中国国内市场和劳动力竞争优势,但有关外商投资的市场和法律环境仍然不够完善,国外投资者投资项目和数额都较少。

为优化外商投资环境,国家陆续制定颁布了《中华人民共和国中外合资经营企业法》(1979)、《中华人民共和国中外合作经营企业法》(1988)和《中华人民共和国外资企业法》(1986)这三部规范吸收外资行为的法律。20 世纪 80 年代中期前后,又陆续制定了一些鼓励政策,不断完善相关体制,例如 1986 年国务院制定了《鼓励外商投资的决定》,解决了外资企业遇到的一些困难,对出口企业和技术先进技术给予更优惠的政策;80 年代中期开始建立外汇调剂中心,缓解部分外资企业外汇平衡问题等。投资环境的改善促进我国吸收外商直接投资逐年平稳增长。

---

① 本部分主要内容来源于江小涓等:《中国开放 30 年:增长、结构与体制变迁》,人民出版社 2008 年版。

1979—1982 年年底,累计吸收外商直接投资 11.7 亿美元,1985 年实际利用外商直接投资 16.6 亿美元,1991 年达到 43.66 亿美元。1979—1991年,累计实际利用外商直接投资 250.58 亿美元。

从 20 世纪 90 年代开始,随着国内产业水平攀升、国内收入和消费水平提高,外商企业,特别是跨国公司较快进入我国市场。这个时期我国吸收外资的体制、政策和发展环境都有显著变化。1991 年 4 月,第七届全国人大四次会议审议通过《中华人民共和国外商投资企业和外国企业所得税法》,把对合营企业、合作企业、外资企业和外国企业实行的税率加以统一,更透明化、简化、规范。1992 年邓小平同志南方谈话之后,党的十四大确定了经济体制的改革目标是建立社会主义市场经济体制,中国改革开放和发展进入一个新阶段,高速增长的潜力进一步发挥。同时,加快了开放步伐,将对外开放的范围从沿海地区扩大到沿江(长江)、沿线(陇海线、兰新线)。1994 年 3 月 3—7 日国务院在北京召开全国外资工作座谈会,会议总结改革开放 15 年利用外资工作,研究利用外资工作方针、政策。

经过此前 10 多年的改革和发展,我国基础设施条件、体制环境和政策环境均有明显改善,形成了更加有利的投资环境。这些变化使外国投资者看好中国增长前景和在中国投资经营的发展空间,使 20 世纪 90 年代成为我国吸收外资高速增长的阶段。1992—1997 年吸收外资规模增长了 3.1 倍,到 1997 年,实际吸收外资达 453 亿美元。这个阶段也是 FDI 在国内资本形成总额中比重最高的时期。发达工业化国家大型跨国公司的投资显著增加,1997 年年底,"财富 500 强"中已有超过 360 户在华投资,使我国利用外资的产业结构、产品结构和技术结构迅速优化。

(一)传统比较优势继续减退

党和国家推动国内产业快速成长、推动对外贸易持续良性发展的一系列重大战略部署,既充分符合我国作为后发国家的国情,也充分符合后发优势的经济学原理,带领全国人民创造了世界瞩目的"中国经济奇迹"。经过改革开放后 20 多年的发展,2006 年我国外贸依存度达到历史最高点。自此之后,由于我国劳动力成本等多方面的传统比较优势减退,依托比较优势、大量出口带动增长的发展模式亟待转换。

随着经济快速增长和人均收入大幅提升,中国劳动力成本继续快速上升,城镇单位就业人员的平均年工资从 2005 年的 2221.1 美元上升到 2021 年的 16566.5 美元,年均增长率为 13.38%。而同期美国、韩国和日本实际工资增长停滞不前,年均增长率分别为 1.36%、1.35% 和 0.02%。我国与美国工资水平的差距不断缩小,从 2005 年的 27 倍缩小到 2021 年的 4.5 倍。与此同时,我国工资水平与一些发展中国家的差距不断加大,2021 年,印度和越南的人均工资水平仅为我国的 17.23% 和 23.36%,两国在劳动密集型产品生产上已经具有了一定的相对优势(见图 9-7)。

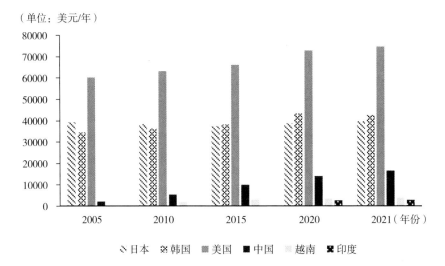

（单位：美元/年）

□日本　※韩国　▨美国　■中国　越南　▥印度

图 9-7　2005—2021 年中国、美国、日本、韩国、越南、印度平均工资

资料来源:美国、日本、韩国的资料来源于 OECD 数据库,中国数据来自国家统计局,印度和越南资料来源于国际劳工组织。

(二)国内市场与产业扩张、后发优势动能增强

比较优势动能减退的同时,国内消费市场和产业规模扩大、体系日趋完备和竞争力日益提升,由此中国进入后发优势发挥关键作用的发展阶段。

后发优势的概念最早由经济史学家亚历山大·格申克龙(Alexander

Gerschenkron)提出,认为后发国家可利用"后进性"以实现经济追赶。[1]
其后的学者如阿布拉莫维茨(Moses Abramovitz)进一步提出了"追赶假
说",认为后进国家具有快于发达国家的发展潜力。[2] 1993年,伯利兹
(Brezis)等学者发展了"蛙跳模型",指出先进国家可能面临技术"锁定",
而后发国家则可通过应用突破性技术以实现经济赶超。[3] 有学者指出,
发展中国家可以利用后发优势,建立起快速增长的产业。[4] 中国工业发
展的后发优势极为突出,可以支撑中国工业发展成为世界发展史上的
奇迹。[5]

　　这个阶段产业竞争力提升的主要来源是:依托规模快速扩张的国内
产业和市场,有效抓住了先进技术和国际资本大规模跨国流动的机遇,吸
引国外先进适用技术及各种有用要素,促进国内产业快速发展和提高技
术水平。同时,国内产业水平提升有利于吸收国外先进技术,国内消费水
平持续提升有利于发展较高档次的产品和服务。上述两方面因素均有利
于吸引跨国公司前来投资。因此,该阶段中国发展的表现是:国内产业大
规模引进国外先进技术、大规模吸引技术先进的国外投资、大规模生产较
高水平的制造业产品,并快速增加中高端商品出口。该阶段一直延续到
2016年。

(三)大量技术引进与国内产业快速成长:后发优势迸发

　　国内产业规模扩张和技术水平提升、国内市场对高质量产品需求持
续增加,极大地促进了我国引进先进技术的能力和动力。自21世纪初期

---

① Gerschenkron, A., *Economic Backwardness in Historical Perspective: A Book of Essays*, Cambridge:The Belknap Press of Harvard University Press,1962.

② Abramovitz, M., "Catching up, Forging Ahead, and Falling Behind", *The Journal of Economic History*,Vol.46,No.2,1986,pp.385-406.

③ Brezis, Elise S., Krugman, Paul R., and Tsiddon, D., "Leapfrogging in International Competition:A Theory of Cycles in National Technological Leadership", *The American Economic Review*,Vol.83,No.5,1993,pp.1211-1219.

④ Lin,J.Y., "From Flying Geese to Leading Dragons:New Opportunities and Strategies for Structural Transformation in Developing Countries",Global Policy,Vol.3,No.4,2012,pp.397-409.

⑤ 刘世锦、江小涓:《后来居上:中国工业发展新时期展望》,中信出版社1991年版,第133—142页;江小涓:《世纪之交的工业结构升级》,上海远东出版社1996年版,第40—43页。

以来,技术引进规模保持高速增长。2001—2013 年技术引进额由 90.91 亿美元提高至 433.64 亿美元,年均增速达 13.91%。2012 年达到峰值,合同数和金额分别为 12988 项和 442.74 亿美元(见图 9-8)。

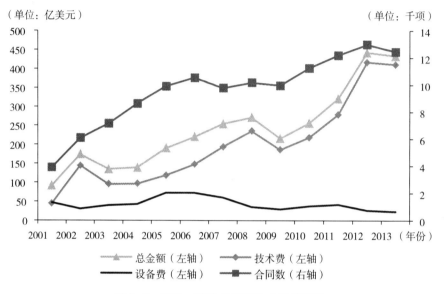

（单位：亿美元）   （单位：千项）

总金额（左轴）　　技术费（左轴）
设备费（左轴）　　合同数（右轴）

图 9-8　2001—2013 年我国技术引进情况

资料来源:江小涓等:《技术贸易:世界趋势与中国机遇》,清华大学出版社 2022 年版。

从图 9-8 可以看出,技术引进方式由设备进口为主转向知识产权进口为主。自 2002 年起技术费在技术引进费中的比重超过 50%并持续提高,2013 年这一比重高达 94.77%,而成套设备、关键设备和生产线的进口额占比到 2013 年已经下降至 1.68%;以专利、专有技术和商标许可为主的知识产权进口占比由 2001 年的 19.84%提高到 2013 年的 52.7%,大量的知识产权进口降低了企业的研发成本和风险,使企业以较快速度积累技术,为自主研发奠定了技术基础。

在引进技术和国内市场快速扩张双重动力推动下,我国经济特别是第二产业经历了这个阶段的高速增长,其实力及在全球经济中的地位迅速提升。1978—2021 年,我国制造业增加值从 756.14 亿美元上升到 48658.43 亿美元,年均增长近 10%,牵引 GDP 以超过 9%的实际年均增速,从 1978 年的 2185.02 亿美元攀升至 2021 年的 177341.31 亿美元,我国经济实现巨大增长。从国际比较来看,我国已稳居全球制造业大国地位。2010 年我国制造业增加值达到 19243.32 亿美元,首次超过美国成为全球制造业第一大国,并连续多年保持这一地位。2021 年中国制造业增加值全球占比达到 31.03%,超过了美国、日本、德国三国之和(29.47%)。以 GDP 全球占比衡量,中国已是全球次大。2007 年,中国的 GDP 全球占比达到 6.08%,超过了英国和德国;2010 年,占比上升到9.14%,超过日本。2021 年,中国的 GDP 全球占比已达 18.37%,仅次于美国的 24.22%(见图 9-9—图 9-11)。

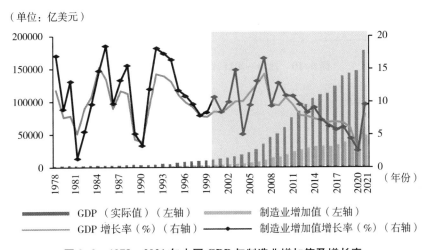

图 9-9　1978—2021 年中国 GDP 与制造业增加值及增长率

注:图中阴影部分为 2000—2021 年。其中,GDP 增长率与制造业增加值增长率为实际增长率。
资料来源:UNCTAD 数据库。

这一阶段,外商投资企业在我国工业中扮演着重要角色,并带来了大量先进技术。从 1998 年到 2018 年,规模以上外商投资企业工业增加值占全国工业增加值的比重常年居于 1/4 左右,并且在 2003 年达到最高点。2018 年规模以上外商投资企业的工业增加值已达 7.04 万亿元人民币(见图 9-12)。

跨国公司不仅带来资金和产能,更重要的是利于国内引进先进技术。2000—2001 年,笔者主持过一个系列的调研项目,对北京、上海、深圳、苏州 127 家跨国公司在华投资企业进行了访谈和问卷调研,企业的技术水

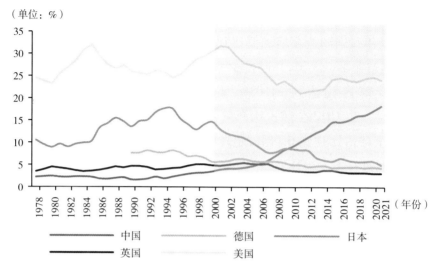

图 9-10 1978—2021 年各国 GDP 的全球占比

注:图中阴影部分为 2000—2021 年。

资料来源:UNCTAD 数据库。

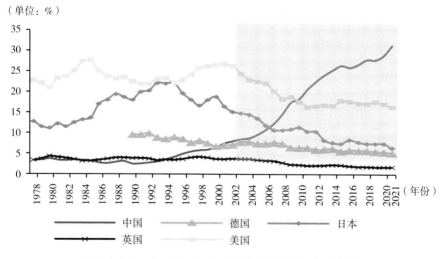

图 9-11 1978—2021 年各国制造业增加值的全球占比

注:图中阴影部分为 2000—2021 年。

资料来源:UNCTAD 数据库。

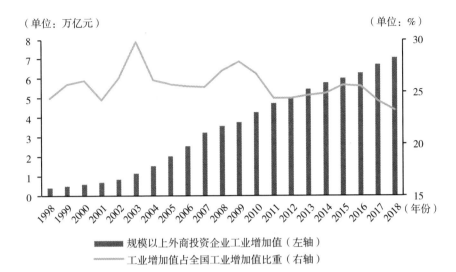

（单位：万亿元）　　　　　　　　　　　　　　　　　（单位：%）

　　　　■ 规模以上外商投资企业工业增加值（左轴）

　　　　—— 工业增加值占全国工业增加值比重（右轴）

**图 9-12　1998—2018 年规模以上外商投资企业工业
增加值及其占全国工业增加值比重**

资料来源：中国发展研究基金会。①

平是调研的重点内容。调研结果表明，以母公司的技术为参照，大多数跨
国公司使用了母公司最先进或比较先进的技术。其中，使用母公司比较
先进技术的企业最多，有 57 户，占总数的 45%；使用母公司最先进技术的
企业次之，有 53 户，占总数的 42%。两者相加，使用母公司最先进和比较
先进技术的企业占总数的 87%。有 17 户企业使用了母公司的一般技术，
仅占总数的 13%。当以国内技术水平作参照时，外商投资企业的技术被
划分为填补国内空白技术、国内先进技术和国内一般技术。被调研企业
中，引进国内空白技术的企业共 83 家，占总数的 65%；其余为使用先进技
术的企业 44 家，占总数的 35%；没有企业使用属于国内一般水平的技术。
外商投资企业之所以开始转移最先进和比较先进技术，主要是竞争需要：
国内市场竞争已经比较激烈，特别是外商在华投资企业之间的竞争。不
使用先进技术，就无法在竞争中立足和获胜。②

---

　　① 资料来自中国发展研究基金会：《〈外商投资法〉表决通过：外资给中国带来了什么？》
2019 年，https://www.cdrf.org.cn/jjhdt/4893.jhtml。

　　② 江小涓：《中国的外资经济：对增长、结构升级和竞争力的贡献》，中国人民大学出版社
2002 年版，第 3 章。

（四）对外贸易结构出现明显变化

这个阶段，我国出口商品结构变化明显。我国劳动力成本上升和发达国家制造业自动化程度的提升，使中国出口商品尤其是劳动密集型产品的出口竞争力相对下降。出口占我国 GDP 的比重（出口依存度）在经历了近 30 年的持续上升后，在最近 10 多年来呈现出明显的下降趋势。加工贸易是典型的劳动密集型出口商品，因而相对地位下降更早，下降幅度更大。加工贸易出口占货物贸易出口的比重从占比最高的 1999 年的 56.9%降至 2020 年的 27.1%（见图 9-5）。

我国出口的制造业产品中，劳动密集型和资源密集型制造业产品占比从 2006 年的 25.35%持续下降到 2016 年的 23.66%；中技能和技术密集型、高技能和技术密集型制造业产品占比从 63.30%上升到 65.84%（见图 9-13）。我国机电产品及高新技术产品进出口额自 2006 年来持续上升，2021 年机电产品出口金额已超过 19800 亿美元，高新技术产品出口金额达 9790 亿美元以上（见图 9-14）。

（单位：%）

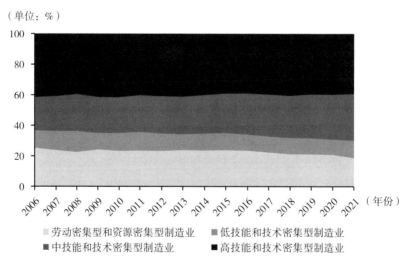

图 9-13　2006—2021 年根据要素禀赋划分的各类制造业出口占比

资料来源：UNCTAD 数据库。

（单位：亿美元）

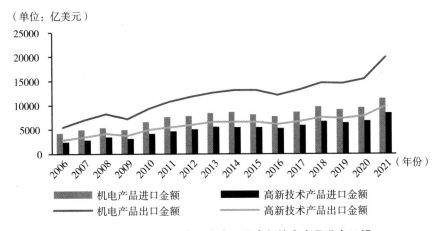

图 9-14 2006—2021 年机电产品及高新技术产品进出口额

资料来源：《中国统计年鉴》。

第二节 竞争力攀升、水平型分工与研发投入外溢

一、我国产业国际分工从垂直型向水平型演进

近 10 年，中国参与国际分工模式由产业间分工向产业内部和产品内部分工不断延伸。我国与发达国家之间的贸易，从产业间贸易发展到垂直型产业内贸易，进一步发展到以水平型产业内贸易为主。

国际贸易有两种类型：一种是产业间贸易，即一国进口和出口属于不同产业部门生产的产品；另一种是产业内贸易，即一国既出口同时又进口某种同类型的产品。[1] 格林纳威（Greenaway）等进一步从分工结构上将产业内贸易类型划分为垂直型和水平型两类。[2] 垂直型国际分工还可细分为两类：一类指部分国家供给初级原料，而另一部分国家供给制成品的

---

[1] Grubel, Herbert G. and Lloyd, Peter J., *Intra-Industry Trade：The Theory and Measurement of International Trade in Differentiated Products*, Vol.12, London：Macmillan, 1975.

[2] Greenaway, D., R. Hine, and C. Milner, "Country-specific Factors and the Pattern of Horizontal and Vertical Intra-industry Trade in the UK", Weltwirtschaftliches Archiv, Vol.130, No.1, 1994, pp.77-100.

分工形态;另一类指同一产业内技术密集程度较高的产品与技术密集程度较低的产品之间的分工,即相同产业内部因技术差距引致的分工;这类分工主要表现为发达国家与发展中国家之间的分工。水平型国际分工也可细分为两类:一类是产业内水平分工,指同一产业内不同企业具有相同或相近的技术水平,但其外观、质量、品牌等差异导致了分工和交换;另一类指产品内部的分工,各国生产同一产品的不同零部件或参与不同加工过程。① 这类分工主要表现为经济发展水平相同或接近的国家之间的分工。

对外开放以来,我国的比较优势(劳动力低成本)逐渐减弱,比较劣势(技术落后资本短缺)持续向优势转换,制造业不断向技术与资金密集的方向延展,因而从垂直分工不断向水平分工提升。② 总体而言,近年中国制造业的产业内贸易比较优势主要集中在资本和技术密集型产业,并逐渐向知识密集型产业转变。③

下面我们用两种方法定量刻画我国贸易分工模式的演进特征。

第一,采用拉尔(Sanjaya Lall)分类法④⑤。从五个类别的进出口贸

① Krugman, Paul R., "Intraindustry Specialization and the Gains from Trade", *Journal of Political Economy*, Vol.89, No.5, 1981, pp.959-973; Le Riche, A., Lloyd-Braga, T., and Modesto, L., "Intra-Industry Trade, Involuntary Unemployment and Macroeconomic Stability", *Journal of Mathematical Economics*, Vol.99, 2022, pp.102-589.

② 张小蒂、孙景蔚:《基于垂直专业化分工的中国产业国际竞争力分析》,《世界经济》2006 年第 5 期;唐海燕、张会清:《产品内国际分工与发展中国家的价值链提升》,《经济研究》2009 年第 9 期;杨丹辉:《全球竞争格局变化与中国产业转型升级——基于新型国际分工的视角》,《国际贸易》2011 年第 11 期;苏杭、郑磊、牟逸飞:《要素禀赋与中国制造业产业升级——基于 WIOD 和中国工业企业数据库的分析》,《管理世界》2017 年第 4 期;江小涓、孟丽君:《内循环为主、外循环赋能与更高水平双循环——国际经验与中国实践》,《管理世界》2021 年第 1 期。

③ 程中海、屠颜颖:《中国制造业产业内贸易的测度与比较》,《统计与决策》2022 年第 5 期;张凌、刘云帆:《贸易附加值视角下双边贸易嵌套关系研究——以中欧为例》,《经济问题探索》2020 年第 6 期。

④ Lall, S., "The Technological Structure and Performance of Developing Country Manufactured Exports, 1985-98", *Oxford Development Studies*, Vol.28, No.3, 2000, pp.337-369.

⑤ 拉尔分类法将制造业划分为初级产品制造业、资源型制造业、低技术制造业、中等技术制造业和高技术制造业五个类别。

易中可以发现,初级产品、资源型制造业产品进口远大于出口,且差额
逐年扩大;低技术制造业出口远大于进口,而中等技术制造业和高技术
制造业出口与进口总额差额较小。根据产业内贸易的定义,一国对同
类产品既有进口又有出口,即国际贸易双方交换的是同一产业所生产
的产品的贸易行为,代表着水平分工的程度。由此,我们发现近年来高
技术产业和中等技术产业是产业内水平分工,而其他产业是产业间分
工(见图9-15)。

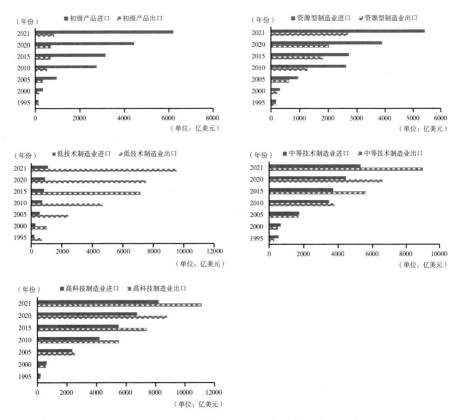

图9-15　1995—2021年拉尔分类法下各类贸易产品进出口额

资料来源:UNCTAD数据库。

第二,使用 Greenaway-Hine-Wright 指数(GHM 指数)考察中国与主
要贸易伙伴国之间的分工变化。GHM 指数由格林纳威等提出,主要用于

测度一个产业的产业内贸易程度。①② 我们采用联合国第四次修订的《国际贸易标准分类》(SITC Rev.4),选取中国 2007—2021 年的 SITC5—8 类共 92 个产业的数据,检测中国工业制成品的产业内贸易情况。在排除数据缺失的国家后,中国与主要贸易伙伴国(美国、日本、韩国、德国、法国、英国、荷兰)的产业内贸易中,水平型产业内贸易行业数量快速增加。与以上 7 国的水平型产业内贸易行业数量占比从 1992 年的 15% 左右提升至 2021 年的 45% 左右。其中与韩国水平型产业内贸易行业数量增加的最多,以年均 5.61% 的速度,从 1992 年的 11.9% 提升至 2021 年的 57.9%。同时,垂直向上产业内贸易行业数量也在不断提升。1992—2021 年,中国与以上 7 国的垂直向上产业内贸易行业数量占比从 27% 左右提升至 55% 左右。这表明,中国制造业正在从垂直向下产业内贸易向垂直向上产业内贸易再到水平型产业内贸易不断发展(见图 9-16)。

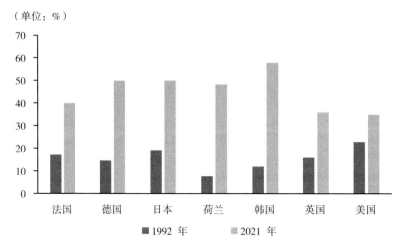

(单位:%)

图 9-16 1992 年、2021 年中国与主要贸易伙伴国水平型产业内贸易行业比重

资料来源:根据 UN COMTRADE 数据库计算所得。

---

① Greenaway, D., R.C.Hine and P.Wright, 1999, "An Empirical Assessment of the Impact of Trade on Employment in the United Kingdom", *European Journal of Political Economy*, Vol.15, No.3, 1999, pp.485-500.

② 通常采用出口产品的单位价值与进口产品的单位价值比例作为指标。当 0.75 < GHM < 1.25 时,为水平型贸易;当 GHM < 0.75 或 GHM > 1.25 时,为垂直型贸易。

二、引进技术促产业发展到引进技术促国内研发

（一）技术引进促进国内研发投入

前文的分析表明，自本世纪初期以来，我国大量引进国外先进技术并直接应用到国内产业发展之中。随着国内产业技术水平的提升，引进技术带动国内研发投入的趋势日趋明显，引进技术成为国内技术成长的重要推动力量。

表9-1是2019年我国技术进口排名靠前的7类制造业。交通运输设备，通信设备、计算机及其他电子设备，化学原料及化学制品，专用设备，通用设备，医药，电气机械及器材等制造业是技术进口的主要行业。

表9-1　2019年我国7类制造业技术进口　（单位：项、亿美元）

行业	合同数	合同金额	技术费
交通运输设备制造业	1564	97.93	97.88
通信设备、计算机及其他电子设备制造业	777	54.12	53.88
化学原料及化学制品制造业	350	19.85	19.30
专用设备制造业	387	18.38	18.30
通用设备制造业	386	12.87	12.78
医药制造业	187	11.58	11.57
电气机械及器材制造业	220	10.00	8.42

资料来源：江小涓等：《技术贸易：世界趋势与中国机遇》，清华大学出版社2022年版。有少许删改。

对上述行业的研发支出分析表明，企业技术进口对研发投入增长具有明显正向效应。根据《全国科技经费统计公报》，2012—2019年，这7类制造业研发经费支出总体保持逐年稳步增长。2019年，7类制造业的研发经费均超过400亿元，排前两位的依次是通信设备、计算机及其他电子设备制造业，电气机械和器材制造业，研发经费支出分别达2448.1亿元和1406.2亿元。2012—2019年7类制造业的研发经费投入强度普遍增长，说明通过引进技术直接或间接地刺激了企业开展技术创新（见表9-2）。

表 9-2　2012—2019 年我国 7 类制造业研发经费投入强度　（单位:%）

行业/年份	2012	2013	2014	2015	2016	2017	2018	2019
制造业平均	0.85	0.88	0.91	0.97	1.01	1.14	1.38	1.45
交通运输设备制造业	2.18	2.41	2.4	2.3	2.38	2.53	3.38	3.81
通信设备、计算机及其他电子设备制造业	1.51	1.59	1.63	1.76	1.82	1.88	2.12	2.15
化学原料和化学制品制造业	0.82	0.86	0.9	0.95	0.96	1.11	1.25	1.4
专用设备制造业	1.48	1.57	1.55	1.58	1.54	1.78	2.43	2.64
通用设备制造业	1.24	1.26	1.32	1.35	1.38	1.53	1.92	2.15
医药制造业	1.63	1.69	1.67	1.72	1.73	1.97	2.39	2.55
电气机械和器材制造业	1.29	1.32	1.38	1.46	1.5	1.73	2.04	2.15

资料来源:江小涓等:《技术贸易:世界趋势与中国机遇》,清华大学出版社 2022 年版、历年《全国科技经费统计公报》。

　　根据 2019 年的分行业制造业研发与技术引进数据,采用趋势线拟合研发经费投入强度与技术进口合同金额的关系,趋势线斜率为正,说明行业的技术引进与其研发强度之间呈现正向变动的关系(见图 9-17)。

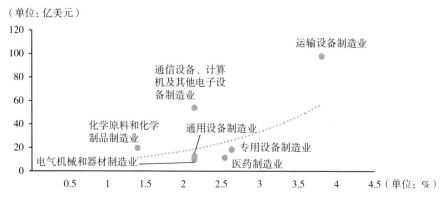

图 9-17　2019 年我国研发经费投入强度与技术进口合同金额的关系

资料来源:《2019 年全国科技经费投入统计公报》《2020 中国科技统计年鉴》。

　　从研发总量和占比看,大量引进技术并未阻止我国研发投入持续增长和研发比重持续上升。中国研发经费于 2005 年超过德国,2009 年超过日本,2014 年超过欧盟。2021 年,中国研发规模达到 4333.3 亿美元,占 GDP 的比重为 2.44%,仅次于美国,居全球第二(见图 9-18)。2022 年中国研发规模达到 30870 亿元,占 GDP 的比重提升至 2.51%,接近经济合作与发展组织成员在疫情前的平均水平(2.47%)。

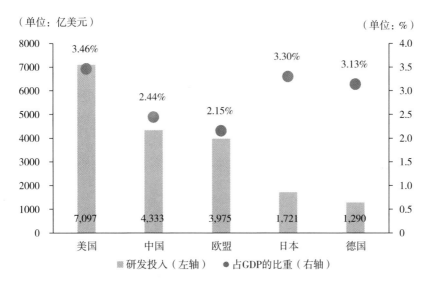

图 9-18　2021 年中国、美国、欧盟、德国与日本研发经费投入及其占 GDP 的比重

注:该指标以 2015 年基准年和购买力平价(PPP)的美元不变价格衡量。

资料来源:根据经济合作与发展组织(OECD)数据整理。

(二)我国成为制造业最大研发投入国,技术出口持续增加

2008—2020 年,我国制造业企业研发投入规模迅速攀升,从 921.39 亿美元增加到 3409.95 亿美元,并于 2015 年超过美国,跃居世界第一(见图 9-19)。

持续的大规模研发投入,推动我国产业技术总体水平持续提升,改革开放初期我国产业技术全面落后,目前已进入各类技术并存、较为先进和先进技术不断增多的阶段。2014 年以来,技术出口增长强劲,进口增速平稳。我国技术贸易呈现进口与出口规模差距明显缩小、发展更趋均衡的态势。2014—2019 年技术出口额由 284.25 亿美元增至 321.37 亿美元,年均增速 2.49%;进口额由 310.59 亿美元增至 352.01 亿美元,年均增速 2.54%,远低于 2001—2013 年的 13.91%。技术贸易逆差大幅收窄,

（单位：亿美元）

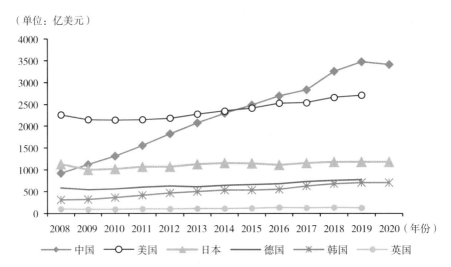

图 9-19　2008—2020 年中国、美国、日本、德国、韩国、英国制造业企业研发支出

注：单位是以美元不变价格计算，使用 2015 年基准年和购买力平价（PPP）。
资料来源：OECD Main Science and Technology Indicators。

由 2013 年的 233.27 亿美元大幅下降到 2019 年的 30.64 亿美元，如图 9-20 所示。技术出口的大幅增长表明在长期技术引进和自主创新的交

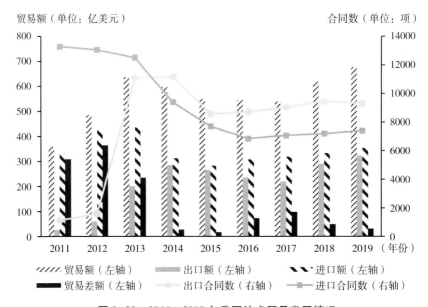

图 9-20　2011—2019 年我国技术贸易发展情况

资料来源：江小涓等：《技术贸易：世界趋势与中国机遇》，清华大学出版社 2022 年版，第 10 页。

互作用下，我国与发达国家的技术差距明显缩小，尤其是一些产业领域的
技术创新能力大幅提升，企业技术输出能力不断增强。近年来，我国信息
通信技术企业与跨国公司的专利交叉授权越来越多，其前提是企业处于
相同技术水平层面上，并产生相互的技术需求。

（三）我国在全球产业链上成为研发净出口国

中国持续加大制造业研发投入，使我国出口商品中的研发含量持续
上升。下面使用全球投入产出数据库（World Input-Output Database）和亚
洲开发银行的投入产出数据（ADBMRIO）、经合组织（OECD）、联合国教
科文组织（UNESCO）和世界银行（World Bank）等多个数据库提供的研发
投入数据，基于库普曼等（Koopman，2014）开发的全球价值链双边分解方
法，计算各国贸易中所隐含的研发投入流量。[①] 对比发现，中国已经从研
发投入净进口国转变为研发投入净出口国。1995 年，中国研发投入净进

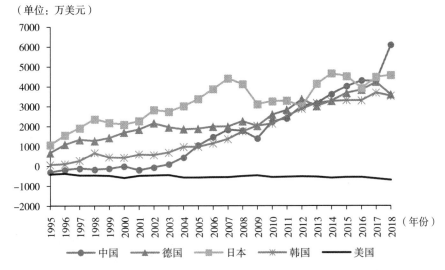

图 9-21　1995—2018 年主要国家当年研发投入流量的净出口情况

注：纵轴坐标单位为万美元，是按照购买力平价法的 2005 年不变价格。全球多区域投入产出表来自
　　世界投入产出数据库（World Input-output Database，WIOD）和（Asian Development Bank Multiregional
　　Input-output Table，ADB-MRIO），研发投入数据来自经合组织（OECD）STAN 数据库。

资料来源：上海交通大学环境学院助理教授李萌提供。

———————

① 一国贸易中所隐含的研发投入等于该国传统贸易、简单价值链贸易和复杂价值链贸
易中所隐含的研发投入之和。

口 303.14 万美元;2003 年,中国出口中隐含的研发投入首次超过进口中隐含的研发投入,成为研发投入净出口国;2018 年,中国净出口 0.61 亿美元研发投入,超过德国、日本、韩国、美国,成为世界最大的研发投入净出口国(见图 9-21)。

甚至在工业机器人这个高技术产业中,按照贸易中隐含的工业机器人存量来看,中国已经从工业机器人净进口国转变为净出口国。1995 年中国工业机器人净进口 4234.71 台,2017 年中国首次成为工业机器人净出口国,净出口 19783.31 台;2018 年达到 37308.24 台,居韩国、日本、德国之后,成为全球第四大隐含工业机器人净出口国(见图 9-22)。

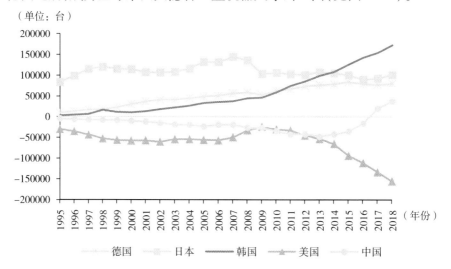

（单位：台）

图 9-22 1995—2018 年主要国家工业机器人存量的净出口情况

注:全球多区域投入产出表来自经济合作与发展组织(2021OECD Inter-Country Input-Output Tables,OECD ICIO),工业机器人数据来自国际机器人联合会(International Federation of Robotics,IFR)。
资料来源:上海交通大学环境学院助理教授李萌提供。

三、水平型分工时代的开放度展望:国际比较角度

当水平型分工和竞争优势成为我国开放的主要形态后,"开放度"这个数量型指标今后会有什么变化?下面做两点国际比较。

(一)与"2 万—4 万美元"的国家组别比较

我国未来的发展目标是,到 2035 年达到中等发达国家水平,人均

GDP 大致达到 2 万—4 万美元。本章基于 9 个变量：关税税率、汇率制
度、金融开放度、货物进口、货物出口、服务进口、服务出口、外商直接投资
（FDI）、对外直接投资（OFDI）构建了"对外开放指数"①，利用该指数测
度了一组处于"2 万—4 万美元"收入水平、规模较大的国家②的开放度。
测度结果显示：过去 20 年中，这些国家的开放度呈现出稳中略升趋势，同
期我国的开放度也随着收入的增加而提升，目前已与这些国家大致相当。
这预示着今后我国即使进入该档次的收入水平，开放度仍有可能会保持
在一个相对稳定的状态（见图 9-23）。

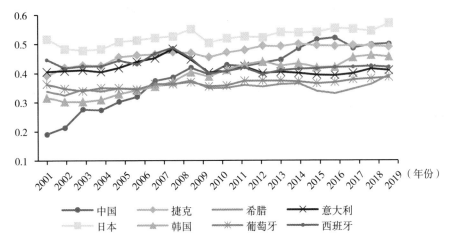

图 9-23　2000—2019 年"2 万—4 万美元"国家和中国的对外开放指数

资料来源：笔者整理计算所得。

---

① 参考中国社会科学院世界经济与政治研究所和虹桥国际经济论坛研究中心发布的
《世界开放报告》，采用相似方式对各子指标进行无量纲化和归一化处理。采用向前及向后填
补的方式填补缺失值。汇率制度资料来源于 Ilzetzki, Ethan, Reinhart, Carmen M., and Rogoff,
Kenneth S., "Exchange Arrangements Entering the Twenty-First Century：Which Anchor Will Hold?",
The Quarterly Journal of Economics, Vol.134, No.2, 2019, pp.599-646 的公开数据。金融开放度资
料来源于 The Chinn-Ito index（KAOPEN），其他数据均来自世界银行。

② 为了增加与我国的可比性，排除原料输出型经济体（以原油、矿产等资源出口为重要
经济支柱的经济体）和人口小于 1000 万的经济体，比较的国家包括日本、意大利、韩国、西班
牙、葡萄牙、捷克和希腊。

（二）与大国比较：我国目前外贸依存度处于中等水平

中国是一个人口大国，与其他人口超 1 亿人的大国相比，外贸依存度排名自 20 世纪 80 年代以来经历了从低到高再到中等水平的变化。2021 年我国排名处于中等偏下的位置，比大国平均外贸依存度低 8.5 个百分点。由此得到启示，今后我国开放度提升的可能性要高于下降的可能性（见图 9-24）。

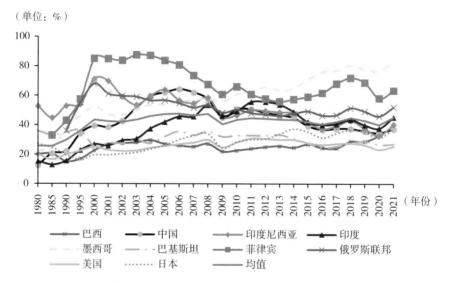

（单位：%）

图 9-24　1980—2021 年人口大国外贸依存度

资料来源：世界银行（WB）。

第三节　高水平开放：技术合作、制度安排和提高资源跨境配置效率

从初步实现现代化目标、我国发展阶段和国际环境变化等背景考虑，当前到 2035 年，我国高水平开放的主要特点体现在以下三个方面。

一、"三轨并行"获得国际技术合作收益

今后，我国"市场换技术""技术换技术""技术换市场"三轨并行的

国际技术合作空间广阔。

(一)"市场换技术"空间依然巨大

中国制造业规模全球最大,国内市场全球次大,两者仍在迅速扩张,国内产业和市场对技术输出方和引进方都有足够的吸引力。目前中国产业技术水平总体较高,外资企业为在华经营具备竞争力,大多数引进的技术是全球最先进、最前沿的。例如,巴斯夫在广东湛江建设的新型一体化基地,是其迄今为止最大规模的海外投资项目,采用了全世界第一台用绿电来驱动的电加热蒸汽裂解炉,可使碳排放降低 90%。① 又如特斯拉,新专利"汽车车架的多向车身一体成型铸造机和相关铸造方法"在发布后不久,就将该专利设备部署在了上海的超级工厂②。

(二)"技术换市场"诉求快速拓展

我国产业技术水平不断提升,特别是一些新赛道上的创新产品,其技术实力受到多国用户和消费者的青睐。同时,国内相关产业发展迅速,需要拓展国际市场。这种以技术竞争力为基础的出口就是以"技术换市场"。以光伏产业为例,2016 年以来我国光伏产品(硅片、电池片、组件)出口额不断攀升。到 2022 年,我国光伏产品出口额达 512.5 亿美元,其中光伏组件出口额为 423.6 亿美元。从全球角度来看,我国光伏产品出口份额自 2019 年起已超过 40%,如果按 2022 年调整后的光伏组件编码计算,出口份额已超 85%(见图 9-25)。③ 再如风力发电机组,据中国海关及 UN Comtrade 数据,2022 年我国风力发电机组出口总额近 10 亿美元,占全球出口总值的 20% 以上,在海外风电市场的重要性凸显(见图9-26)。

---

① 资料来自巴斯夫官方网站,https://www.basf.com/cn/zh/careers/campaign/2018/megaprojects/zhanjiang.html。中国化工报:《中国化工报就巴斯夫湛江一体化基地项目采访行业专家》,2022 年,https://www.ndrc.gov.cn/fgsj/tjsj/cyfz/zzyfz/202209/t20220930_1338048.html。

② 陶永亮、张明怡、向科军、张宏、娄梦妮:《一体化压铸促进铝合金材料创新与发展》,《铸造设备与工艺》2022年第 4 期。

③ 具体而言,2022 年前采用协调制度(HS)编码 854140 估计光伏组件的国际贸易额。2022 年起,"已装在组件内或组装成块的光电池件"的 HS 编码为 854143,2022 年的我国光伏产品出口额及占比以此编码计算。

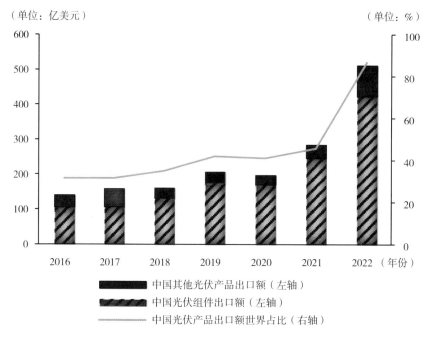

图 9-25　2016—2022 年中国光伏出口及占比

资料来源:中国光伏协会历年行业发展回顾与形势展望报告、UN Comtrade。

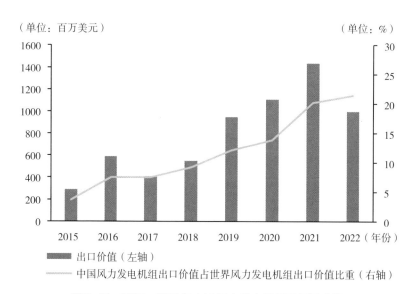

图 9-26　2015—2022 年中国风力发电机组出口及占比

资料来源:中国海关、UN Comtrade。

（三）"技术换技术"筹码日益增多

我国已成为产业技术创新大国、高技术产品出口大国和研发净出口国，越来越多的产品依托技术能力在国际市场上展现出强大竞争力。一国同时大量出口和进口技术密集型商品即为"技术换技术"，这种贸易模式可以促使我国与各国在技术与产品方面相互合作与加持。事实上，越是复杂技术产品，各国之间技术分工越细，技术合作共同发展的机会就越多。多国共同努力，在中国市场或国外市场上集成的产品和服务也最具竞争力。如图 9-27 所示，近几十年来，我国低技术产品的出口份额持续下降，初级产品和资源性制造品的进口则持续增加，这种产业间分工形态符合我国资源禀赋特点和产业竞争力变化。同期，我国中等技术制造品贸易结构相对稳定，进口与出口份额差距较小，尤其是高技术制造品的进口与出口份额差别最小，表明我国高技术产业和中等技术产业是典型的产业内水平分工，即各方使用自身具有优势的技术进行合作生产的结果。

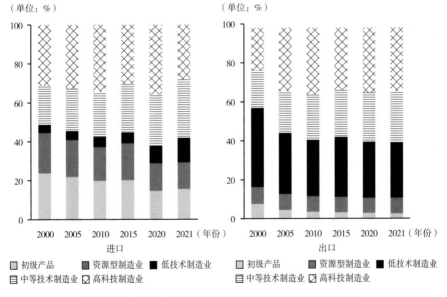

图 9-27　2000—2021 年中国各类贸易产品进出口占比

资料来源：UNCTAD 数据库。

"技术换技术"的分工模式将面临一个重要的选择：在产品与技术完

全能由国内完成或从国外引进的情况下,如何抉择?以前我国在许多领域并没有可供选择的机会,但如今我国工业技术水平已普遍提升,可选择将技术分工改为"技术进口替代"。但在当今科技全球化、产业全球化的格局下,"会做的全部自己做"并不是最优选项,这种全能产业结构也得不到分工带来的规模经济、技术快速迭代、利用全球资源、分享全球市场等诸多利益。在数字时代,科技创新呈现出许多新特点,其中一个突出方面就是多国共同创新网络迅速涌现,成为全球科技创新合作的重要新载体和新形态。现在,多国技术人员共同研发产品、共同发明专利的现象快速增加。如数字化全球设计服务平台,可以汇聚大量人才,使来自几十个国家的数百名工程技术人员同步以并联方式来研发设计一款新产品,并以灵活适宜的匹配方式来组合每一项研发设计任务。这种模式推动了分工链条从传统的制造环节为主快速向全产业链条延伸,加强了跨国创新合作。

技术自主创新和技术分工要统筹考虑稳定、安全和效率。我国面临的全球技术分工格局既有诸多有利条件,也有特殊的不利方面。一方面,我们想要的尖端技术往往属于寡头甚至垄断性质的技术市场,持有方拥有较强的控制力。这与以往我国引进的技术不在最前沿、存在技术供给的"竞争性市场"的状况有很大不同。另一方面,我国还面临更多的非经济障碍、遭受不合理打压、技术引进难度加大。因此,要在一些关键"卡脖子"领域集中攻关。

今后在技术分工和自主创新的平衡中,一定要向兼顾自主创新和安全的方向大步迈进。但是,两面性和平衡点永远都是存在的。更多利用国外技术,就能在更高起点上加快推进我国科技自立自强进程;反之,我国自主创新水平越高,就越能够在更高水平上推进国际科技合作。因此,我们要具备平衡这个关系的理念和能力。在未来的发展中,"技术换技术"既是我国的新优势,也是国际环境中的新挑战。高举经济全球化大旗,高举科技全球合作的大旗,这既符合我国自身利益,也有利于实现全球合作共赢的重要理念。

二、引进与移出并重减缓资源短缺对发展的约束

我国人均能源资源拥有量和储备量处世界较低水平,经济总量增长
导致国内资源短缺日趋加重。在改革开放初期,由于经济总量小,国内供
需压力尚不明显。但随着我国经济体量迅速增加,资源能源消耗快速增
长,各种资源拥有量与我国当下庞大的经济体量相比,短板十分突出,国
内供给无法满足需求。图 9-28 显示,2000 年,我国的石油与天然气全球
比重分别为 1.49% 和 1.18%,耕地和淡水占比分别为 7.05% 和 6.00%,
相对于全球占比分别为 3.58% 和 4.91% 的 GDP 和投资额,国内供给大致
能够满足需求。然而,到 2021 年,我国的 GDP 全球占比已提升至
18.37%,投资额更是飙升到 28.43%,这使在全球占比相对较低的能源资
源成为明显的短板。未来随着我国经济总量的持续扩张,这一短板将变
得更加凸显。

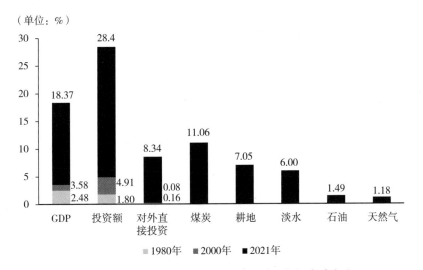

（单位: %）

图 9-28　1980 年、2000 年、2021 年中国若干指标全球占比

资料来源:UNCTAD 数据库,重要资源来源于《BP Statistical Review of World Energy 2021》和 OECD 数据库。

经济学原理表明,当各种生产要素边际产出率相等时,资源配置效率
最高。如果要素结构不匹配,资源配置就无法达到最佳状况,整体效率也
会下降。通过扩大开放引入短缺要素特别是资源类要素,对我国提升全

要素生产率、保持较强竞争力至关重要。我们要努力加大国内优势能源的使用比例,并加快产业结构调整。但是不同产业对能源类型的需求不同,对价格的敏感度也不同。虽然能源对外依存度高会存在风险,但若由于能源供给结构缺乏竞争力而导致企业竞争力下降甚至大批撤离,同样也会带来风险。因此,依时而动、比较权衡是战略选项。当国际环境允许时,一些重要资源类产品的适量进口(如石油和一些农产品),可以保障国内大循环的畅通和效率的提高。否则,不仅国内消费会受到影响,产业竞争力也会大打折扣。

同时,我国还需要加大向海外移出资源和能源消耗密度高的产能。海外投资可以缓解我国资源能源压力,促进绿色发展。作为全球最大的制造业生产和出口国,即使国内资源短缺,我国仍长期出口资源含量高、能源资源消耗大的制造业产品,这也是我国一些资源消耗占全球比重较高的重要原因。我国制造业中有相当部分,对许多国家特别是发展中国家而言,是技术相对先进的产能,符合当地需求,当地也有足够的环境容量。转移到这些国家,既符合东道国发展经济的强烈愿望,又能减轻国内能源资源压力。海外投资企业特别是高耗能的企业,利用当地丰富且成本相对低廉的资源能源,可以增强企业的国际竞争力。例如,近年来,美国天然气价格仅为我国的1/5左右,那些大量用能用气的企业投资于美国可以降低成本、增强竞争力、提高投资收益率。[①] 总之,高水平开放的一个重要标志是能稳定、有效、可持续地缓解能源资源短板对我国经济长期发展的制约。

三、加快发展服务贸易促进制造业升级和提高居民消费水平

(一)我国服务贸易发展明显滞后,是扩大高水平开放的重要增长点

现在,服务业已经成为全球经济的主体,中国也已进入服务经济时

---

① 资料来源于中国企业家杂志:《专访曹德旺:跑路、退休、接班和海外投资等问题,他全都正面回应了》,2017年,https://www.huxiu.com/article/221801.html。

代。然而,无论与其他国家服务业在国内经济中的主体地位,抑或是服务业在出口中的相对地位相比,我国均处于弱势,未来还有巨大增长空间。

从世界范围来看,2019 年,英国、美国和日本的服务贸易占总贸易的比重分别为 37.2%、26.1% 和 23.1%;三国服务业占该国 GDP 的比重分别为 70.9%、77.2% 和 69.4%。同期,中国服务贸易占总贸易的比重仅为 14.6%,服务业占 GDP 的比重为 54.3%。此外,通过服务贸易相对强度①比较来看,2019 年中国服务贸易强度远低于英国,也低于全球平均水平,与美国和日本也有一定差距(见图 9-29)。

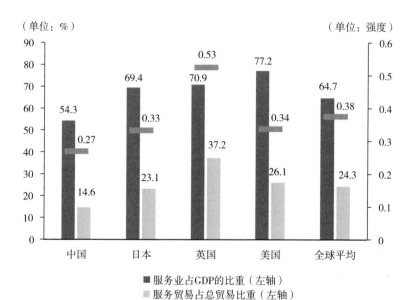

图 9-29　2019 年中国、美国、英国、日本及全球平均服务业占 GDP 的比重、服务贸易占国际贸易比重与服务贸易相对强度

资料来源:服务业占 GDP 的比重资料来源于世界银行,服务贸易占比来源于联合国贸易和发展会议(UNCTAD)。

(二)发展生产者服务贸易促进制造业提质增效

国家提出要大力发展实体经济,提高制造业技术水平和竞争力,其中

---

① 服务贸易相对强度,即服务贸易占国际贸易的比重与服务业占 GDP 的比重两者之比。

关键途径在于更多地引进高水平生产者服务。研究表明,制造业全球分工程度高的产业,与其相关的服务业全球分工程度也高。如美国的医药和汽车是制造全球化程度最高的行业,也是研发、销售等服务全球化程度最高的行业。[①] 此外,在全球制造深度分工时代,没有生产者服务的全球分工深化,制造业的分工深化和运转效率会大打折扣。例如,海外投资企业需要本土金融业到海外市场提供延伸服务,这些商务服务既要符合国际标准,也要熟悉企业特点;医药企业需要第三方全球性服务企业能够在多国开展临床研究;出口生产企业需要能高效连接全球市场的运输和分销服务等。[②] 特别是中小型制造业的全球化发展,更需要专业的全产业链生产者服务商在全球提供服务。[③] 总之,服务贸易的增长不仅促进服务贸易规模本身的扩大,而且促进我国制造业转型升级和提升全球竞争力。

(三)发展消费类服务贸易促进国内消费提质扩量

我国消费结构中,商品消费的比重较高。2021 年中国社会消费品零售总额达到 6.83 万亿美元,是美国的 108.98%,成为全球最大的消费品零售市场。[④] 然而,我国服务消费在消费总额中的占比较低,2021 年中国居民服务性消费支出占比为 44.2%,同期美国为 65.2%,服务性消费仍有较大提升空间。现在,我国人均收入已经超过 1.2 万美元,中等收入群体数亿人,对高质量和多元化的消费需求增长较快。据商务部数据,2010—2019 年,以"境外消费"形态进口的服务每年以两位数的速度增长。扩大高品质服务进口,有利于丰富国内消费选择、优化消费结构、推动消费升级,满足人民群众个性化、多元化、差异化消费需求,促进国内服

① Meyer-Krahmer, F. and Reger, G., "New Perspectives on the Innovation Strategies of Multinational Enterprises:Lessons for Technology Policy in Europe", *Research Policy*, Vol.28, No.7, 1999, pp.751-776.

② Riddle, D., *Service Led Growth:The Role of the Service Sector in the World Development*, New York:Praeger Publishers,1986;江小涓、李辉:《服务业与中国经济:相关性和加快增长的潜力》,《经济研究》2004 年第 1 期。

③ Lanz, R., et al. "E-commerce and Developing Country-SME Participation in Global Value Chains", *WTO Staff Working Papers*, No.ERSD-2018-13,2018.

④ 资料来源:中国社会消费品零售总额资料来源于国家统计局;美国社会消费品零售总额来源于美国经济分析局(BEA)。

务消费市场的不断扩展,提高消费对经济增长的贡献。

(四)以数字技术支撑我国产业全球竞争力提升

跨国数字企业已成为全球经济增长最快的市场主体。根据联合国贸发会议(UNCTAD)发布的《2021年数字跨国企业 TOP100》显示,数字全球化的快速发展趋势在疫情前就已显现,并在疫情期间进一步加强。图9-30显示,截至2021年,全球前100强数字跨国公司的销售收入、资产和净收益在6年间分别增长了158%、165%和181%,净收益更是在2020—2021年增长超60%。

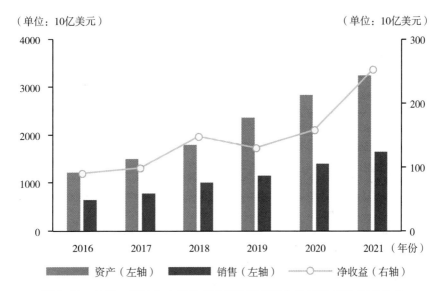

图9-30　2016—2021年全球前100强数字跨国企业资产、销售与净收益

资料来源:UNCTAD:《2021年世界投资报告》。

相比之下,过去数年前100强传统跨国公司(科技行业除外)的增长趋势基本持平,2016—2020年销售额增长率仅为10%,不足同期前100强数字跨国企业(108%)的1/10。细分类型来看,差异更加明显。电子商务企业与数字平台企业的销售额增长率高达210%,是传统跨国公司的20倍以上(见图9-31)。

从贸易内容看,与数字相关的贸易和数字驱动的贸易是发展最快的部分。以服务贸易为例,交通服务和旅游服务等传统服务贸易在世界服

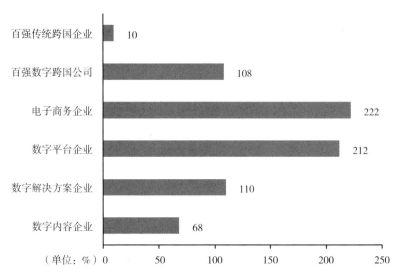

图 9-31　2016—2021 年全球前 100 强传统跨国企业与数字跨国企业销售增长率

注:增速为 2016—2020 年的增速。

资料来源:UNCTAD:《2021 年世界投资报告》。

务贸易中所占的比重不断下降,而全球数据驱动型服务贸易所占的比重不断攀升,从 1990 年的 1/4 提高到 2018 年的近 50%(见图 9-32)。

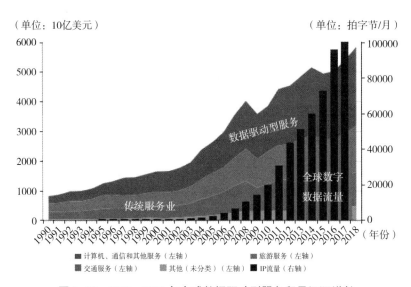

图 9-32　1990—2018 年全球数据驱动型服务贸易迅猛增长

注:IP 代表互联网协议;PB 代表拍字节。

资料来源:世界银行:《2021 年世界发展报告》,2021 年。

数字化生产性服务贸易的比重快速上升,在服务贸易中占据主体地位。2005—2020 年,四类细分的服务贸易中,数字化生产性服务贸易的增长最为突出,出口贸易规模由 2005 年的 172.14 亿美元增长到 2020 年的 1530.78 亿美元,15 年里增长了近 8 倍,年均增速达 15.68%。并自 2007 年起,在总服务出口贸易中的比重超过传统消费性服务贸易,2013 年比重又超过传统生产性服务贸易,2020 年比重上升至 55%。这一趋势表明,中国在全球数字化服务贸易中的参与程度不断加深(见图 9-33)。

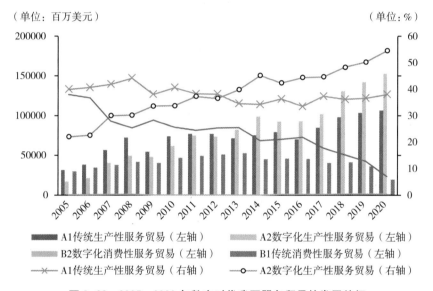

（单位：百万美元）　　　　　　　　　　　　　　　　（单位：%）

A1传统生产性服务贸易（左轴）　　　A2数字化生产性服务贸易（左轴）

B2数字化消费性服务贸易（左轴）　　　B1传统消费性服务贸易（左轴）

A1传统生产性服务贸易（右轴）　　　A2数字化生产性服务贸易（右轴）

图 9-33 2005—2020 年数字时代我国服务贸易的发展特征

资料来源:联合国贸发会(UNCTAD)。

在数字全球化中,我国产业有较强的竞争潜力。数字经济的规模经济和范围经济极为显著,无论是支撑数字消费发展的网民基数,还是支撑数字生产发展的产业基础,我国都是全球最大的,由此滋养培育出了许多全球极具竞争力的数字企业。根据 2022 年世界经济论坛(WEF)公布的最新名单①,全球共有 103 家"灯塔工厂",中国上榜企业数量最多,达到

---

① "灯塔工厂"有智能制造"奥斯卡"之称,代表全球制造业领域智能制造和数字化最高水平。

37家,占比35.9%(见图9-34)。

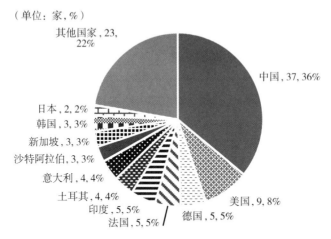

图9-34 2022年全球"灯塔工厂"名单

资料来源:世界经济论坛。

总之,今后数字全球化发展前景广阔,我国数字企业具有多方面的国际竞争潜力,数字产业较大程度地开放并参与全球竞争,我们有充分意愿和信心。

(五)制度型开放与提高跨境资源配置效率

过去多年,我国的开放总体上是"政策型开放",在开放区域和开放产业上渐次扩大,对不同开放行为有不同政策取向。例如,多年来我国倾向于鼓励出口限制进口,鼓励资金流入限制资金流出,并倾向于给外资企业更多优惠。较早时期,这种渐进式和倾向性是由我国国情、发展阶段和产业竞争力所决定的。经过40多年改革开放,国内国际各方面条件和环境已经发生很大变化,社会主义市场经济体制初步建立,我国经济发展迈入新阶段,今后要致力于推动开放体制从"政策型开放"向"制度型开放"转型和相对定型。

制度型开放的本质,是让市场在配置商品和要素跨境流动中发挥更重要作用。这在本质上与国内由市场配置资源更有效率的道理并无二致。通过出口扩大市场、获得规模经济和分工的益处,与通过进口引进各种资源、提升国内产业技术水平和竞争力,两者同等重要;吸收外资带来的资金、技术、先进产品、管理经验等,与对外投资带来的投资收益、出口扩大、当地生产和技术获得等,两者同等重要。要平等看待外资企业和内资企业,两类企业都能促进国内经济发展和国际竞争力提升,借助公平竞争筛选出综合竞争力较强的企业,促进整个产业提升效率和竞争力,实现高质量的内外循环。因此,平等对待出口和进口、引进外资和对外投资、国内企业和外资企业,是高水平市场经济体制的必然要求,也是高水平开放的重要标志。当然,在扩大开放的同时,要同步加强保障安全的体制机制,例如保障公平竞争(如反补贴)的法律、保障市场有序竞争(如反倾销)的法律、制定外国投资安全审查法等。

制度型开放的路径,是结合国情对标高标准经贸协定以完善相关体制机制。国际上贸易协定存在的理由与一个国家内部政府存在的理由一样,需要设置行为规则,保障合同执行,降低交易成本,获得法律规定和社会安全网所提供的保护。现在,中国已经或者申请加入多个高标准贸易体系,如区域全面经济伙伴关系协定(RCEP)、全面与进步跨太平洋伙伴关系协定(CPTPP)和数字经济伙伴关系协定(DEPA)等。这些贸易协定涉及零关税、服务业开放、服务贸易、电子商务及市场准入、知识产权保护、环境保护、劳工保护等,都要求国内市场体系和产业竞争行为向更高水平、更符合国际相关规则的方向推进。

制度型开放的目标,是营造市场化、法治化、国际化的开放型营商环境。一是更加注重为各类企业创造公平竞争的市场化环境。过去多年的"放管服"改革,重点之一是新企业的准入便利。现在市场主体期望更加公平的营商环境,对新进入企业和在位企业、对国有企业和民营企业、对国内企业和外资企业、对本地企业和外地企业都要一视同仁。二是更加注重建设稳定、透明、可预期的法治化环境。市场主体更希望相关政策和法律法规能够相对稳定和透明,企业能提前清楚和知晓未来营商环境如何、政策尺度松紧和出现纠纷时的解决程序和依据,以便作出恰当的投资与经营决策。三是更加注重与国际接轨的国际化贸易和投资规则。政府要致力于维护市场秩序、反垄断和反不正当竞争,依照法律从环保、节能、产品安全和国家安全等角度进行必要行业准入管理。大幅度减少或取消产业补贴,必要的补贴要提高透明度,符合公平竞争原则。严厉打击侵犯知识产权、造假、欺诈等行为。

　　制度型开放顺利推进的条件,是国内市场体系的健全和完善。在更加开放的状态下,国内市场体制的扭曲和经济变量失衡产生的负面影响会放大至更大范围。例如,当价格被压低不能及时反映某种要素的市场供求和机会成本时,企业就会超量使用,还会大量出口。再如,如果国内金融业配置资金的效率不能有明显改善,跨国投融资行为就会超常发生。还有海外各大证券市场长期以来是中国优质企业可以选择的上市地点,如果我国的证券市场不能做到高效、透明、规范,我国的优质企业就会优先努力到海外上市。只有国内建设高标准的市场体系,纠正要素市场上的种种制约和扭曲,为各类企业创造平等的竞争环境和法制环境,企业才会在国内国际双循环中作出恰当选择,高效配置资源。

第十章　融入全球化：
参与全球分工体系的战略与路径①

全球产业链的一个基本特征是紧密相连,全球产业链上的生产活动广泛分布于全世界很多的经济体。那么,这样的特征是否会无限分割和延续同时保持非常高的韧性？有两个重要的因素需要考虑:第一,全球价值链的分割并不是无限和连续的,全球产业链的内部分工已经开始接近极限,2009 年后,全球贸易占 GDP 的比例逐渐下降。第二,当前疫情是一个压力测试,越复杂的全球生产在面临全球性冲击的时候,所体现出来的脆弱性也就越高。

21 世纪以来,新一轮科技革命和产业变革加速发展,世界贸易和产业分工格局发生重大调整,国际力量对比呈现趋势性变迁。中国深度参与全球价值链,给中国贸易和经济发展带来了很大的收益,作为世界工厂,在全球产业链价值链乃至供应链中扮演的角色越来越重要,这和中国制造业在全球的地位密切相关。中国的产业链在过去这些年,一方面总量在全世界的占比越来越大,另一方面出口商品的复杂度也在快速提高。2008 年国际金融危机后,全球市场收缩,世界经济陷入持续低迷,国际经济大循环动能弱化。近年来,以美国为代表的西方主要国家民粹主义盛行、贸易保护主义抬头,经济全球化遭遇逆流。新冠疫情影响广泛深远,逆全球化趋势更加明显,全球产业链、供应链面临重大冲击,风险加大。

经过 40 多年的改革开放和持续发展,我国经济总量和人均收入显著

---

① 本章作者:高宇宁,经济学博士,清华大学公共管理学院长聘副教授、清华大学服务经济与数字治理研究院副院长,博士生导师;姜珊,清华大学公共管理学院博士生。

提升、国内生产要素结构显著改变、产业技术显著进步、国际竞争力显著提升。梳理中国过去 40 多年参与全球产业分工体系的路径特征以及在升级路径中的战略选择对厘清未来高质量发展所需要的制度举措具有重要的学理意义。

第一节　中国参与全球产业分工体系的路径特征

随着改革开放的推进,中国在全球产业分工体系中的地位逐步从原材料提供、劳动密集型产品生产、加工组装服务提供,向中高技术制品开发演进,经历了战后发展中国家出口导向战略的典型升级路径。

从出口产品类型和产业结构看,在加入世界贸易组织之前,无论是上游的原材料和矿产品,还是下游的设备等,中国的各个产业基本保持着贸易平衡;而在加入世界贸易组织之后,中国的各个产业部门在全球价值链中的位置发生了巨大变化,目前贸易赤字的最大来源是矿产品,贸易盈余的最大来源由最初的纺织品和衣物逐渐演变为现在的机械设备。这均是中国加入世界贸易组织以来整个生产系统内嵌于全球价值链后大分化的结果。中国不再仅仅依靠内部的体系保持贸易平衡,而是走入了一个大进大出的时代。

"中国制造"的内涵已经悄然发生变化。过去"中国制造"的标志是鞋、帽子、玩具、衬衫等;而随着中国经济的发展,从目前的单一劳动力成本看,"中国制造"优势明显减弱,甚至已经不具备优势,但是在信息与通信技术(ICT)产品领域、在规定的时间内以最高的质量实现产品的组织和生产方面,中国依旧是全球效率最高的地方。中国在价值链中的位置开始逐渐上升,特别是以东莞、深圳为代表的价值链组装,已经变成一种全新的价值链供应模式。除了高技术产业和少量 ICT 产业,中国还在其他领域大显身手。亚洲开发银行《2015 年亚洲经济一体化报告》显示,2014 年中国在高技术产品、中高技术、中低技术、低技术产品等出口领域均位列亚洲第一。

在《全球价值链发展报告(2017)》中,世界银行首次对此前被认为仅是理论或概念意义描述全球价值链的微笑曲线进行实证检验。根据该报告，以中国在全球价值链中分工最为典型的电器和光纤设备出口行业为例，1995 年，中国该行业的增加值比较低，且恰好处在产业链的中游，说明该行业在中国既有一部分被生产端使用，也有一部分被消费端使用。到了 2009 年，德国和美国等国家的该产业增加值越来越高，同时该产业总体创造的增加值越来越多被中国获得，然而中国在整个产业链中的位置依然没有发生大的变化。这表明随着全球价值链的演化，在全球所有国家的行业中，中国的电子产业在整个全球价值链中获得的价值最大，并削弱了很多其他国家电子行业的相对竞争力。上述实证分析同时也展示了微笑曲线在反映全球价值链演化和分布的结果。

2018 年，国际货币基金组织（IMF）指出中国已经成为全球供应链的中心，这意味着中国在经历了过去 70 多年的工业化、40 多年的改革开放，尤其是中国加入世界贸易组织之后，在全球贸易网络当中扮演的角色越发重要，并且逐渐形成了一个典型体系。这个典型体系被世界银行称为"全球生产网络"，是以和周边国家的生产、合作和分工为核心的第三代的工业化现象。同时国际货币基金组织还指出中国也已经成为一个重要的需求来源地。这也是中国加入全球价值链后显现出的另一个发展趋势：不能仅仅依靠出口或生产，还应该成为全球重要的需求来源地。

中国真正融入全球价值链后，需要在供需和进出两方面保持平衡。整体需求的上升和价值链的扩展均需要庞大的物流体系、支付体系等各方面作为支撑，而这对于"中国制造"的产业升级同样重要，因为无论是需求升级还是降级，需求端的结构变化都会直接影响生产端的结构。物流体系和生产系统使"中国制造"在融入全球价值链之后形成了一个完备的庞大体系，有进有出，产业在这样的价值链体系中再进一步发展，进而形成"中国制造"向上升级的完整路径。

经历了从改革开放到苏联解体、再到亚洲金融危机和中国加入世界贸易组织、国际金融危机及复苏的不同阶段，中国在国际分工体系中的角色也逐渐由参与者、学习者、追赶者逐渐提升为重要的分工中心之一。这一升级路径选择了与国内社会主义市场经济建设相适应的以产品市场开放和国内资本动员相结合的方式,对于要素市场开放和国际资本流动采取审慎态度,汇率稳定与国际收支平衡保障了对外开放竞争的平衡有序,从而较好地规避了"华盛顿共识"对发展中国家在参与全球化过程中所带来的负面冲击。

中国对国际资本的动员能力和相应的控制能力还体现在20世纪90年代初期的大规模外资引进中。1994年中国实施了系统性的汇率改革,使人民币兑美元汇率处于非常有利的竞争地位,从而避免了在1995年日本经济泡沫破裂产生的资本收缩之后出现大规模的资本外撤及竞争力下降。同时,东南亚国家接受"华盛顿共识"当中对资本项目开放金融自由化的建议以及在1997年开始的亚洲金融危机中受到剧烈冲击不同,中国始终保持了对资本账户的审慎监管和对资本流动的审慎开放,从而能够在亚洲金融危机之后,仍然具有足够的维持人民币币值基本稳定的汇率空间。以上政策组合使中国在90年代的对外开放实力在整个东亚地区形成了和日本此消彼长的状态,为后期中国在"雁阵模式"当中逐渐替代日本占据整个东亚乃至亚洲地区的加工中心和生产中心位置奠定了重要的基础,同时也为中国2001年加入世界贸易组织之后,进一步对外开放,形成出口竞争力,创造了重要的前提条件。

考虑到汇率波动,中国制造业固定资本形成目前相当于美国的3倍左右(见图10-1)。以如此的投资速度积累,中国制造业的资本存量在不久的将来会等同于美国的资本存量。尽管以前中国人均资本存量较低,但是依靠近几年制造业固定资产投资持续大量的积累,预计近年中国和美国的制造业固定资产净额的排名将会发生交替,这也是一个重要的历史性事件。资本动员能力对现代制造业的重要性是不言而喻的。没有深度、高效、庞大的资本动员能力,中国将很难形成规模巨型的制造业系统。

在中国的资本动员能力来源方面,国际金融危机之前中国国有银行的世界排名大约在二三十名,而到2016年,世界银行资产排名第一、二、三、五名分别是中国的工商银行、建设银行、农业银行、中国银行。改革开放之前和伊始,中国通过工业部门和农业部门之间的资本转移实现了资本的原始积累,而过去这些年的资本积累或者资本动员更多依靠国家金

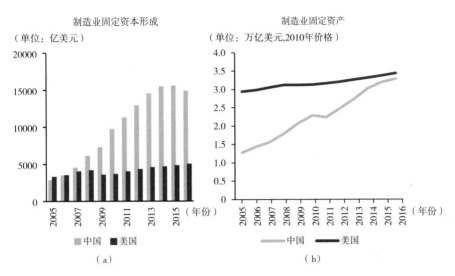

图 10-1　2005—2016 年中国和美国制造业资本动员能力对比

资料来源：笔者根据中国国家统计局、美国经济研究局（BEA）数据计算。

融特别是国家银行体系的剪刀差，这种动员方式使中国的资本动员能力被充分调动起来。但该方式缺点在于，稍有不慎，金融体系就可能对实体经济造成挤压，使利润的分布倾向于银行部门。在现有体系下，国家能够实现虚与实之间相对较好的平衡，事实上中国过去几十年超高储蓄率和超强的资本动员能力，特别是国内资本动员能力，一直是保障制造业乃至整个"中国制造"高速增长至如今规模水平的一个重要因素。资本动员能力对中国制造业发展的贡献是不可否认的，但任何事物有两面性。从国际上看，目前中国银行业的总资产和整个欧元区相当，可供动员的资本后备力量很大，如何利用以及如何用好都是一个难题。

　　除了国内资本的动员能力外，在融入全球价值链、进入全球体系以后，中国还有国际资本动员能力。1997 年中国的外汇储备位于当年世界第二。从那时起，通过分析之前的危机和学习经验，中国已经注意到一旦开始融入世界经济的分工体系，在国内资本动员能力之外必须拥有足够的国际资本动员能力，如果缺乏这种动员能力，在面临像亚洲金融危机这样的事件时，工业体系建设的成就可能毁于一旦。经过多年努力，中国的国际资本动员能力在2016年迈上了一个新台阶：人民币被入篮，占比和当年的法郎和现在的日元比例相当。这表明中国的国际资本动员能力有了一定的保障，世界对人民币的认可程度在提高，人民币的国际化似乎已经小有成就。但是对比人民币和美元在主要衡量资本动员能力的几项指标，包括外汇交易、贸易融资、外汇储备、银行信贷、国际债券、跨境支付等方面，可以发现人民币和美元的动员能力还有巨大差距，且需要较长的时间才能逐渐缩小。国际资本动员能力是国际资本投入到其他地区的市场并在当地取得收益和利润的能力。这样的动员能力是"中国制造"真正升级到"中国创造"乃至"全球创造"过程中需要着重强化的一股力量。

过去"中国制造"依赖制造业资本，尤其是整体国内的资本深化和动员能力，在这方面，中国的动员能力和动员效率毋庸置疑，但是未来的发展需要更好地利用中国的金融体系，从数量型走向质量型，从单一的银行为主到多元的创新资本合作，从仅靠国内走向国内国际两条腿并行。这样的资本动员体系和高水平高效率的资本动员能力才能构成"中国制造"逐渐升级到"中国创造"的重要路径。

第二节　中国参与全球产业分工体系的战略选择

中国参与全球产业分工体系的升级过程随着一系列贸易和投资促进、产业选择与竞争、技术引进与消化吸收、汇率与国际收支平衡等各方面战略的有序实施和有机组合，确保中国在全球产业分工体系中的地位获得能够与自身的优势和禀赋相契合，从而避免被长期锁定在全球价值链分工的中低端位置。梳理相应的战略选择对厘清中国对外开放过程中在全球产业分工中的一般性理论逻辑和具有中国特色的产业转型发展道路之间的互动关系具有重要的研究意义。

一、贸易体制和激励政策形成参与国际市场的基本动力和形态

中国在对外开放过程中建立起来的一套完整的加工贸易及其支持体

系对中国融入全球市场和贸易分工有着重要的促进意义。加工贸易在中国起初融入全球分工的过程中，给予了中国的企业，包括在中国设立机构的外资企业，一个恰当的嵌入分工链条的切入口。因为从 20 世纪 80 年代开始，中国的制造业水平仅仅只负责和承担发达国家所需要产品的最终加工组装部分，这种被称为"两头在外"的经济形态实际上为中国的贸易发展提供了良好的机遇。加工贸易这一通过进口原材料零部件、进行加工组装之后再出口的贸易形式是非常适合这一时期中国的禀赋和分工特点的，因此将加工贸易体系的建立作为融入全球贸易体系的切入口具有非常重要的意义。加工贸易与传统的进口替代当中独立建立国内工业体系、再与跨国公司进行竞争的思路不同，加工贸易所代表的出口导向战略特别是其中的嵌入全球价值链的发展战略是一种复合的、适合中国这样的发展中国家禀赋的发展战略。因此当时中国将加工贸易作为一个由中央下发的政策系统性地加以推动，给予各类税收优惠扶持，所形成的贸易体系成为从 20 世纪 90 年代之后进一步地促进中国融入世界市场的重要渠道。

从中国加入世界贸易组织之后，加工贸易对中国贸易的促进作用就显得更加重要，尤其在加入世界贸易组织之后，有大量的跨国公司选择在中国设立合资企业或者设立与中国公司合作的加工贸易代工点，这些形式都极大地促进了中国贸易的增长。如果将中国的贸易盈余按照贸易体制进行分解，可以看出在加入世界贸易组织之后相当长的一段时期之内，中国的加工贸易盈余贡献了中国贸易盈余相当大的一部分（见图 10-2）。而在 2009 年国际金融危机之后，加工贸易盈余更是进一步超过了总贸易盈余，即加工贸易已经成为中国贸易向外出口创造正向收入流入的主要机制。因此，加工贸易体系的建立，对中国在全球贸易体系中扮演重要角色尤其是在 2009 年之后超过德国成为全球第一出口大国起到了重要作用。当前，在全球主要经济体当中只有中国和墨西哥拥有完整且系统的加工贸易政策和统计体系，这也充分表明了加工贸易对大型发展中国家融入全球贸易体系的重要作用。如果再将加工贸易的盈余部分按所有制比例进行分解，可以看出外资企业在加工贸易盈余中占有了绝大部分

（见图10-2）。由此可见,外资企业的加工贸易和中国的贸易体系成为中国在改革开放以来甚至是加入世界贸易组织之后快速上升为全球第一大商品贸易经济体的最主要的途径。

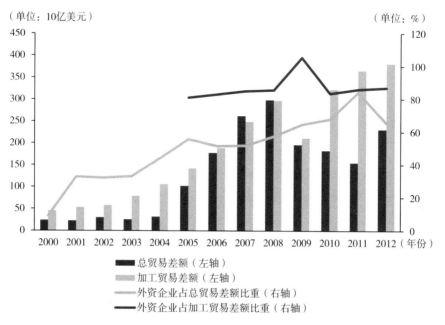

（单位：10亿美元）

（单位：%）

■ 总贸易差额（左轴）
■ 加工贸易差额（左轴）
外资企业占总贸易差额比重（右轴）
外资企业占加工贸易差额比重（右轴）

图10-2　2000—2012年中国商品贸易差额按贸易方式和所有制分解

资料来源:笔者根据中国国家统计局《对外经济贸易统计年鉴》数据计算。

　　从贸易政策的角度来看,20世纪80年代之后,中国的对外开放发展战略从原来的进口替代战略逐渐向出口导向战略转变。出口导向战略要求政府部门给予参与外贸活动的企业足够和明确的激励信号,因此从1985年开始,中央财政逐渐开始拨付明确的额度作为出口退税,以便激励出口企业能够在获得相对较低利润率的同时保持较高的出口产品竞争力。在中国加入世界贸易组织之后,随着出口规模的扩大,出口退税的额度在很短的时间就从约1000亿元增长到了2010年的7000亿元的规模（见图10-3）。这一巨大而明确的刺激机制,很大程度上也帮助中国的出口企业维持了较为长期的国际竞争优势,这与中国国内庞大且具有成本优势的劳动力结合在一起,使中国企业在国际市场出口贸易中能够长期承接订单,并且快速大规模地扩展贸易规模,成为全球市场中具有重要地位的出口主体。

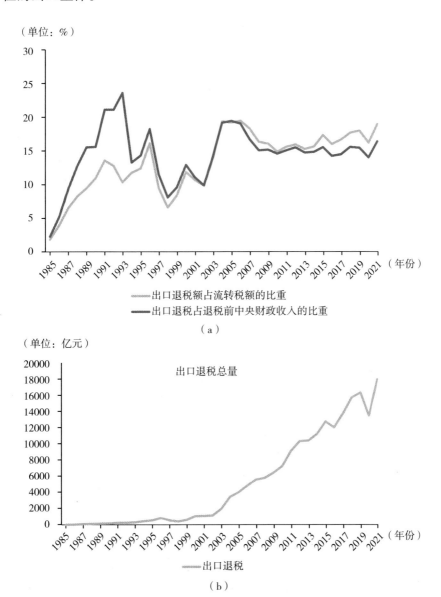

（a）

出口退税额占流转税额的比重
出口退税占退税前中央财政收入的比重

（b）

图 10-3　1985—2021 年中国出口退税总量及占中央财政收入的比重

资料来源:笔者根据中国国家统计局《中国统计年鉴》数据计算。

贸易政策除了在总体上对贸易行为释放出明确的激励信号之外，在出口退税政策内部还具有结构化、差异化特征。在加入世界贸易组织之后，我国的出口退税政策与有关部门所制定的机电产品出口目录、高技术产品出口目录等政策性目录相结合使用。在这一过程中，相应的激励信号不仅给予出口企业总体的贸易刺激性政策，同时也给予中高附加价值的机电产品出口和高附加价值的高技术产品出口的企业以更加强烈和明确的信号。这一点对国内和外资企业是一视同仁的，因此在这一过程中贸易政策、产业政策和出口导向战略等政策战略目标紧密地结合在一起，不仅从总量上刺激中国对外开放过程中的贸易活动增长，还在结构上对我国融入全球贸易体系并不断攀升价值链位置起到了政策促进作用。

二、产业选择与投资促进政策营造承接全球产业转移良好环境与空间

在对外开放吸引外部要素进入中国国内促进产业发展的过程中，我国产业的相关配套政策也起到了非常重要的作用。早期采取的典型传统产业政策及选择性产业战略通过扶持重点行业、给予额外的优惠和支持的政策措施来促进相关产业发展，其中比较典型的就是我国国家计委及后来的发改委所设立的外商投资鼓励限制及禁止目录类似的选择性产业政策，对进入中国的外资具有明确的信号意义。从开放早期就明确指出，产业发展和升级的路径是从传统的农业及要素或资源密集产业，逐渐向中低技术的产业如纺织、服装家居制造等，再逐渐向中高技术的装备制造，最后向高技术电子信息技术产业的转换。这一过程中相应产业选择政策不仅对外资的引进及合作方式有着重要的影响，同时也系统地促进了中国的产业升级和转换，以内部的产业引导和导向对外资流入进行结构化吸引和优化，这在20世纪80年代之后有力地促进了中国的产业结构和出口结构转型。

不同于中国传统劳动力结构当中农业劳动力占主导地位，产业结构的转型尤其是开放之后的外部需求所带来的产业升级在东南沿海地区产生了大量以制造业就业为主的就业需求（见图10-4）。这不仅仅是由于

我国采取的以加工贸易为主的贸易体系以及受到出口退税补贴所刺激的出口部门的快速扩张,还包括从中国内地向沿海地区大量劳动力转移,以低劳动力成本优势为外部的生产需求提供足够的劳动力,形成了一个面对国际大循环的开放体系。从 20 世纪 90 年代开始,中国的工业劳动力占到全球的 1/4 左右,从而为承接全球产业转移形成了良好的劳动力要素基础。2010 年国际劳工组织的一份调查报告表明,当时亚洲地区的 3500 个出口加工区中共有 6600 万的劳动力,而其中在中国的 169 个出口加工区中就有 4000 万劳动力就业。由此可以看出中国的产业发展和选择性产业战略极大地促进了围绕出口部门的产业转型和升级,其中通过出口导向战略所带来的要素组合和出口刺激对整个开放产业转型升级起到了系统性的准备和促进作用。

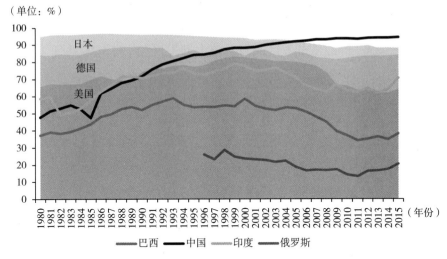

图 10-4 1980—2015 年主要经济体制成品出口占商品出口比重

资料来源:笔者根据世界银行《世界发展指标》数据库计算。

由于出口企业中有相当大部分是外资企业,投资促进政策和贸易政策始终是并行不悖的。特别是在 20 世纪 90 年代初期,我国在经济特区的建设基础之上,在大部分沿海地区和部分内陆地区开始设立一系列经济技术开发区、高新技术产业开发区等新兴经济特区模式。这些特区当中,除了对出口企业本身继续保持清晰的刺激促进政策之外,在开发区内投资的所有外资企业同样享受着远低于中国国内企业的所得税率;在相当长时期内,外资企业都享受着 17% 的企业所得税率,远低于中国企业 33% 的税率水平。此外,如果是属于产业激励目录或是生产机电产品、高新技术产品的外资企业,还可以获得额外的企业设立之初的税收减免。这一系列的促进政策与开发区本身的优惠措施、良好的基础设施等一系列的条件结合在一起,形成了中国从 90 年代之后对全球外资极具吸引力的营商环境。

这一过程还随着中国大规模的城市化过程,大量的适龄劳动力从劳动力相对过剩的内地农业部门大规模迁徙到拥有外资企业劳动力需求的沿海地区及设立了经济技术开发区等机制的大中型城市。1991 年以来中国工业劳动力的世界占比一直在 30% 左右(见图 10-5)。若中国工业的人均产出能达到全世界平均水平,理论上中国工业产出可占全世界的 1/3 左右。国际劳工组织 2008 年的报告显示,在全亚洲地区的 2700 个加工区或开发区(即经济开发区或高新技术开发区)内的 4200 万工业劳动力中,中国的 210 个开发区拥有其中的 3000 万劳动力。在这一过程中,相配套的外资政策也激励了劳动力转移,并推动了相应的社会保障政策

（单位：%）

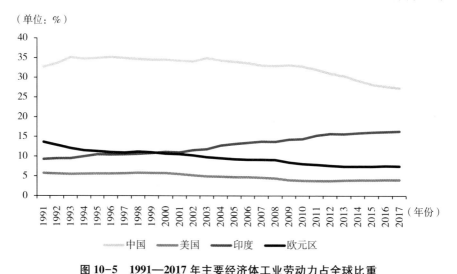

图 10-5　1991—2017 年主要经济体工业劳动力占全球比重

资料来源:World Bank,World Development Indicator Database。

逐渐建立,因此从这个意义上看,中国的投资促进政策是在中国整体的工业化城镇化相结合的战略下所开展的积极有效的对外开放政策工具。外资吸引政策不仅仅为外资企业提供了税收优惠,还创造了一系列的其他优惠条件,包括基础设施、劳动力提供乃至进出口物流服务等一系列的配套措施,从而使中国的贸易政策综合在一起成为有效促进中国参与国际市场的政策工具。

三、技术引进与消化吸收提升在全球产业分工体系中持续升级能力

在加入世界贸易组织之后,中国在全球价值链发展中似乎已经取得了较为不错的成绩,高科技产业所占比重较大,以至于国际学界出现了针对中国的出口结构高度化之谜的讨论,即以中国的人均 GDP 水平,中国的高技术产品出口占整体出口结构的比重竟然比美国、英国、德国、日本都要高。主要原因包括:首先,中国出口中的高科技产品相当大部分是加工贸易,2016 年中国的进口中 42% 是加工贸易,出口中 61% 是加工贸易,从所有制来看,三资企业在其中的占比一直在 80% 以上;其次,因为中国内嵌于整个全球价值链中,这些高科技产品的生产有相当多并不是"中国创造"。中国出口那么多高科技产品却不是"中国创造",体现出中国在整个创新创造体系中仍未能占据价值链中高端位置,这从中国的研发比例可见一斑。

一般情况下,高科技产业的研发强度较高,且研发支出占比较大,比如经济合作与发展组织在定义高科技产业时便以产业研发强度高、产业研发支出大作为标准衡量。对比发现,在美国的产业研发支出结构中,高科技产业的研发支出相当于中低技术产业的 2 倍,但中国的情况却是相反,高技术产业的研发强度相当低。中国的很多高科技产业,甚至是从起步阶段就没有在研发方面有所支出。不过近年来情况有所变化,在高科技产业各种评价指标中,包括出口交货值、主营业务等,外资企业的占比都在下降(见图 10-6),这说明国内的内资企业在高技术产业中占比逐渐上升。中国出口产品中使用外国产品的比例也在逐渐下降,从原来接近

40%下降至现在的20%，即只有1/5的中间商品需要从国外进口。这个过程代表中国国内企业的高技术产品产业技术正在不断升级，中国的研发和升级也主要集中在中高技术产业。

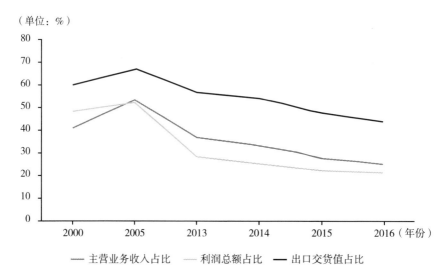

图10-6　2000—2016年中国外资企业高技术产业占比

资料来源：笔者根据中国国家统计局《中国统计年鉴》数据计算。

2002年全球企业研发2500强排行榜中没有中国企业，此后中国上榜企业数不断增加，到2016年，上榜企业中中国有376家，日本有365家，中国首次超过日本成为第二。虽然和美国相比仍有一定差距，但是这依旧说明中国企业的研发支出正在逐步攀升。依托研发投入带来的产业升级，中国越来越多的国内企业特别是高科技产业能够在出口产品中使用更多的国内要素。而在研发产出方面，根据2017年世界知识产权组织依照申请人国籍公布的国际专利排行榜，华为、中兴分列第一位、第二位。中国一些领军企业科技创新的产出指标出现了比较快速的上升，这是"中国制造"转向"中国创造"的一个核心推动力。

过去40多年里，"中国制造"主要依靠两条腿走路：一是对既有技术的消化与吸收；二是自主研发和创新。过去这样的体系在未来可能会变得更灵活、更开放、更丰富，因为当远离创新前沿的时候，找准方向埋头苦干的逻辑非常简单，但是当离创新前沿越来越近的时候，确定正确的创新方向将变得更加具有挑战性。所以应该给予创新人员、创新企业、创新资本更多的灵活和便利，允许在各个方向上积极探索。这样的创新、创新体系和创新模式才会更加满足中国将来走向"中国创造"过程中对创新的需求。

第三节 未来高水平对外开放的制度举措

中央经济工作会议提出的"以国内大循环为主体、国内国际双循环相互促进的新发展格局"是未来高质量国内改革和高水平对外开放的长期目标和战略任务。未来高水平对外开放所追求的全球产业分工位势有赖于各类促进制度性开放举措的协同推进，需要探讨的核心制度举措包括以下几个方面。

一、推进要素市场改革，促进国内统一大市场和国际资源要素市场高效资源配置

纵观成为世界工厂的每一个国家工业化的历史，都要在某一个阶段、某一个领域或某一个特征上表现出"超大规模性"。英国在工业化的鼎盛时期（1913年前后），覆盖了全世界25%的人口，这种工业化是以包含殖民地在内的"超大规模性"体系来实现的。美国在工业化的鼎盛时期，占有了全世界接近50%的生产。与英国不同，美国的这种工业化是以其国内市场的"超大规模性"进一步辐射，吸引了欧洲大量的人才、资本来到美国，形成了大型公司的生产体系，进一步推动了美国的"超大规模性"。

对中国来说，如今可能处于一个很特殊的阶段，一方面已经是世界最大的工业生产国，另一方面有望成为全世界最大的消费市场。因此，中国经济内生的生产与消费双重的"超大规模性"提供了工业化未来的空间。

让超大规模市场发挥具有全球重要战略作用的核心就在于，将国内统一大市场建设成为具有全球吸引力的巨大单一消费市场，使中国的双循环战略拥有重要的战略基点，从而推动我国的对外开放迈入到一个新的阶段，不再仅仅充当世界工厂为世界其他地区提供丰富充裕的产品，同

时也作为全球最大的单一消费市场之一,吸引全球企业利用其最佳的技术资本和各类要素的组合来到中国市场,为中国消费者提供最好的产品技术和服务。只有在这样的大循环背景之下,中国的对外开放才可以进一步地促进国内改革的深化和进展,不仅仅单纯地通过国际大循环为全球市场服务,将很多开放性政策建立在优惠政策性开放的基础之上,而是更加扎实地通过促进国内统一大市场的建立,将政策性开放进一步转变为制度性开放,不仅包括外资、外贸、外汇等传统的应对国际市场的外部制度,也包括国外国内在制度层面上的协调统一,从而能够形成双循环新发展格局和高水平对外开放的全新制度基础。

自国际金融危机发生以来,中国的国内贸易就已经超过国际贸易总量,由此所带来的经济活动乃至就业创造都已经超过国际市场和国际贸易所带来的贡献。流通体系在国民经济中发挥着基础性作用,国内贸易作为国内市场一体化的主要载体,其流通的顺畅和经济发展驱动效应的发挥,很大程度上依赖于现代流通体系的建设和发展。推进现代流通体系建设,是打造国内市场一体化、打通国内大循环的关键抓手。因此构建新发展格局必须把建设现代流通体系作为一项重要战略任务来落实。

以国内大循环为主体、国内国际双循环相互促进的新发展格局是对过去一段时期以来中国经济发展特征的系统性总结。新发展格局要求我国的经济结构和发展从原来分别强调"两种资源,两个市场"的思路,转变为将国内国际两个市场协调统一起来。统筹推进现代流通体系建设是构建新发展格局的制度基础设施。中央财经委员会第八次会议释放的重要信号就是将国内市场一体化提高到战略全局的高度来看待,也是建设高水平中国特色社会主义市场经济体系新阶段的"集结令"。

当前,我国的国内市场体系仍然存在地区市场分割、各类流通成本较高、监管和规制体系不协调等各方面阻碍国内市场一体化的问题,发展现代物流体系是加快和促进国内贸易、国内市场一体化的重要举措和抓手。未来推动现代流通体系建设,不仅需要进一步降低各区域间要素、人员、资金流动的门槛,同时要保障各类市场主体在中国的国内统一大市场当中,取得一致的公正待遇,消除各类地方保护主义的藩篱,从而确保中国国内市场大循环能够在市场一体化的不断发展和推进下,取得新发展格局更好的建设成果。

二、从传统的制定产业政策为主向高质量竞争环境为主转型,营造双循环下稳定预期

在过去40多年里,尤其是过去20多年,中国的对外开放最典型的特征就是深度参与全球化的网络分工当中。历史上历次工业化的特征转变背后有一个核心逻辑,就是分工方式或专业化的演变。第一代以英国为核心的工业化,是围绕单一企业或单一工件的一个点状(spot)的专业化。第二代以美国为核心的工业化,是以典型的生产线来推动的水平(Horizontal)的专业化。第三代工业化涵盖了像日本和当前全球生产网络的很多特征,是一个网络(Network)的专业化。从价值链或者从整体的图景来看未来的升级方向,可以用广义价值链模型,或称为广义的微笑曲线模型,来解读未来中国从"中国制造"到"中国创造"(见图10-7)。以往的微笑曲线中间加工环节增加值最低,而两端的采购、物流、研发、营销

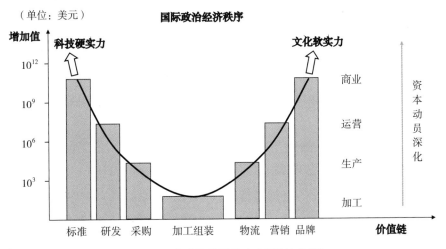

图10-7　全球价值链的广义"微笑曲线"

资料来源:系笔者设计。

增加值较高。在这两端之上,研发上游还有技术标准,不仅需要大量的资金投入,还需要庞大的价值链做支撑;营销的下游,面向消费者首先应该是品牌,品牌继续向外延伸是文化软实力,对品牌和推销的认可就是对文化的认可。广义价值链升级的右端是中国的文化软实力,而左端是科技硬实力。随着链条的上升可以看出需要越来越庞大和越来越深化的资本动员能力,在此之上则是国际政治经济秩序。所以广义价值链真正往上升级,从"中国制造"升级为"中国创造",中国的创造能否被认可,能否真正成为在科技硬实力和文化软实力方面都有支撑的"中国创造",在价值链之上还需考虑国际政治经济秩序。这就是今天理解从"中国制造"到"中国创造"一个基本的框架。

未来需要区别全球供应链、全球价值链、全球产业链三个不同又相互联系的概念。全球供应链更多指的是全球产业链当中短期的维度,全球供应链的组织基于订单,订单结束就消失,其产生和停止更多的是效率行为驱动的结果。全球价值链则是一种中期的成本驱动逻辑,跨国公司把生产活动外包到中国很大程度上就是一种成本的驱动行为。全球产业链则是时空维度上的长期布局和分工,是一种创新的逻辑。无论是疫情还是贸易摩擦,全球供应链是否能够保障一个稳定的供应链变得更加重要,这要求未来中国能够持续提供稳定的订单,从效率逻辑转向稳定逻辑。而在产业链方面,也从成本逻辑逐渐转向安全逻辑。此外,全球价值链的重新再分布,意味着价值链的布局不再是把鸡蛋放在一个或者少数篮子里的传统成本问题,需要更高的分散性,使全球产业链从创新逻辑更加转向了竞争逻辑。

总结而言,"中国制造"在改革开放40多年以来所依赖的几个重要优势,第一是作为一个巨型制造系统的规模优势,第二是融入全球价值链后获得的效率优势,第三是通过持续技术升级获取的能力优势,第四是由深度资本动员能力形成的整合优势。这四个优势是中国能够从过去走到今天的一个重要的基础。通过四片拼图的理解框架,未来转向"中国创造",中国需要连通制造系统的入和出或供和需,整合价值链上的高端和低端,协调技术升级系统节奏的快与慢,最后平衡资本系统的虚和实。提升创新要素的能力,扩大国际资本动员能力,是目前"中国制造"转向"中国创造"最重要的两个欠缺之处。这样中国才可能真正迈向全球价值链的高端。

三、围绕新的高标准贸易协定积极参与国际经贸体系和贸易投资规则的调整,提升全球经济治理话语权

作为全球最大的贸易国,我国应当积极参与到国际贸易规则的制定中。无论是本国企业"走出去"在"一带一路"进行产业布局,还是吸引更多的全球跨国企业进入中国,很大程度上都会受到新规则的影响。主动参与到国际税收规则、贸易规则、投资规则的制定当中,才能保证在全球产业链中占据一个更为主动的位置,做好国际贸易规则和国内法律和投资环境的协调制定。我国需要明确参与国际竞争的规则,甚至主动参与国际规则的制定,同时进一步明确国内经济运行的规则,将国际国内的循环打通,让更多跨国公司越来越认识到中国国内市场的重要性,越来越明确中国国内运行规则的稳定性,越来越意识到中国国内的产业链、价值链、供应链能够带来的确定性,从而使它们更加有信心参与到中国的国内生产当中来,把国内市场跟国际市场更有机地结合在一起,通过新的立法、政策,进一步地推动对外开放的总方向,建立负面清单制度,实现更加规范的外资审查,使中国在未来的产业链当中从世界工厂变成世界市场,通过国内国际双循环在全球经济中扮演着越来越重要的角色,只有这样才能在后疫情阶段全球产业链的重新布局中占据战略先机。

中国应当在以《区域全面经济伙伴关系协定》为基础的区域经济合作基础之上,进一步建立和打造能够包括《全面与进步跨太平洋伙伴关系协定》以及欧盟共同体等经济区域相衔接的跨越欧亚大陆的供应链和价值链的保障机制。可以在全球的区域供应链合作和区域价值链合作方面率先引领,通过国家间的协调机制,将当前我国的"一带一路"和欧洲以及日本主导的经济体系相衔接,形成一个横跨欧亚大陆的更为稳定的价值链或供应链。对于这一个机制的支撑,可以充分考虑以中国进出口银行的贸易信贷体系为基础,成立基于欧亚大陆的全球价值链银行或是

跨区域的贸易信贷综合体系,例如称之为做欧亚进出口银行或亚欧进出口银行,不仅仅是服务一般的经济体,更是为一些大型的贸易公司和生产公司在贸易融资、贸易信贷方面提供全球层面的系统性支持。

在当前的体系之下,可以继续在世界贸易组织的框架之下,以二十国集团国家为核心,提出全球价值链或全球供应链的保障体系,将其加入世界贸易组织的多边谈判当中,争取形成与2015年联合国的投资者和主权争议仲裁等原则或与经济合作与发展组织的竞争中性原则相匹配的全球贸易体系和贸易规则体系。这一规则应当允许大型的生产公司或跨国公司在保障全球供应链和价值链运作的同时,可以与打着以国家主权或国家安全为旗号的政府长臂管辖相制衡。这一点可以借鉴欧盟当前的阻断法案,并将其上升到国际层面。任何国家不能简单地以国家安全为理由,在超越国家主权管辖边界的范围之外,造成全球价值链和全球供应链的破坏。因此,这一倡议应当成为世界贸易组织下一阶段谈判和改革的一个重要方向,中国在其中应当成为重要的发起国。

以中国的全球供应链国家安全战略为核心,对外发布一系列保障和稳定以中国为核心的供应链和价值链的基本举措和相应的基本倡议。在当前全球价值链容易受到像美国这样的大型经济体挑战的影响之下,中国应当率先发出保障全球供应链稳定、安全可靠、可预期可控这样的基本倡议,号召全球贸易企业、生产企业共同提出和加入一个共同的供应链网络当中,将其作为支撑中国当前提倡的人类命运共同体在经济和贸易层面的落实举措。其提出的背景和倡议可以考虑优先在二十国集团的会议环境下提出,具体由中欧协调机制或者中欧双边论坛作为秘书处,承接相应的倡议和组织机构的落地。在这个基础之上,定期召开全球大型企业,特别是全球大型贸易生产企业的全球供应链倡议或论坛的相应活动,更好地引领和把握支持全球自由贸易的这一面大旗。建立中国的全球价值链专家工作组等工作机制,进一步加强中国对全球跨国企业在价值链上进行价值分析的主动地位,并在电子产品零关税基础上逐步取消价值链补贴。

从中长期来看保持对外开放的总方向不变,继续加大在直接投资和资本投资等领域的开放力度，扩大对外开放红利，创造共同利益的基础。一方面，保持对外开放的总方向不变，继续加大在直接投资和资本投资等领域的开放力度，整合参与全球价值链经济体的共同利益，让更多国家搭上中国发展的顺风车，与中国在全球价值链上共同获益，从而对冲与美国发生价值链部分脱钩所带来的影响。另一方面，应从产业政策为特征的外商投资产业目录管理转向外资审查委员会式的外资管理，推动将技术转让履行纳入控制跨国公司滥用限制性商业惯例的国际经济治理规则，并在这些大举措之下继续加强对美国在中国各项商贸投资活动的合规监管。未来应当在原有企业税两税合一的基础上，对跨国企业分支机构、价值链代工企业以及中国的国内企业均在税收优惠、补贴以及各种行政支持手段上实现所有制条件下的待遇一致，率先在国内实现中国市场上的竞争中立。

未来应当努力实现从提升全球价值链地位到积极构建全球创新链的转变。中国在贸易争端谈判中一直处于劣势地位的原因在于中国在全球价值链中一直处于中低端，具有很强的可替代性。为提升中国贸易争端话语权，中国应积极融入价值链，不断提升中国在价值链中的地位，尤其充分利用中国巨大国内市场和东中西部的差异构造国内价值链，利用"一带一路"新机遇打造"一带一路"价值链。此外，中国还应继续积极参与价值链上企业的创新和研发活动，分担创新风险和成本的同时获取创新外部性收益，打造全球创新链。如果说全球价值链的构建有赖于国家和地区间产品和要素跨境流动壁垒的降低，全球创新链的构建则对各国贸易和投资规则的兼容性提出了更高的要求，为此中国也应进一步推进体制改革，更好地融入全球规则并参与规则制定。

第十一章　继起并存和相互加持：
服务贸易增速提质及制造业
转型升级[①]

过去 40 多年,中国创造了发展奇迹,对外开放特别是制造业加入全球分工体系成为这一过程的核心特征之一。通过开放利用全球市场和全球资源,提高资源配置效率,扩大就业和推动增长,推动了国内改革进程。现在,我国进入了社会主义现代化新征程。立足新发展阶段、贯彻新发展理念、构建新发展格局成为根本遵循和指导。

本章从服务业特点对服务贸易低比重的影响角度,以及我国国情、发展阶段和国际环境等重要条件的变化角度,深入分析新发展阶段加快服务贸易发展的重要作用。从服务贸易增速提质对高水平就业、贸易结构转变、满足人民美好生活愿望和促进制造业转型升级的影响,以及中国服务贸易的增长和持续逆差等基础条件,研究我国服务贸易发展现状及未来发展战略,并提出相应的体制和政策建议。

第一节　服务贸易发展的现状及典型特征

一、全球服务贸易发展及其典型特征

(一)服务贸易的低比重
自 20 世纪 80 年代以来,全球服务贸易飞速发展,全球经济竞争的重

---

① 本章作者:孟丽君,清华大学服务经济与数字治理研究院,助理教授。

点从货物贸易向服务贸易转变。根据联合国贸发会数据,1980—2019 年全球服务贸易进出口规模从 8434.3 亿美元增长到 123231.7 亿美元,增长了近 14 倍,年均增长率达到 7.1%。此后,受疫情影响,全球服务贸易进出口总额在 2020 年出现下滑,2021 年恢复增长,2022 年达到 13.6 万亿美元,并超过疫情前 2019 年 12.13 万亿美元的规模。与此同时,全球服务贸易占全球贸易总额比重不断上升。从 1980 年的 16.2% 提升至疫情前 2019 年的 24.3%,疫情后出现回落,2022 年降至 22.25%。

长久以来,全球服务贸易比重低,主要体现在以下两个方面:

第一,服务贸易占国际贸易的比重一直较低。根据联合国贸发会数据,1980—2022 年全球货物贸易占全球贸易总额比重为 75.7%—83.1%,同期全球服务贸易占全球贸易总额比重仅为 19%—24%,是货物贸易占比的近 1/3(见图 11-1)。

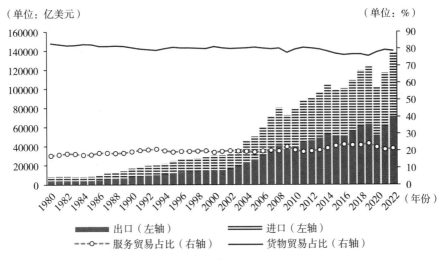

图 11-1　1980—2022 年世界服务贸易进出口规模及占比

资料来源:根据联合国贸易和发展会议(UNCTAD)数据计算整理。

第二,服务贸易占总贸易的比重远低于服务业增加值占 GDP 的比重。一直以来,服务业在全球经济中的比重超过 50%,2021 年达到 67.1%,是全球经济的主体产业。但服务贸易在国际贸易总额中的比重仅为 19%—24%,与其在经济中的主体地位不相匹配(见图 11-2)。

（单位：%）

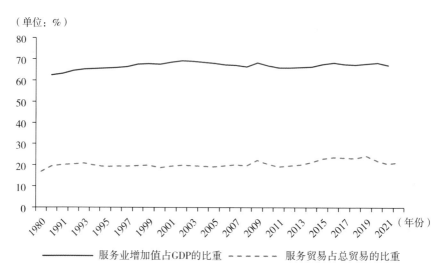

图 11-2　1980—2021 年全球服务贸易占总贸易的比重与
服务业增加值占 GDP 的比重

资料来源：根据联合国贸易和发展会议（UNCTAD）数据计算整理。

第三，服务贸易占服务业产值比重远低于货物贸易占工业和农业产值的比重。根据国际经验，货物贸易占工农业产值的比重较高，而服务贸易占服务业产值的比重较低。如图 11-3 所示，全球货物贸易出口占工业和农业增加值的比重由 1980 年的 38.4% 上升至 2021 年的73.2%；同期服务贸易出口占服务业增加值的比重由 6.0% 上升至9.8%，其所占比重持续且显著低于货物贸易，服务业的国际贸易比重明显低于制造业。①

（二）服务业的不可贸易性

根据以上的数据分析推测，这种低贸易度的状况主要由"服务"的特点所造成。与制造业相比，服务业具有很大的不同，导致服务业具有"不可贸易"的特点，主要表现在以下三个方面。

---

　　①　由于制造品全球化分工水平高，而传统统计方法中并没有将从国外大量进口的中间产品从出口的制造品中剔除，导致出口的制造品规模"虚高"，所以货物出口占工业与农业增加值的比重较高。

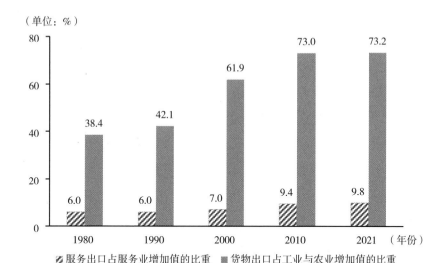

图 11-3　1980—2021 年全球服务贸易出口占服务业增加值的比重、货物贸易出口占工业和农业增加值的比重

资料来源:笔者根据联合国贸易和发展会议(UNCTAD)数据计算整理,其中制造业增加值包括工业(采矿、制造、公用事业)和农业(农业、狩猎、林业、渔业)。

第一,传统服务业具有低效率和不可贸易的特点。① 按照传统的定义,"服务"通常指没有实物形态产出的经济活动,因此"无形性"是基本特征。服务的其他特征还有同步性(生产过程需要消费者参与、服务供给和消费同时同地发生)、不可储存性(服务是一个过程,"随生随灭",生产和消费不能错期)等。教育服务、医疗服务、艺术表演、保安服务、家政服务等都是典型的服务业。"面对面"和"同时同地"还带来一个重要的衍生特点:"不可远距离贸易。"例如商业零售业只能卖给面对面的顾客,艺术和体育表演服务只能向现场观众提供等,远距离交易几乎不可能。② 例如,相比于服务业在欧盟国家 GDP 中 70% 以上的高占比,服务贸易仅

---

　　①　关于服务业性质和服务业低效率的相关文献,可以参见让·克洛德·德劳内和让·盖雷《服务经济思想史:三个世纪的争论》一书,江小涓译。更简短的概述可以参见江小涓等《网络时代的服务经济:中国迈入发展新阶段》,中国社会科学出版社 2018 年版,其中附录一章。

　　②　江小涓:《服务全球化的发展趋势和理论分析》,《经济研究》2008 年第 2 期。

占欧盟总贸易的1/4。[①] 对中国类似数据的研究也表明,中国同样呈现出服务贸易占总贸易比重明显低于服务业增加值占 GDP 比重的现象。[②]

第二,服务贸易的特殊定义及不可比性。"服务贸易"是一个存在仅有 40 多年的词汇[③],其含义与人们对"贸易"一词的通常理解不尽相同。从国际贸易的标准定义看,当一国劳动力向另一国消费者提供产品并获得外汇收益时,就发生了国际贸易。这个定义适用于商品贸易和服务贸易。从具体方式上看,商品贸易主要通过商品跨境交易的方式进行。与商品贸易不同的是,服务本身的特点,使符合"一国劳动力向另一国消费者提供服务并获得外汇收益"的行为,有相当一部分并不通过"服务跨境交易"这种形式实现,而是通过生产要素、服务提供者或服务消费者中某一项跨境移动来完成。这些形式都符合国际贸易的定义。因此,服务贸易包括与服务提供和消费相关的各种跨境移动行为,最简洁的定义就是以服务提供或消费为目的而产生的"人和物的国际流动"。[④]

服务贸易概念拓展带来对服务贸易进行分类的需要。广泛使用的一种分类是按跨境移动的主体,将服务贸易划分为消费者移动、生产者移动、两者都不移动和两者都移动这四类,如图11-4所示。[⑤]

世界贸易组织的《服务贸易总协定》将服务贸易划分为以下四类:(1)过境贸易,即从一国/地区境内向他国/地区境内提供服务,这类似于商品贸易,例如影视产品贸易;(2)当地贸易,即在一国/地区境内向其他

---

① Schöllmann,W.,European Parliument,et al."Economic Significance of Trade in Services:Background to Negotiations on a Trade in Services Agreement(TiSA):in-depth Analysis",2015,https://doi.org/10.2861/782184.

② 江小涓、罗立彬:《网络时代的服务全球化——新引擎、加速度和大国竞争力》,《中国社会科学》2019 年第 2 期。

③ 据目前看到的资料,"服务贸易"一词最早出现在 1972 年经济合作与发展组织的一份报告中,这份报告是一些专家对服务进出口和各国相关限制政策的研究结论,目的是为当时即将开始的关贸总协定"东京回合"多边谈判提出建议。虽然此前学者们也有过相关研究,但自这份报告之后,服务贸易才成为贸易理论和服务经济研究中的一个重要问题。

④ Grubel,H.G.,"All Traded Services Are Embodied in Materials or People",World Economy,Vol.10,No.3,1987,pp.319-330.

⑤ Riddle,D.,Service Led Growth:The Role of the Service Sector in the World Development,New York:Praeger Publishers,1986.

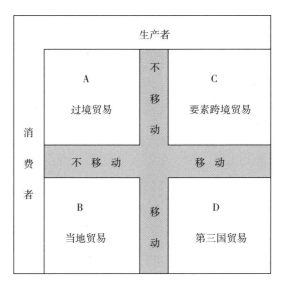

图 11-4　服务贸易的四种类型

国家/地区的消费者提供服务,这是由服务消费者跨境实现的,例如入境旅游、留学生教育等;(3)商业存在,即一国/地区的生产要素通过在他国/地区设立机构向当地提供服务,这是由生产要素跨境流动并设立实体机构而实现的,例如设立外资服务企业;(4)自然人过境服务,即一国/地区的自然人在他国/地区提供服务,这是由人员流动完成的,例如从国外聘请教师、医生护士等。①

　　上述定义和分类虽然较好地反映出服务贸易全貌,却给服务贸易统计带来困难,有学者认为《服务贸易总协定》对统计学家来讲是"形如恶梦"。② 现实统计并没有按上述口径进行,经常使用的统计体系是国际收支统计体系。服务贸易大多不经过海关,但从贸易本身的定义看,有贸易就必然产生国际收支,这在实践中是一个较易把握的统计角度,也符合贸易应有外汇收益的传统定义。目前国际货币基金组织定期公布 140 多个

---

　　①　这个分类与图 11-4 中的分类基本上可以对应:(1)和(2)分别对应 A 和 B;(3)和(4)都包括在 C 中;D 是一种特殊类型:甲国在乙国设立的机构或自然人向丙国居民提供服务,例如甲国在乙国设立的医院向到乙国旅游的丙国居民提供服务。

　　②　商务部世界贸易组织司:《"欧盟服务贸易统计分析"考察报告》,商务部提供。

国家国际收支项下的服务贸易统计数据,是当前国际上广泛使用的服务贸易统计体系。分析表明,与商品贸易相比,服务贸易包含的内容更多更广泛,服务贸易与商品贸易在一定程度上不可比,这是进行比较研究时必须考虑的一个重要因素。[①]

第三,全球价值链角度的观察:制造品出口中的服务含量未被计算。20 世纪 80 年代以来,全球经济结构日益呈现出服务经济主导的发展趋势。在经济服务化过程中,生产性服务业和制造业融合发展的趋势日趋明显。随着国际分工体系进一步深化,全球价值链开始由制造业向生产性服务业延伸。服务要素作为制造业生产经营不可或缺的一部分,对制造业产出和生产率有着重要影响。[②] 制造业的出口产品中嵌入了服务价值,企业在全球价值链中的位置也得以提升。[③] 在分析手段方面,与制造业的研究相似,学者们多运用了投入产出模型对出口进行了增加值分解。研究表明,对生产类的服务贸易进行限制将抑制全球价值链参与度的提高。[④] 考虑到行业的异质性,刘斌和赵晓斐运用投入产出表,证明了制造业投入服务化的增加会显著促进全球价值链地位的提升。[⑤] 即制造业服务化水平越高,企业在价值链中的分工地位就越高。现代国际服务贸易

[①] 在以国际收支数据为基础进行对比研究时,这个问题不突出。但对许多行业进行比较研究、对企业进行比较研究和对产品进行比较研究时,并未严格区分这两种统计口径的差别,甚至在同一论著中不断变换数据和案例引用口径。例如中国和印度都在从事软件外包,但印度由于国内需求弱,以"商业存在"方式从事外包业务的外资企业主要为境外企业提供服务,业务反映在国际收支中。但中国国内需求强,许多从事外包业务的外资企业既为境外企业也为境内企业提供服务,后者并不直接反映在国际收支中,结果是采用不同口径进行研究的结论大不相同。更详细的分析可以参见江小涓:《服务全球化的发展趋势和理论分析》,《经济研究》2008 年第 2 期。

[②] Pilat,D.and A.Wölfl,"Measuring the Interaction Between Manufacturing and Services",*OECD Science,Technology and Industry Working Papers*,No.5,2005.

[③] 黄群慧、霍景东:《产业融合与制造业服务化:基于一体化解决方案的多案例研究》,《财贸经济》2015 年第 2 期。

[④] Biryukova,O.and Vorobjeva,T.,"The Impact of Service Liberalization on the Participation of BRICS Countries in Global Value Chains",*International Organisations Research Journal*,Vol.12,No.3,2017,pp.94-113.

[⑤] 刘斌、赵晓斐:《制造业投入服务化、服务贸易壁垒与全球价值链分工》,《经济研究》2020 年第 7 期。

统计体系中没有能够充分体现服务业在全球价值链中的地位,降低了其重要性。

二、中国服务贸易发展相对滞后

(一)中国服务贸易的低比重尤为突出

第一,各国服务贸易占国际贸易的比重一直较低,中国尤其突出。1990—2022年,美国、英国、德国和日本分别从22.6%、20.4%、16.0%和19.4%提升到23.0%、37.5%、21.3%和18.6%;而同期中国服务贸易占对外贸易总额的比重从8.1%提升至疫情前的高峰,即2019年的14.6%,疫情后又降至2022年的12.4%,但始终低于全球平均水平,相较于美国、英国、德国和日本等发达国家,中国服务贸易占贸易总额的比重还有很大的提升空间(见图11-5)。

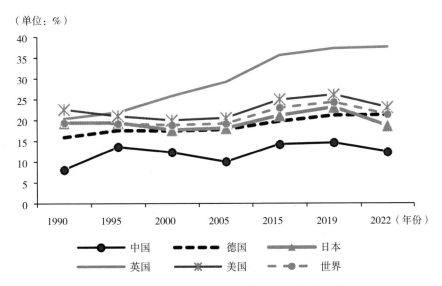

（单位：%）

图11-5 1990—2022年各国服务贸易占贸易总额的比重

资料来源:根据联合国贸易和发展会议(UNCTAD)数据计算整理。

第二,服务贸易出口占服务业增加值的比重明显低于货物贸易出口占工业和农业增加值的比重,中国在波动中处于较低水平。1990—2021年,在服务贸易出口占服务业增加值比重方面,英国与德国出现持续快速增长,美国和日本的增长相对比较缓慢;中国整体上在波动中处于较低水平,2007 年中国服务贸易出口占中国服务业增加值比重达到峰值,为9.25%,之后逐渐下降,到 2021 年回落至 4.19%,低于同期的日本与美国,远低于英国和德国,以及世界平均水平(见图 11-6 和图 11-7)。

（单位：%）

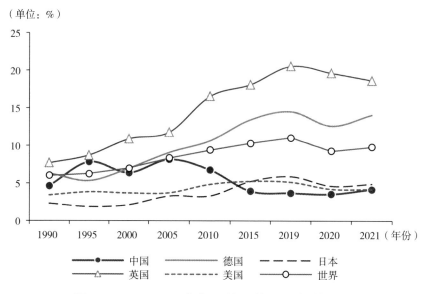

图 11-6　1990—2021 年中国、美国、德国、日本、英国及世界服务贸易出口占其服务业增加值比重

资料来源:根据联合国贸易和发展会议(UNCTAD)数据计算整理。

第三,服务贸易占国际贸易的比重明显低于服务业占 GDP 的比重,中国尤其突出。从世界范围来看,2021 年,英国、美国、德国和日本服务贸易占总贸易的比重均低于其服务业占该国 GDP 的比重。同期中国服务贸易占总贸易的比重为 12.11%,中国服务业占 GDP 的比重为52.83%。我们用服务贸易占国际贸易的比重与服务业占 GDP 的比重两者之比,来看服务贸易相对强度。可以看出,2021 年,中国服务贸易强度远低于英国,也低于全球平均水平,与美国和日本也有一定差距(见图11-8)。

（单位：%）

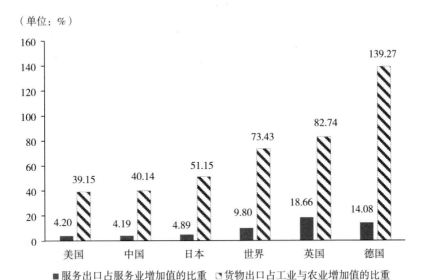

**图 11-7 2021 年各国服务出口占服务业增加值的比重，
货物出口占工业与农业增加值的比重**

资料来源:根据联合国贸易和发展会议(UNCTAD)数据计算整理。

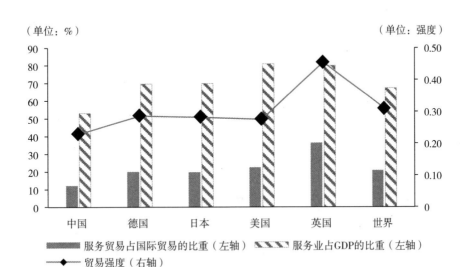

**图 11-8 2021 年中国、美国、英国、德国、日本及全球平均服务业占 GDP 的比重、
服务贸易占国际贸易的比重与服务贸易相对强度**

资料来源:服务业占 GDP 的比重资料来源于世界银行,服务贸易占国际贸易的比重来源于联
合国贸易和发展会议(UNCTAD)。

（二）中国服务贸易国际竞争力较弱

第一，服务贸易逆差不断缩小。近年来，中国服务贸易实现稳步增长，服务进出口规模持续扩大，连续七年位居全球第二。1982—2022 年，我国服务贸易总额从 45.36 亿美元扩大到 8891.09 亿美元，年均增速达到 14.11%，超过世界平均水平近 9 个百分点（5.46%）。同期，我国服务贸易出口以年均 13.68% 的速度从 25.12 亿美元增长到 4240.56 亿美元；服务贸易进口以年均 14.56% 的速度从 20.24 亿美元增长到 4650.527079 亿美元。服务贸易逆差始终存在。1995 年之前，我国服务贸易基本保持顺差，1995 年我国服务贸易逆差逐步扩大，在 2019 年疫情之前达到 2174.88 亿美元；疫情后，我国服务贸易逆差大幅减少，2022 年降低到 409.96 亿美元（见图 11-9）。

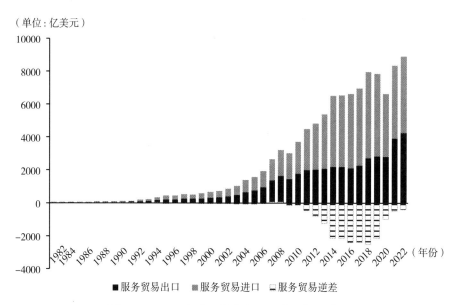

图 11-9 2019 年中国服务贸易进出口额及逆差

资料来源：服务业占 GDP 比重资料来源于世界银行，服务贸易占比来源于联合国贸易和发展会议（UNCTAD）。

第二，基于显示性比较优势指数比较，中国竞争力较弱。为了更全面观察中国服务贸易竞争力，下面我们使用显示性比较优势这个指标进行分析。显示性比较优势指数（RCA）是由美国经济学家巴拉萨于 1965 年提出的,是衡量一国某类出口商品或服务在国际市场竞争力较为广泛使用的指标。

测算公式如下: $RCA_{ij} = \dfrac{(X_{ij}/X_i)}{(W_j/W)}$

式中, RCA_{ij} 代表 i 国(地区) j 产品的显现性比较优势指数, X_{ij} 代表 i 国(地区)对世界市场出口 j 产品的出口额, X_i 代表 i 国(地区)对世界市场的总出口额, W_j 代表世界市场 j 产品的出口额, W 代表世界市场产品的总出口额。总体来说,若 $0 < RCA < 1$,则表示某产业或产品具有比较劣势,其数值越是偏离 1 接近于 0,比较劣势越明显若 $RCA > 1$,则表示一国某产业或产品在国际经济中具有显示性比较优势,其数值越大,显示性比较优势越明显。如果 $RCA > 2.5$,则具有很强的竞争优势;若 $1.25 < RCA < 2.5$,则具有较强的竞争优势;若 $0.8 < RCA < 1.25$,则该行业具有较为平均的竞争优势;若 $0 < RCA < 0.8$,则不具有竞争优势。

根据联合国贸易和发展组织(UNCTAD)的相关数据,计算 1982—2022 年中国与美国、英国、德国和日本的服务贸易显示性比较优势指数(见图11-10)。从服务贸易发展整体来看,中国服务贸易的显示性比较

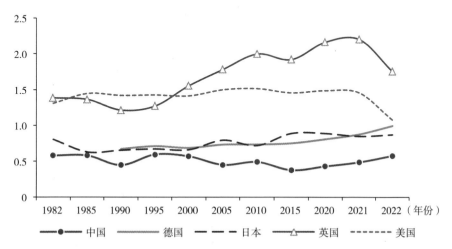

图 11-10　1982—2022 年中国、美国、英国、日本服务贸易显示性比较优势指数
资料来源:根据 UNCTAD 数据计算整理。

优势指数一直小于 0.6 的水平,这意味着中国在全球服务贸易市场上不具备竞争力。相反,英国和美国的服务贸易具有较强的竞争力,其显示性比较优势指数超过 1.25,显示出这两个国家在国际服务贸易中的优势地位。日本则逐年提升其服务贸易的竞争力,显示性比较优势指数从 2014年开始超过 0.8,表明日本在全球服务贸易市场中具备了一定的竞争力优势。

上述分析表明,无论与国内服务业的重要地位相比,还是与其他国家服务贸易发展状况和地位相比,我国服务贸易发展相对滞后。

第二节　新发展阶段中国需要加快服务贸易发展

改革开放 40 多年,中国经济持续以较高速度增长,国家实力和人民收入水平迅速提高。2021 年我国 GDP 总量已经超过 110 万亿美元,人均GDP 达 1.25 万美元,已接近高收入国家"门槛"。[①] 在全面建成小康社会过程中,对外贸易发挥了重要作用,其中服务贸易也有长足发展。2021年,我国服务进出口总额 8212.5 亿美元,占中国贸易总额的比重为12.1%。同年世界服务贸易总额为 116950.9 亿美元,中国占比 7.13%,排名在美国之后,名列第二。

进入新发展阶段,我国发展有新目标,国情也有新变化。这些都将对我国对外贸易结构产生重要影响,其中一个重要方面是服务贸易需要加快发展、提升比重、发挥更重要作用。

一、劳动密集型制造业出口竞争力下降,需加快人力资本密集型服务业出口增长

我国开放初始人均收入水平低,而劳动力要素极为富裕,因此劳动力

---

① 按照联合国 2021 年标准,高收入国家门槛为 13205 美元按照联合国 2021 年标准,高收入国家门槛为 13205 美元。资料来源:WORLD BANK DBLOGS:"New World Bank Country Classifications by Income Level:2022–2023",2022 年 7 月 1 日发布,https://blogs.worldbank.org/opendata/new-world-bank-country-classifications-income-level-2022-2023。

绝对成本和相对成本都很低。低成本劳动力与引进资金、技术相结合,使我国产业国际竞争力主要体现在劳动密集型产品的出口中。特别是最能体现劳动力成本优势的加工贸易迅速发展,带动整个出口迅速增长。加工贸易占对外贸易总额的比重曾经多年高达 50% 以上,占出口总额的比重高达 55% 以上①,成为推动对外贸易、经济增长和扩大就业的重要力量。

随着中国经济快速增长和人均收入大幅提升,中国城镇单位就业人员的平均年工资出现了显著增长。从 2000 年的 9333 元增加到 2022 年的 114029 元,复合年增长率达到 12.05%。与此同时,美国和韩国的实际

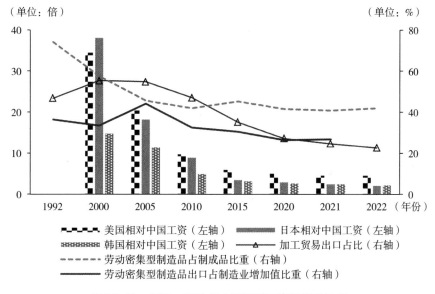

图 11-11　1992—2022 年中国相对工资及相关比重

注:美国、日本、韩国相对中国工资,首先根据 OECD 中现价本币兑换成现价美元后,以中国平均工资为"1"进行计算得出的倍数。

资料来源:美国、日本、韩国平均年工资来源于 OECD 数据库;中国平均年工资资料来源于国家统计局数据库,本章笔者依据原始数据计算得出。加工贸易、制造业产品资料来源于联合国贸易和发展会议(UNCTAD)和联合国贸易数据库(UNComtrade)。

---

①　加工贸易是一国按照国外委托方的要求,进口原料、材料或零件,利用本国劳动力加工后再出口的贸易形态,其目的是扩大就业,获得加工费收入。

工资增长停滞不前,复合年增长率较低,分别为3.18%和3.57%。而日本的实际工资出现负增长(-0.1%)。相比较而言,中国的工资水平增长速度较快。此外,中国工资水平与美国工资水平之间的差距也在不断缩小。从2000年的35.3倍缩小到2022年的4.6倍。劳动力成本优势的下降对中国劳动密集型制造业产品的国际竞争力产生了影响。从三组数据进行观察:一是加工贸易出口占整体货物贸易出口的比重持续下降,从1999年的最高点56.9%降至2022年的22.5%。二是劳动密集型出口产品在中国制造业产品出口中所占的比重也在持续下降,从1992年的最高点73.6%降至2022年的41.9%。三是劳动密集型出口产品在中国制造业产值中所占的比重也持续下降,从1992年的36.2%上升到2006年的46.2%,然后逐渐下降,到2021年已降至26.3%(见图11-11)。这些数据表明随着中国工资水平的提高和劳动密集型制造业的逐渐减少,中国的劳动力市场和国际竞争力也在发生变化。

然而,未来相当长一段时间内,中国年轻人面临的就业压力将持续存在,因此开拓国际市场以提供就业机会仍然是一项重要举措。现如今,国内年轻劳动者的教育水平提高,他们期待的就业岗位不是"世界工厂"类型的工作,而是更倾向于软件开发、商务服务等更多"世界办公室"类型的工作。这与服务贸易出口相吻合,并能较好地满足当前的人力资本供给结构。

二、服务业成为经济主体部分,国际贸易加快结构转变有坚实产业支撑

改革开放以来,中国的产业结构经历了持续变化。农业和工业比重逐渐下降,而服务业的比重不断上升,最近10年已经成为主要的产业。2012年,服务业在我国经济总量中的比重超过了制造业,在2015年超过了50%,而到2022年则达到了52.78%。从就业的角度来看,2022年第三产业(服务业)的比重占到了中国就业总数的47.1%,占非农业部门就业总数的75.3%。相比之下,制造业仅占就业总数的28.8%,占非农业部门就业总数的45.9%。可以看出,服务业对就业的吸纳作用较为突出,这

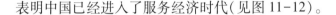

表明中国已经进入了服务经济时代(见图11-12)。

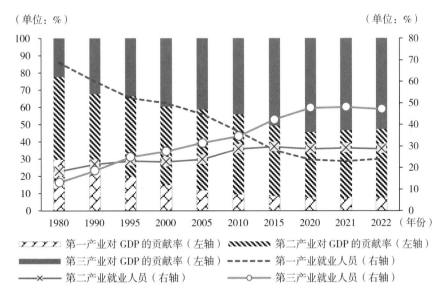

图 11-12　1980—2022 年三次产业增加值占 GDP 的比重与就业人员占比

资料来源:根据国家统计局数据计算整理。

　　国内服务业全面发展和竞争力提升,为服务贸易发展提供了重要的产业基础。有研究者对影响我国出口结构变化的因素做过较为深入的计量分析,结论是国内产业生产能力增长、国内市场需求扩张、国外进口增长等因素对出口增长有显著的正向影响,产业生产能力扩张使出口的产业基础增强,从而有利于出口增长。[①] 国际经验表明,一国服务贸易竞争力与国内服务业发展水平有直接关系。美国和英国作为服务业大国和服务贸易大国,其服务业在 GDP 中的比重极高,达到 80% 左右;服务贸易出口占其总出口也在 40% 以上。近年来,中国的服务业经历了快速发展,其在国民经济中所占比重不断上升。自 1980 年至 2021 年,中国服务业增加值占 GDP 的比重从 21.90% 迅速攀升至 52.83%,增加了超过 30 个百分点。与发达国家如美国、英国、德国和日本之间的差距在不断缩小,同时与世界平均水平相比的差距,从 1980 年的 31.84% 降低到 2021 年的

---

　　① 江小涓:《我国出口商品结构的决定因素和变化趋势》,《经济研究》2007 年第 5 期。

14.23%（见图 11-13）。

（单位：%）

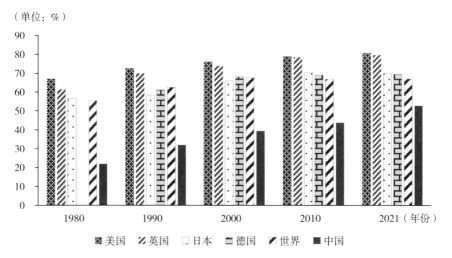

图 11-13　1980—2021 年中国、美国、日本、德国、英国及
全球服务业增加值占 GDP 的比重

资料来源：根据联合国贸易和发展会议（UNCTAD）数据计算整理。

三、能源资源是长期约束，出口向低碳结构转变需要服务出口发挥重要作用

我国总体上是一个自然资源相对短缺的国家。在改革开放初始，经济总量不大，资本、技术等生产要素最为短缺，是制约经济增长的主要因素。经过 40 多年的发展，我国的资本、技术等要素都快速成长，成为相对富裕的生产要素。而自然资源是天赋资源，并不能随着经济增长而增加，因此成为了我国明显的短缺要素，特别是土地、淡水和石油等基础性的资源，相对短缺更为突出（见图 11-14）。以石油为例，中国石油能源消费总量从 2002 年的 2.48 亿吨增长到 2022 年的 7.19 亿吨，年均增长率达到 5.5%；而石油生产量自 2015 年达到最高值 2.15 亿吨后开始不断减少，国内石油供给缺口逐年递增，到 2022 年石油缺口较 2022 年已扩大了 5.4 倍。资源短缺的问题不断凸显（见图 11-15）。

我国长期出口较多资源含量高的制造业产品，导致我国一些资源消

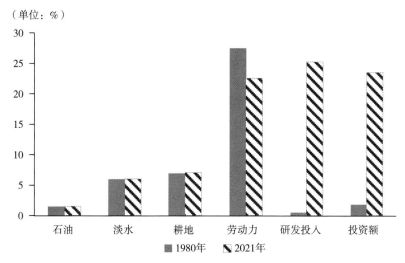

（单位：%）

图 11-14 1980 年、2021 年我国主要生产要素占全球的比重

资料来源：国家统计局与世界银行（WB）。

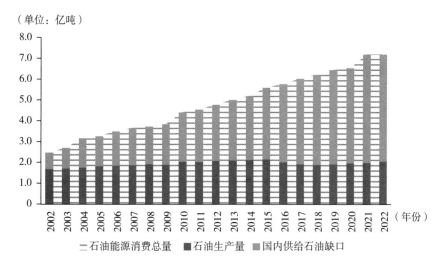

（单位：亿吨）

图 11-15 2002—2022 年中国石油消费量与产量

资料来源：国家统计局。

耗占全球比重较高。相关研究人员指出，工业化国家通过将高碳排放的产业转移到发展中国家来减少本国二氧化碳排放。同时，发展中国家向发达国家出口产品时随着大量的二氧化碳排放。这表明发展中国家既满足了全球市场需求，也承担了相应的二氧化碳排放责任。中国作为各种工业和消费品的主要生产国,在 1997—2012 年为国外消费者提供的产品所排放的二氧化碳总量从 6.03 亿吨增加到 19.51 亿吨。[①] 这主要归因于其他国家和地区的最终消费需求,导致中国大量出口资源能源含量较高的产品,进而引发严重的区域生态环境问题。[②] 与此同时,进口大国如美国和欧盟则通过全球贸易规避了大量的碳减排责任。[③] 因此,减少资源能源含量较高的制造业产品出口、增加人力资源密集、资源消费和碳排放较少的服务业出口,是改善我国出口商品结构的内在要求。

四、人民生活水平提高,进口高水平服务产品能满足人民美好生活愿望

随着居民收入水平的持续提高和中等收入群体的不断扩张,改善民生福利的要求和对高品质生活的追求越发强烈。这既需要更多、更好的物质产品,也需要高品质、差异化的服务,例如多元化的教育、医疗、文化、体育以及休闲旅游等。从世界范围看,旅行(包括旅游、海外留学等)这项服务进出口在服务贸易中占有较高的比重,2019 年世界服务贸易总额中,旅行服务占比达到 23.3%,是第一大项。我国情况类似,旅行服务占比高达 36.4%,表明海外旅游、出国留学和商务旅行成为收入提高后国人的重要服务消费。特别是我国旅行服务进口所占比重(50.1%)明显高于世界平均水平(23.2%),表明我国出国旅行、留学、居住、工作的人数快速增长且支出较多(见图 11-16)。2000—2019 年,我国各类出国留学人员从 3.9 万人增加到 70.4 万人,年均增长率达到 16.4%。2019 年全年中国公民出境旅游人数达到 1.55 亿人次,年均增长率达到 15.2%。出境游客境外消费从 141.7 亿美元增加到 2546.2 亿美元,年均增长率达到 16.4%(见图 11-17)。

---

① 王文举、向其凤:《国际贸易中的隐含碳排放核算及责任分配》,《中国工业经济》2011 年第 10 期。

② Liu, Z., Davis, S. J., Feng, K., et al. "Targeted Opportunities to Address the Climate-trade Dilemma in China", *Nature Climate Change*, Vol.6, No.2, 2016, pp.201-206.

③ 钟章奇、姜磊、何凌云、王铮、柏玲:《基于消费责任制的碳排放核算及全球环境压力》,《地理学报》2018 年第 3 期。

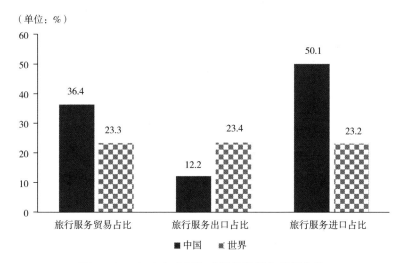

图 11-16　2019 年中国与世界旅行服务贸易占比

资料来源:出境旅游人次资料来源于世界旅游组织(UNWTO)。①

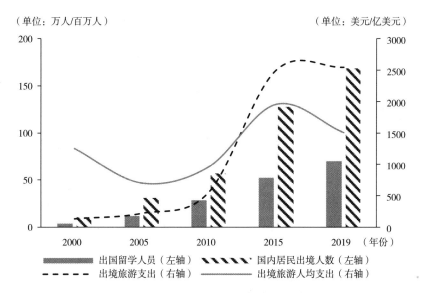

图 11-17　中国出口留学人数与出境旅游人次

资料来源:世界旅游组织(UNWTO)。②

---

①　世界旅游组织相关数据,"145 项重点旅游统计",https://www.unwto.org/tourism-statistics/key-tourism-statistics。

②　世界旅游组织相关数据,"145 项重点旅游统计",https://www.unwto.org/tourism-statistics/key-tourism-statistics。

五、制造业转型升级全面推进,高水平生产者服务贸易发挥重要作用

在经济全球化过程中,高水平生产者服务对提升制造业竞争力产生重要影响。刘维刚、倪红福实证分析得出,生产性服务贸易进口额会促进制造业服务化。[1] 而制造业服务化转型不仅对实现价值链攀升具有重要推进作用,甚至是突破价值链锁定的重要途径。其中高级生产性服务业的发展尤为重要。[2] 刘维林等研究得出,中国制造业通过参与全球价值链分工所获取的国外中间投入推动了出口技术复杂度的提升,而相对于原材料、零部件等产品投入,服务投入对技术提升的贡献更大。[3] 从产业特点看,那些生产制造全球化水平高的产业,与其相关的生产者服务全球化程度也高,美国企业中医药和汽车是制造全球化程度最高的行业,也是研发、销售等服务全球化程度最高的行业。[4] 没有服务业分工深化和形成全球服务网络,制造业的全球价值链分工就不可能深化和高效率运转。[5]

服务贸易中,生产者贸易是增长最快的部分,无论是全球、主要发达国家还是中国,生产者服务已占全球服务贸易比重的 80% 以上,为我国发展生产者服务贸易、引进先进服务业特别是研发服务、技术服务、商务服务、营销服务等,提供大量机会,将对我国制造业提升国际竞争力有积极促进作用(见图 11-18)。

---

① 刘维刚、倪红福:《制造业投入服务化与企业技术进步:效应及作用机制》,《财贸经济》2018 年第 8 期。

② 戴翔、李洲、张雨:《服务投入来源差异、制造业服务化与价值链攀升》,《财经研究》2019 年第 5 期。

③ 刘维林、李兰冰、刘玉海:《全球价值链嵌入对中国出口技术复杂度的影响》,《中国工业经济》2014 年第 6 期。

④ Meyer-Krahmer, F. and Reger, G., "New Perspectives on the Innovation Strategies of Multinational Enterprises:Lessons for Technology Policy in Europe", *Research Policy*, Vol.28, No.7, 1999, pp.751-776.

⑤ 江小涓、李辉:《服务业与中国经济:相关性和加快增长的潜力》,《经济研究》2004 年第 1 期;江小涓、孟丽君:《内循环为主、外循环赋能与更高水平双循环——国际经验与中国实践》,《管理世界》2021 年第 1 期。

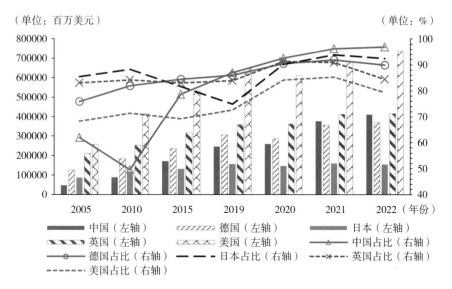

图 11-18　2005—2022 年中国、美国、日本、德国生产性服务贸易出口及占比

资料来源：联合国贸发会(UNCTAD)，结合我国统计局、国家外汇管理局对生产性服务贸易与消费性服务贸易的分类计算得到。

第三节　继起、并存和相互加持：今后 10 年中国服务贸易发展战略思考

我国是一个发展中大国，工业化过程仍在继续之中，制造业转型升级任务繁重。同时，人民群众的多元化服务需求快速增长，服务业成为带动增长的主导产业。未来相当长时期，我国制造业转型升级和服务业较快增长将长期并存，货物贸易提质增效和服务贸易比重提升将长期并存，服务贸易作为对外贸易发展的新增动力将与货物贸易作为对外贸易的基本力量长期并存，两者相互加持，推动我国对外贸易持续发展和提升竞争力，更好地促进国内大循环畅通高效并持续发展。

一、我国服务贸易发展仍然有巨大潜力，有望成为我国对外贸易继续发展的新动力

与我国服务业快速发展和竞争力提升的状况相比，我国服务贸易的

发展仍然不足,未来发展空间广阔,潜力巨大。第一,是我国服务业仍将较快发展,在国民经济中的比重继续提升,为服务业发展提供更有力的国内产业支撑。第二,我国吸引外资中,有更多外资进入服务业。许多研究表明,吸引外资进入,带来新的理念、知识、技术和经营模式等,不仅自身提供更多元、更有特色、更高水平的服务业,还通过多种外溢效应,提升当地服务业整体质量和竞争力。[①] 图 11-19 显示,现在服务业已成为外商来我国投资的重要领域。2000 年外商直接投资额中服务业仅占 25.7%,2011 年占比超过制造业,达到 50% 以上,2021 年占比更是高达 75.1%。这将有力地促进我国服务业加快发展并提高水平,为服务贸易提供更加有利的产业基础。

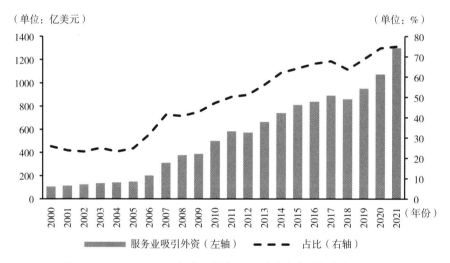

（单位：亿美元）　　　　　　　　　　　　　　　　　　　（单位：%）

服务业吸引外资（左轴）　　　　占比（右轴）

图 11-19　2000—2021 年中国服务业吸引外商直接投资额及占比

资料来源:根据 2001—2021 年《中国统计年鉴》整理所得。

---

① 江小涓:《我国出口商品结构的决定因素和变化趋势》,《经济研究》2007 年第 5 期;Xing, Y. and Pradhananga, M., "How Important Is Exports and FDI for China's Economic Growth?" *GRIPS Discussion Papers*, *National Graduate Institute for Policy Studies*, No.4, 2013;李磊、冼国明、包群:《"引进来"是否促进了"走出去"?——外商投资对中国企业对外直接投资的影响》,《经济研究》2018 年第 3 期。

二、数字服务贸易成为服务贸易发展的主导力量,我国具有突出优势

互联网和数字技术的广泛使用通过远程连接传统服务供需双方,极大地促进了服务贸易的发展。2011—2020 年,全球由数字驱动的服务贸易从 2.14 万亿美元增长到了 3.17 万亿美元,数字服务贸易在服务贸易中的份额从 47.89%上升到了 63.55%,规模已占到了服务贸易的一半以上。结构上,数字生产性服务业①是数字服务贸易的主体,在数字服务贸易中的份额从 2005 年的 43.8%逐年上升至 2020 年的 62.6%,数字生产服务全球化发展动力持久而强大。不仅是数字服务业,数字密集型商品出口也快速增长,信息通信技术(ICT)商品的贸易在全球范围增长迅速,从 2011 年的 1.81 万亿美元扩大到了 2020 年的 2.35 万亿美元,占全球商品贸易的比重由 9.89%提升至 13.37%。

中国数字经济的应用和发展全球领先,为发展数字服务贸易提供了强大产业基础,数字服务贸易的发展具有良好的企业基础、产业基础、市场运作基础。2011—2020 年,中国数字服务贸易总额由 1648.38 亿美元增长到了 2947.60 亿美元,在服务贸易中的比重从 36.72%上升至44.55%,服务贸易数字化发展势头强劲。结构上,2005 年我国数字生产性服务出口在数字服务贸易出口中的比重低于全球,仅有 21.9%,但 15年来发展迅速,2020 年这一份额已高达 54.5%。

此外,跨境电商也是我国发展速度快、潜力大的外贸新业态。跨境平台通过整合生态链上的制造商和服务供应商,利用海量交易数据和算法,降低跨国交易成本,精准对接国际市场,在境外客户需求挖掘、海外影响推广、跨境支付、供应链管理与品牌建设等贸易促进方面发挥了重要作用,能够有效地实现国际国内市场联通、供需匹配和企业降本增效。根据海关总署发布数据,将"企业对企业"(B2B)和"海外仓"贸易形式统计在

---

① 对于消费性服务业和生产性服务业的具体分类,详见国家统计局发布的《生活性服务业统计分类(2019)》和《生产性服务业统计分类(2019)》。

内,我国跨境电商进口规模从 2016 年的 39.3 亿美元增至 2021 年的 170.9 亿美元,增长 3.3 倍。跨境电商出口占外贸出口的比重由 2015 年的不到 1%增长到 2020 年的 4.6%。研究表明,数字经济可以有效促进我国贸易出口,提升我国出口竞争力。① 我国在这方面基础丰厚,主要细分市场上均有代表性平台和模式出现。这些良好基础都将促进数字服务贸易加快发展。

我国全球领先的数字化物流体系也是我们重要的竞争优势。国际贸易对物流绩效和运输成本比较敏感。最近一些年,与国内蓬勃发展的电子商务、外卖等业态相匹配,我国数字化物流体系持续发展迅速迭代升级,具备了较强的全球竞争力。现在我国高度发达的智能物流广泛应用在与贸易相关的物流仓储、支付结算、融资贷款、报关通关、收汇结汇、广告营销等各个领域,大大提高了各环节对客户需求的响应速度,简化了货物交付的整体流程。物联网通过实时跟踪货运来提高交付服务效率,将使运输和海关处理时间减少 16%—28%。

三、服务贸易加快发展比重提升和制造业出口提质增效将并行推进并相互加持

服务业是全球经济的重要组成部分,创造了超过 2/3 的全球国内生产总值(GDP),吸引了发达经济体超过 3/4 的外国直接投资。而服务业外国直接投资的很大一部分与从事服务活动的初级部门和制造业跨国子公司有关,包括总部或后台办公室职能、金融控股、采购或物流中心、分销服务和研究和开发。② 在世界 500 强企业中,从事服务行业的企业占到 50%以上。

提高制造业国际竞争力的一个重要因素,是提高制造全链条中的生产性服务的水平,这需要提升国内服务业水平,也需要集成全球的高水平

---

① 姚战琪:《数字经济对我国制造业出口竞争力的影响及其门槛效应》,《改革》2022 年第 2 期;马述忠、房超:《跨境电商与中国出口新增长——基于信息成本和规模经济的双重视角》,《经济研究》2021 年第 6 期。
② 资料来源:《OECD Services Trade Restrictiveness Index:Policy Trends up to 2022》。

生产者服务。在全球制造深度分工时代，没有服务业全球分工深化和形成全球网络，制造业的分工就不可能深化和高效率运转，服务在全球分工体系中居于核心地位。[①] 特别是数字化全球服务的发展，能够在很大程度上消解距离影响，降低全球分工的成本。物联网、大数据、云计算等技术的发展，降低对生产要素的跟踪和监控成本，从而降低协调和匹配成本，强化当前的全球价值链结构。研究发现，数字技术可以通过缩短距离和降低贸易成本帮助中小企业更多地参与到全球价值链中，让它们在全球价值链中发挥更积极的作用。[②] 新研究表明，在发展中国家，获取数字技术对中小企业参与向后关联的全球价值链以及中小企业的出口总额具有积极影响。[③] 尤其在贸易和增长放缓的时代，发展中国家通过推进提升全球价值链参与度的改革，就能使发展取得更好的成果。特别是数字服务贸易，搭载的是数字技术密集型服务、数字化商务服务、数字化柔性制造服务等，这些服务增长不仅支撑服务贸易规模的扩大，更重要的是促进我国制造业的数字化升级。

四、服务进口要更多重视技术资源，促进科技自立自强与技术引进相互加持

我们在科技创新领域水平的持续提升，加之国际科技与经济合作环境的很大变化，我们想继续以引进方式获得大量先进技术的难度在加大，如同以往那样通过引进较多技术促进产业升级的局面已经发生很大变化。尖端技术市场往往属于寡头甚至垄断性质的技术市场，持有方有较强控制力，与以往那种我们需要引进的技术并非最先进、因而多家持有、存在技术供给的"竞争性市场"的状况不同，那时我们作为大市场和制造

---

① Riddle, D., *Service Led Growth: The Role of the Service Sector in the World Development*, New York: Praeger Publishers, 1986；江小涓、李辉：《服务业与中国经济：相关性和加快增长的潜力》，《经济研究》2004 年第 1 期。

② Abel-Koch, J., "SMEs' Value Chains are Becoming More International-Europe Remains Key", *KfW Research Research Paper*, Vol.65, No.1, 2016, pp.65-69.

③ Lanz, R., et al., "E-commerce and Developing Country-SME Participation in Global Value Chains", *WTO Staff Working Papers*, No.ERSD-2018-13, 2018.

大国具有吸引力,从而能够较多引进技术。今后技术发展要更强调科技自立自强,政府要加大基础研究投入,持之以恒地支持原创性研究,为技术创新提供源泉,特别要在关键"卡脖子"领域集中攻关。要促进创新要素市场化配置和聚集。还要加强创新基础设施建设,加强人才培养,加强知识产权布局和保护,支持标准制定,加大政府采购力度等,形成良好的创新环境。

同时也要看到,数字时代的科技创新出现许多新特点,特别是多国共同创新网络迅速涌现,成为全球科技创新合作的新增长点。以技术开发和产品设计为例,信息技术特别是数字技术提供合作创新的新方式。数字化的全球设计服务平台可以有几十个国家几百位工程技术人员同步以串联方式研发设计一款新产品,传统的企业内研发模式难以集合拥有各个领域最顶级的研发团队,而这种数字时代的全球合作模式能够用这样的方式来汇聚人才,用适宜的人才匹配每一项研发设计任务。今后高技术产品越来越复杂,技术与产品迭代越来越快,全产业链中的跨国创新合作将继续发展和加强。总之,数字技术和数字经济时代,融入全球产业链创新链,能够更多利用国外技术人才和技术能力,在高起点上加快推进我国科技自立自强进程,也为全球科技发展作出我们的贡献。

五、货物进口和服务进口同步发力促进国内大循环畅通和两个循环相互促进

近年来,我国人均收入已超1.2万美元,接近世界银行高收入标准。中等收入群体规模不断扩大,消费阶层分化明显,对高品质、多样化的消费需求迅速增加。但我国居民消费率长期偏低。2019年我国最终消费率达到55.4%,相比全球平均水平的78.71%,以及发展中国家水平73.9%,落后20个百分点左右。[①] 与商品消费相比,我国服务消费比重也

---

① 最终消费率和居民消费率资料来源于世界银行(The World Bank),其中世界平均水平最终消费率包括175个国家。发展中国家因为没有面上数据,所以我们选择了一些较大的国家,主要包括中国、马来西亚、巴西、阿拉伯埃及共和国、印度、菲律宾、俄罗斯、泰国、印度、孟加拉国。

较低。因此,合理扩大高品质服务进口,对丰富国内消费选择、优化消费结构、促进消费升级,以及满足人民群众个性化、多元化、差异化的消费需求,进一步拓展我国服务消费市场具有积极意义。我们推动进口的理念和行动也让全世界看到了中国迅速发展的国内市场,尤其是服务市场,是一个高度开放和全球共享的市场。总之,加快高品质多元化和具有分类特点的商品和服务进口,能够更好地满足国内消费需求,提高消费比重,促进国内市场持续扩大,为内循环提供有力支撑。

通过进口畅通国内大循环和改进资源配置效率的另一个重要方面,是我们仍然需要较多进口一些重要的自然资源,如石油、铁矿石和部分农副产品等。我们要继续加大国内资源开发力度,优化国内能源结构、转变国内产业结构,来减少能源资源的消耗和进口。但是,国内一些重要资源拥有量有限,随着经济体量加大,必要的进口不可或缺。否则国内生产和消费都会受到明显影响,内循环的质量和效率得不到提高。

六、继续发展服务外包并提升水平,创造更多"全球办公室"就业机会

2021 年,我国企业承接服务外包合同额 21341 亿元,执行额 14972 亿元,同比分别增长 25.4% 和 23.6%。其中,承接离岸服务外包合同额首次突破 1 万亿元,达到 11295 亿元,执行额 8600 亿元。[①] 在数字服务形式日新月异,并逐渐成为服务外包的重要业务模式背景下,我国服务外包发展潜力巨大、前景广阔。预计到 2025 年,中国承接服务外包规模将不断扩大,生产性服务出口主渠道地位将进一步巩固,对经济高质量发展的助推作用更加突出;为支持中国技术和中国标准"走出去",助力构建稳定的国际产业链供应链提供有力支撑。面向未来,需充分发挥服务外包产业在创新驱动发展和培育贸易新业态新模式中的重要促进作用,加快服务外包向高技术、高附加值、高品质、高效益转型升级。[②]

---

① 资料来源:中国服务外包研究中心,http://www.coi.org.cn/article/y/gnxw/202201/20220103277641.shtml。

② 王晓红:《以数字贸易引领贸易创新发展》,《中新经纬》2014 年 7 月 20 日。

作为人力资本密集型产业，服务外包一直是高水平人才就业的高地，能够吸收教育水平较高的就业者，成为这些青年人的重要就业渠道。根据商务部数据，截至 2022 年 10 月底，我国服务外包累计吸纳从业人员为 1467 万人，其中大学及以上学历为 945 万人，占 64.4%。2022 年 1 月至 10 月，服务外包新增从业人员为 71 万人，其中大学及以上学历为 47 万人，占 66.5%。在数字时代，跨境数字平台会提供更多的工作机会，除了传统服务外包提供的"全球办公室"机会外、"世界程序员""远程测试师""平台工程师"等更多类型外包蓬勃发展，吸纳大量就业。

七、推进服务业市场化改革和服务贸易制度创新，创造良好体制环境

中国已经加入和申请加入若干高水平贸易协定，要以此为契机推动国内贸易体制改革和高标准市场体系建设。中国已经加入了《区域全面经济伙伴关系协定》（Regional Comprehensive Economic Partnership，RCEP）并生效实施，正在申请加入《全面与进步跨太平洋伙伴关系协定》（Comprehensive and Progressive Agreement for Trans-Pacific Partnership CPTPP）和《数字经济伙伴关系协定》（Digital Economy Partnership Agreement，DEPA），这些都是更高标准的贸易协定，其中多数内容涉及服务业，包括服务业市场准入、电子商务、知识产权保护、环境保护等、劳工保护、政府采购等。这些既是服务业进一步开放的规则和制度性要求，也是国内加快发展服务业需要相应改革要求。以市场准入为例，扩大对外开放必然要求扩大对内开放，我们的金融服务、培训服务、医疗服务、文化服务、研发服务等许多领域，都需要加快对内对外的开放速度，推进高水平市场体系建设。

要特别重视数字服务贸易相关的制度创新。一方面要在跨境电商综试区持续推进海关监管创新、金融服务开放和跨境数据安全自由流动等规则标准探索，培育区域产业链和产业集群，适时推进综试区由点及面，逐步覆盖全国。另一方面要重视发挥数字平台在服务贸易发展中的治理者作用。数字平台既是可数字化订购服务贸易的重要参与者，也是最接

近市场的治理者,要积极鼓励数字平台在国际渠道拓展、诚信体系构建、贸易争端解决等多个环节发挥重要作用。应鼓励政府与大型数字平台在交易信息数据及执法结果方面的信息共享、监管互认和执法互助。同时也要加强对平台跨境经营行为的监管,严厉惩处平台垄断、消费欺诈、低价倾销等不公平竞争行为。要确保高水平开放是安全与发展有效平衡的开放,以保障公平竞争、保障市场有序、保障市场影响力、保障重要领域稳定可控为重点,制定和完善相关法律法规,确保服务业开放中的安全稳定。

八、促进服务贸易治理全球合作,消除障碍促进发展

随着服务贸易在全球贸易格局中的重要性不断提升,全球贸易的主要障碍已不是货物贸易领域内的关税和非关税措施,而是服务贸易领域内相关的各种贸易壁垒,服务贸易自由化和便利化在很大程度上决定着全球自由贸易进程,国际经贸治理的重点正加快从货物贸易向服务贸易转变。从《全面与进步跨太平洋伙伴关系协定》《美加墨三国协议》等最新经贸协定内容看,服务贸易领域的相关内容大幅提升。未来几年,国际服务贸易竞争将进一步加剧,服务贸易在双边、区域贸易投资谈判中的比重逐渐增大,成为各国谈判和博弈的核心内容。特别是数字服务贸易,正在成为多边、区域和双边贸易谈判的焦点。总体而言,近年来数字服务贸易限制性指数呈上升趋势,困难较多。

服务贸易特别是数字贸易的跨国监管合作,需要各国协调行动,这些新领域的监管需要新的理念和知识,跨国治理合作有重要意义,能够交流沟通相关知识、经验和资源。积极参与国际规则谈判,既能表达我们意见,听取他国诉求,更能在与各国监管同行的交流中共享相关知识和经验。政府之外的组织和机构的治理合作也很重要,例如,全球金融创新网络(GFIN)是一个由70多个组织组成的网络,其中大部分是金融监管机构,从而使企业能够在其他国家进行产品和服务测试。[1] 在这些监管合

---

[1] 资料来源:Financial Conduct Authority,"Global Financial Innovation Network(GFIN)",FCA.org, 31 January, 2019, last updated 22 june 2022, https://www.fca.org.uk/firms/global-financial-innovation-network(link as of 2/11/20)。

作中,一方面要着眼于国际经贸体系和贸易投资规则的调整,推进建设与其相衔接的制度体系,另一方面要着眼于我们自身优势、特点和需求,合理表达我们的诉求并引导监管合作的规则制定。我们要从中国自身利益和构建人类命运共同体这两个要求出发,积极参与并主动发力,促进数字时代的全球服务贸易治理合作,促进服务贸易加快发展。

参考文献

[1]阿拉塔高娃:《关于东南沿海地区与少数民族地区的对口支援和经济技术协作发展的再认识》,《内蒙古社会科学》2000年第2期。

[2]阿瑟·奥肯:《平等与效率:重大的抉择》,陈涛译,中国社会科学出版社2013年版。

[3]奥林:《地区间贸易和国际贸易》,王继祖等译,首都经济贸易大学出版社2001年版。

[4]蔡昉:《中国农村改革三十年——制度经济学的分析》,《中国社会科学》2008年第6期。

[5]蔡昉:《成长的烦恼:中国迈向现代化进程中的挑战及应对》,中国社会科学出版社2021年版。

[6]蔡昉:《读懂未来中国经济:"十四五"到2035》,中信出版集团2021年版。

[7]蔡昉、李雪松、陆旸:《中国经济将回归怎样的常态》,《中共中央党校(国家行政学院)学报》2023年第1期。

[8]蔡昉、王德文、曲玥:《中国产业升级的大国雁阵模型分析》,《经济研究》2009年第9期。

[9]蔡昉、王美艳:《如何解除人口老龄化对消费需求的束缚?》,《财贸经济》2021年第5期。

[10]陈斌开、林毅夫:《发展战略、城市化与中国城乡收入差距》,《中国社会科学》2013年第4期。

[11]陈丹、张越:《现代化建设的历史演进与社会主义现代化的时代内涵》,《宏观经济管理》2021年第7期。

[12]陈瑞莲、谢宝剑:《回顾与前瞻:改革开放30年中国主要区域政策》,《政治学研究》2009年第1期。

[13]陈锡文:《实施乡村振兴战略,推进农业农村现代化》,《中国农业大学学报(社会科学版)》2018年第1期。

[14]陈秀萍:《东北三省国家粮食安全产业带建设研究》,载闫修成等主编:《东北蓝皮书:中国东北地区发展报告(2021—2022)》,社会科学文献出版社2022年版。

[15]陈秀山、张若:《主体功能区从构想走向操作》,《决策》2006年第12期。

[16]陈至力:《加强自主创新,促进可持续发展》,《中国软科学》2005年第9期。

[17]程栋:《中国区域经济政策工具创新:理论与实践》,《贵州社会科学》2016年第4期。

[18]程中海、屠颜颖:《中国制造业产业内贸易的测度与比较》,《统计与决策》2022年第5期。

[19]丛书编写组:《深入实施创新驱动发展战略》,中国计划出版社2020年版。

[20]丛书编写组:《推进绿色循环低碳发展》,中国市场出版社2020年版。

[21]戴翔、李洲、张雨:《服务投入来源差异、制造业服务化与价值链攀升》,《财经研究》2019年第5期。

[22]邓睦军、龚勤林:《中国区域政策的空间选择逻辑》,《经济学家》2017年第12期。

[23]邓睦军、龚勤林:《中国区域政策的空间属性与重构路径》,《中国软科学》2018年第4期。

[24]邓小平:《邓小平文选》(第三卷),人民出版社1993年版。

[25]丁嵩、孙斌栋:《区域政策重塑了经济地理吗？——空间中性与空间干预的视角》,《经济社会体制比较》2015年第6期。

[26]杜黎明:《在推进主体功能区建设中增强区域可持续发展能

力》,《生态经济》2006 年第 5 期。

[27]都阳:《中国低生育率水平的形成及其对长期经济增长的影响》,《世界经济》2005 年第 12 期。

[28]都阳、程杰:《"婴儿潮"一代退休对养老金体系的冲击与应对》,《中国社会科学评价》2022 年第 2 期。

[29]都阳、封永刚:《人口快速老龄化对经济增长的冲击》,《经济研究》2021 年第 2 期。

[30]都阳、贾朋:《劳动供给与经济增长》,《劳动经济研究》2018 年第 3 期。

[31]都阳、王美艳:《中国城市居民家庭的消费模式——对老年家庭的着重考察》,《人口研究》2020 年第 6 期。

[32]都阳、赵文:《中长期收入分配格局与政策研究》,见谢伏瞻主编:《迈上新征程的中国经济社会发展》,中国社会科学出版社 2020 年版。

[33]范建亭:《开放背景下如何理解并测度对外技术依存度》,《中国科技论坛》2015 年第 1 期。

[34]樊纲:《比较优势与后发优势》,《管理世界》2023 年第 2 期。

[35]樊杰:《解析我国区域协调发展的制约因素,探究全国主体功能区规划的重要作用》,《中国科学院院刊》2007 年第 3 期。

[36]冯怡然:《欧盟对华政策三大新变化及中欧关系发展趋势》,《国际论坛》2021 年第 4 期。

[37]高国力:《区域经济不平衡发展论》,经济科学出版社 2008 年版。

[38]高增安、何兴隆:《习近平关于新时代城乡融合发展的重要论述研究》,《经济学家》2023 年第 6 期。

[39]高祖贵:《深化对统筹发展和安全的理解》,《理论导报》2022 年第 3 期。

[40]郭会文:《国家级开发区管理机构的行政主体资格》,《法学》2004 年第 11 期。

［41］郭晓鸣：《乡村振兴战略的若干维度观察》，《改革》2018 年第
3 期。

［42］哈维·阿姆斯特朗：《区域经济学与区域政策》，刘乃全、贾彦
利、张学良等译，上海人民出版社 2007 年版。

［43］韩俊：《中国城乡关系演变 60 年：回顾与展望》，《改革》2009 年
第 11 期。

［44］郝寿义、徐刚、武晓庆：《综合配套改革试验区与我国特殊经济
区的演变》，载《2010 中国经济特区论坛：纪念中国经济特区建立 30 周年
学术研讨会论文集》，2010 年。

［45］洪银兴：《新时代社会主义现代化的新视角——新型工业化、信
息化、城镇化、农业现代化的同步发展》，《南京大学学报（哲学·人文科
学·社会科学）》2018 年第 2 期。

［46］胡鞍钢：《中国创新绿色发展》，中国人民大学出版社 2012
年版。

［47］胡琳琳、胡鞍钢：《从不公平到更加公平的卫生发展：中国城乡
疾病模式差距分析与建议》，《管理世界》2003 年第 1 期。

［48］黄群慧、霍景东：《产业融合与制造业服务化：基于一体化解决
方案的多案例研究》，《财贸经济》2015 年第 2 期。

［49］黄祖辉：《准确把握中国乡村振兴战略》，《中国农村经济》2018
年第 4 期。

［50］黄祖辉、傅琳琳：《建设农业强国：内涵、关键与路径》，《求索》
2023 年第 1 期。

［51］黄祖辉、马彦丽：《再论以城市化带动乡村振兴》，《农业经济问
题》2020 年第 9 期。

［52］姜长云：《准确把握乡村振兴战略的内涵要义和规划精髓》，《东
岳论丛》2018 年第 10 期。

［53］江鸿、贺俊：《中美数字经济竞争与我国的战略选择和政策安
排》，《财经智库》2022 年第 2 期。

［54］江小涓：《中国工业发展与对外经济贸易关系的研究》，经济管

理出版社 1993 年版。

[55]江小涓:《世纪之交的工业结构升级》,上海远东出版社 1996 年版。

[56]江小涓:《中国的外资经济:对增长、结构升级和竞争力的贡献》,中国人民大学出版社 2002 年版。

[57]江小涓:《我国出口商品结构的决定因素和变化趋势》,《经济研究》2007 年第 5 期。

[58]江小涓:《服务全球化的发展趋势和理论分析》,《经济研究》2008 年第 2 期。

[59]江小涓:《中国开放三十年的回顾与展望》,《中国社会科学》2008 年第 6 期。

[60]江小涓等:《中国开放 30 年:增长、结构与体制变迁》,人民出版社 2008 年版。

[61]江小涓等:《技术贸易:世界趋势与中国机遇》,清华大学出版社 2022 年版。

[62]江小涓、李辉:《服务业与中国经济:相关性和加快增长的潜力》,《经济研究》2004 年第 1 期。

[63]江小涓、罗立彬:《网络时代的服务全球化——新引擎、加速度和大国竞争力》,《中国社会科学》2019 年第 2 期。

[64]江小涓、孟丽君:《内循环为主、外循环赋能与更高水平双循环——国际经验与中国实践》,《管理世界》2021 年第 1 期。

[65]江小涓、孟丽君:《中国对外开放的时代特色与理论构建》,《国际社会科学杂志(中文版)》2022 年第 1 期。

[66]江泽民:《要始终高度重视农业、农村和农民问题》,载中共中央文献研究室编:《十四大以来重要文献选编》(上),人民出版社 1996 年版。

[67]江泽民:《加强农业基础,深化农村改革,推进农村经济和社会全面发展》,载中共中央文献研究室编:《十四大以来重要文献选编》(下),人民出版社 1999 年版。

［68］金文成、靳少泽：《加快建设农业强国：现实基础、国际经验与路径选择》，《中国农村经济》2023年第1期。

［69］金相郁、武鹏：《中国区域经济发展差距的趋势及其特征——基于GDP修正后的数据》，《南开经济研究》2010年第1期。

［70］孔祥智、何安华：《新中国成立60年来农民对国家建设的贡献分析》，《教学与研究》2009年第9期。

［71］李计广、张汉林、桑百川：《改革开放三十年中国对外贸易发展战略回顾与展望》，《世界经济研究》2008年第6期。

［72］李嘉图、斯拉法：《李嘉图著作和通信集　第1卷　政治经济学及赋税原理》，郭大力、王亚南译，商务印书馆1962年版。

［73］李金龙、何滔：《我国高新区行政管理体制的现状与创新路径选择》，《中国行政管理》2006年第5期。

［74］李军杰：《确立主体功能区划分依据的基本思路——兼论划分指数的设计方案》，《中国经贸导刊》2006年第11期。

［75］李括、余南平：《美国数字经济治理的特点与中美竞争》，《国际观察》2021年第6期。

［76］李磊、冼国明、包群：《"引进来"是否促进了"走出去"？——外商投资对中国企业对外直接投资的影响》，《经济研究》2018年第3期。

［77］李娜：《河北省唐县肉羊产业链利益分配机制研究》，河北农业大学2021年硕士学位论文。

［78］李佩洁、王娟：《高校数字人才培养体系建设现状与展望》，《社会科学家》2021年第8期。

［79］李庆滑：《我国省际对口支援的实践、理论与制度完善》，《中共浙江省委党校学报》2010年第5期。

［80］李善同、周南：《"十三五"时期中国发展规划实施评估的理论方法与对策研究》，科学出版社2019年版。

［81］林毅夫、蔡昉、李周：《中国的奇迹：发展战略与经济改革》，上海三联书店、上海人民出版社2014年版。

［82］林毅夫、李永军：《比较优势、竞争优势与发展中国家的经济发

展》,《管理世界》2003 年第 7 期。

[83]刘斌、赵晓斐:《制造业投入服务化、服务贸易壁垒与全球价值链分工》,《经济研究》2020 年第 7 期。

[84]刘国光:《中国十个五年计划研究报告》,人民出版社 2006 年版。

[85]刘瑞:《中国经济发展战略与规划的演变和创新》,中国人民大学出版社 2016 年版。

[86]刘世锦、江小涓:《后来居上:中国工业发展新时期展望》,中信出版社 1991 年版。

[87]刘伟、蔡志洲:《从最终需求看我国长期经济增长》,《上海行政学院学报》2009 年第 4 期。

[88]刘伟、蔡志洲:《经济周期与长期经济增长——中国的经验和特点(1978—2018)》,《经济学动态》2019 年第 7 期。

[89]刘维刚、倪红福:《制造业投入服务化与企业技术进步:效应及作用机制》,《财贸经济》2018 年第 8 期。

[90]刘维林、李兰冰、刘玉海:《全球价值链嵌入对中国出口技术复杂度的影响》,《中国工业经济》2014 年第 6 期。

[91]刘云中、何建武:《地区经济增长格局的变动与区域差距的缩小:短期波动抑或长期趋势》,《发展研究》2011 年第 12 期。

[92]刘云中、侯永志、兰宗敏:《中国"国家战略性"区域规划的主要特点》,《中国发展评论》2013 年第 1 期。

[93]陆大道:《地区合作与地区经济协调发展》,《地域研究与开发》1997 年第 1 期。

[94]路风:《冲破迷雾——揭开中国高铁技术进步之源》,《管理世界》2019 年第 9 期。

[95]马骉:《从德国华为 5G 政策到中欧经贸关系的嬗变》,《外交评论(外交学院学报)》2021 年第 4 期。

[96]马述忠、房超:《跨境电商与中国出口新增长——基于信息成本和规模经济的双重视角》,《经济研究》2021 年第 6 期。

［97］孟渤、高宇宁、薛进军等:《全球价值链、中国经济增长与碳排放》,社会科学文献出版社 2017 年版。

［98］年猛:《中国城乡关系演变历程、融合障碍与支持政策》,《经济学家》2020 年第 8 期。

［99］潘波:《开发区管理委员会的法律地位》,《行政法学研究》2006 年第 1 期。

［100］庞瑞芝、范玉、李扬:《中国科技创新支撑经济发展了吗?》,《数量经济技术经济研究》2014 年第 10 期。

［101］人口与劳动经济研究所课题组:《"十四五"时期人口发展与老龄化问题研究》,中国社会科学院人口与劳动经济研究所工作论文,2020 年。

［102］宋玉祥、丁四保:《空间政策:由区域倾斜到产业倾斜》,《经济地理》2010 年第 1 期。

［103］宋准、夏添:《双"政府—市场"框架下的区域政策路径重构:冲突与分类》,《现代经济探讨》2021 年第 6 期。

［104］苏杭、郑磊、牟逸飞:《要素禀赋与中国制造业产业升级——基于 WIOD 和中国工业企业数据库的分析》,《管理世界》2017 年第 4 期。

［105］孙久文、原倩:《我国区域政策的"泛化",困境摆脱及其新方位找寻》,《改革》2014 年第 4 期。

［106］孙雪峰、张凡:《农村集体经济的富民效应研究——基于物质富裕和精神富裕的双重视角》,《南京农业大学学报(社会科学版)》2022 年第 6 期。

［107］孙志燕:《从人口空间布局的演变看我国区域政策的调整》,《国家治理》2016 年第 45 期。

［108］唐海燕、张会清:《产品内国际分工与发展中国家的价值链提升》,《经济研究》2009 年第 9 期。

［109］陶永亮、张明怡、向科军、张宏、娄梦妮:《一体化压铸促进铝合金材料创新与发展》,《铸造设备与工艺》2022 年第 4 期。

［110］托马斯·皮凯蒂:《21 世纪资本论》,巴曙松、陈剑、余江、周大

昕、李清彬、汤铎铎译,中信出版社 2014 年版。

[111]王关区:《我国草原退化加剧的深层次原因探析》,《内蒙古社会科学(汉文版)》2006 年第 4 期。

[112]王慧炯:《社会系统工程方法论》,中国发展出版社 2015 年版。

[113]王金明、高铁梅:《经济周期波动理论的演进历程及学派研究》,《首都经济贸易大学学报》2006 年第 3 期。

[114]王文举、向其凤:《国际贸易中的隐含碳排放核算及责任分配》,《中国工业经济》2011 年第 10 期。

[115]王晓红:《以数字贸易引领贸易创新发展》,《中新经纬》2014 年 7 月 20 日。

[116]王学玉:《九十年代的国际环境与中国的改革开放》,《当代世界社会主义问题》1994 年第 1 期。

[117]王一鸣:《中国区域经济政策研究》,中国计划出版社 1998 年版。

[118]魏后凯:《区域政策的效应评价与调整方向》,《经济理论与经济管理》1990 年第 6 期。

[119]魏后凯:《进一步充实和完善中央区域政策》,《经济研究参考》1996 年第 ZJ 版。

[120]魏后凯:《中国区域政策:评价与展望》,经济管理出版社 2011 年版。

[121]魏后凯、崔凯:《建设农业强国的中国道路:基本逻辑、进程研判与战略支撑》,《中国农村经济》2022 年第 1 期。

[122]魏后凯、邬晓霞:《"十二五"时期中国区域政策的基本框架》,《经济与管理研究》2010 年第 12 期。

[123]魏后凯、邬晓霞:《我国区域政策的科学基础与基本导向》,《经济学动态》2010 年第 2 期。

[124]魏后凯、邬晓霞:《新中国区域政策的演变历程》,《中国老区建设》2012 年第 5 期。

［125］文丰安:《中国式现代化进程中城乡融合高质量发展的路径探析》,《海南大学学报(人文社会科学版)》2023年第5期。

［126］吴帆:《欧洲家庭政策与生育率变化——兼论中国低生育率陷阱的风险》,《社会学研究》2016年第1期。

［127］习近平:《经济工作要适应经济发展新常态》(2014年12月9日),载《十八大以来重要文献选编》(中),中央文献出版社2016年版。

［128］习近平:《在十八届中央政治局第六次集体学习时的讲话》(2013年5月24日),载中共中央文献研究室:《习近平关于社会主义生态文明建设论述摘编》,中央文献出版社2017年版。

［129］习近平:《习近平谈治国理政》(第二卷),外文出版社2017年版。

［130］习近平:《论把握新发展阶段、贯彻新发展理念、构建新发展格局》,中央文献出版社2021年版。

［131］习近平:《把握新发展阶段,贯彻新发展理念,构建新发展格局》,《求是》2021年第9期。

［132］习近平:《努力建设人与自然和谐共生的现代化》,《求是》2022年第1期。

［133］习近平:《习近平谈治国理政》(第一卷),外文出版社2018年版。

［134］谢伏瞻主编:《迈上新征程的中国经济社会发展》,中国社会科学出版社2020年版。

［135］熊文钊、田艳:《对口援疆政策的法治化研究》,《新疆师范大学学报(哲学社会科学版)》2010年第3期。

［136］徐冠华:《新时期我国科技发展战略与对策》,《中国软科学》2005年第10期。

［137］薛澜等:《中国科技发展与政策:1978—2018》,社会科学文献出版社2018年版。

［138］薛澜、梁正:《构建现代化中国科技创新体系》,广东经济出版社2021年版。

［139］严汉平、白永秀:《中国区域差异变化轨迹及区域差异系统分析》,《云南大学学报(社会科学版)》2004 年第 4 期。

［140］严金明、陈昊、夏方舟:《"多规合一"与空间规划:认知、导向与路径》,《中国土地科学》2017 年第 1 期。

［141］严强:《公共政策学》,社会科学文献出版社 2008 年版。

［142］杨丹辉:《全球竞争格局变化与中国产业转型升级——基于新型国际分工的视角》,《国际贸易》2011 年第 11 期。

［143］杨道波:《对口支援和经济技术协作法律对策研究》,《中央民族大学学报(哲学社会科学版)》2006 年第 1 期。

［144］杨飞、孙文远、程瑶:《技术赶超是否引发中美贸易摩擦》,《中国工业经济》2018 年第 10 期。

［145］杨开忠:《中国"八五"和后十年区域政策系统的构思》,《管理世界》1990 年第 5 期。

［146］杨龙:《中国区域政策研究的切入点》,《南开学报(哲学社会科学版)》2014 年第 2 期。

［147］杨帅、温铁军:《经济波动、财税体制变迁与土地资源资本化——对中国改革开放以来"三次圈地"相关问题的实证分析》,《管理世界》2010 年第 4 期。

［148］杨伟民:《应放开就业人口在超大城市中心以外落户》,中国城市高质量发展研讨会,2019 年。

［149］杨伟民:《改革规划体制,更好发挥规划战略导向性作用》,《中国行政管理》2019 年第 8 期。

［150］姚战琪:《数字经济对我国制造业出口竞争力的影响及其门槛效应》,《改革》2022 年第 2 期。

［151］叶兴庆:《新时代中国乡村振兴战略论纲》,《改革》2018 年第 1 期。

［152］尹虹潘:《开放环境下的中国经济地理重塑——"第一自然"的再发现与"第二自然"的再创造》,《中国工业经济》2012 年第 5 期。

［153］余振、周冰惠、谢旭斌、王梓楠:《参与全球价值链重构与中美

贸易摩擦》,《中国工业经济》2018 年第 7 期。

[154]约翰·梅纳德·凯恩斯:《就业、利息和货币通论》,商务印书馆(中译本)1999 年版。

[155]约瑟夫·熊彼特:《经济发展理论——对于利润、资本、信贷、利息和经济周期的考察》,何畏、易家详等译,商务印书馆 1990 年版。

[156]张军扩:《中国的区域政策和区域发展:回顾与前瞻》,《理论前沿》2008 年第 14 期。

[157]张军扩、侯永志:《中国:区域政策与区域发展》,中国发展出版社 2010 年版。

[158]张可云:《区域经济政策》,中国轻工业出版社 2001 年版。

[159]张可云:《主体功能区的操作问题与解决办法》,《中国发展观察》2007 年第 3 期。

[160]张凌、刘云帆:《贸易附加值视角下双边贸易嵌套关系研究——以中欧为例》,《经济问题探索》2020 年第 6 期。

[161]张小蒂、孙景蔚:《基于垂直专业化分工的中国产业国际竞争力分析》,《世界经济》2006 年第 5 期。

[162]张宇:《马克思经济危机理论的基本观点》,《人民日报》2009 年 6 月 19 日。

[163]赵伦、蒋勇杰:《地方政府对口支援模式分析——兼论中央政府统筹下的制度特征与制度优势》,《成都大学学报(社会科学版)》2009 年第 2 期。

[164]赵明刚:《中国特色对口支援模式研究》,《社会主义研究》2011 年第 2 期。

[165]赵勇、白永秀:《中国区域政策宏观调控职能的影响及其未来取向——兼论中国区域政策"泛化、叠化、虚化"现象》,《贵州社会科学》2015 年第 5 期。

[166]赵勇、魏后凯:《政府干预、城市群空间功能分工与地区差距——兼论中国区域政策的有效性》,《管理世界》2015 年第 8 期。

[167]赵云旗:《中国当代农民负担问题研究(1949—2006)》,《中国

经济史研究》2007 年第 3 期。

[168]郑新立:《经济体制六大改革》,中共中央党校出版社 1994 年版。

[169]中共中央文献研究室:《建国以来重要文献选编(第十九册)》,中央文献出版社 1997 年版。

[170]中共中央文献研究室:《习近平关于社会主义生态文明建设论述摘编》,中央文献出版社 2017 年版。

[171]钟章奇、姜磊、何凌云、王铮、柏玲:《基于消费责任制的碳排放核算及全球环境压力》,《地理学报》2018 年第 3 期。

[172]周黎安:《转型中的地方政府:官员激励与治理》,格致出版社 2008 年版。

[173]周玉龙、孙久文:《论区域发展政策的空间属性》,《中国软科学》2016 年第 2 期。

[174]朱崇实:《公共政策:转轨时期我国经济社会政策研究》,中国人民大学出版社 1999 年版。

[175]朱永新:《中国开发区组织管理体制与地方政府机构改革》,天津人民出版社 2001 年版。

[176] Abel-Koch, J., "SMEs' Value Chains are Becoming More International-Europe Remains Key", *KfW Research Research Paper*, Vol. 65, No. 1, 2016.

[177] Abramovitz, M., "Catching up, Forging Ahead, and Falling Behind", *The Journal of Economic History*, Vol. 46, No. 2, 1986.

[178] Acemoglu, Daron and Joshua Linn, "Market Size in Innovation: Theory and Evidence from the Pharmaceutical Industry", *The Quarterly Journal of Economics*, Vol. 119, No. 3, 2005.

[179] Acemoglu, Daron and Pascual Restrepo, "Secular Stagnation? The Effect of Aging on Economic Growth in the Age of Automation", *American Economic Review*, Vol. 107, No. 5, 2017.

[180] Attanasio, Orazio and Guglielmo Webe, "Consumption and Saving:

Models of Intertemporal Allocation and their Implications for Public Policy", *Journal of Economic Literature*, Vol.48, No.3, 2010.

[181] Barattieri, A., "Comparative Advantage, Service Trade, and Global Imbalances", *Journal of International Economics*, Vol.92, No.1, 2014.

[182] Biryukova, O. and Vorobjeva, T., "The Impact of Service Liberalization on the Participation of BRICS Countries in Global Value Chains", *International Organisations Research Journal*, Vol.12, No.3, 2017.

[183] Bloom, David, David Canning and Gunther Fink, "Implications of Population Ageing for Economic Growth", *Oxford Review of Economic Policy*, Vol.26, No.4, 2010.

[184] Breemersch, Koen, Joze Damijan and Jozef Konings, "What Drives Labor Market Polarization in Advanced Countries? The Role of China and Technology", *Industrial and Corporate Change*, Vol.28, No.1, 2019.

[185] Brezis, Elise S., Krugman, Paul R., and Tsiddon, D., "Leapfrogging in International Competition: A Theory of Cycles in National Technological Leadership", *The American Economic Review*, Vol.83, No.5, 1993.

[186] Browning, Martin and Thomas Crossley, "The Life-Cycle Model of Consumption and Saving", *Journal of Economic Perspectives*, Vol. 15, No.3, 2001.

[187] Brynjolfsson, Erik, Daniel Rock and Chad Syverson, "Artificial Intelligence and the Modern Productivity Paradox: A Clash of Expectations and Statistics", *NBER Working Paper*, No.24001, 2017.

[188] Cai, Fang, *China's Economic Growth Prospects: From Demographic Dividend to Reform Dividend*, Cheltenham, UK: Edward Elgar, 2016.

[189] Feyrer, James, "Demographics and Productivity", *The Review of Economics and Statistics*, Vol.89, No.1, 2007.

[190] Friedman, Milton, *Capitalism and Freedom*, Chicago: The University of Chicago Press, 1962.

[191] Friedman, Milton, "The Social Responsibility of Business is to Increase Its Profits", *The New York Times Magazine*, September 13, 1970.

[192] Gerschenkron, A., *Economic Backwardness in Historical Perspective: A Book of Essays*, Cambridge: The Belknap Press of Harvard University Press, 1962.

[193] Goodhart, Charles and Manoj Pradhan, *The Great Demographic Reversal: Ageing Societies, Waning Inequality, and an Inflation Revival*, Springer, 2020.

[194] Gordon, Richard, *The Rise and Fall of American Growth: The U.S. Standard of Living Since the Civil War*, Princeton: Princeton University Press, 2016.

[195] Greenaway, D., R. Hine, and C. Milner, "Country-specific Factors and the Pattern of Horizontal and Vertical Intra-industry Trade in the UK", Weltwirtschaftliches Archiv, Vol.130, No.1, 1994.

[196] Greenaway, D., R. C. Hine, and P. Wright, 1999, "An Empirical Assessment of the Impact of Trade on Employment in the United Kingdom", *European Journal of Political Economy*, Vol.15, No.3, 1999.

[197] Grigoli, Francesco, Alexander Herman, and Klaus Schmidt-Hebbel, "World Saving", *IMF Working Papers*, No.14-204, 2014.

[198] Grubel, H.G., "All Traded Services Are Embodied in Materials or People", *World Economy*, Vol.10, No.3, 1987.

[199] Grubel, Herbert G. and Lloyd, Peter J., *Intra-Industry Trade: The Theory and Measurement of International Trade in Differentiated Products*, Vol.12, London: Macmillan, 1975.

[200] Hurst, Erik, "The Retirement of a Consumption Puzzle", *NBER Working Paper*, No.13789, 2008.

[201] Ilzetzki, Ethan, Reinhart, Carmen M. and Rogoff, Kenneth S., "Exchange Arrangements Entering the Twenty-First Century: Which Anchor Will Hold?", *The Quarterly Journal of Economics*, Vol.134, No.2, 2019.

［202］Kitchin, J., "Cycles and Trends in Economic Factors", *Review of Economics and Statistics*, Vol.5, No.1, 1923.

［203］Kondratieff, N. D., & Stolper, W. F., "The Long Waves in Economic Life", Review of Economics and Statistics, Vol.17, No.6, 1935.

［204］Krugman, Paul R., "Intraindustry Specialization and the Gains from Trade", *Journal of Political Economy*, Vol.89, No.5, 1981.

［205］Kunze, Lars, "Life Expectancy and Economic Growth", *Journal of Macroeconomics*, Vol.39, 2014.

［206］Kuznets, S., Secular Movements in Production and Prices: Their Nature and Their Bearing upon Cyclical Fluctuations, Boston: Houghton Mifflin, 1930.

［207］Lall, S., "The Technological Structure and Performance of Developing Country Manufactured Exports, 1985－1998", *Oxford Development Studies*, Vol.28, No.3, 2000.

［208］Lanz, R., et al. "E-commerce and Developing Country-SME Participation in Global Value Chains", *WTO Staff Working Papers*, No.ERSD－2018－13, 2018.

［209］Le Riche, A., Lloyd-Braga, T. and Modesto, L., "Intra-Industry Trade, Involuntary Unemployment and Macroeconomic Stability", *Journal of Mathematical Economics*, Vol.99, 2022.

［210］Li, Hongbin, Jie Zhang and Junsen Zhang, "Effects of Longevity and Dependency Rates on Saving and Growth: Evidence from a Panel of Cross Countries", *Journal of Development Economics*, Vol.84, No.1, 2007.

［211］Lin, J. Y., "From Flying Geese to Leading Dragons: New Opportunities and Strategies for Structural Transformation in Developing Countries", *Global Policy*, Vol.3, No.4, 2012.

［212］Lin, Justin Yifu and Wang, Xin, "Trump Economics and China-US Trade Imbalances", *Journal of Policy Modeling*, Vol.40, No.3, 2018.

［213］Liu, Z., Davis, S. J., Feng, K., et al., "Targeted Opportunities to

Address the Climate-trade Dilemma in China", *Nature Climate Change*, Vol.6, No.2, 2016.

[214] Lu, Sheng, "Impact of the Trans−Pacific Partnership on China's Textiles and Apparel Exports: A Quantitative Analysis", *The International Trade Journal*, Vol.29, No.1, 2015.

[215] Lucas, Robert E. Jr., "On Efficiency and Distribution", *The Economic Journal*, Vol.102, No.411, 1992.

[216] Maestas, Nicole, Kathleen Mullen and David Powell, "The Effect of Population Aging on Economic Growth, the Labor Force and Productivity", *NBER Working Paper*, No.22452, 2016.

[217] Margit, Molnar, Thomas Chalaux and Qiang Ren, "Urbanisation and Household Consumption in China", *OECD Economics Department Working Papers*, No.1434, 2017.

[218] Martin, R., "The New Economic Geography and Policy Relevance", *Journal of Economic Geography*, Vol.11, No.2, 2011.

[219] Meoqui, Jorge Morales, "The Demystification of David Ricardo's Famous Four Numbers", *Journal of the History of Economic Thought*, 2023.

[220] Meyer-Krahmer, F. and Reger, G., "New Perspectives on the Innovation Strategies of Multinational Enterprises: Lessons for Technology Policy in Europe", *Research Policy*, Vol.28, No.7, 1999.

[221] Modigliani, Franco and Richard Brumberg, "Utility Analysis and Aggregate Consumption Functions: An Attempt at Integration", in Roger Abel (ed), *The Collected Papers of Franco Modigliani, Volume 2: The Life Cycle Hypothesis of Saving*, Cambrige: The MIT Press, 1980.

[222] Nagaraj, R., "Growth Rate of India's GDP, 1950 − 1951 to 1987−1988 Examination of Alternative Hypotheses", *Economic and Political Weekly*, 1990, June 30.

[223] Nishioka, Shuichiro, "R&D, Trade in Intermediate Inputs, and the Comparative Advantage of Advanced Countries", *Journal of the Japanese and*

International Economies, Vol.30, 2013.

[224] Pilat, D. and A. Wölfl, "Measuring the Interaction Between Manufacturing and Services", *OECD Science, Technology and Industry Working Papers*, No.5, 2005.

[225] Porter, Michael E., *The Competitive Advantage of Nations*, New York: the Free Press, 1990.

[226] Prettner, Klaus, "Population Aging and Endogenous Economic Growth", *Journal of Population Economics*, Vol.26, No.2, 2013.

[227] Riddle, D., *Service Led Growth: The Role of the Service Sector in the World Development*, New York: Praeger Publishers, 1986.

[228] Ruffin, Roy J., "Ricardo and International Trade Theory", in *Ricardo and International Trade*, Routledge, 2017.

[229] Schöllmann, W., "Economic Significance of Trade in Services: Background to Negotiations on a Trade in Services Agreement (TiSA): in-depth Analysis", 2015.

[230] Shen, Jim Huangnan, Long, Zhiming, Lee, Chien-Chiang, and Zhang, Jun, "Comparative Advantage, Endowment Structure, and Trade Imbalances", *Structural Change and Economic Dynamics*, Vol.60, 2022.

[231] UNDP, *Human Development Report 2020: The Next Frontier, Human Development and the Anthropocene*, New York: UNDP, 2020.

[232] Vollset, Stein Emil, Emily Goren, Chun-Wei Yuan and et al., "Fertility, Mortality, Migration, and Population Scenarios for 195 Countries and Territories From 2017 to 2100: A Forecasting Analysis for the Global Burden of Disease Study", *The Lancet*, Vol.396, No.10258, 2020.

[233] Whalley, John and Xiliang Zhao, "The Contribution of Human Capital to China's Economic Growth", *NBER Working Paper*, No.16592, 2010.

[234] World Economic Forum, *The Global Social Mobility Report 2020: Equality, Opportunity and a New Economic Imperative*, Geneva: World Economic Forum, 2020.

［235］Xing,Y.and Pradhananga,M.,"How Important Is Exports and FDI for China's Economic Growth?" *GRIPS Discussion Papers*, *National Graduate Institute for Policy Studies*, No.4,2013.